Die prostitutive Einrichtung und ihre Mitarbeiter im Öffentlichen Recht – Rechtslage und Perspektiven

Europäische Hochschulschriften
European University Studies
Publications Universitaires Européennes

Reihe II **Rechtswissenschaft**
Series II Law
Série II Droit

Band/Volume **5540**

Robert Wolf

Die prostitutive Einrichtung und ihre Mitarbeiter im Öffentlichen Recht – Rechtslage und Perspektiven

PL ACADEMIC RESEARCH

Bibliografische Information der Deutschen Nationalbibliothek
Die Deutsche Nationalbibliothek verzeichnet diese Publikation in der Deutschen Nationalbibliografie; detaillierte bibliografische Daten sind im Internet über http://dnb.d-nb.de abrufbar.

Zugl.: Potsdam, Univ., Diss., 2013

517
ISSN 0531-7312
ISBN 978-3-631-64541-3 (Print)
E-ISBN 978-3-653-03687-9 (E-Book)
DOI 10.3726/978-3-653-03687-9

PL Academic Research ist ein Imprint der Peter Lang GmbH.
Peter Lang – Frankfurt am Main · Bern · Bruxelles · New York · Oxford · Warszawa · Wien

Dieses Buch wurde vor Erscheinen peer reviewed.

www.peterlang.com

Vorwort

Die vorliegende Arbeit wurde im Sommersemester 2012 an der Juristischen Fakultät der Universität Potsdam als Dissertation eingereicht und im Sommersemester 2013 verteidigt. Gesetzgebung, Rechtsprechung und Literatur wurden im Wege der Nachbearbeitung bis einschließlich 31. Juli 2013 berücksichtigt.

Ich möchte dieses Vorwort zum Anlass nehmen, diversen Menschen Dank für die Unterstützung bei der Erstellung der Arbeit auszusprechen.

Zunächst gilt ein großer Dank der Betreuerin der Arbeit Frau Prof. Dr. Carola Schulze, die zugleich auch Erstgutachterin war, für die konstruktive wie freundliche Begleitung der Erstellung der Dissertation. Mein Dank gilt auch Herrn HD Dr. Jochen Bley, der als Zweitgutachter fungierte, sowie Herrn Prof. Dr. Lutz Lammers für die Mitwirkung bei der mündlichen Prüfung.

Herrn Bezirksstadtrat Marc Schulte möchte ich für seinen fachlichen Input zu bestimmten Fragen des praktischen Gesetzesvollzugs danken. Herrn Rechtsanwalt Siegfried de Witt danke ich gleichfalls für die Unterstützung des Promotionsvorhabens.

Meinem Freund Holger Wuttig gebührt Dank für das finale Korrekturlesen und seine kritisch-humorvollen Bemerkungen über die juristische Sprache.

Weiter darf ich mich bei den Mitarbeiterinnen und Mitarbeitern der Universitätsbibliothek der Universität Potsdam, der Fachbereichsbibliothek Jura der Freien Universität Berlin, der Fachbereichsbibliothek Wirtschaftswissenschaft der Freien Universität Berlin, der Universitätsbibliothek der Freien Universität Berlin, der Bibliothek der Deutschen Rentenversicherung Bund, der Senatsbibliothek Berlin und der Bibliothek des Deutschen Zentrums für Altersfragen für die Unterstützung bei der Versorgung mit Literatur bedanken.

Meiner Lebensgefährtin und meinen Eltern danke ich für die vielfältige Unterstützung bei der Abfassung dieser Arbeit. Ihnen ist sie gewidmet.

Berlin, im August 2013 — Robert Wolf

Inhaltsverzeichnis

Literaturverzeichnis

Armbrüster, Christian	Anmerkung zum Urteil des BGH vom 13.07.2006 – I ZR 241/03, JZ 2007, 479
Armbrüster, Christian	Zivilrechtliche Folgen des Gesetzes zur Regelung der Rechtsverhältnisse der Prostituierten, NJW 2002, 2763
Baer, Susanne	Anmerkung zum Urteil des VG Berlin vom 01.12.2000 – 35 A 570.99, Streit 2001, 19
Baer, Susanne	Sittenwidrigkeit der Prostitution, NJ 2001, 218
Bales, Stefan/ Baumann, Hans Georg/ Schnitzler, Norbert	Infektionsschutzgesetz, 2. Auflage, Stuttgart 2003
Baller, Oesten/ Eiffler, Sven/ Tschisch, Andreas	ASOG Berlin, Stuttgart 2004
Bargon, Michael	Prostitution und Zuhälterei. Zur kriminologischen und strafrechtlichen Problematik mit einem geschichtlichen und rechtsvergleichenden Überblick, Frankfurt/Main 1982
Battis, Ulrich/ Krautzberger, Michael/ Löhr, Rolf-Peter	Baugesetzbuch, 11. Auflage, München 2009
Bebel, August	Die Frau und der Sozialismus, 2. Auflage, Berlin 1985

Bergmann, Andreas	Das Rechtsverhältnis zwischen Dirne und Freier – Das Prostitutionsgesetz aus zivilrechtlicher Sicht, JR 2003, 270
Birk, Dieter	Steuerrecht, 15. Auflage, Heidelberg 2012
Boeddinghaus, Gerhard	Baunutzungsverordnung, 5. Auflage, Heidelberg 2005
Braun, Stefan	Auswirkungen des Prostitutionsgesetzes, AuA 2002, 457
Braun, Stefan	Zweieinhalb Jahre Prostitutionsgesetz: Anspruch und Wirklichkeit der Änderungen im Arbeits-, Sozial- und Strafrecht, SozSich 2005, 268
Bruns, Manfred	Nochmals: Kasernierung von Aids-kranken Prostituierten, ZRP 1989, 241
Budde, Miryam	Die Auswirkungen des Prostitutionsgesetzes auf die Sozialversicherung, Baden-Baden 2006
Bundesministerium für Familie, Senioren, Frauen und Jugend (Hrsg.)	Bericht der Bundesregierung zu den Auswirkungen des Gesetzes zur Regelung der Rechtsverhältnisse der Prostituierten, Berlin 2007
Bundesministerium für Familie, Senioren, Frauen und Jugend (Hrsg.)	Regulierung von Prostitution und Prostitutionsstätten, 1. Auflage, Berlin 2009
Bundesministerium für Familie, Senioren, Frauen und Jugend (Hrsg.)	Untersuchung „Auswirkungen des Prostitutionsgesetzes“ Abschlussbericht, Berlin 2005
Bundesverband Sexuelle Dienstleistungen e. V. (Hrsg.)	Gute Geschäfte Rechtliches ABC der Prostitution, 2. Auflage, Berlin 2005

Bunjes, Johann — Umsatzsteuergesetz, 11. Auflage, München 2012

Caspar, Johannes — Prostitution im Gaststättengewerbe? Zur Auslegung des Begriffs der Unsittlichkeit im Gaststättengesetz, NVwZ 2002, 1322

Costard, Andreas — Öffentlich-rechtliche Probleme beim Auftreten einer neuen übertragbaren Krankheit am Beispiel AIDS, Berlin 1989

Dammann, Lena — Die Diskriminierung geht weiter Zur Rechtsstellung Prostituierter nach dem neuen Prostitutionsgesetz, Forum Recht 2003, 15

Dehner, Walter — Die Entwicklung des Maklerrechts seit 2000, NJW 2002, 3747

Deutsche Bibelgesellschaft — Die Bibel nach der Übersetzung Martin Luthers, Stuttgart 2000

Discher, Thomas — Die Peep-Show-Urteile des BVerwG – BVerwGE 64, 274 und BVerwG, NVwZ 1990, 668, Jus 1991, 642

Drumm, Harro — Wohnraumprostitution im Sperrbezirk, DVP 2003, 313

Dufour, Pierre — Geschichte der Prostitution, II. Band, 2. Auflage, Berlin 1902

Ebert, Frank/ Honnacker, Heinz — Thüringer Gesetz über die Aufgaben und Befugnisse der Polizei, Stuttgart 1993

Ebner, Hans-Christian von — Prostitution – sozial unwertige oder gewerbliche Tätigkeit?, GewArch 1979, 177

Eckert, Daniel	Der praktische Fall: Ausgeswingt, VR 2005, 243
Eicher, Wolfgang	SGB II Grundsicherung für Arbeitssuchende, 3. Auflage, München 2013
Erdle, Helmuth	Infektionsschutzgesetz, 3. Auflage, Landsberg/Lech 2005
Erdmann, Jörg Peter	Prostitution und Versicherungspflicht, Die Beiträge 2001, 641
Ernst, Werner/ Zinkahn, Willy/ Bielenberg, Walter/ Krautzberger, Michael	Baugesetzbuch, Stand: 107. Ergänzungslieferung (01.01.2013), München 2013
Ernst-Pörksen, Michael	Zur pauschalen Besteuerung sexueller Dienstleistungen in: Kavemann, Barbara/Rabe, Heike (Hrsg.), Das Prostitutionsgesetz, Opladen 2009, S. 239
F.A. Brockhaus GmbH (Hrsg.)	Brockhaus, Enzyklopädie, 19. Auflage, Mannheim 1992
Falck, Uta	VEB Bordell: Geschichte der Prostitution in der DDR, Berlin 1998
Fehrenbacher, Oliver	Steuerrecht, 4. Auflage, Baden-Baden 2013
Feldmann, Peter von	Wohnungsprostitution und Bordelle – Wo sind sie baurechtlich zulässig, wo nicht?, Das Grundeigentum 2007, 1422
Felix, Dagmar	Die Wertneutralität des Sozialrechts, NZS 2002, 225

Ferner, Hilmar/ Kröninger, Holger/ Aschke, Manfred	Baugesetzbuch mit Baunutzungsverordnung, 2. Auflage, Baden-Baden 2008
Fickert, Hans Carl/ Fieseler, Herbert	Baunutzungsverordnung, 10. Auflage, Stuttgart 2002
Finke, Hugo/ Brachmann, Wolfgang/ Nordhausen, Willy	Künstlersozialversicherungsgesetz, 4. Auflage, München 2009
Fischer, Olaf	Der Vollzug des Gewerberechts in Berlin-Kreuzberg, GewArch 2000, 14
Fischer, Peter	Gewerbliche Einkünfte aus sittenwidriger Betätigung (Telefonsex), DStR 2000, 1342
Fischer, Thomas	Strafgesetzbuch (Kommentar), 60. Auflage, München 2013
Frankenberg, Günter	AIDS-Bekämpfung im Rechtsstaat, Baden-Baden 1988
Frommel, Monika	Menschen- und Frauenhandel – Welche Interventionen wären aus kriminologischer Sicht sinnvoll?, NK 2011, 117
Frotscher, Werner/ Kramer, Urs	Wirtschaftsverfassungs- und Wirtschaftsverwaltungsrecht, 5. Auflage, München 2008
Gädtke, Horst/ Böckenförde, Dieter/ Temme, Heinz-Georg/ Heintz, Winnifred	Landesbauordnung Nordrhein-Westfalen, 9. Auflage, Düsseldorf 1998
Galen, Margarete Gräfin von	Rechtsfragen der Prostitution, München 2004

Gamperl, Vitus	Die Absicherung gegen Krankheitskosten durch Sozialhilfe und Gesetzliche Krankenversicherung als Mittel zur Lebensstandardsicherung, Hamburg 2010
Gauweiler, Peter	„Kasernierung" von Aids-kranken Prostituierten?, ZRP 1989, 85
Georges, Heinrich	Ausführliches Lateinisch-Deutsches Handwörterbuch, 8. Auflage, Hannover 1995
Glanegger, Peter/ Güroff, Georg	Gewerbesteuergesetz, 7. Auflage, München 2009
Gleß, Sabine	Die Reglementierung von Prostitution in Deutschland, Berlin 1999
Gleß, Sabine	Liebe als Arbeit?, NZA 1992, 638
Gleß, Sabine	Obrigkeit und Hurenwirt, ZRP 1994, 436
Gronimus, Andreas	Forum: Noch einmal Peep-Show und Menschenwürde, Jus 1985, 174
Gugel, Rahel	Das Spannungsverhältnis zwischen Prostitutionsgesetz und Art. 3 II Grundgesetz, Berlin 2011
Gurlit, Elke	Das Gewerberecht als Regelungsregime der Prostitution, GewArch 2008, 426
Gurlit, Elke	Das Verwaltungsrecht im Lichte des Prostitutionsgesetzes, VerwArch 2006, 409
Gurlit, Elke/ Oster, Jan	„Skandal um Rosi": Zur Verfassungsmäßigkeit von Artikel 297 EGStGB, GewArch 2006, 361
Gusy, Christoph	Polizei- und Ordnungsrecht, 8. Auflage, Tübingen 2011

Gusy, Christoph — Sittenwidrigkeit im Gewerberecht, DVBl. 1982, 984

Haferkorn, Astrid — Swingerclubs als aktuelle gaststättenrechtliche Problemstellung, GewArch 2002, 145

Hagen, Horst — Menschenwürde und gute Sitten Gedanken zum Prostitutionsgesetz in: Jickeli, Joachim/ Kreutz, Peter/Reuter, Dieter (Hrsg.), Gedächtnisschrift für Jürgen Sonnenschein, Berlin 2003, S. 581

Hänlein, Andreas/ Kruse, Jürgen/ Schuler, Rolf — Sozialgesetzbuch V Gesetzliche Krankenversicherung, 3. Auflage, Baden-Baden 2009

Haurand, Günter — Gute Sitten und öffentliche Ordnung – Schutz der Sozialmoral durch staatliche Normgebung, DVP 2009, 442

Heger, Martin — Zum Einfluss des Prostitutionsgesetzes auf das Strafrecht, StV 2003, 350

Heilmann, Joachim/ Aufhauser, Rudolf — Arbeitsschutzgesetz, Baden-Baden 1999

Heine, Wolfgang/ Koch, Marlis — Prostitution und Sozialversicherung, ArchsozArb 1990, 91

Henssler, Martin — Partnerschaftsgesellschaftsgesetz, 2. Auflage, München 2008

Hinrichs, Frank — Prostitution und Gewerberecht, VR 2003, 257

Hirsch, Hans Joachim — Anmerkung zu BGH, Urt. v. 26.05.2004 – 2 StR 505/03, JR 2004, 475

Hofmann, Rainer M./ Hoffmann, Holger	Ausländerrecht, Baden-Baden 2008
Honnacker, Heinz/ Beinhofer, Paul	Polizeiaufgabengesetz, 17. Auflage, Stuttgart 1999
Hoppe, Werner/ Bönker, Christian/ Grotefels, Susan	Öffentliches Baurecht, 4. Auflage, München 2010
Hoppenberg, Michael/ de Witt, Siegfried	Handbuch des Öffentlichen Baurechts, Stand: 34. Ergänzungslieferung (Oktober 2012), München 2012
Hornung, Gerrit/ Möller, Jan	Passgesetz/Personalausweisgesetz, München 2011
Hösch, Ulrich	Café Pssst – Abschied von der Unsittlichkeit der Prostitution?, GewArch 2001, 112
Huber, Bertold/ Göbel-Zimmermann, Ralph	Ausländer- und Asylrecht, 2. Auflage, München 2008
Hunecke, Ina	Das Prostitutionsgesetz und seine Umsetzung, Hamburg 2011
Hunecke, Ina	Die Mehrzahl der Prostituierten sind keine Opfer, wieso tut sich die Gesetzgebung so schwer, diese Branche angemessen zu regulieren?, NK 2011, 82
Hutschenreuther, Axel	„Kasernierung“ von Aids-kranken Prostituierten, ZRP 1990, 73
Janning, Heinz	Ausschluss von Bordellen, bordellartigen Betrieben und Wohnungsprostitution in den Innenstädten, BauR 2005, 958

Jarass, Hans D.	Bundes-Immissionsschutzgesetz, 9. Auflage, München 2012
Jauernig, Othmar	Bürgerliches Gesetzbuch, 14. Auflage, München 2011
Joecks, Wolfgang/ Miebach, Klaus	Münchener Kommentar zum StGB, 2. Auflage, München 2012
Judt, Matthias	DDR-Geschichte in Dokumenten, BPB-Schriftenreihe, Nr. 350, Bonn 1998
Kasper, Andreas	Kommunale Steuern, Stuttgart 2006
Kasten, Manfred	Sauna-Clubs und Bordellbetriebe – ein notwendiges Übel?, BWVPr 1982, 261
Kavemann, Barbara/ Steffan, Elfriede	Zehn Jahre Prostitutionsgesetz und die Kontroverse um die Auswirkungen, APuZ 9/2013, 9
Kemper, Martin	Die mangelhafte Besteuerung der Prostitution, DStR 2005, 543
Kemper, Martin	Die Prostitution im Steuer- und Sozialstaat, ZRP 2011, 86
Ketteler, Gerd	Die Beurteilung von Geräuschimmissionen bei Freizeitanlagen, DVBl. 2008, 220
Kirchhof, Paul	Einkommensteuergesetz, 12. Auflage, Köln 2013
Kittner, Michael/ Pieper, Ralf	Arbeitsschutzgesetz, 4. Auflage, Frankfurt am Main 2007
Klein, Adolf	Nochmals: Kasernierung von Aids-kranken Prostituierten, ZRP 1990, 73

Klein, Franz — Abgabenordnung, 11. Auflage, München 2012

Kloepfer, Michael — Umweltrecht, 3. Auflage, München 2004

Kluth, Winfried/ Hund, Michael/ Maaßen, Hans-Georg — Zuwanderungsrecht, Baden-Baden 2008

Köbler, Gerhard — Etymologisches Rechtswörterbuch, Tübingen 1995

Kollmer, Norbert — Arbeitsstättenverordnung, 3. Auflage, München 2009

Kollmer, Norbert/ Klindt, Thomas — Arbeitsschutzgesetz, 2. Auflage, München 2011

König, Helmut/ Roeser, Thomas/ Stock, Jürgen — Baunutzungsverordnung, 2. Auflage, München 2003

Kotulla, Michael — Bundes-Immissionsschutzgesetz, Stand: 17. Lieferung (Juni 2011), Stuttgart 2011

Kreikebohm, Ralf — Sozialgesetzbuch Gemeinsame Vorschriften für die Sozialversicherung -SGB IV-, 1. Auflage, München 2008

Kreikebohm, Ralf/ Spellbrink, Wolfgang/ Waltermann, Raimund — Kommentar zum Sozialrecht, 3. Auflage, München 2013

Kreuzer, Arthur — Drogen und Delinquenz, Wiesbaden 1975

Kühne, Heinz-Heiner — Prostitution als bürgerlicher Beruf?, ZRP 1975, 184

Kurz, Volker — Prostitution und Sittenwidrigkeit, GewArch 2002, 142

Landmann, Robert von/ Rohmer, Gustav	Gewerbeordnung und ergänzende Vorschriften, Stand: 63. Ergänzungslieferung (Februar 2013), München 2013
Laskowski, Silke Ruth	Arbeits- und sozialrechtliche Auswirkungen des neuen Prostitutionsgesetzes, ArbuR 2002, 406
Laskowski, Silke Ruth	Die Ausübung der Prostitution, Frankfurt am Main 1997
Lauterbach, Herbert	Unfallversicherung SGB VII, Stand: 49. Lieferung (Dezember 2012), Stuttgart 2012
Lehmann, Jens-Torsten	Der Begriff der Sittenwidrigkeit im Gewerberecht, Aachen 2009
Lehmann, Jens-Torsten	Prostitution und gaststättenrechtliche Unsittlichkeit im Wandel der Zeit, NVwZ 2009, 888
Lehmann, Jens-Torsten	Zur gaststättenrechtlichen Bewertung sogenannter „Flat-rate-Bordelle“, GewArch 2010, 291
Lenski, Edgar/ Steinberg, Wilhelm	Kommentar Gewerbesteuergesetz, Stand: 106. Ergänzungslieferung (April 2013), Köln 2013
Lenze, Anne	Europäische Niederlassungsfreiheit und Prostitution, EuGRZ 2002, 106
Leopold, Beate	Berliner Wohnungsbordelle in Wohn- und Mischgebieten, Wissenschaftliches Gutachten für den Bundesverband sexuelle Dienstleistungen e.V., Berlin 2007
Leube, Konrad	Prostituierte sind jetzt sozialversicherungspflichtig, Sozialrecht + Praxis 2002, 461

Leube, Konrad	Prostitution als sozialversicherungsrechtliche Beschäftigung, Die Sozialversicherung 2002, 85
Leuthier, Oliver	Entstehung und Entwicklung des Hausarbeitsrechtes, Berlin 2006
Liesching, Marc/ Schuster, Susanne	Jugendschutzrecht, 5. Auflage, München 2011
Lisken, Hans/ Denninger, Erhard	Handbuch des Polizeirechts, 5. Auflage, München 2012
Loose, Udo/ Schwägerl, Friedrich	Prostitution als Problem der öffentlichen Sicherheit und Ordnung, BayVBl. 1992, 228
Malkmus, Katrin	Prostitution in Recht und Gesellschaft, Frankfurt am Main 2005
Marx, Reinhard	Ausländer- und Asylrecht, 2. Auflage, Bonn 2005
Marx, Reinhard	Kommentar zum Asylverfahrensgesetz, 7. Auflage, Köln 2009
Maurer, Hartmut	Allgemeines Verwaltungsrecht, 18. Auflage, München 2011
Mäurer, Ulrich	Regulierungsbedarf der Prostitution: Wege zur Bekämpfung von Menschenhandel und Zwangsprostitution, ZRP 2010, 253
Medert, Klaus M./ Süßmuth, Werner	Pass- und Personalausweisrecht, Band 2: Passrecht, 3. Auflage, Stuttgart 2001

Meilicke, Wienand/ Westphalen, Friedrich Graf von/ Hoffmann, Jürgen/ Lenz, Tobias/ Wolff, Reinmar	Partnerschaftsgesellschaftsgesetz, 2. Auflage, München 2006
Meyer, Berthold	Anmerkung zum Urteil des FG Düsseldorf vom 01.06.2012 – 1 K 2723/10 U, EFG 2012, 1701
Metzner, Richard	Gaststättengesetz, 6. Auflage, München 2002
Michalski, Lutz/ Römermann, Volker	PartGG-Kommentar zum Partnerschaftsgesellschaftsgesetz, 3. Auflage, Köln 2005
Minzel, Heinrich	Gewerberechtliche Anmeldung und Konzessionierung von Prostitutionsstätten am Beispiel: „Dortmunder Modell", Die Kriminalpolizei 2006, 76
Moosburger, Hermann	Besteuerung im Rotlichtmilieu – Versagt der Finanzbeamte im Bordell?, wistra 2005, 18
Mößmer, Doris/ Moosburger, Hermann	Besteuerung im Rotlichtmilieu: Schutzgeldzahlungen an den Fiskus?, wistra 2008, 457
Muckel, Stefan/ Ogorek, Markus	Sozialrecht, 4. Auflage, München 2011
Münder, Johannes	Sozialgesetzbuch II, 3. Auflage, Baden-Baden 2009
Mutschler, Bernd/ Schmidt-De Caluwe, Reimund/ Coseriu, Pablo	Sozialgesetzbuch III Arbeitsförderung, 5. Auflage, Baden-Baden 2012

Niesel, Klaus/ Brand, Jürgen	SGB III Sozialgesetzbuch – Arbeitsförderung, 5. Auflage, München 2010
Nikles, Bruno W./ Roll, Sigmar/ Spürck, Dieter/ Umbach, Klaus	Jugendschutzrecht, 2. Auflage, München 2005
Ohne Verfasserangabe	Anmerkung zu VG Berlin, Urt. v. 01.12.2000 – VG 35 A 570.99, Das Grundeigentum 2001, 253
Otto, Christian-W.	Planungsrechtliche Zulässigkeit von Bordellen, Gutachterliche Stellungnahme im Auftrag des Bundesverbandes Sexuelle Dienstleistungen, Berlin 2007
Otto, Christian-W.	Planungsrechtliche Zulässigkeit von Wohnungsbordellen, KommunalPraxis spezial 2009, 11
Palandt, Otto	Bürgerliches Gesetzbuch, 72. Auflage, München 2013
Papier, Hans-Jürgen	Verwaltungsrechtliche Anforderungen und Beschränkungen des Vertriebs von Fertigbrillen, GewArch 1987, 41
Pauly, Renate	Gesetz zur Regelung der Rechtsverhältnisse der Prostituierten (Prostitutionsgesetz) sowie Vollzug der Gewerbeordnung und des Gaststättengesetzes, GewArch 2002, 217
Pauly, Renate	Zur Rechtslage bei Swinger-Clubs nach BVerwG 06.11.2002 GewArch 2003, 122, GewArch 2004, 151
Peter, Doreen	Nebentätigkeiten von Arbeitnehmern, Frankfurt am Main 2006

Pewestorf, Adrian/ Söllner, Sebastian/ Tölle, Oliver	Polizei- und Ordnungsrecht Berliner Kommentar, Köln 2009
Pielow, Johann-Christian	Gewerbeordnung, München 2009
Pieper, Ralf/ Vorath, Bernd-Jürgen	Handbuch Arbeitsschutz, 2. Auflage, Frankfurt am Main 2005
Pieper, Ralf	Arbeitsschutzrecht, 5. Auflage, Frankfurt am Main 2012
Pieper, Ralf	Arbeitsstättenverordnung, 2. Auflage, Frankfurt am Main 2008
Pieroth, Bodo/ Schlink, Bernhard/ Kniesel, Michael	Polizei- und Ordnungsrecht, 7. Auflage, München 2012
Pöltl, René	Aktuelles Gaststättenrecht, KommJur 2004, 81
Pöltl, René	Die Sittenwidrigkeit der Prostitution im Gaststättenrecht nach In-Kraft-Treten des Prostitutionsgesetzes, VBlBW 2003, 181
Pöltl, René	Gaststättenrecht, 5. Auflage, Heidelberg 2003
Pschyrembel, Willibald	Klinisches Wörterbuch, 260. Auflage, Berlin 2004
Quambusch, Erwin	Die gesetzliche Aufwertung der Prostitution, ZFSH/SGB 2002, 131
Rabe, Heike	Menschenhandel zur sexuellen Ausbeutung in Deutschland, APuZ 9/2013, 15

Rabe, Heike	Potentiale und Entwicklungen im Baurecht in: Kavemann, Barbara/Rabe, Heike (Hrsg.), Das Prostitutionsgesetz, Opladen 2009, S. 117
Radermacher, Volker	Bordellbesteuerung unter Anwendung des § 160 AO (Teil 1), AO-StB 2007, 213
Radermacher, Volker	Bordellbesteuerung unter Anwendung des § 160 AO (Teil 2), AO-StB 2007, 239
Rauer, Horst	Die steuerliche und steuerstrafrechtliche Erfassung der Prostituierten, MDR 1982, 180
Rautenberg, Erardo Cristoforo	Prostitution: Das Ende der Heuchelei ist gekommen!, NJW 2002, 650
Reichel, Gerhard Hans/ Schulte, Bernd H.	Handbuch Bauordnungsrecht, München 2004
Renner, Günter	Ausländerrecht, 9. Auflage, München 2011
Renzikowski, Joachim	Ausländerrechtliche Probleme des Frauenhandels, ZAR 2006, 55
Renzikowski, Joachim	Plädoyer für eine gewerberechtliche Reglementierung der Prostitution, GewArch 2008, 432
Renzikowski, Joachim	Reglementierung von Prostitution, Gutachten im Auftrag des Bundesministeriums für Familie, Senioren, Frauen und Jugend, Berlin 2007
Rhein, Kay-Uwe/ Zitzen, Dirk	Zur bauplanungsrechtlichen Zulässigkeit sexueller Dienstleistungsangebote, NJOZ 2009, 267
Rixen, Stephan	„Hartz IV“: Ist jede Arbeit zumutbar?, SGb 2005, 509

Rolfs, Christian/ Giesen, Richard/ Kreikebohm, Ralf/ Udsching, Peter	Sozialrecht, München 2008
Rondorf, Hans-Dieter	Die Besteuerung des Rotlichtmilieus, NWB (Fach 2) 2005, 8777
Rupperecht, Reinhard	Kommunale Dirnenhäuser? Rechtsfragen der Prostitutionskontrolle, Die Polizei 1974, 329
Säcker, Franz Jürgen/ Rixecker, Roland	Münchener Kommentar zum Bürgerlichen Gesetzbuch, 6. Auflage, München 2012
Schaeffer, Klaus	Der Begriff der Unzuverlässigkeit in § 35 Abs. 1 GewO, WiVerw 1982, 100
Schatzschneider, Wolfgang	Rechtsordnung und Prostitution, NJW 1985, 2793
Schlichter, Otto/ Friedrich, Klaus	Bauplanungsrechtliche Steuerung der Ansiedlung von Gewerbebetrieben, WiVerw 1988, 199
Schmidbauer, Wilhelm	Das Prostitutionsgesetz zwischen Anspruch und Wirklichkeit aus polizeilicher Sicht, NJW 2005, 871
Schoch, Friedrich	Besonderes Verwaltungsrecht, 15. Auflage, Berlin 2013
Schmidt, Klaus/ Koberski, Wolfgang/ Tiemann, Barbara/ Wascher, Angelika	Heimarbeitsgesetz, 4. Auflage, München 1998
Schmidt, Ludwig	Einkommensteuergesetz, 32. Auflage, München 2013

Schmidt, Reiner/ Kahl, Wolfgang	Umweltrecht, 8. Auflage, München 2010
Schmitt, Jochem	Anmerkung zu BSG, Urt. v. 10.08.2000 – B 12 KR 21/98 R, SGb 2002, 178
Schmitt, Jochem	SGB VII Gesetzliche Unfallversicherung, 4. Auflage, München 2009
Schmitter, Romina	Prostitution – Das „älteste Gewerbe der Welt"?, APuZ 2013, 22
Schmittmann, Jens M.	Besteuerung der Prostitutionseinkünfte in Deutschland, ZSteu 2005, 213
Schöbener, Burkhard/ Rafii, Michael	Das älteste Gewerbe der Welt – ein Gewerbe?, KSzW 2012, 172
Schönleitner, Ulrich	Auswirkungen des Prostitutionsgesetzes auf das Gewerberecht, GewArch 2002, 319
Schönleitner, Ulrich/ Stenger, Anja	Frühjahrssitzung 2007 des Bund-Länder-Ausschusses „Gewerberecht", GewArch 2007, 320
Schröer, Thomas	Bordellbetriebe und Öffentliches Baurecht, NZBau 2009, 166
Schwarze, Jürgen	EU-Kommentar, 3. Auflage, Baden-Baden 2012
Schweiger, Maximilian D.	Rechtsfragen rund um die „Jobbörse" der Bundesagentur für Arbeit, NZS 2013, 288
Sensburg, Patrick Ernst/ Maslaton, Martin	Abgabenrecht in der Zuständigkeit der Verwaltungsgerichte, Berlin 2007
Soden, Wolfram von (Hrsg.)/ Schott, Albert (Übersetzung)	Das Gilgamesch-Epos, Stuttgart 1994

Sparwasser, Reinhard/ Engel, Rüdiger/ Voßkuhle, Andreas	Umweltrecht, 5. Auflage, Heidelberg 2003
Starosta, Thomas	Zur Sittenwidrigkeit von Veranstaltungen i.S. des § 33a GewO mit geschlechtlichem Charakter, GewArch 1985, 290
Stiebig, Volker	Sic transit gloria mundi? – Das Prostitutionsgesetz im Lichte der europäischen Integration: Das Plädoyer wider die Sittenwidrigkeit, BayVBl. 2004, 545
Stober, Rolf	Handbuch des Wirtschaftsverwaltungs- und Umweltrechts, Stuttgart 1989
Stollenwerk, Detlef	Noch einmal: Swingerclubs und Gaststättenrecht, GewArch 2008, 317
Stollmann, Frank	Öffentliches Baurecht, 8. Auflage, München 2011
Storr, Christian/ Wenger, Frank/ Eberle, Simone/ Albrecht, Rainer/ Harms, Karsten/ Kreuzer, Christiane	Kommentar zum Zuwanderungsrecht, 2. Auflage, Stuttgart 2008
Stüer, Bernhard	Handbuch des Bau- und Fachplanungsrechts, 4. Auflage, München 2009
Stühler, Hans-Ulrich	Auswirkungen des Prostitutionsgesetzes auf das Bau-, Gaststätten- und Gewerberecht, GewArch 2005, 129
Stühler, Hans-Ulrich	Die Zulässigkeit von Vergnügungsstätten nach der BauNVO und deren Steuerung nach § 9 BauGB, BauR 2013, 685

Stühler, Hans-Ulrich	Prostitution und öffentliches Baurecht, BauR 2010, 1013
Stühler, Hans-Ulrich	Prostitution und öffentliches Recht (unter besonderer Berücksichtigung des Baurechts), NVwZ 1997, 861
Stühler, Hans-Ulrich	Swinger-Clubs in baurechtlicher Sicht, GewArch 2006, 20
Stühler, Hans-Ulrich	Zur Zulässigkeit von bordellartigen Betrieben (Terminwohnungen) und Wohnungsprostitution in Mischgebieten, GewArch 2006, 26
Tettinger, Peter J./ Wank, Rolf/ Ennuschat, Jörg	Gewerbeordnung, 8. Auflage, München 2011
Theben, Martin	Rechtliche Aspekte der (freiwillig) ausgeübten Prostitution unter besonderer Berücksichtigung gewerberechtlicher Vorschriften und des zivilen Vertragsrechts, Aachen 2004
Thiel, Markus	Öffentliches Baurecht – Zu Unrecht ungeliebt?, AL 2012, 174
Tipke, Klaus/ Lang, Joachim	Steuerrecht, 21. Auflage, Köln 2013
Vahle, Jürgen	Das Gaststättenrecht nach dem Deregulierungsgesetz, DVP 2006, 133
Vahle, Jürgen	Wahn und Wirklichkeit – Das neue Prostitutionsgesetz, NZA 2002, 1077
Vogel, Joachim	Juristische Methodik, Berlin 1998
Waltermann, Raimund	Sozialrecht, 10. Auflage, Heidelberg 2012

Weber, Hermann	Gesetz- oder sittenwidrig, aber steuerpflichtig – oder: Der Staat als stiller Teilhaber von Bestechungsgeldempfängern, Telefonsexunternehmern und Rauschgiftdealern – BFH, NJW 2000, 2918, 2919 und 3085, JuS 2000, 1059
Wegner, Carsten	„Düsseldorfer Verfahren“ und die Rechte der Steuerfahndung im Bordell, Praxis Steuerstrafrecht 2006, 148
Wesel, Uwe	Frauen schaffen an, das Patriarchat kassiert ab, NJW 1998, 120
Wesel, Uwe	Prostitution als Beruf, NJW 1999, 2865
Wettling, Hans	Das Bordell, eine Vergnügungsstätte im Sinne des § 7 Abs. 2 BauNVO?, VBlBW 1983, 18
Wieling, Hans Josef	Sachenrecht, 5. Auflage, Berlin 2007
Winkler, Jürgen	Sozialgesetzbuch IV, Baden-Baden 2007
Wohlfarth, Jürgen	Erste Erfahrungen mit dem Prostitutionsgesetz, LKRZ 2007, 376
Wohlfarth, Jürgen	Rechtsfragen um die Prostitution, VR 2004, 126
Zeitler, Stefan	„Paßkontrolle“ durch den Bordellwirt?, VBlBW 1996, 44
Zimmermann, Udo	Die öffentlich-rechtliche Behandlung der Prostitution, Tübingen 2002

Abkürzungsverzeichnis

4. BImSchV	Vierte Verordnung zur Durchführung des Bundes-Immissionsschutzgesetzes
a.A.	andere Auffassung
a.a.O.	am angegebenen Ort
Abs.	Absatz
AL	AD LEGENDUM
a.E.	am Ende
AEUV	Vertrag über die Arbeitsweise der Europäischen Union
a. F.	alte Fassung
AFG	Arbeitsförderungsgesetz
AIDS	Acquired Immune Deficiency Syndrome
Anh.	Anhang
Anm.	Anmerkung
AO	Abgabenordnung
AO-StB	Der AO-Steuer-Berater
APLR	Allgemeines Preußisches Landrecht
APuZ	Aus Politik und Zeitgeschichte – Beilage zur Wochenzeitung Das Parlament
ARB 1/80	Beschluss Nr. 1/80 des Assoziationsrats EWG/Türkei über die Entwicklung der Assoziation
ArbGG	Arbeitsgerichtsgesetz
ArbSchG	Arbeitsschutzgesetz
ArbStättV	Arbeitsstättenverordnung
ArbuR	Arbeit und Recht
ArbZG	Arbeitszeitgesetz
ArchsozArb	Archiv für Wissenschaft und Praxis der sozialen Arbeit
Art.	Artikel
ASOG Bln	Allgemeines Sicherheits- und Ordnungsgesetz Berlin
AsylVfG	Asylverfahrensgesetz
AuA	Arbeit und Arbeitsrecht
AufenthG	Aufenthaltsgesetz

AufenthV	Aufenthaltsverordnung
AuslG	Ausländergesetz
BÄO	Bundesärzteordnung
BauGB	Baugesetzbuch
BauNVO	Baunutzungsverordnung
BauO Bln	Bauordnung für Berlin
BauO LSA	Bauordnung des Landes Sachsen-Anhalt
BauR	Zeitschrift für das gesamte öffentliche und zivile Baurecht
BayBO	Bayrische Bauordnung
BayStrWG	Bayerisches Straßen- und Wegegesetz
BayVBl.	Bayrische Verwaltungsblätter
BayZwEWG	Gesetz über das Verbot der Zweckentfremdung von Wohnraum Bayern
BbgBauO	Brandenburgische Bauordnung
BbgGastG	Brandenburgisches Gaststättengesetz
BbgStrG	Brandenburgisches Straßengesetz
Beschl.	Beschluss
BeschV	Beschäftigungsverordnung
BFH	Bundesfinanzhof
BFHE	Entscheidungen des Bundesfinanzhofes
BFH/NV	Entscheidungen des Bundesfinanzhofes/Nicht veröffentlicht
BGB	Bürgerliches Gesetzbuch
BGBl.	Bundesgesetzblatt
BGH	Bundesgerichtshof
BGHSt	Entscheidungen des Bundesgerichtshofes in Strafsachen
BGHZ	Entscheidungen des Bundesgerichtshofes in Zivilsachen
BImSchG	Bundes-Immissionsschutzgesetz
BKV	Berufskrankheiten-Verordnung
BMFSFJ	Bundesministerium für Familie, Senioren, Frauen und Jugend
BRAO	Bundesrechtsanwaltsordnung
BR-Drs.	Bundesratsdrucksache
BremBO	Bremische Bauordnung
BremGastG	Bremisches Gaststättengesetz

BRH	Bundesrechnungshof
BRS	Baurechtssammlung
BSeuchG	Bundesseuchengesetz
BSG	Bundessozialgericht
BSGE	Entscheidungen des Bundessozialgerichts
BT-Drs.	Bundestagsdrucksache
BUrlG	Bundesurlaubsgesetz
BVerfG	Bundesverfassungsgericht
BVerwG	Bundesverwaltungsgericht
BVerwGE	Entscheidungen des Bundesverwaltungsgerichtes
BVV	Bezirksverordnetenversammlung
BWVPr.	Baden-Württembergische Verwaltungspraxis
BZRG	Bundeszentralregistergesetz
CDU	Christlich-Demokratische Union
CSU	Christlich-Soziale Union
DDR	Deutsche Demokratische Republik
d.h.	das heißt
Die Beiträge	Die Beiträge zur Sozial- und Arbeitslosenversicherung
DÖV	Die Öffentliche Verwaltung
Drs.	Drucksache
DRV Bund	Deutsche Rentenversicherung Bund
DStR	Deutsches Steuerrecht
DVBl.	Deutsches Verwaltungsblatt
DVP	Deutsche Verwaltungspraxis
EFG	Entscheidungen der Finanzgerichte
EG	Europäische Gemeinschaft
EGStGB	Einführungsgesetz zum Strafgesetzbuch
Einl.	Einleitung
EStG	Einkommensteuergesetz
EuGH	Europäischer Gerichtshof
EuGRZ	Europäische Grundrechte-Zeitschrift
e.V.	eingetragener Verein
EWR	Europäischer Wirtschaftsraum
f.	folgende
FamRZ	Zeitschrift für das gesamte Familienrecht
FDP	Freie Demokratische Partei
ff.	fortfolgende
FG	Finanzgericht

FKK	Freikörperkultur
Fn.	Fußnote
FreizügG/EU	Gesetz über die allgemeine Freizügigkeit von Unionsbürgern
FStrG	Bundesfernstraßengesetz
FTG	Gesetz über die Sonn- und Feiertage Brandenburg
GastG	Gaststättengesetz
GastV Bln	Gaststättenverordnung Berlin
GastVO RhPf.	Gaststättenverordnung Rheinland-Pfalz
GE	Das Grundeigentum
GeschlKrG	Gesetz zur Bekämpfung von Geschlechtskrankheiten
GewArch	Gewerbearchiv
GewO	Gewerbeordnung
GewStG	Gewerbesteuergesetz
GG	Grundgesetz für die Bundesrepublik Deutschland
ggf.	gegebenenfalls
HAG	Heimarbeitsgesetz
HBauO	Hamburgische Bauordnung
HBO	Hessische Bauordnung
HessKAG	Gesetz über kommunale Abgaben Hessen
HGastG	Hessisches Gaststättengesetz
HIV	Humanes Immundefizienz-Virus
h.M.	herrschende Meinung
HmbSpVStG	Hamburgisches Spielvergnügungsteuergesetz
HmbWoSchG	Gesetz über das Verbot der Zweckentfremdung von Wohnraum Hamburg
HSOG	Hessisches Gesetz über die öffentliche Sicherheit und Ordnung
HwO	Handwerksordnung
HyVO Bay	Hygiene-Verordnung Bayern
i.d.S.	in diesem Sinne
i.E.	im Ergebnis
IfSG	Infektionsschutzgesetz
InfAuslR	Informationsbrief Ausländerrecht
i.S.d.	im Sinne des
i.S.v.	im Sinne von
i.V.m.	in Verbindung mit
JR	Juristische Rundschau

JuS	Juristische Schulung
JuSchG	Jugendschutzgesetz
JZ	Juristenzeitung
KAG Bbg	Kommunalabgabengesetz Brandenburg
KAG BW	Kommunalabgabengesetz Baden-Württemberg
KAG LSA	Kommunalabgabengesetz des Landes Sachsen-Anhalt
KAG M-V	Kommunalabgabengesetz Mecklenburg-Vorpommern
KAG RP	Kommunalabgabengesetz Rheinland-Pfalz
KAG SH	Kommunalabgabengesetz des Landes Schleswig-Holstein
Kap.	Kapitel
Kfz	Kraftfahrzeug
KommJur	Kommunaljurist
KommunalPraxis BY	KommunalPraxis Bayern
KSVG	Künstlersozialversicherungsgesetz
KSzW	Kölner Schriften zum Wirtschaftsrecht
KStZ	Kommunale Steuer-Zeitschrift
LBauO MV	Landesbauordnung Mecklenburg-Vorpommern
LBauO NRW	Landesbauordnung Nordrhein-Westfalen
LBauO RP	Landesbauordnung Rheinland-Pfalz
LBauO Saar	Landesbauordnung Saarland
LBauO SH	Landesbauordnung für das Land Schleswig-Holstein
LBO BW	Landesbauordnung für Baden-Württemberg
LG	Landgericht
LImSchG Bbg	Landesimmissionsschutzgesetz Brandenburg
LImSchG Bln	Landes-Immissionsschutzgesetz Berlin
LKRZ	Zeitschrift für Landes- und Kommunalrecht Hessen, Rheinland-Pfalz, Saarland
LS	Leitsatz
LSG	Landessozialgericht
LVwG S-H	Allgemeines Verwaltungsgesetz für das Land Schleswig-Holstein
MBO	Musterbauordnung
MDR	Monatszeitschrift des Deutschen Rechts
Mio.	Million
MuSchG	Mutterschutzgesetz
m.w.N.	mit weiteren Nachweisen
NBauO	Niedersächsische Bauordnung

n. Chr.	nach Christus
n. F.	neue Fassung
NGastG	Niedersächsisches Gaststättengesetz
NJ	Neue Justiz
NJOZ	Neue Juristische Online Zeitschrift
NJW	Neue Juristische Wochenschrift
NK	Neue Kriminalpolitik
NKAG	Niedersächsisches Kommunalabgabengesetz
Nr.	Nummer
NS	Nationalsozialismus
NStZ	Neue Zeitschrift für Strafrecht
NStZ-RR	Neue Zeitschrift für Strafrecht Rechtsprechungs-Report
NVwZ	Neue Zeitschrift für Verwaltungsrecht
NVwZ-RR	Neue Zeitschrift für Verwaltungsrecht Rechtsprechungs-Report
NWB	Neue Wirtschafts-Briefe
NWVBl.	Nordrhein-Westfälische Verwaltungsblätter
NZA	Neue Zeitschrift für Arbeitsrecht
NZBau	Neue Zeitschrift für Baurecht und Vergaberecht
NZS	Neue Zeitschrift für Sozialrecht
o.ä.	oder ähnliches
OLG	Oberlandesgericht
OVG	Oberverwaltungsgericht
OWiG	Gesetz über Ordnungswidrigkeiten
PAG Bay	Polizeiaufgabengesetz Bayern
PAG Thür	Polizeiaufgabengesetz Thüringen
PartGG	Partnerschaftsgesellschaftsgesetz
PassG	Passgesetz
PAuswG	Gesetz über Personalausweise
POG R-P	Polizei- und Ordnungsbehördengesetz Rheinland-Pfalz
PolG Bbg	Brandenburgisches Polizeigesetz
PolG BW	Polizeigesetz Baden-Württemberg
PolG NRW	Polizeigesetz des Landes Nordrhein-Westfalen
ProstG	Prostitutionsgesetz
Rdn.	Randnummer
RFH	Reichsfinanzhof

S.	Satz/Seite
SächsBO	Sächsische Bauordnung
SächsGastG	Sächsisches Gaststättengesetz
SächsKAG	Sächsisches Kommunalabgabengesetz
SächsPolG	Polizeigesetz des Freistaates Sachsen
SchwarzArbG	Gesetz zur Bekämpfung der Schwarzarbeit und illegalen Beschäftigung
SeuchRNeuG	Seuchenrechtsneuordnungsgesetz
SG	Sozialgericht
SGastG	Saarländisches Gaststättengesetz
SGb	Die Sozialgerichtsbarkeit
SGB I	Erstes Buch Sozialgesetzbuch Allgemeiner Teil
SGB II	Zweites Buch Sozialgesetzbuch Grundsicherung für Arbeitssuchende
SGB III	Drittes Buch Sozialgesetzbuch Arbeitsförderung
SGB IV	Viertes Buch Sozialgesetzbuch Gemeinsame Vorschrift für die Sozialversicherung
SGB V	Fünftes Buch Sozialgesetzbuch Gesetzliche Krankenversicherung
SGB VI	Sechstes Buch Sozialgesetzbuch Gesetzliche Rentenversicherung
SGB VII	Siebtes Buch Sozialgesetzbuch Gesetzliche Unfallversicherung
SGB XI	Elftes Buch Sozialgesetzbuch Pflegeversicherung
SM	Sadomasochismus
sog.	sogenannt(e)
SOG M-V	Gesetz über die öffentliche Sicherheit und Ordnung in Mecklenburg-Vorpommern
SozSich	Soziale Sicherheit
SozVers	Die Sozialversicherung
SPD	Sozialdemokratische Partei Deutschlands
STD	sexually transmitted diseases
StE	Steuer-Eildienst
StGB	Strafgesetzbuch
StrWG NRW	Straßen- und Wegegesetz des Landes Nordrhein-Westfalen
StV	Strafverteidiger
StVG	Straßenverkehrsgesetz

StVO	Straßenverkehrsordnung
TA Lärm	Technische Anleitung Lärm
ThürBO	Thüringer Bauordnung
ThürGastG	Thüringer Gaststättengesetz
ThürKAG	Thüringer Kommunalabgabengesetz
u.a.	unter anderem
u.ä.	und ähnliches
UPR	Umwelt- und Planungsrecht
Urt.	Urteil
UStG	Umsatzsteuergesetz
usw.	und so weiter
u.U.	unter Umständen
UVV	Unfallverhütungsvorschrift
v.	vom
VBlBW	Verwaltungsblätter für Baden-Württemberg
VEB	Volkseigener Betrieb
VergnügstG Brem	Vergnügungssteuergesetz Bremen
VersR	Versicherungsrecht
VerwArch	Verwaltungsarchiv
VG	Verwaltungsgericht
VGH	Verwaltungsgerichtshof
vgl.	vergleiche
VgStG Bln	Vergnügungsteuergesetz Berlin
VgnStG Saar	Vergnügungssteuergesetz Saarland
Vorb.	Vorbemerkung
VR	Verwaltungsrundschau
VwVfG	Verwaltungsverfahrensgesetz
wistra	Zeitschrift für Wirtschafts- und Steuerstrafrecht
WiVerw	Wirtschaft und Verwaltung
WPO	Wirtschaftsprüferordnung
WürttPolStrafGB	Württembergisches Polizeistrafgesetzbuch
ZAR	Zeitschrift für Ausländerrecht und Ausländerpolitik
z.B.	zum Beispiel
ZRP	Zeitschrift für Rechtspolitik
ZSteu	Zeitschrift für Steuern & Recht
z.T.	zum Teil
ZwG M-V	Zweckentfremdungsübertragungsgesetz Mecklenburg-Vorpommern

A. Einführung

I. Problemaufriss

In Zusammenhang mit dem sprichwörtlich ältesten Gewerbe der Welt stellen sich auch nach Inkrafttreten des ProstG im Jahre 2002[1] nicht wenige Rechtsfragen. Der Bundesgesetzgeber hat das ProstG im Ergebnis des gesellschaftlichen Wandels, der auch in der Rechtsprechung seinen Niederschlag gefunden hat[2], erlassen, dabei aber nur die zivil-, straf- und sozialversicherungsrechtliche Seite der Prostitutionsausübung geregelt.[3] Diese hat deshalb im Öffentlichen Recht nach wie vor einen unsicheren Status. Die zumeist (kommunal-) politischen und gerichtlichen Auseinandersetzungen um den Bau von Großbordellen, die Zukunft von Wohnungsbordellen oder der Umgang mit Straßenprostitution zeugen von dieser Unsicherheit. Gleichwohl ist festzuhalten, dass Prostitution trotz gesellschaftlicher Tabuisierung in der Menschheitsgeschichte in jeder Gesellschafts- und Wirtschaftsordnung anzutreffen war und ist. Dementsprechend muss mit ihr auch und gerade in einer freiheitlich-demokratischen Staats- und Gesellschaftsordnung offen und vorurteilsfrei umgegangen werden. Im Übrigen darf die volkswirtschaftliche Bedeutung der Prostitution nicht unterschätzt werden, für die beispielhaft einige Zahlen genannt seien. Bundesweit soll es bis zu 400.000 Prostituierte geben, etwa 1,2 Mio. Menschen gehen in Deutschland täglich zu einer Prostituierten und mit Prostitution werden jährlich mehrere Milliarden € umgesetzt.[4]

Demgemäß ist es angezeigt, den Status der Prostitution im Öffentlichen Recht einer Klärung zuzuführen.

---

1 BGBl. I 2001, S. 3983.

2 Beispielhaft VG Berlin, Urt. v. 01.12.2000 – 35 A 570.99, NJW 2001, 983.

3 Zusammenfassend zu den zivil- und strafrechtlichen Folgen: Armbrüster, NJW 2002, 2763; Bergmann, JR 2003, 270 und Heger, StV 2003, 350.

4 Wohlfarth, VR 2004, 126 und LKRZ 2007, 376; Gugel, Das Spannungsverhältnis zwischen Prostitutionsgesetz und Art. 3 II Grundgesetz, S. 6f. sowie Der Spiegel, Ausgabe 22/2013, S. 56ff. Die zahlenmäßige Verteilung gestaltet sich dabei nach Schätzungen dergestalt, dass 93 % der Prostituierten weiblichen Geschlechts (mehrheitlich im Übrigen mit Migrationshintergrund), 4 % männlichen Geschlechts und die restlichen 3 % transsexuell sind (Gugel, a.a.O.).

II. Untersuchungsgegenstand

Schemenhaft sind drei Formen der Prostitutionsausübung zu unterscheiden, deren Merkmale im Folgenden genauer dargestellt werden: die „aufsuchende" Prostitution, die Straßenprostitution und die Prostitution in baulichen Anlagen. Die genannten juristischen und politischen Auseinandersetzungen beziehen sich vor allem auf die Straßenprostitution und die Prostitution in baulichen Anlagen. Für diese baulichen Anlagen hat sich vereinzelt der aufgrund seiner Weite sehr praktische Begriff der prostitutiven Einrichtung geprägt.[5] Die vorliegende Arbeit wird sich dieser Prostitution in Häusern, die übrigens hierzulande den Großteil der Prostitution ausmacht[6], sowie des Status ihrer Mitarbeiter unter öffentlich-rechtlichen Gesichtspunkten annehmen.

III. Vorgehen

Dazu wird in drei Schritten vorgegangen:

1. Historischer Abriss und Begriffsbestimmungen

Zunächst werden nach einem kurzen (rechts-) historischen Abriss (B.) die Grundformen der Prostitutionsausübung dargestellt, um den Untersuchungsgegenstand herauszuarbeiten (C.). Sodann werden die einschlägigen Begriffe einer Definition zugeführt, insbesondere wird eine Bestimmung des Begriffs prostitutive Einrichtung vorgenommen. Die unklaren Begriffe, wie z.B. Wohnungsprostitution, werden definiert, und die Erscheinungsformen prostitutiver Einrichtungen kategorisiert und typisiert. Dies ist notwendig, da nach wie vor große terminologische Unsicherheiten bestehen.[7] Außerdem bildet die Typisierung den Ausgangspunkt für den folgenden zweiten Abschnitt.

---

5 Siehe etwa VG Berlin, Urt. v. 06.05.2009 – 19 A 91.07, GewArch 2009, 322 oder Rhein/Zitzen, NJOZ 2009, 267 (268). Anzumerken ist aber bereits an dieser Stelle der Arbeit, dass es noch keine konkrete Definition dieses Begriffs gibt.

6 Wohlfarth, VR 2004, 126 spricht von 64 %.

7 Das VG Berlin etwa spricht nicht ohne Grund von einem Begriffswirrwarr (Urt. v. 06.05.2009 – 19 A 91.07, GewArch 2009, 322 [324]).

2. Rechtslage

Im zweiten Abschnitt (D.) wird die Rechtslage bezüglich prostitutiver Einrichtungen auf den verschiedenen Gebieten des Öffentlichen Rechts dargestellt und kritisch betrachtet. Dabei werden folgende Bereiche des Öffentlichen Rechts behandelt: das Öffentliche Wirtschaftsrecht, das Öffentliche Baurecht, das Immissionsschutzrecht, das Arbeitsschutzrecht, das Gesundheitsrecht, das Ausländerrecht, das Sozialrecht und das Steuerrecht.

3. Perspektiven

Im dritten Teil (E.) wird darauf aufbauend untersucht, wie mit den Mitteln des Verwaltungsrechts prostitutive Einrichtungen reguliert werden können. Es ist rechtspolitisch wünschenswert, der staatlichen und kommunalen Verwaltung einen Kriterienkatalog an die Hand zu geben. Daher wird im Rahmen dieser Arbeit der Versuch unternommen, auf der Basis des geltenden Rechts einen solchen zu entwickeln. Es wäre erstrebenswert, wenn mit Hilfe der Instrumente des Verwaltungsrechts die Prostitutionsausübung in einer für alle Betroffenen annehmbaren Weise reguliert werden würde.

Wo die Untersuchung zu dem Ergebnis kommt, dass das geltende Recht für eine sach- und zeitgemäße (ordnungs-) rechtliche Regulation unzureichend ist, werden Vorschläge für Gesetzesänderungen erarbeitet.

In diesem letzten Abschnitt sollen auch zwei Beispiele aus der Verwaltungspraxis vorgestellt und bewertet werden. Die Arbeit wird sich hierbei mit dem seit vielen Jahren praktizierten Dortmunder Modell und dem Umsetzungskonzept der Stadt Hannover beschäftigen.

Eine zusammenfassende Schlussbetrachtung (F.) wird die Arbeit abrunden.

B. Historischer Abriss

Im Folgenden wird die (Rechts-) Geschichte der Prostitution in einem kurzen Abriss mit einem Schwerpunkt auf der Regulation im deutschen Rechtsraum dargestellt.

I. Frühgeschichte und Antike

Das Sprichwort von der Prostitution als ältestem Gewerbe der Welt ist historisch belegbar.[1] Bereits die frühesten Schriftquellen der Menschheit, wie das Gilgamesch-Epos, zeigen, dass es Prostitution bereits in den frühen Hochkulturen gegeben hat.[2] Auch in der Bibel wird sie erwähnt.[3] Die Babylonier, die Römer und die Griechen kannten Prostitution, wobei in diesen Kulturen zwischen zwei Formen unterschieden wurde, nämlich der kultischen Prostitution (Tempelprostitution) und der Erwerbsprostitution.[4]

Während es in Griechenland staatlich betriebene Bordelle gab und Prostitution besteuert wurde[5], ist bei den Römern im Laufe der Zeit ein immer strikterer Umgang mit der Prostitutionsausübung zu beobachten. Zunächst konnte sie auch in Rom mit staatlicher Erlaubnis und gegen Steuerzahlung erfolgen.[6] Allerdings

1 Kritisch zum Begriff des ältesten Gewerbes der Welt: Schmitter, APuZ 2013, 22.

2 Von Soden/Schott, Das Gilgamesch-Epos, S. 12.

3 Siehe z.B. aus dem Alten Testament: Deutsche Bibelgesellschaft, Die Bibel, 1. Könige 3,16ff. sowie aus dem Neuen Testament: ebenda, Lukas 7, 36ff.

4 Zimmermann, Die öffentlich-rechtliche Behandlung der Prostitution, S. 5 m.w.N., wobei einschränkend anzumerken ist, dass bezüglich der griechischen Antike in der neueren Forschung die Existenz von kultischer Prostitution nicht unumstritten ist. Übrigens unterscheidet auch die Bibel zwischen kultischer Prostitution (Deutsche Bibelgesellschaft, Die Bibel, 3. Mose 19,29, wo diese untersagt wird) und kommerzieller Prostitution (ebenda, Sprüche 6,26). Siehe weiter Malkmus, Prostitution in Recht und Gesellschaft, S. 21ff. und zur Prostitution im alten Orient auch Gugel, Das Spannungsverhältnis zwischen Prostitutionsgesetz und Art. 3 II Grundgesetz, S. 16ff.

5 Siehe Zimmermann, Die öffentlich-rechtliche Behandlung der Prostitution, S. 5 und Rhein/Zitzen, NJOZ 2009, 267 (276) zu den verschiedenen Formen. Dennoch ist bereits im antiken Griechenland eine gewisse Doppelmoral in Bezug auf Prostitution zu beobachten (Laskowski, Die Ausübung der Prostitution, S. 51f.).

6 Dufour, Geschichte der Prostitution, II. Band, S. 18ff.

änderte sich diese vergleichsweise liberale Haltung im Laufe der Zeit.[7] Ab ca. 150 n. Chr. sind eine geänderte Sexualmoral und damit ein anderer Umgang mit Prostituierten zu beobachten.[8] Diese fanden ihre Ursachen im aufkommenden Christentum und dem biblischen Prostitutionsverbot.[9] Die Prostituierten wurden zunehmend „polizeilich“ überwacht und waren bestenfalls geduldet.

II. Mittelalter und frühe Neuzeit

Im Mittelalter ist ein anderer Reglementierungsansatz zu beobachten, der seinen Ursprung darin fand, dass Prostitution zwar ein notwendiges Ventil war, gleichwohl aber Sexualität außerhalb der Ehe eigentlich nicht stattfinden durfte.[10] In der mittelalterlichen Gesellschaft war Prostitution daher ein offizielles und gesetzliches, aber auch minderwertiges und sündiges Gewerbe.[11] In der Gesetzgebung des Mittelalters finden sich vielerorten Vorschriften, die in unterschiedlich rigoroser Weise die Prostitution reglementierten. Es sind beispielsweise im 16. Jahrhundert entsprechende gesetzliche Vorschriften im deutschen Rechtsraum feststellbar. Die peinliche Gerichtsordnung Karls V. (die sog. „carolina“ von 1532) bestraft Ehebruch und Kuppelei, während sie die gewerbliche Unzucht nicht einmal anspricht. Demgegenüber verbot die „cardina“ (das Reichspolizeigesetz von 1548 und 1577) die Prostitution ausdrücklich.[12] Diese Vorschriften markierten eher den Endpunkt der staatlich regulierten Prostitution im Mittelalter. Vorher gab es in fast allen mittelalterlichen Städten Frauenhäuser, die zumeist sogar im Besitz der Stadt selbst waren.[13] Der Umgang mit Prostitution war in vielen mittelalterlichen Städten durchaus liberal.[14] Bemerkenswert ist auch, dass ungefähr ein Viertel der Teilnehmer an den Kreuzzügen Prostituierte waren.[15] Gleichwohl galt die Prostitution als unehrliches Gewerbe. Entsprechend wurde mit den Prostituierten gesellschaftlich verfahren. Die Entwicklung im Mittelalter und in der

7 Siehe Wesel, NJW 1998, S. 120 sowie Zimmermann, Die öffentlich-rechtliche Behandlung der Prostitution, S. 5f. m.w.N.

8 Laskowski, Die Ausübung der Prostitution, S. 53f. m.w.N.

9 Deutsche Bibelgesellschaft, Die Bibel, 1. Korinther 6,15ff. Zusammenfassend zur Sexualmoral des frühen Christentums: Malkmus, Prostitution in Recht und Gesellschaft, S. 24f.

10 Gleß, Die Reglementierung der Prostitution in Deutschland, S. 16.

11 Laskowski, Die Ausübung der Prostitution, S. 54 und Gugel, Das Spannungsverhältnis zwischen Prostitutionsgesetz und Art. 3 II Grundgesetz, S. 23f.

12 Vgl. zu den Vorschriften weiterhin Zimmermann, Die öffentlich-rechtliche Behandlung der Prostitution, S. 6 sowie Laskowski, Die Ausübung der Prostitution, S. 54f. jeweils m.w.N.

13 Ausführlicher zu den Frauenhäusern: Malkmus, Prostitution in Recht und Gesellschaft, S. 29.

14 Umfassend zur Entwicklung im Mittelalter: Laskowski, Ausübung der Prostitution, S. 54ff.

15 Wesel, NJW 1985, 2865.

frühen Neuzeit lässt sich so zusammenfassen, dass bis zum 16. Jahrhundert ein durchaus ambivalenter und widersprüchlicher Umgang mit Prostitution gepflegt wurde. Sie wurde zumeist als ein notwendiges Übel angesehen, ihre Ausübung in einer zwischen Liberalität und Restriktion schwankenden Weise geregelt. Dies änderte sich zu Beginn des 16. Jahrhunderts.[16]

Aus verschiedenen Gründen[17] gab es in diesem und dem folgenden Jahrhundert einen restriktiveren Umgang mit Prostitution. Die Frauenhäuser schlossen nach und nach, auch im Zuge der geänderten Rechtslage.[18]

III. 18. Jahrhundert bis 1945

Im 17. und 18. Jahrhundert erlebte das Bordellwesen eine Renaissance, gleichwohl fand die Prostitution zunächst heimlich und von der Gesellschaft ignoriert statt.[19] Mit Beginn des aufgeklärten Absolutismus entstanden polizei- und strafrechtliche Vorschriften, die die Prostitutionsausübung reglementierten.[20] Dabei ist zu unterscheiden: Es gab zum einen Rechtsakte der Verwaltung, die recht progressiv mit der Prostitutionsausübung umgingen.[21] Beispielhaft sei hier die „Verordnung wider die Verführung junger Mädchen zu Bordells und zur Verhütung der Ausbreitung venerischer Übel" des Berliner Polizeipräsidenten von 1792 genannt, die durch eine Reihe von Vorschriften einen Ausgleich zwischen den in dem Bereich widerstreitenden Interessen gesucht hat.[22]

Im 18. Jahrhundert war die Prostitution aber auch Gegenstand von Legislativakten. Art. 47 WürttPolStrafGB etwa verbot die Ausübung der Prostitution. Die §§ 999ff. des APLR stellten sie unter ein Verbot mit Erlaubnisvorbehalt.[23] In Preußen ist in der ersten Hälfte des 19. Jahrhunderts zunächst eine Verschärfung und danach wieder eine Lockerung in der Reglementierung der Prostitution zu

16 So das Fazit von Laskowski, Die Ausübung der Prostitution, S. 57f.

17 Als Ursachen werden die Ausbreitung der Syphilis, die geänderte Sexualmoral infolge der Reformation oder die Hexenverfolgung diskutiert (ausführlich Laskowski, Die Ausübung der Prostitution, S. 58ff. und Malkmus, Prostitution in Recht und Gesellschaft, S. 31ff.). Letzterem Ansatz scheint Wesel, NJW 1999, 2865 zu folgen.

18 Zum Ganzen: Gleß, Die Reglementierung der Prostitution in Deutschland, S. 14ff. m.w.N.

19 Laskowski, Die Ausübung der Prostitution, S. 61.

20 Zimmermann, Die öffentlich-rechtliche Behandlung der Prostitution, S. 6.

21 Vgl. Zimmermann, Die öffentlich-rechtliche Behandlung der Prostitution, S. 7.

22 Gleß, Die Reglementierung der Prostitution in Deutschland, S. 17ff.

23 Siehe ausführlich Bargon, Prostitution und Zuhälterei, S. 68ff.; Gleß, Die Reglementierung der Prostitution in Deutschland, S. 25ff. und Malkmus, Prostitution in Recht und Gesellschaft, S. 38f.

beobachten.[24] Am Schluss dieser Entwicklung in Preußen stand, dass die Polizei zwar keine offiziellen Kontrollinstrumente durch die Bordellkonzessionen mehr hatte, gleichwohl aber durch inoffizielle Instrumente die Prostitutionsausübung überwachen konnte.[25] Die Vorschrift des § 146 I des Preußischen Strafgesetzbuches von 1851 folgte dieser Linie, indem sie es Frauen verbot, gegen polizeiliche Anordnungen gewerbsmäßige Unzucht zu treiben. § 147 des gleichen Gesetzes verbot aber die Kuppelei, also etwa die Tätigkeit des sog. Bordell- oder Hurenwirtes. Die Prostitution war damit grundsätzlich erlaubt, allerdings nur soweit sie den Anordnungen der Polizei folgte. Zeitgenössisch wurde insbesondere die erstgenannte Regelung nicht als Strafvorschrift, sondern vielmehr als gewerberechtliche Vorschrift mit etlichen damit verbundenen Problemen angesehen.[26] Mit der Gründung des Deutschen Reichs 1871 wurde die Reglementierung der Prostitution allgemein vereinheitlicht.[27] Das Reichsstrafgesetzbuch von 1871 verbot zunächst die Prostitution[28], beinhaltete dann in der Fassung vom 05.05.1871 mit § 361 Nr. 6 eine Vorschrift, die rechtsinhaltlich § 146 des Preußischen Strafgesetzbuches entsprach.[29] Durch die gleiche Vorschrift in der Fassung vom 26.02.1876 wurden die Prostituierten unter polizeiliche Aufsicht gestellt. Daneben verbat § 180 des StGB nach wie vor die Kuppelei. Allgemein war die Prostitution also weiterhin dem Grunde nach erlaubt, wenn sie gemäß den gesetzlichen Vorschriften stattfand. Am Ende des 19. Jahrhunderts gab es seine gesellschaftliche Bewegung, die ein Ende der polizeilichen Kontrolle und stattdessen eine stärkere (Gesundheits-) Fürsorge forderte.[30]

Paradigmisch stand am Ende dieser gesellschaftlichen Debatte das Geschlechtskrankheitengesetz von 1927. Durch dieses wurde die polizeiliche Reglementierung der Prostitution beendet und durch ein ordnungsrechtliches Modell abgelöst. Die „Gewerbeunzucht“ war nur noch strafbar, wenn sie bestimmte Grenzen überschritt.[31] Daneben bot § 4 des GeschlKrG eine Rechtsgrundlage für

24 Überhaupt war in Deutschland im 19. Jahrhundert insbesondere bedingt durch die Industrialisierung eine deutliche Zunahme der Prostitution wahrzunehmen (im Einzelnen Malkmus, Prostitution in Recht und Gesellschaft, 40f.).

25 Zum Ganzen ausführlich am Beispiel Berlins: Gleß, Die Reglementierung der Prostitution in Deutschland, S. 30ff.

26 Vgl. m.w.N. Gleß, Die Reglementierung der Prostitution in Deutschland, S. 49ff.

27 Gugel, Das Spannungsverhältnis zwischen Prostitutionsgesetz und Art. 3 II Grundgesetz, S. 29.

28 Zimmermann, Die öffentlich-rechtliche Behandlung der Prostitution, S. 7 und zur Entstehungsgeschichte: Hunecke, Das Prostitutionsgesetz und seine Umsetzung, S. 34f.

29 Ausführlich zu der Vorschrift: Malkmus, Prostitution in Recht und Gesellschaft, S. 44ff.

30 Gleß, Die Reglementierung der Prostitution in Deutschland, S. 71ff. und Hunecke, Das Prostitutionsgesetz und seine Umsetzung, S. 12ff.

31 Zum Ganzen: Gurlit, VerwArch 2006, 409f. sowie GewArch 2008, 426.

die gesundheitliche Kontrolle der Prostituierten.[32] § 17 des Gesetzes ermöglichte den Erlass von Sperrgebietsregelungen. Zugleich wurden wiederum die Vorschriften des StGB geändert.[33]

Während der NS-Herrschaft ist dann wiederum ein gewandelter Umgang zu beobachten, der von einer nicht unerheblichen Ambivalenz geprägt war.[34] Auf der einen Seite wurden die strafrechtlichen Vorschriften wieder verschärft (durch Veränderung des bereits genannten § 361 Reichsstrafgesetzbuch) und Prostituierte zum Gegenstand staatlicher Repression gemacht.[35] Sie wurden z.B. inhaftiert und sterilisiert. Auch ihre Freier und Ehemänner wurden verfolgt. Viele Prostituierte wurden im Rahmen der Euthanasie umgebracht.[36] Auf der anderen Seite gab es aber staatlich betriebene Prostitution z.B. für die Angehörigen der Wehrmacht.[37] Trotz der Tatsache, dass die Nationalsozialisten Bordelle eigentlich als zutiefst unsittlich ablehnten, hatte die Justiz des Dritten Reiches aber keine Bedenken, Prostitution zu besteuern.[38]

IV. 1945 bis 2000

Nach 1945 gab es aufgrund der deutschen Teilung eine Auseinanderentwicklung auch im Bereich des Umgangs mit Prostitution, die ihr Ende mit der Wiedervereinigung 1990 fand.

1. Bundesrepublik Deutschland

Nach dem Zweiten Weltkrieg und dem Ende der NS-Herrschaft wird in der Bundesrepublik die bisherige Linie im Wesentlichen fortgesetzt.[39] Prostitution ist nicht verboten, aber nicht als Erwerbstätigkeit anerkannt und ohne Rechts-

---

32 Gleß, Die Reglementierung der Prostitution in Deutschland, S. 85f. Siehe zur langen Entstehungsgeschichte des GeschlKrG: Hunecke, Das Prostitutionsgesetz und seine Umsetzung, S. 45ff.

33 Gleß, ZRP 1994, 436 (440f.) und Malkmus, Prostitution in Recht und Gesellschaft, S. 51f.

34 Instruktiv Malkmus, Prostitution in Recht und Gesellschaft, S. 54ff.

35 Zusammenfassend Gugel, Das Spannungsverhältnis zwischen Prostitutionsgesetz und Art. 3 II Grundgesetz, S. 31f.

36 Laskowski, Die Ausübung der Prostitution, S. 68f.

37 Zimmermann, Die öffentlich-rechtliche Behandlung der Prostitution, S. 8.

38 Schatzschneider, NJW 1985, 2793 (2794) m.w.N.

39 Malkmus, Prostitution in Recht und Gesellschaft, S. 60ff.

schutz.[40] In der bundesdeutschen Gesellschaft der 50er und 60er Jahre ist eine strikte Sexualmoral festzustellen, die sich erst ab ca. 1965 lockerte.[41] In der Rechtsprechung wurde die Prostitutionsausübung nach wie vor als sittenwidrig, gemeinschädlich und gar dem Berufsverbrechertum gleichstehend angesehen.[42] Dies fand seine Ursache in einer mittlerweile als überholt anzusehenden Auslegung von Art. 12 GG.

Dennoch ist in der Gesetzgebung seit den 70er Jahren ein Wandel zu beobachten. Mit dem 4. Strafrechtsänderungsgesetz von 1973 wurde auch das Sexualstrafrecht geändert und die Prostitution nur in bestimmten Fällen strafbar. Die Gesetzesänderung war von dem Wunsch getragen, die Prostitution künftig mit den Vorschriften des Öffentlichen Rechts zu kontrollieren.[43] In der Tat verlagerte sich der Schwerpunkt der rechtlichen Behandlung der Prostitution vom Strafrecht weg, wodurch die 1974 eingeführte Ermächtigung zum Erlass von Sperrgebietsverordnungen in Art. 297 EGStGB an Bedeutung gewann.[44] Eine Reglementierung durch eigene verwaltungsrechtliche Normen (etwa im Polizei- oder Gewerberecht) wurde hingegen abgelehnt.[45] In dieser Zeit wurde auch vorgeschlagen, wieder „kommunale Dirnenhäuser“ einzurichten.[46] Durch die neue Gesetzgebung wurde auch eine Veränderung der Rechtsprechung eingeläutet, die in der Folgezeit etwa die Vermietung oder den Verkauf von Bordellräumen nicht mehr als generell sittenwidrig angesehen hat.[47]

In den 80er Jahren kam durch die Peep-Show-Urteile[48] und die AIDS-Diskussion neuer Schwung in die Debatte, die jedoch nicht zu signifikanten Veränderungen in der Gesellschaft oder der Rechtslehre führte. In einigen Städten und Bundesländern wurde im Zuge der AIDS-Krise mit den Instrumenten des Seu-

40 Gleß, Die Reglementierung der Prostitution in Deutschland, S. 101.

41 Laskowski, Die Ausübung der Prostitution, S. 68f. Dies ist umso bemerkenswerter, als dass in der unmittelbaren Nachkriegszeit eine erhebliche Zunahme der Prostitution zu bemerken war (Malkmus, Prostitution in Recht und Gesellschaft, S. 58f.).

42 Siehe z.B. BGH, Urt. v. 09.10.1953 – 2 StR 402/53, BGHSt 4, 373; BVerwG, Urt. v. 04.11.1965 – I C 6.63, BVerwGE 22, 286 (289) sowie BGH, Urt. v. 06.07.1976 – VI ZR 122/75, BGHZ 67, 119 (124f.).

43 BT-Drs. 6/1552, S. 20ff.

44 Zimmermann, Die öffentlich-rechtliche Behandlung der Prostitution, S. 10.

45 Gleß, ZRP 1994, 436 (442).

46 Rupperecht, Die Polizei 1974, 329 (334f.).

47 Erstmals der BGH in Urt. v. 08.01.1975 – VIII ZR 126/73, BGHZ 63, 365. Siehe außerdem Kühne, ZRP 1975, 184, der als einer der Ersten forderte, Prostitution als normalen Beruf zu akzeptieren.

48 Siehe z.B. BVerwG, Urt. v. 15.12.1981 – 1 C 232/79, BVerwGE 64, 274; Beschl. v. 06.03.1986 – 1 CB 28/85, GewArch 1986, 229; Beschl. v. 11.02.1987 – 1 B 129/86, NVwZ 1987, 411 sowie Urt. v. 30.01.1990 – 1 C 26/87, BVerwGE 84, 314. Siehe diesbezüglich auch die Anmerkungen von Discher, JuS 1991, 642 und Gronimus, JuS 1985, 174.

chenrechts gegen Prostituierte vorgegangen.[49] In der rechtswissenschaftlichen Lehre und Rechtsprechung wurde auch in den 80er Jahren an der Sittenwidrigkeit der Prostitution festgehalten.[50]

2. Deutsche Demokratische Republik

In der Deutschen Demokratischen Republik sind in der Rechtsentwicklung zwei Zeiträume zu unterscheiden. Bis zum Jahr 1968 verbot § 361 Nr. 6 StGB lediglich die Prostitution an bestimmten Stellen; sie war also dem Grunde nach erlaubt. Die §§ 180f. des Gesetzes sanktionierten die vorsätzliche Verbreitung von Geschlechtskrankheiten sowie den Betrieb von Bordellen.

Seit 1968 war aber dann die Prostitutionsausübung nach § 249 I StGB strafbar. Prostitution wurde als unvereinbar mit dem sozialistischen Welt- und Frauenbild angesehen.[51] Dennoch wurde Prostitution von staatlicher Seite an bestimmten Orten geduldet[52], teilweise hat sich sogar das Ministerium für Staatssicherheit Prostituierten beiderlei Geschlechts zu nachrichtendienstlichen Zwecken bedient.[53]

Durch die Wiedervereinigung ist im Beitrittsgebiet die bundesrepublikanische Rechtslage übernommen worden.

3. Das wiedervereinigte Deutschland

Die Entwicklung in den 90er Jahren und den beginnenden 2000er-Jahren mündete schließlich im Erlass des Prostitutionsgesetzes. Aufgrund der besonderen Bedeutung dieses Rechtsaktes ist ihm hier ein eigener Abschnitt gewidmet.

---

49 Laskowski, Die Ausübung der Prostitution, S. 75f.

50 Zum Ganzen: Zimmermann, Die öffentlich-rechtliche Behandlung der Prostitution, S. 10.

51 Falck, VEB Bordell, S. 81ff. Eine wichtige Rolle dürften auch die sozialistischen Moralvorstellungen gespielt haben (siehe dazu z.B. die Zehn Gebote der sozialistischen Moral und Ethik, abgedruckt bei Judt, DDR-Geschichte in Dokumenten, S. 54f.).

52 Etwa bei der Leipziger Messe (Falck, VEB Bordell, S. 150ff.) oder in der Hafenstadt Rostock (Falck, VEB Bordell, S. 153ff.).

53 Falck, VEB Bordell, S. 108ff.

V. Entwicklung ab 1990 – Das Prostitutionsgesetz und seine Vorgeschichte

Dem Inkrafttreten des ProstG am 01.01.2002 ist in der Rechtsprechung, der Öffentlichkeit und im Parlament eine längere Entwicklung vorangegangen.[54]

Die Qualifikation der Prostitution als sittenwidrig hielt in der Rechtsprechung bis zum Ende der 90er Jahre an.[55] Sodann stellten verschiedene Gerichte unterschiedlicher Instanzen einen Wandel in den gesellschaftlichen Wertvorstellungen fest. Der BFH ließ die Frage in Zusammenhang mit der Besteuerung von Einkünften aus Telefonsex ausdrücklich offen.[56] Das BVerwG führte in einem Beschluss aus, dass es Anzeichen für einen Wandel der gesellschaftlichen Auffassungen gebe.[57] In eine ähnliche Richtung ging auch der BGH.[58] Herauszuheben ist insbesondere die sog. Café-Pssst-Entscheidung des VG Berlin, das nach sehr umfassender Beweisaufnahme die Sittenwidrigkeit der Prostitutionsausübung verneint hat und dies auf die von ihm ermittelten Ansichten in der Gesellschaft gestützt hat.[59]

In der öffentlichen Diskussion war ebenfalls ein Wandel bemerkbar. Prostituiertenverbände, Medien, Frauenrechtlerinnen und die juristische Fachliteratur sprachen sich breit für einen anderen Umgang mit Prostitution aus, gerade um die rechtliche und soziale Position der Prostituierten zu verbessern.[60]

Seit 1990 gab es auch aus den Reihen der parlamentarischen Opposition immer wieder letztlich erfolglose Gesetzesvorlagen, die in eine ähnliche Richtung wie und teilweise sogar weiter als das heutige ProstG gingen.[61] Nachdem der erste rot-grüne Koalitionsvertrag von 1998 vorsah, „eine gesetzliche Regelung zu schaffen, die die rechtliche und soziale Situation von Prostituierten

---

54 Diese wird nur in gebotener Kürze dargestellt. Es sei für alle Einzelheiten auf die Darstellungen bei von Galen, Rechtsfragen der Prostitution, Rdn. 1ff. und Hunecke, Das Prostitutionsgesetz und seine Umsetzung, S. 79ff. verwiesen.

55 Beispielhaft BGH, Urt. v. 09.06.1998 – XI ZR 192/97, NJW 1998, 2895. Nur vereinzelt haben Gerichte jedenfalls daran gezweifelt (siehe dazu die Fundstellen bei von Galen, Rechtsfragen der Prostitution, S. 4 Fn. 20 sowie S. 5 Fn. 24).

56 BFH, Urt. v. 23.02.2000 – X R 142/95, NJW 2000, 2919 (2920).

57 BVerwG, EuGH-Vorlage v. 18.09.2001 – 1 C 17/00, NVwZ 2002, 339 (340).

58 BGH, Urt. v. 22.11.2001 – III ZR 5/01, NJW 2002, 361f.

59 VG Berlin, Urt. v. 01.12.2000 – 35 A 570.99, NJW 2001, 983 (984ff.). Siehe dazu die Anmerkungen von Baer, Streit 2001, 19 und NJ 2001, 218; Hösch, GewArch 2001, 112 und Ohne Verfasserangabe, GE 2001, 253.

60 Siehe die Darstellung bei von Galen, Rechtsfragen der Prostitution, Rdn. 17ff.

61 Gesetzentwurf der Fraktion der Grünen in der 11. WP auf BT-Drs. 11/7140, Gesetzentwurf der Fraktion Bündnis 90/Die Grünen auf BT-Drs. 13/6372 sowie Entwurf der SPD-Fraktion auf BT-Drs. 13/8049.

verbessert"[62], wurde im Mai 2001 der „Entwurf eines Gesetzes zur Verbesserung der rechtlichen und sozialen Situation der Prostituierten" in den Bundestag eingebracht.[63] Der Entwurf, der letztlich ein Kompromiss zwischen den Koalitionspartnern war[64], regelte nur einen rechtswirksamen Entgeltanspruch der Prostituierten und dessen nähere Ausgestaltung (Art. 1) sowie Änderungen im Sexualstrafrecht (Art. 2). Die entscheidende Weichenstellung des Legislativaktes bestand darin, dass die Prostitutionsausübung vom Sittenwidrigkeitsmakel befreit wurde.[65] Das Gesetzwurde nach geringfügigen Änderungen in der Ausschussberatung am 19.10.2001 gegen die Stimmen der CDU/CSU-Fraktion mehrheitlich angenommen und trat nach Veröffentlichung im Bundesgesetzblatt am 01.01.2002 in Kraft.[66] Die rechtlichen Konsequenzen des ProstG sind weitreichend. Das Sich-Prostituieren ist nunmehr ebenso ein geschützter Beruf i.S.d. Art. 12 I GG wie etwa das Betreiben eines Bordells oder die Beschäftigung von Prostituierten, soweit es nicht gegen die Rechtsordnung verstößt. Außerdem ist die Prostitution nicht mehr sittenwidrig, was nach der hier vertretenen Auffassung Auswirkungen auf alle Rechtsgebiete, also auch auf das Öffentliche Recht, hat.[67]

VI. Zusammenfassung zu B.

Zusammenfassend ist festzustellen, dass es zu allen Zeiten Prostitution und auch ihre Reglementierung durch staatliche Organe, insbesondere mit den Mitteln des Strafrechts, gegeben hat. Der Umgang mit Prostitution war dabei zeitweise strenger und zeitweise weniger streng, was in allererster Linie auf die jeweils vorherrschenden gesellschaftlichen Moralvorstellungen zurückzuführen war. Der Gegenstand dieser Arbeit ist also nicht neu. In der Zukunft wird es darauf ankommen müssen, die Tendenz beizubehalten, Prostitution nicht mehr mit strafrechtlichen oder polizeilichen Mitteln zu reglementieren. Vielmehr muss es

---

62 Koalitionsvereinbarung zwischen SPD und Bündnis 90/Die Grünen vom 20.10.1998, S. 36.

63 BT-Drs. 14/5958.

64 Von Galen, Rechtsfragen der Prostitution, Rdn. 31.

65 So ausdrücklich die Gesetzesbegründung: BT-Drs. 14/5958, S. 6.

66 Plenarprotokoll 14/196, S. 19204. Auch der Bundesrat war schlussendlich kein Hindernis bei der Verabschiedung des Gesetzes (siehe dazu von Galen, Rechtsfragen der Prostitution, Rdn. 30). Positiv zum Erlass des Prostitutionsgesetzes: Rautenberg, NJW 2002, 650 und Quambusch, ZFSH/SGB 2002, 131. Ablehnend demgegenüber Hagen, Menschenwürde und gute Sitten Gedanken zum Prostitutionsgesetz, S. 581ff. Dem Gesetzgeber wohl fehlenden Mut unterstellend Vahle, NZA 2002, 1077 (1078).

67 Von Galen, Rechtsfragen der Prostitution, Rdn. 32ff. Ähnlich auch Gurlit, GewArch 2008, 426 und Renzikowski, GewArch 2008, 432.

darum gehen, die Prostitution mit den „normalen“ Instrumenten[68] des Verwaltungsrechts zu regulieren. Die Beseitigung des Sittenwidrigkeitsmakels spätestens durch das ProstG eröffnet dabei neue Möglichkeiten der Reglementierung. In der rechtspolitischen Debatte wurden nach dem Inkrafttreten des ProstG auch Diskurse über die öffentlich-rechtliche Regulierung der Prostitutionsausübung geführt, die vor allem unter dem Gesichtspunkt der Kriminalitätsbekämpfung und -vorbeugung (etwa im Hinblick auf Menschenhandel sowie Zwangs- und Minderjährigenprostitution) stattfanden.[69]

---

68 Die Instrumente des Polizeirechts sind hier allerdings als ungeeignet anzusehen, worauf im Folgenden noch einzugehen ist.

69 Als Beispiele hierfür seien der Entschließungsantrag des Landes Baden-Württemberg mit dem Titel „Stärkere Reglementierung des Betriebs von Prostitutionsstätten“ auf BR-Drs. 314/10 sowie das Positionspapier des Senators für Inneres und Sport der Freien Hansestadt Bremen mit dem Titel „Regulierungsbedarfe in Zusammenhang mit der Prostitutionsausübung zur Bekämpfung des Menschhandels und der Zwangsprostitution“. Einer Erlaubnispflicht für derartige Betriebe ist der Bundestag hingegen nicht näher getreten, vielmehr hat er in seiner 250. Sitzung vom 27.06.2013 das Gesetz zur Bekämpfung des Menschenhandels und Überwachung von Prostitutionsstätten verabschiedet (siehe den Gesetzentwurf der Fraktionen der CDU/CSU und FDP auf BT-Drs. 17/13706). Das Gesetz ist noch nicht in Kraft getreten, jedoch ist auf seine öffentlich-rechtlichen Bestimmungen im Folgenden näher einzugehen.

C. Begriffsbestimmungen und Typisierung

Im nachstehenden Abschnitt werden die in Zusammenhang mit der Arbeit stehenden Begrifflichkeiten geklärt und die Erscheinungsformen prostitutiver Einrichtungen kategorisiert und typisiert.

I. Begriff und Formen der Prostitution

1. Begriff der Prostitution

Zunächst ist der Begriff der Prostitution zu definieren.

a) Vorüberlegungen

Es stellt sich zuerst die Frage, was Prostitution im Sinne dieser Arbeit überhaupt ist. Das Öffentliche Recht ist gegenüber der Prostitution zunächst einmal neutral. Auch gibt es keine in Kraft befindliche und dem Öffentlichen Recht zuzuordnende bundesrechtliche Rechtsnorm, die den Begriff Prostitution enthält, insbesondere ist das ProstG keine öffentlich-rechtliche Vorschrift.[1] Landesrechtlich wird der Begriff in einigen, aber nicht sämtlichen Polizeigesetzen verwendet, was im Folgenden auch noch zu betrachten ist.

Das Öffentliche Recht ist also offen gegenüber einem eigenen Prostitutionsbegriff.[2] Für einen solchen besteht auch durchaus ein Bedürfnis. Im Folgenden soll ein solcher entwickelt werden.

b) Wortherkunft und allgemeiner Sprachgebrauch

Kühne[3] definiert als für Prostitution konstitutiv: Promiskuität, Geschäftsmäßigkeit, Wahllosigkeit und emotionale Indifferenz, was aber – was Kühne selbst einräumt – nicht subsumierbare Merkmale sind. Auf dem Weg zu einer spezifisch

---

1 Es gehört weder nach der Interessentheorie (Maurer, Allgemeines Verwaltungsrecht, § 3 Rdn. 11) noch nach der Subordinationstheorie (ebenda, § 3 Rdn. 12) oder der Sonderrechtstheorie (ebenda § 3 Rdn. 13) dem Öffentlichen Recht an.

2 Zu den Prostitutionsbegriffen in anderen wissenschaftlichen Disziplinen vgl. Laskowski, Ausübung der Prostitution, S. 41ff.

3 ZRP 1975, 184.

öffentlich-rechtlichen Begriffsbestimmung ist es lohnenswert, das Wort Prostitution etymologisch zu untersuchen und zu betrachten, wie es in der allgemeinen Sprache gebraucht wird.[4]

ba) Wortherkunft

Das Wort Prostitution entstand aus dem lateinischen Verb „prostituere", was zum einen wörtlich „vorn hinstellen", „zur Schau stellen" oder „preisgeben", aber zum anderen „öffentlich preisgeben zur Unzucht" bedeutet.[5] Das dazugehörige lateinische Substantiv „prostitutio" bedeutet einerseits die Preisgabe zur Unzucht, andererseits im übertragenen Sinne auch Entehrung oder Beschimpfung.[6] Der Wortursprung ist also mehrdeutig, hat aber bereits eine Bedeutung, die der Verwendung in der deutschen Gegenwartssprache nahe kommt.[7]

bb) Allgemeiner Sprachgebrauch

In der allgemeinen lexikarischen Literatur wird Prostitution definiert „als eine Form des sexuellen Verkehrs, bei der eine Person ihren Körper allgemein unbestimmt vielen Personen zu deren sexueller Befriedigung gegen materielle Entlohnung anbietet. (...) Die Beziehung zwischen Kunden und Prostituierten ist meist unverbindlich[8] und ohne emotionale Bindung.[9]"

Das Merkmal des sexuellen Verkehrs spricht dafür, dass Geschlechtsverkehr (in vaginaler, analer oder oraler Form) gemeint ist. Die Annahme, dass der Begriff der Prostitution in der Allgemeinsprache nur in diesem Sinne verwandt wird, wird durch zwei Überlegungen gestützt:

Nach der hier vertretenden Meinung versteht der durchschnittliche Deutschsprachige unter Prostituierten typischerweise nur solche Personen, die tatsächlich in den verschiedenen denkbaren Formen den Beischlaf vollziehen.

Auch die Sprachverwendung der entsprechenden Berufsträger ist zu betrachten: Es gibt eine Reihe von sexuellen Dienstleistungen[10], bei denen der Beischlaf

4 Unter Umkehrung der eigentlich üblichen Methodik, die zunächst die Rechtssprache und dann die Allgemeinsprache nutzen will (siehe Vogel, Juristische Methodik, S. 114ff.). Diese undogmatische Umdrehung dient aber der effektiveren Begriffsbestimmung.

5 Vgl. z.B. Georges, Handwörterbuch Lateinisch-Deutsch, Band II, S. 2032.

6 Georges, Handwörterbuch Lateinisch-Deutsch, Band II, S. 2033.

7 Siehe im Übrigen auch Köbler, Etymologisches Rechtswörterbuch, S. 317.

8 Gemeint ist wahrscheinlich die persönlich-zwischenmenschliche, nicht die rechtliche Beziehung.

9 Brockhaus, 17. Band, S. 545.

10 Der Begriff der sexuellen Dienstleistung wird hier weit verstanden. Er umfasst jede Dienstleistung, die einen sexuellen Bezug hat.

grundsätzlich oder generell nicht vollzogen wird. Beispielhaft seien das entgeltliche Massieren mit sexuellem Bezug oder die Ausübung von sadomasochistischen Praktiken genannt. Die dazugehörigen Berufsträger würden sich wohl kaum selbst als Prostituierte ansehen oder bezeichnen.[11] Festgehalten werden kann also, dass die Allgemeinsprache Prostitution nur im Sinne von tatsächlichem Vollzug des Geschlechtsverkehrs gegen Entgelt zu verstehen scheint.

c) Zwischenüberlegung

Ausgehend von dieser allgemeinen, unjuristischen Betrachtung ist nunmehr ein öffentlich-rechtlicher Prostitutionsbegriff zu entwickeln. Die erste Schwierigkeit ist hierbei, dass es schlechterdings im hiesigen Rechtsraum an jeglicher gesetzlicher Definition des Begriffs fehlt. Die zweite Schwierigkeit besteht darin, dass – wie gesagt – keine öffentlich-rechtliche bundesrechtliche Vorschrift den Begriff enthält.

Nach der Betrachtung der Allgemeinsprache ist weiter zu untersuchen, welche Prostitutionsbegriffe in den verschiedenen Rechtsgebieten verwandt werden, um darauf aufbauend einen öffentlich-rechtlichen Prostitutionsbegriff zu entwickeln.

d) Begriffsbestimmung im Prostitutionsgesetz

Das ProstG enthält keine Definition des Begriffs Prostitution, auch den Gesetzgebungsmaterialien ist keine Begriffsbestimmung zu entnehmen. Das ProstG setzt somit letztlich einen Prostitutionsbegriff voraus, ohne ihn aber zu definieren.[12] Die Vorschriften des Gesetzes enthalten nur einen Anhaltspunkt, was der Gesetzgeber regeln wollte. Die Gesetzmaterialien zum Prostitutionsgesetz enthalten demgegenüber eine Definition. Danach sei unter Prostitution „die gewerbsmäßige Ausübung sexueller Handlungen" zu verstehen.[13] Diese Definition ist ungeeignet, da sie sich über das Kriterium der Gewerbsmäßigkeit letztlich nur auf die selbständige Prostitutionsausübung beschränkt.

Der eher spärlichen Kommentarliteratur zum ProstG ist keine Definition des Begriffs Prostitution zu entnehmen.[14]

---

11 Siehe auch Tagesspiegel vom 25.09.2006, abrufbar unter http://www.tagesspiegel.de/zeitung/putzsklaven-zu-erziehen-ist-ein-kunststueck/755626.html, zuletzt abgerufen am 11.08.2013.

12 Unzutreffend daher Wohlfarth, LKRZ 2007, 376, der § 1 I ProstG wohl eine Definition entnehmen möchte. Demgegenüber richtig: von Galen, Rechtsfragen der Prostitution, Rdn. 39.

13 BT-Drs. 14/5958, S. 1.

14 Vgl. z.B. Armbrüster in: Säcker/Rixecker, Münchener Kommentar zum BGB, ProstG, § 1 Rdn. 3ff., der sich mit gewisser Ausführlichkeit mit anderen Begrifflichkeiten befasst, aber den Begriff der Prostitution nicht bespricht.

e) Strafrecht

Auch das StGB, insbesondere das Sexualstrafrecht im 13. Abschnitt des Besonderen Teils, beschäftigt sich mit Prostitution. Hier enthält etwa § 180a StGB den Begriff, ohne aber eine Legaldefinition zu beinhalten. In der Strafrechtslehre wird sie definiert als eine zu Erwerbszwecken (nicht notwendig im Sinne beruflicher Tätigkeit) ausgeübte, wiederholte, entgeltliche Vornahme sexueller Handlungen an, mit oder vor (zumeist) wechselnden Partnern.[15] Die Folgefrage daraus ist nunmehr, wie der Begriff der sexuellen Handlung zu verstehen ist. Hier gibt § 184g StGB einen Anhalt. Sexuell ist eine Handlung, die das Geschlechtliche im Menschen zum unmittelbaren Gegenstand hat, und zwar unter Einsatz des eigenen oder eines fremden Körpers.[16] Das Strafrecht verlangt daneben noch eine Erheblichkeit der sexuellen Handlung. Die sexuelle Handlung an einer Person bzw. die Handlung einer anderen Person am Täter i.S.d. § 184g StGB setzt eine Berührung des Körpers voraus, was aber nicht zwingend Hautkontakt erfordert.[17] Das Anfassen des Körpers über der Kleidung ist ausreichend[18], wobei sogar die Berührung mit einem Gegenstand ausreicht.[19]

Die strafrechtliche Definition der sexuellen Handlung und damit im Ergebnis der strafrechtliche Prostitutionsbegriff sind für das Öffentliche Recht ungeeignet. Das geforderte Erheblichkeitskriterium[20] ist Ausfluss der Funktion des Strafrechts und dem Charakter der durch das Sexualstrafrecht geschützten Rechtsgüter geschuldet.[21] Weiterhin ist auch der Begriff der sexuellen Handlung an sich zu weit, weil er mittelbar dazu führt, dass Aktivitäten als Prostitution anzusehen sind, die nach dem Selbstverständnis der Berufsträger und dem allgemeinen Sprachgebrauch nicht zur Prostitution zu zählen sind.

Der über das Merkmal der sexuellen Handlung sehr weite strafrechtliche Prostitutionsbegriff hat in diesem Rechtsgebiet unzweifelhaft aufgrund der zu schützenden Rechtsgüter seine Berechtigung. Für eine öffentlich-rechtliche Begriffsbestimmung ist er aber ungeeignet.[22] Vorsorglich ist dem möglichen Gegenargument der Einheit der Rechtsordnung entgegen zu halten, dass man die straf-

15 Fischer, StGB, § 180a Rdn. 3.

16 Fischer, StGB, § 184g Rdn. 2.

17 Hörnle in: Münchener Kommentar zum StGB, § 184f Rdn. 9 m.w.N.

18 BGH, Urt. v. 20.05.1992 – 2 StR 73/92, NStZ 1992, 433.

19 BGH, Urt. v. 10.05.1995 – 3 StR 150/95, juris. Rdn. 5.

20 Ausführlich Fischer, StGB, § 184g, Rdn. 5ff.

21 So auch von Galen, Rechtsfragen der Prostitution, Rdn. 41.

22 Siehe auch Hunecke, Das Prostitutionsgesetz und seine Umsetzung, S. 86ff., die gleichfalls die Übertragung des strafrechtlichen Begriffs für problematisch hält und den Begriff dahin definiert, dass er i.S.d. Prostitutionsgesetzes alle Handlungen meint, die auf ein sexuelles Interesse gerichtet sind.

rechtlichen Begriffe eben gerade funktional am (Schutz-) Zweck des Strafrechts betrachten und auslegen muss.

f) Begriff im Recht der Ordnungswidrigkeiten

Zwar verzichten §§ 119f. OWiG auf das Kriterium der Erheblichkeit, aber auch hier ist zu konstatieren, dass die Begrifflichkeit der sexuellen Handlung und damit die der Prostitution zu weit ist.[23]

g) Begriff im Öffentlichen Recht

Bundesrechtlich existiert keine öffentlich-rechtliche Norm, in der das Wort Prostitution enthalten ist. Gleichwohl findet es sich, wie bereits eingangs erwähnt, im Polizeirecht einiger Bundesländer. Daneben wird es im Schrifttum und in der Rechtsprechung zum Öffentlichen Recht verwendet. Auch die dort verwendeten Begriffsbestimmungen gilt es zu untersuchen.

ga) Begriff im Polizeirecht

In den Polizeigesetzen der Länder Baden-Württemberg, Bayern, Berlin, Brandenburg, Hessen, Mecklenburg-Vorpommern, Nordrhein-Westfalen, Rheinland-Pfalz, Sachsen, Schleswig-Holstein und Thüringen wird der Begriff der Prostitution verwandt.[24]

Die Länder Bremen, Hamburg, Niedersachsen, Saarland und Sachsen-Anhalt haben keine polizeirechtliche Vorschrift, in der der Begriff Prostitution enthalten ist. Wird er verwendet, so findet er sich ausschließlich in den Regelungen über die Standardmaßnahmen der Identitätsfeststellung sowie des Betretens und Durchsuchens von Wohnungen. Bei der Standardmaßnahme der Identitätsfeststellung wird zwischen mehreren Varianten differenziert.[25] Die Prostitutionsausübung ressortiert dabei in der Variante der gefährlichen Orte. Aufgrund der Beseitigung der Sittenwidrigkeit durch das ProstG werden im Schrifttum diese Normen

---

23 A.A. von Galen, Rechtsfragen der Prostitution, Rdn. 42f.

24 § 26 I Nr. 2 PolG BW; Art. 13 I Nr. 2b PAG Bay; § 21 II Nr. 2b und § 36 IV Nr. 2 ASOG Bln; § 23 III Nr. 2 PolG Bbg; § 18 II Nr. 1b und § 38 VI Nr. 2 HSOG; § 29 I Nr. 1b und § 59 IV Nr. 3 SOG M-V; § 41 III Nr. 2 PolG NRW; § 10 I Nr. 1b POG R-P; § 19 I Nr. 2 SächsPolG; § 208 IV Nr. 3 LVwG S-H sowie § 14 I Nr. 2b und § 25 III Nr. 2 PAG Thür.

25 Denkbar ist sie z.B. zur allgemeinen Gefahrenabwehr, an gefährlichen Orten, an gefährdeten Orten oder an Kontrollstellen (vgl. Gusy, Polizei- und Ordnungsrecht, Rdn. 228ff.).

insoweit für unverhältnismäßig oder unnötig gehalten.[26] Die genannte Variante der Eingriffsnorm wird daher von einigen Stimmen tatbestandlich so begrenzt, dass ein Ort der Prostitution nur dann als gefährlicher Ort gilt, wenn dort illegale oder jugendgefährdende Prostitution betrieben wird.[27] Daneben findet sich der Begriff der Prostitution in wenigen Bundesländern[28] auch in der Norm über die Standardmaßnahme des Betretens und Durchsuchens von Wohnungen. Überwiegend wird dabei eine erleichterte Betretungsbefugnis für Wohnungen, die der Prostitution dienen, normiert. Auch diese Norm ist dem Vorwurf der Überflüssigkeit ausgesetzt[29], z.T. wird sogar die Vereinbarkeit der Norm mit dem Grundgesetz angezweifelt.[30] Auch in den Polizeigesetzen der Länder wird der Begriff Prostitution nicht definiert. In der dazugehörigen Kommentarliteratur und der übrigen polizeirechtlichen Literatur wird er ebenfalls nur sehr vereinzelt definiert.

Soweit überhaupt, wird der Begriff verstanden als „die gewerbsmäßige Unzucht durch weibliche Personen und die gewerbsmäßige gleichgeschlechtliche Unzucht (Strichjungen)".[31] Diese Definition, die schon älteren Ursprungs ist, ist vor dem Hintergrund der Entwicklungen in der Rechtsprechung und der Gesetzgeber überholt und letztlich obsolet. Mithin ist der vereinzelt anzutreffende polizeirechtliche Prostitutionsbegriff ebenfalls als ungeeignet für eine Begriffsbestimmung anzusehen.

gb) Begriff in der öffentlich-rechtlichen Literatur und Rechtsprechung

Auch die öffentlich-rechtliche Literatur und Rechtsprechung verwenden den Begriff Prostitution. Es scheint, als würde in der öffentlich-rechtlichen Literatur der Begriff der Strafrechtslehre weitgehend unkritisch in verkürzter Form unbenommen werden. Leube[32] sowie Stühler[33] definieren Prostitution schlicht als „die gewerbsmäßige Ausübung sexueller Handlungen." Die Definition ist unpräzise

26 Siehe Rachor in: Lisken/Denninger, Handbuch des Polizeirechts, Kap. E Rdn. 338 und von Galen, Rechtsfragen der Prostitution, Rdn. 558ff.; speziell zum ASOG Bln Baller in: Baller/Eiffler/Tschisch, ASOG Berlin, § 21 Rdn. 12.

27 Söllner in: Pewestorf/Söllner/Tölle, Polizei- und Ordnungsrecht, Teil 1, § 21 Rdn. 29.

28 Namentlich Berlin, Hessen, Mecklenburg-Vorpommern und Thüringen.

29 Söllner in: Pewestorf/Söllner/Tölle Polizei- und Ordnungsrecht, Teil 1 § 36 Rdn. 34.

30 Baller in: Baller/Eiffler/Tschisch, ASOG Berlin, § 36 Rdn. 22 sowie Rachor in: Lisken/Denninger, Handbuch des Polizeirechts, Kap. E Rdn. 656.

31 Honnacker/Beinhofer, PAG Bay, Art. 13 Rdn. 5 sowie Ebert/Honnacker, PAG Thür, § 14 Rdn. 5.

32 SozVers 2002, 85 sowie Sozialrecht+Praxis 2002, 461.

33 NVwZ 1997, 861.

und beinhaltet erneut den als ungeeignet zu weit erkannten Begriff der sexuellen Handlung.[34]

Lohnenswerter und als Grundlage geeigneter ist demgegenüber die Definition des VG Berlin in der sog. Cafe-Pssst-Entscheidung: „Prostitution ist eine Dienstleistung, die in vielfältigen Abstufungen unter Einbeziehung des eigenen Körpers die Befriedigung sexueller Bedürfnisse anderer gegen Entgelt zum Inhalt hat.[35]"

Problematisch an dieser weiten Begrifflichkeit ist wiederum, dass sie auf ein Kriterium wie Gewerblichkeit o.ä. verzichtet, sondern stattdessen allgemein auf die Entgeltlichkeit abstellt. Dies führt dazu, dass auch die sog. Gelegenheitsprostitution[36]als Prostitution anzusehen wäre, was aber im Ergebnis zu weit ginge. Es ist daher zielführender, auf ein Kriterium wie Berufsmäßigkeit abzustellen und etwa die entgeltliche Gelegenheitsprostitution nicht als Prostitution im engeren Sinne zu verstehen.

h) Eigene Begriffsdefinition

Aufgrund der oben genannten Bedenken gegen die bereits bestehenden Begriffe und der dazugehörigen Erwägungen ist Prostitution im öffentlich-rechtlichen Sinne wie folgt zu definieren[37]:

Prostitution ist die berufsmäßige Vornahme des Geschlechtsverkehrs in seinen verschiedenen Formen mit allgemein wechselnden Partnern des anderen oder des gleichen Geschlechts, ohne dass es auf eine gesellschaftlich verbindliche oder emotionale Verbindung ankommt.

---

34 Dem ist zu Gute zu halten, dass § 1 I ProstG den Begriff der sexuellen Handlung enthält. Wie bereits dargestellt, enthält diese Vorschrift aber keine Legaldefinition. Im Übrigen strahlt nach der hier vertretenden Ansicht das ProstG zwar in seinen Wertungen, aber nicht vollinhaltlich auf das Öffentliche Recht aus, da es materiell nur zivil-, straf- und sozialversicherungsrechtliche Fragen regelt.

35 Urt. v. 01.12.2000 – 35 A 570.99, GewArch 2001, 128 (130).

36 Sog. Gelegenheitsprostitution ist die zumeist spontan ausgeübte Vornahme des Geschlechtsverkehrs gegen Entgelt, wobei dies im Gesamten nur den Charakter eines Nebenerwerbs hat.

37 Die Begriffsdefinition ist enger als die im Strafrecht. Man könnte also auch die Bezeichnung „enger Prostitutionsbegriff" verwenden. Einen ähnlichen Begriff verwendet Zimmermann, Die öffentlich-rechtliche Behandlung der Prostitution, S. 16f., der aber auch auf das als hier ungeeignet identifizierte Merkmal der sexuellen Handlung abstellt. Siehe auch Malkmus, Prostitution in Recht und Gesellschaft, S. 159f.

2. Merkmale des öffentlich-rechtlichen Prostitutionsbegriffs

Zu den Merkmalen des öffentlich-rechtlichen Prostitutionsbegriffs gehören wie folgt:

a) Berufsmäßig

Dieses Merkmal meint, dass die Prostitution fortgesetzt, entgeltlich und mit Gewinnerzielungsabsicht ausgeübt werden muss. Sie kann aber auch eine Nebentätigkeit sein, sofern sie von einer gewissen Erheblichkeit ist. Auf eine Selbständigkeit i.S.d. des Gewerbebegriffs kommt es aber nicht an. Gleichwohl fällt die Prostitution u.U. – was noch zu klären ist – unter den Gewerbebegriff.

b) Vornahme des Geschlechtsverkehrs in seinen verschiedenen Formen

Mit Vornahme des Geschlechtsverkehrs in seinen verschiedenen Formen ist primär der vaginale, anale oder orale Geschlechtsverkehr gemeint. Nicht unter dieses Merkmal fallen aber Peep-Shows, SM-Praktiken, erotische Massagen u.ä.[38], soweit kein Geschlechtsverkehr in der beschriebenen Weise vollzogen wird, da diese – wie aufgezeigt – nicht unter den hier vertretenen engen Prostitutionsbegriff subsumierbar sind.

c) Mit wechselnden Partnern

Dieses Merkmal greift das Kriterium der Promiskuität von Kühne[39] auf. Entscheidend ist, dass der Berufsträger allgemein mit mehr als einer Person Geschlechtsverkehr hat.

d) Des anderen oder des gleichen Geschlechts

Es kommt nicht darauf an, ob es hetero- oder homosexuelle Kontakte sind. Das biologische Geschlecht ist mithin unerheblich.

---

38 Bei Misch- und Zwischenformen empfiehlt es sich, den jeweiligen Schwerpunkt zu ermitteln.

39 ZRP 1975, 184.

e) Gesellschaftlich verbindliche oder emotionale Beziehung

Dieses Ausschlusskriterium oder negative Merkmal betrifft sowohl die Ehe, die eingetragene Lebenspartnerschaft, das Verlöbnis, die nichteheliche Lebensgemeinschaft, die feste Beziehung o.ä. als gesellschaftlich (und z.T. auch rechtlich) verbindliche Beziehungsformen als auch Liebschaften, Affären[40] etc. als emotionale Verbindungen.

3. Formen der Prostitution

Man kann danach verschiedene Formen der Prostitution unterscheiden.

a) Grundformen

Allgemein und überblicksmäßig sind in Bezug auf die Prostitutionsausübung drei Grundformen zu unterscheiden:[41]

aa) Straßenprostitution

Hier geschieht die Vertragsanbahnung im öffentlichen Straßenland, indem die Prostituierten sich mehr oder weniger offen im Straßenland aufhalten und von sich aus auf Angebote von Freiern warten oder ihre Dienstleistung offensiv bewerben. Die tatsächliche Erbringung der sexuellen Dienstleistung erfolgt an einem dann zu bestimmenden Ort (typischerweise in einem Kfz, unter freiem Himmel oder in einem Beherbergungsbetrieb).[42] Gelegentlich wird die Dienstleistung auch in sog. Verrichtungsboxen oder in einem Wohnwagen erbracht, was letztlich lediglich eine Unterform der Straßenprostitution darstellt.

ab) Aufsuchende Prostitution

Die „aufsuchende Prostitution“ (Escortservice, Call Boys/Girls u.ä.) ist dadurch gekennzeichnet, dass die Anbahnung der – zumeist hochpreisigen – Dienstleis-

40 Bei diesen fehlt es wohl, wenn sie nur sexuell und nicht emotional begründet sind, am Merkmal der Gewerbsmäßigkeit oder der wechselnden Partner.

41 Eine ähnliche Unterteilung macht Malkmus (Prostitution in Recht und Gesellschaft, S. 187ff.), die zwischen Straßenprostitution, Bordell und Eros-Center, Lokalprostitution, Saunaclubs und Massagesalons und Anzeigenprostitutition, Escortservice und Hausbesuchen unterscheidet.

42 Siehe etwa Rupperecht, Die Polizei 1974, 329.

tung zumeist über Telekommunikationsmittel geschieht. Die dienstleistende Person sucht sodann die Kundschaft in ihren oder fremden Wohnräumen oder in einem Beherbergungsbetrieb auf. Oftmals besteht die Dienstleistung neben der sexuellen Handlung an sich zusätzlich auch in gemeinsamer Freizeitgestaltung.

ac) Prostitution in baulichen Anlagen

Die Prostitution in baulichen Anlagen (z.B. Bordelle in ihren verschiedenen Erscheinungsformen) gestaltet sich so, dass die Kundschaft die dienstleistende Person in deren Betriebsräumen aufsucht. In dieser Arbeit soll es um eben jene Form gehen.

b) Weitere Unterscheidungsformen

Weiterhin kann die Prostitutionsausübung nach weiteren Kriterien (wie zeitlichem Umfang) unterschieden werden, was für die vorliegende Untersuchung nur bedingt von Relevanz ist und daher in gebotener Kürze dargestellt wird. Zunächst kann anhand der Frage der Legalität unterschieden werden. Grundsätzlich ist Prostitution vor dem Hintergrund der Wertungen des ProstG erlaubt, dennoch gibt es illegale Prostitution, deren Hauptfall die Kinder- und Jugendprostitution sein dürfte. Hier können Freier und Zuhälter nach den §§ 174ff. StGB bestraft werden.[43] Nach Art, Motivation und Umfang der Tätigkeit kann zwischen der professionellen Prostitution, der Gelegenheitsprostitution und der Beschaffungsprostitution unterschieden werden.[44] Beschaffungsprostitution wird durch suchtkranke Personen ausgeübt und dient der Finanzierung des Betäubungsmittelerwerbs.[45]

---

43 Diese Arbeit wird sich nur mit solchen Prostitutionsformen beschäftigen, die durch die Rechtsordnung erlaubt werden. Die z.B. mit der Kinder- und Jugendprostitution verbundenen Fragen sind dagegen eher in der strafrechtlichen und kriminologischen Literatur zu behandeln.

44 So die zutreffende Unterscheidung bei Zimmermann, Die öffentlich-rechtliche Behandlung der Prostitution, S. 16 trotz gewisser terminologischen Probleme im Zusammenhang mit dem Begriff „Gelegenheitsprostitution“. Auf diese ist sogleich auch noch einzugehen.

45 Siehe Zimmermann, Die öffentlich-rechtliche Behandlung der Prostitution, S. 16. Vgl. auch ausführlich zu den wirtschaftlichen und sozialwissenschaftlichen Aspekten der Prostitutionsformen: Laskowski, Die Ausübung der Prostitution, S. 85ff.

II. Begriff und Formen der prostitutionsähnlichen Handlung

1. Begriff der prostitutionsähnlichen Handlung

Neben dem Begriff der Prostitution steht der hier im Grunde neugeschaffene Begriff[46] der prostitutionsähnlichen Handlung. Prostitutionsähnlich sind solche Handlungen, die der Prostitution ähnlich sind und bei denen es jedenfalls an einem der Positivkriterien für den Begriff der Prostitution fehlt.

Ihnen wohnt auch inne, dass sie gewöhnlicherweise in ähnlichen Einrichtungen wie die klassische Prostitution ausgeübt werden und nicht selten die gleichen Begleiterscheinungen z.B. in der Umgebung mit sich bringen.

2. Formen der prostitutionsähnlichen Handlung

Die Formen der prostitutionsähnlichen Handlungen sind aus dem Begriff der Prostitution ableitbar. Es fehlt ihnen jeweils an mindestens einem der ersten drei Begriffsmerkmale der Prostitutionsdefinition. Demgemäß ist zwischen den Fallgruppen Fehlen der Berufsmäßigkeit, Fehlen der Vornahme des Geschlechtsverkehrs in verschiedenen Formen sowie Fehlen des Merkmals „mit allgemein wechselnden Partnern" zu unterscheiden. Bei Misch- und Zwischenformen empfiehlt es sich auch hier, auf den jeweiligen Schwerpunkt abzustellen.[47]

a) Fehlen der Berufsmäßigkeit

An der Berufsmäßigkeit fehlt es insbesondere in zwei Fallgruppen:

---

46 Er wurde in der Vergangenheit bereits sporadisch verwandt, ohne dass er inhaltlich ausgefüllt worden wäre. Vgl. insoweit z.B. OVG Koblenz, Urt. v. 11.05.2005 – 8 C 10053/05, BauR 2006, 569 (nur LS), juris, Rdn. 2 und 15 oder VG Neustadt (Weinstraße), Beschl v. 04.07.2012 – 3 L 571.12.NW, BauR 2012, 1834 (nur LS), juris, Rdn. 11f. Der Begriff der Prostitutionsähnlichkeit findet sich daneben vereinzelt in der kriminologischen Literatur, allerdings auch dort ohne Begriffsbestimmung (siehe z.B. Kreuzer, Drogen und Delinquenz, S. 288).

47 Im Übrigen sei darauf hingewiesen, dass eine Einordnung als prostitutionsähnliche Handlung nicht mit einer moralischen Abwertung der solchen verbunden sein soll.

aa) Fallgruppe 1: Gelegenheitsprostitution

Die sog. Gelegenheitsprostitution unterscheidet sich von der Prostitution im genannten Sinne dadurch, dass sie entgeltlich, aber nicht berufsmäßig erfolgt. Der Begriff der Gelegenheitsprostitution ist daher nach der vertretenden Ansicht an sich unrichtig, sollte aber dennoch aufgrund seiner Prägnanz bestehen bleiben.

ab) Fallgruppe 2: Swinger- und Pärchenclubs

An einer Entgeltlichkeit, jedenfalls für die sexuelle Dienstleistung an sich, fehlt es in dieser Fallgruppe völlig. Bei Swingerclubs (auch als Pärchenclubs bezeichnet) handelt es sich um Einrichtungen, in denen Alleinstehenden oder Paaren nach Entrichtung eines Eintrittspreises die Gelegenheit zu wechselndem Geschlechtsverkehr, ggf. mit oder im Beisein des Partners, gegeben wird, zumeist sogar gemeinschaftlich und/oder vor einer größeren Personenzahl.[48] Zu Recht drängt sich jetzt die Frage auf, warum diese Aktivitäten als prostitutionsähnlich klassifiziert werden. Dies liegt darin begründet, dass die Einrichtungen den sog. Bordellen optisch ähnlich sind und nicht selten ähnliche Störungen in der Umgebung wahrzunehmen sind. Im Übrigen sind bei den entsprechenden Betrieben durchaus fließende Grenzen zur Prostitution feststellbar. Soweit dort sexuelle Handlungen einvernehmlich und unter Volljährigen stattfinden, kann eine Unsittlichkeit (etwa im Sinne des Gaststättenrechts) nicht erkannt werden.[49] Eine vertiefte Behandlung dieses Problems wird im Abschnitt zur Rechtslage erfolgen.

b) Fehlen der Vornahme des Geschlechtsverkehrs in verschiedenen Formen

Hier sind vor allem vier Fallgruppen zu betrachten:[50]

---

48 Stollenwerk, GewArch 2000, 317 und Haferkorn, GewArch 2002, 145 mit weiteren Einzelheiten zu den Betriebsabläufen.

49 Das ist – worauf noch einzugehen sein wird – jedoch nicht unstreitig. Die Sittenwidrigkeit zutreffend verneint z.B. durch Haurand, DVP 2009, 442 (448), der argumentiert, wenn bereits die Prostitution nicht sittenwidrig ist, kann für Swingerclubs nichts anderes gelten.

50 Vgl. in diesem Zusammenhang wiederum den Ansatz von Hunecke, Das Prostitutionsgesetz und seine Umsetzung, S. 88, die mit ihrem weiten Begriff der sexuellen Handlung das hier Beschriebene ebenfalls dem Anwendungsbereich des Prostitutionsgesetzes unterstellt.

ba) 1. Fallgruppe: Massagedienstleistungen

Am Vollzug des Geschlechtsverkehrs fehlt es zunächst bei Massagedienstleistungen mit erotischem Bezug (Nacktmassagen, tantrische Massagen etc.).[51] Soweit eine Massage bloße Vorstufe zum Geschlechtsverkehr ist, wird man Prostitution annehmen müssen. Nicht unter die prostitutionsähnlichen Handlungen fallen selbstverständlich Heilmassagen, Massagen durch Physiotherapeuten, medizinische Massagen usw. Hier fehlt es offenkundig am sexuellen Bezug.

bb) 2. Fallgruppe: SM-Dienstleistungen

Auch bei Dienstleistungen sadomasochistischer Natur fehlt es in der Regel oder sogar generell am Geschlechtsverkehr; z.T. fehlt es sogar an direktem Körperkontakt zwischen den Beteiligten. Insoweit sind diese sexuellen Dienstleistungen auch als prostitutionsähnlich einzuordnen.[52]

bc) 3. Fallgruppe: Striptease, Table-Dance, Peep-Shows u.ä.

Bei Striptease-Aufführungen, Peep-Shows u.ä. wird auch eine sexuelle Dienstleistung erbracht. Diese besteht aber nicht im Vollzug des Geschlechtsverkehrs, sondern im erotischen Ablegen der Bekleidung (in der Regel begleitet von Musik), was von einer Mehrzahl anderer Personen betrachtet wird. Striptease-Aufführungen vollziehen sich zumeist auf Bühnen oder jedenfalls ohne eine räumliche Trennung zwischen Aufführenden und Betrachtenden. Peep-Shows sind demgegenüber durch eine räumliche Trennung geprägt. Der Betrachter betritt eine Kabine und erhält gegen eine Geldleistung Sicht auf die Darbietung.[53] Davon wiederum zu unterscheiden sind die sog. Live-Shows, die sogleich besprochen werden.

---

51 So auch VG Neustadt (Weinstraße), Beschl. v. 04.07.2012 – 3 L 571/12.NW, BauR 2012, 1834 (nur LS), juris, Rdn. 12.

52 An dieser Stelle sei angemerkt, dass nach überzeugender Rechtsprechung des BGH einverständlich vorgenommene sadomasochistische Praktiken nicht als sittenwidrig anzusehen sind (BGH, Urt. v. 26.05.2004 – 2 StR 505/03, BGHSt 49, 166 (172f.) mit Anmerkung von Hagen, JR 2004, 475 und dem folgend LG Göttingen, Urt. v. 26.06.2008 – 1 KLs 11/08, juris, Rdn. 74; kritisch, wenn auch in einer disziplinarrechtlichen Streitigkeit: VG Berlin, Urt. v. 11.06.2008 – 80 A 17.07, juris, Rdn. 33). Interessant aus dem Beamtenrecht im Übrigen auch VG Münster, Urt. v. 19.03.2013 – 13 K 2930/12.O, juris.

53 Instruktiv BVerwG, Urt. v. 15.12.1981 – 1 C 232/79, BVerwGE 64, 274.

bd) 4. Fallgruppe: Filmvorführungen mit erotischem oder pornographischem Inhalt

In die Fallgruppe der Filmvorführungen mit erotischem oder pornographischem Inhalt fallen vor allem Angebote in sog. Sexkinos, Erotik-Kinos, Video-Peep-Shows etc. In diesen Kinos werden überwiegend oder ausschließlich Filme erotischen oder pornographischen Inhalts – meist verbunden mit weiteren Dienstleistungen – zur Aufführung gebracht.[54] Auch diese Fallgruppe ist aufgrund des Störungspotenzials der entsprechenden Einrichtungen für die Umgebung als prostitutionsähnlich zu qualifizieren.

be) 5. Fallgruppe: Sonstige sexuelle Dienstleistungen

In diese Auffangfallgruppe fallen z.B. diverse Dienstleistungen mit sexuellem Bezug ohne Geschlechtsverkehr. Beispielhaft sei z.B. auf die sog. Nacktfrisiersalons verwiesen.

c) Fehlen des Merkmals „Mit allgemein wechselnden Partnern"

In diesem Bereich ist insbesondere zwischen zwei Fallgruppen zu differenzieren:

ca) 1.Fallgruppe: Live-Shows u.ä.

Live-Shows sind Striptease-Aufführungen, die soeben erläutert wurden, ähnlich. Sie sind aber wiederum dadurch geprägt, dass hier eben doch der Geschlechtsverkehr vollzogen wird. Unter einer Live-Show versteht man die Vorführung des menschlichen Geschlechtsverkehrs auf offener Bühne in den Räumen einer Gaststätte.[55] Die Live-Show ist mit gewissen Schwierigkeiten in die vorliegend gemachte Unterscheidung einzugliedern. Am ehesten kann man hier das Merkmal mit allgemein wechselnden Partnern verneinen. Im Mittelpunkt stehen bei solchen Aufführungen die Zuschauer und die Partner. Außerdem wird möglicherweise immer mit der gleichen Person der Geschlechtsverkehr vollzogen.

cb) 2. Fallgruppe: Dauergeliebte, Konkubinen u.ä.

Ob auch Dauergeliebte, Konkubinen u.ä. in den Bereich der prostitutionsähnlichen Handlungen eingeordnet werden können, ist diskussionswürdig. Es kann

---

54 Siehe http://de.wikipedia.org/wiki/Sexkino, zuletzt abgerufen am 11.08.2013.

55 Haferkorn, GewArch 2002, 145.

aber vorliegend dahinstehen, weil es für den Gegenstand der Untersuchung nicht relevant ist.

3. Charakter der prostitutionsähnlichen Handlung

Die prostitutionsähnliche Handlung ist eine Art „wesensgleiches Minus“ zur Prostitution, um die griffige zivilrechtliche Begrifflichkeit bezüglich des Anwartschaftsrechts an Sachen[56] aufzugreifen. Auf sie ist das ProstG, soweit erforderlich, aus teleologischen Gründen und ggf. aus argumentum a maiori ad minus anwendbar.

4. Ausübungsorte der prostitutionsähnlichen Handlungen

Im Hinblick auf die Ausübungsorte von prostitutionsähnlichen Handlungen ist auf die oben stehende überblicksmäßige Darstellung der Prostitutionsformen verwiesen.[57]

5. Fehlen der Prostitutionsähnlichkeit

Abschließend ist noch auf solche sexuelle „Dienstleistungen“ einzugehen, die sich der Einteilung in Prostitution und prostitutionsähnlich entziehen. Als da wären etwa: die sog. Surrogatpartner, die (trotz aller diesbezüglichen Kontroversen) eher einen (sozial-) therapeutischen Charakter haben. Bei der Produktion von Filmen erotischen oder pornographischen Inhalts fehlt es bereits an einer Dienstleistung.[58] Es geht allein um die Erstellung des Filmwerks. Ferner ist noch exemplarisch auf erotische Telefon- und Internetdienstleistungen zu verweisen. Es fehlt hier an jedem Kontakt, der über das Sprechen oder Chatten hinausgeht. Außerdem sind aufgrund der vollständigen Anonymität nicht dieselben Milieustörungen zu beobachten. Zuletzt kann auch der ladenmäßige Verkauf von Erotikartikeln nicht als prostitutionsähnlich angesehen werden.[59]

---

56 Wieling, Sachenrecht, § 17 II m.w.N.

57 Siehe C.I.3.a).

58 Vgl. dazu auch Hunecke, Das Prostitutionsgesetz und seine Umsetzung, S. 87, die jedoch auch diese unter das ProstG fassen will.

59 Etwas anderes ist es natürlich, wenn in dem Sex-Shop auch Filme gezeigt werden. Dann ändert sich die (bauplanungs-) rechtliche Einordnung vollständig (so auch Fickert/Fieseler, BauNVO, § 7 Rdn. 7.4f.).

III. Zwischenergebnis

Demgemäß ist nach der hier vorgeschlagenen Terminologie zwischen Prostitution und prostitutionsähnlichen Handlungen zu unterscheiden. Diese Arbeit wird sich mit diesen beiden Tätigkeiten befassen, soweit sie in baulichen Anlagen stattfinden.

IV. Funktion und Definition des Begriffs der prostitutiven Einrichtung

1. Begriffsentstehung und Kritik

Vor einer Definition und Ausfüllung des Begriffs der prostitutiven Einrichtung ist zunächst die bisherige Begriffsentwicklung in den Blick zu nehmen. Es wird in Rechtsprechung und Schrifttum im Prostitutionsbereich in Bordell, bordellartiger Betrieb und Wohnungsprostitution unterschieden.[60] Dabei ist im Einzelnen noch unklar, ob z.B. bei der Wohnungsprostitution eine Wohnnutzung neben die Nutzung zur Prostitution treten muss oder nicht.[61] Auch der Terminus „bordellartiger Betrieb" ist unklar.[62] Er wird als Auffangbegriff angelegt für alle Betriebe, die nach Größe und Organisation kein Bordell sind.[63] Diese etwas „holzschnittartige" und auch sehr fließende Abgrenzung[64] macht die bereits eingangs erwähnten terminologischen Unschärfen deutlich. Aufgrund der Vielfältigkeit der Ausübungsformen der Prostitution und der prostitutionsähnlichen Handlungen ist es angezeigt, von dieser ungenauen Unterscheidung wegzukommen. Deshalb wird hier vorgeschlagen, sich künftig des Begriffs der prostitutiven Einrichtung zu bedienen und innerhalb desselben zu unterscheiden. Die Begriffe „Bordell" und „bordellartiger Betrieb" sind zu ungenau und in ihrer Konsequenz

---

60 So z.B. bei Zimmermann, Die öffentlich-rechtliche Behandlung der Prostitution, S. 116f.; Stühler, NVwZ 1997, 861 (865) sowie bei Rhein/Zitzen NJOZ, 267 (268f.).

61 Siehe etwa Otto, KommunalPraxis spezial 2009, 11 oder von Feldmann, GE 2007, 1422. Diese Frage kann aber an dieser Stelle vorerst noch dahinstehen.

62 Vergleiche auch Gurlit, GewArch 2008, 426 (429), die konstatiert, dass in der Praxis immer dann von bordellartigem Betrieb gesprochen werde, wenn man sich zu einer genauen Einordnung des konkreten Betriebs und der Vertragsbeziehungen nicht in der Lage sieht.

63 Zimmermann, Die öffentlich-rechtliche Behandlung der Prostitution, S. 116.

64 Deutlich werden die Abgrenzungsschwierigkeiten etwa bei Rhein/Zitzen, NJOZ 2009, 267 (268f.).

zu vielfältig. Gleichwohl sind sie in Kombination mit anderen Begriffen nicht untauglich.

2. Herleitung und Funktion

Der Begriff der prostitutiven Einrichtung ist also der Oberbegriff für alle baulichen Anlagen, in denen Prostitution und prostitutionsähnliche Handlungen stattfinden. In Rechtsprechung und Literatur wird der Begriff vereinzelt bereits jetzt verwandt[65], ohne dass im Einzelnen klar wäre, wie er auszufüllen oder zu definieren ist. Nichtsdestotrotz oder gerade deshalb ist er sehr gut geeignet, einen Oberbegriff zu bilden und einen Einstieg in eine Kategorisierung aller Betriebe dieser Art zu geben.[66]

3. Definition des Begriffs der prostitutiven Einrichtung

Seiner Funktion gemäß ist der Begriff der prostitutiven Einrichtung weit auszulegen und wie folgt zu definieren: Eine prostitutive Einrichtung ist eine bauliche Anlage oder ein Teil einer baulichen Anlage, die ortsfest ist und in der dauerhaft der Prostitution und/oder prostitutionsähnlichen Handlungen nachgegangen wird.

4. Merkmale des Begriffs der prostitutiven Einrichtung

Die Begriffsmerkmale sind wie folgt zu verstehen:

65 Siehe z.B. VG Berlin, Urt. v. 06.05.2009 – 19 A 91.07, GewArch 2009, 322.

66 Anzumerken ist, dass der Gesetzgeber durch das bereits genannte Gesetz zur Bekämpfung des Menschenhandels und Überwachung von Prostitutionsstätten beabsichtigt, in § 38 I GewO den Begriff der Prostitutionsstätte einzufügen (siehe Art. 2 des Gesetzentwurfs auf BT-Drs. 17/13706). Indessen hält lediglich die Gesetzbegründung eine Begriffsbestimmung bereit. So sollen danach als Prostitutionsstätten insbesondere Bordelle, Laufhäuser, bordellartige Betriebe und andere Betriebe mit Bezug auf gewerbsmäßige sexuelle Dienstleistungen anzusehen sein, die nach außen als Prostitutionsstätten erkennbar sind und als solche wahrgenommen werden. Hingegen sollen rein private Räumlichkeiten ebenso wenig darunter fallen, wie Wohnungen, die zum Zweck der Ausübung der gewerbsmäßigen Prostitution angemietet wurden (siehe BT-Drs. 13706, S. 9). Diese – zumal unverbindliche – Definition ist als eher konturlos anzusehen und dürfte in der Praxis auch zu gewissen Abgrenzungsproblemen führen.

a) Bauliche Anlage oder Teil einer baulichen Anlage

Mit dem Merkmal „bauliche Anlage“ ist eine bauliche Anlage im Sinne des Bauordnungsrechts gemeint. In § 2 I MBO wird sie definiert, als eine mit dem Erdboden verbundene und aus Bauprodukten hergestellte Anlage. Auf eine dauerhafte, feste Verbindung kommt es vorliegend aber nicht an. Das Gleiche gilt für das Kriterium der bodenrechtlichen Relevanz.[67] Das Merkmal „Teil einer baulichen Anlage“ ist im Prinzip selbstklärend. Es betrifft praktisch Wohnungen, Gewerberäume, Lofts, Gaststätten- und Ladenräume, einzelne Zimmer usw. Mit diesem ersten Begriffsmerkmal wird sichergestellt, dass der Begriff sowohl prostitutive Einrichtungen, die sich auf das gesamte in Rede stehende Gebäude erstrecken als auch solche, die nur Gebäudeteile nutzen, erfasst.

b) Ortsfest

Das Kriterium der Ortsfestigkeit dient der Abgrenzung etwa zu Wohnmobilen und Verrichtungsboxen, die in der Straßenprostitution Verwendung finden.

c) Dauerhaft

Das Dauerhaftigkeitserfordernis schließt solche Räumlichkeiten aus, in denen nur einmal oder nur in wenigen Fällen Prostitution oder prostitutionsähnliche Handlungen stattfinden. Das Merkmal dient somit der Abgrenzung zur sog. aufsuchenden Prostitution. Exemplarisch sei folgender Fall angeführt: Wenn ein Hotelgast auf seinem Zimmer eine Prostituierte empfängt, fehlt es an der Dauerhaftigkeit. Das Hotelzimmer oder gar das gesamte Hotel werden dadurch nicht zur prostitutiven Einrichtung.[68] Gleiches gilt selbstverständlich z.B. für eine Wohnung, deren Inhaber Prostituiertenbesuch erhält.

d) Prostitution und prostitutionsähnliche Handlungen

Bezüglich der Bestimmung der Begriffe Prostitution und prostitutionsähnliche Handlung ist auf die oben gemachten Ausführungen[69] zu verweisen.

---

67 Wie es der bauplanungsrechtliche Begriff der baulichen Anlage verlangt: siehe Löhr in: Battis/Krautzberger/Löhr, BauGB, § 29 Rdn. 14.

68 Etwas anderes muss natürlich gelten, wenn z.B. in dem Beherbergungsbetrieb offensichtlich und bestimmungsgemäß Anbahnungen und Zimmervermietungen zu prostitutiven Zwecken erfolgen.

69 Siehe C., I., 1., h) und C., II.,1.

V. Kategorien und Typen prostitutiver Einrichtungen

Auf die Definition des Begriffs folgt jetzt eine Darstellung der Kategorien und Typenprostitutiver Einrichtungen. Man kann nach der Art der baulichen Anlage drei Grundformen mit den jeweils folgenden dazugehörigen Unterformen unterscheiden. Diese Grundformen sind die prostitutive Einrichtung in Wohnräumen (1.), in Lokal- und Gewerberäumen (2.) sowie in ausschließlich prostitutiv genutzten baulichen Anlagen (3.). Diese Arbeit hat nicht den Anspruch, alle nur denkbaren Erscheinungsformen darzustellen, zumal es auch nicht wenige Zwischen- und Mischformen gibt.[70] Es soll vornehmlich darum gehen, die wichtigsten Formen zu erwähnen.

1. Die prostitutive Einrichtung in Wohnräumen

Den Anfang macht die prostitutive Einrichtung in Wohnräumen.

a) Erläuterung

Die Grundform der prostitutiven Einrichtung in Wohnräumen bezeichnet solche Einrichtungen und Betriebe, die sich in Wohnräumen befinden, also in Räumen, die eigentlich dazu geeignet und bestimmt sind, dem Wohnen zu dienen.[71] Für diese prostitutiven Einrichtungen ist typisch, dass sie diskret und unauffällig sind.[72] Man muss ferner auch konstatieren, dass es im Gegensatz zu den anderen beiden Grundtypen prostitutiver Einrichtungen aufgrund der beschränkten Möglichkeiten in Wohnräumen nur wenige Unterformen gibt.

b) Unterformen

In diese Gruppe fallen insbesondere folgende Einrichtungen:

ba) Die sog. Wohnungsprostitution und die sog. Wohnungsbordelle

Zunächst seien die sog. Wohnungsprostitution und die sog. Wohnungsbordelle genannt. Die Begriffe werden höchst unterschiedlich verstanden. Sie werden in

70 Auf die Überschneidungen und Unterschiede wird im Einzelfall auch hingewiesen.

71 Zum Begriff des Wohnens im Baurecht: Siehe Fickert/Fieseler, BauNVO, § 3 Rdn. 1.

72 Vgl. Rhein/Zitzen, NJOZ 2009, 267 (268f.).

der Rechtsprechung und in Teilen der Literatur eher so ausgelegt, dass auch eine Wohnnutzung durch die Prostituierten stattfinden soll.[73] Wohnungsprostitution wird vorliegend so definiert, dass es sich um Prostitutionsausübung handeln muss, die in Wohnungen erfolgt, ohne dass es auf die Größe der Räume oder des Betriebs oder auf die Frage, ob nebenher dort auch noch gewohnt wird, ankommt.[74] Auf die zusätzliche Wohnungsnutzung kommt es deshalb nicht an, weil sie letztlich unerheblich ist. Dies macht nämlich für das Erscheinungsbild des Betriebs und die potenziellen Störungen im Haus keinen Unterschied. Lebensnah gesprochen ist es letztlich irrelevant, ob sich die Prostituierten beispielsweise auch noch mit ihren Einkaufstüten durch das Treppenhaus bewegen oder nicht. Liegt Wohnungsprostitution vor, kann auch von einem Wohnungsbordell gesprochen werden.

Kurzum kommt es also auf den Raum und nicht auf die Wohnnutzung an. Gegenüber der bereits zitierten Definition von Leopold[75] ist einzuwenden, dass sie mit ihrem Merkmal „in Wohnhäusern gelegenen Räumen“ insoweit zu weit geht, als dass sie dazu führen würde, dass auch Ladenräume Wohnungsbordelle wären.

bb) Terminwohnung

Die sog. Terminwohnung ist begrifflich nur schwer zu fassen. Stühler[76] charakterisiert diese Einrichtungen so, dass die Prostituierten dort in tatsächlicher Hinsicht nicht wohnen und nicht gemeldet sind und sich dort nur für einen vorübergehenden Zeitraum unterschiedlicher Länge aufhalten.[77] Nach der hier vertretenden Begrifflichkeit ist der Begriff der Terminwohnung obsolet, da es ja bei Wohnungsbordellen nicht auf eine Wohnnutzung ankommt. Allenfalls kann man konstatieren, dass die Terminwohnung ein Unterfall des Wohnungsbordells ist.

bc) Prostitutionsähnlich genutzte Wohnungen

Hinter der durchaus etwas sperrigen Bezeichnung „prostitutionsähnlich genutzte Wohnungen“ verbergen sich Betriebe, die typischerweise in ihrem Betriebsablauf und ihrer äußeren Gestaltung den Wohnungsbordellenähnlich sind, in denen

---

73 Nachweise bei Otto, Kommunalpraxis spezial 2009, 11 sowie Zimmermann, Die öffentlich-rechtliche Behandlung der Prostitution, S. 116; ferner Stühler, GewArch 2006, 26. Knapp zusammenfassend Rabe, Potentiale und Entwicklungen im Baurecht, S. 121.

74 Insoweit wird hier dem Ansatz von Leopold, Berliner Wohnungsbordelle in Wohn- und Mischgebieten, S. 4 gefolgt.

75 Leopold, Berliner Wohnungsbordelle in Wohn- und Mischgebieten, S. 4.

76 GewArch 2006, 26f.

77 Ähnlich auch VG Freiburg, Urt. v. 08.11.2012 – 4 K 912/12, VBlBW 2013, 225 (230).

aber nur prostitutionsähnliche Handlungen stattfinden. Dies sind in der Praxis vor allem etwa Massagesalons, sog. SM-Studios und bedingt auch Mietwohnungen für Pärchen[78].

2. Die prostitutive Einrichtung in Lokal- und Gewerberäumen

Weiter gibt es prostitutive Einrichtungen in Lokal- und Gewerberäumen.

a) Erläuterung

Prostitutive Einrichtungen in Lokal- und Gewerberäumen sind Einrichtungen, die sich in gemischt genutzten Häusern[79] in Lokal- und Gewerberäumen befinden. Von der vorgenannten prostitutiven Einrichtung in Wohnungen unterscheiden sie sich darin, dass sie sich eben nicht in Wohnräumen befinden.

b) Unterformen

Dieser durchaus weit gefasste Grundtyp hat folgende Erscheinungsformen:

ba) Bordelle in Lokal- und Gewerberäumen

Zunächst seien Bordelle in Lokal- und Gewerberäumen zu nennen. Diese Betriebe finden sich beispielsweise in ebenerdigen Lokalräumen von Wohnhäusern oder in Obergeschossen von rein gewerblich genutzten Häusern.

bb) Laufhäuser/Zimmervermietungen zu prostitutiven Zwecken

Daneben stehen Laufhäuser und Zimmervermietungen zu prostitutiven Zwecken. Laufhäuser sind letztlich eine Spezialform des Bordells. Die Prostituierten sind im Laufhaus nicht dauerhaft angestellt, vielmehr mieten sie ein Zimmer im Gebäude an und warten zumeist am Eingang desselben auf ihre Kundschaft.[80]

78 Bedingt deshalb, weil diese Einrichtungen aufgrund fehlenden Dauerpersonals objektiv ein geringeres Störpotenzial aufweisen.

79 Gemischt genutzt i.d.S. heißt, dass entweder noch andere gewerbliche Nutzungen stattfinden oder dass nebenher noch Wohnnutzung durch dritte Personen stattfindet.

80 Vgl. VG Stuttgart, Urt. v. 10.12.2009 – 8 K 3904/09, juris, Rdn. 2 sowie von Feldmann, GE 2007, 1422 (1423).

Ferner sind noch Beherbergungsbetriebe zu nennen, in denen Räume zu prostitutiven Zwecken angemietet werden können. Beispielhaft seien etwa die sog. Stundenhotels genannt. Unter einem Stundenhotel versteht man einen Beherbergungsbetrieb, in dem stundenweise ein Zimmer zum Zweck des geschlechtlichen Verkehrs gemietet werden kann.[81] Diese Unterform unterscheidet sich von den Bordellen insbesondere dadurch, dass die Beziehung zwischen den Prostituierten und den Betreibern der Einrichtung nicht etwa dienst- oder arbeitsvertraglich, sondern eher mietvertraglich geprägt ist.[82]

bc) Table-Dance-,Striptease-Lokale u.ä. mit oder ohne Anbahnung

Weiterhin fallen unter die genannte Grundform Table-Dance- und Striptease-Bars sowie ähnliche „Animierbetriebe". Es ist dabei unerheblich, ob in diesen Betrieben auch die sog. Anbahnung zur Prostitutionsausübung erfolgt oder nicht. An dieser Stelle können sich aufgrund des Dienstleistungsangebots auch Parallelen zu den Bordellen in Lokalräumen ergeben, etwa wenn die Tanzdarbietungen primär der Anbahnung und nicht der Unterhaltung dienen.

bd) Anbahnungslokale

Anbahnungslokale sind typischerweise Gaststättenbetriebe, in denen nur die Anbahnung von Verträgen, die die Prostitutionsausübung zum Gegenstand haben, erfolgt und die Dienstleistung an sich an einem anderen Ort stattfindet.[83] Andere Orte i.d.S. sind etwa Beherbergungsbetriebe, Privatwohnungen oder Kraftfahrzeuge.

be) FKK-und Sauna-Clubs

Eine weitere Gruppe sind sog. FKK- und Saunaclubs.[84] Der Betriebsablauf bei FKK- und Saunaclubs ist grob folgender: Die Kundschaft entrichtet einen Eintrittspreis und kann sich daraufhin zumeist in leicht bekleideter Form in den

81 So das OLG Koblenz, Urt. v. 01.03.2002 – 10 U 433/01, VersR 2002, 1145 (1146), das von den Stundenhotels die sog. Absteigen unterscheidet, die nach Auffassung des Gerichts billige Stundenhotels sind.

82 Insoweit ist aber anzumerken, dass die Anmietung bei den sog. Stundenhotels zumeist durch die Kundschaft erfolgt.

83 Stühler (NVwZ 1997, 861) bezeichnet dies als „Lokalprostitution".

84 Die Grenzen zwischen FKK- und Saunaclub sind fließend, was sich z.B. bei Radermacher, AO-StB 2007, 213f. oder VG Köln, Beschl. v. 19.07.2004 – 20 L 893/04, juris, Rdn. 18 zeigt. Man wird daher wohl festhalten müssen, dass es sich dem Grunde nach wohl um dieselbe Betriebsform handelt, nur dass bei letzterem noch ein Saunierungsangebot hinzutritt.

Betriebsräumen aufhalten. Sie hat die Möglichkeit, Speisen und Getränke zu konsumieren, Wellness-Angebote zu nutzen, Filme zu betrachten sowie Prostituierte kennenzulernen und mit ihnen Geschlechtsverkehr zu haben.[85] Von den herkömmlichen Bordellen unterscheiden sie sich dadurch, dass sie auch zusätzliche Dienstleistungen anbieten.

bf) Swinger- und Pärchenclubs

Swinger- und Pärchenclubs fallen, soweit sie in Lokal- und Gewerberäumen sind, auch unter diese Grundform. Nicht selten haben sie ähnliche zusätzliche Angebote wie die FKK- und Saunaclubs, unterscheiden sich aber von diesen dergestalt, dass es eben an einem Prostitutionsangebot fehlt.

bg) Sonstige prostitutionsähnlich genutzte Lokal- und Gewerberäume

Sonstige prostitutionsähnlich genutzte Lokal- und Gewerberäume sind beispielsweise Massagesalons, SM-Studios usw., die sich in Räumen dieser Art befinden.

3. Die prostitutive Einrichtung in ausschließlich prostitutiv genutzten baulichen Anlagen

Schließlich gibt es die prostitutive Einrichtung in ausschließlich prostitutiv genutzten baulichen Anlagen.

a) Erläuterung

Hinter dieser sperrigen Bezeichnung verbergen sich solche prostitutiven Einrichtungen, die sich in ausschließlich oder fast ausschließlich prostitutiv genutzten baulichen Anlagen befinden. Die Nutzung zur Prostitution und zu prostitutionsähnlichen Handlungen drückt dem Gesamtbauwerk gleichsam den einzig prägenden Stempel auf. Dabei sind sowohl Einrichtungen zu nennen, die eigens zu prostitutiven Zwecken gebaut worden sind, als auch solche, die ursprünglich anders konzipiert waren, aber nunmehr eine prostitutive Nutzung erfahren. Typischerweise finden sich diese prostitutiven Einrichtungen im Stadtzentrum von Großstädten, in Gewerbegebieten oder am Rande der jeweiligen Ortschaft.

85 Eine umfassende Beschreibung des Betriebsablaufs findet sich bei Kasten, BWVPr. 1982, 261.

b) Erscheinungsformen

Man kann hier zwischen den folgenden Unterformen unterscheiden:

ba) Großbordelle

Zunächst sind die sog. Großbordelle zu nennen. Auch sie sind begrifflich nur schwer zu fassen. Großbordelle sind im Grunde Prostitutionsstätten, die eine erhebliche Größe aufweisen und daher in ihrer Umgebung auch optisch herausstechen. Im Hinblick auf die Abgrenzung insbesondere zu den nächsten beiden Unterformen gelten die Ausführungen unter 3. entsprechend.

bb) Laufhäuser/Zimmervermietung zu prostitutiven Zwecken

Weiterhin sind auch hier die sog. Laufhäuser und Zimmervermietungen zu prostitutiven Zwecken zu erwähnen. Für die weiteren Einzelheiten kann auf die bereits gemachten Ausführungen verwiesen werden.[86]

bc) FKK- und Sauna-Clubs

Daneben gibt es auch in diesem Grundtyp der prostitutiven Einrichtung die sog. FKK- und Saunaclubs. Für deren Beschreibung kann auf soeben gemachte Ausführungen verwiesen werden.[87]

bd) Sonstige prostitutionsähnlich genutzte bauliche Anlagen

Ferner gibt es auch im letzten Grundtyp prostitutionsähnlich genutzte bauliche Anlagen in ihren verschiedenen Erscheinungsformen.

VI. Begriff der Mitarbeiter

Ihrem Titel gemäß soll sich die vorliegende Arbeit auch mit den Mitarbeitern der prostitutiven Einrichtung befassen.

---

86 Ein Beispiel für ein Laufhaus, das sich in einer ausschließlich prostitutiv genutzten baulichen Anlage befindet, ist das in der kreisfreien Stadt Köln gelegene „Pascha“ (http://www.pascha.de, zuletzt abgerufen am 11.08.2013), das sich sogar berühmt, das größte Laufhaus in Europa zu sein.

87 Beispielhaft für einen FKK- und Sauna-Club i.d.S. ist auf das „Artemis“ im Berliner Ortsteil Halensee verwiesen (http://www.fkk-artemis.de, zuletzt abgerufen am 11.08.2013).

Unter dem Begriff der Mitarbeiter werden dabei einerseits die Beschäftigten verstanden. Es soll insoweit der sozialversicherungsrechtliche Beschäftigungsbegriff des § 7 I 1 SGB IV Anwendung finden.[88] Hiernach ist Beschäftigung die nichtselbständige Arbeit, insbesondere in einem Arbeitsverhältnis. Der sozialversicherungsrechtliche Beschäftigungsbegriff ist aber weitergehender als die arbeitsrechtliche Bindung, da ein Verhältnis i.S.d. § 7 I 1 SGB IV auch ohne Arbeitsverhältnis vorliegen kann.[89]

Mitarbeiter sind daneben andererseits auch Personen, die ohne Beschäftigte zu sein, in der Einrichtung arbeiten, etwa als Selbständige, die mit dem Betreiber als eine Art freie Mitarbeiter zusammenarbeiten. Sie stellen in der Praxis auch die Mehrheit dar.[90]

Die Arbeit soll sich natürlich vornehmlich mit solchen Mitarbeitern befassen, die in der prostitutiven Einrichtung zum Zweck ihres eigentlichen Kerngeschäfts beschäftigt sind. Nicht prostitutiv tätiges, sonstiges Personal soll nur peripher betrachtet werden.

VII. Zusammenfassung zu C.

Nunmehr sind die Begriffe Prostitution und prostitutionsähnliche Handlung geklärt worden.

Prostitution ist demgemäß die berufsmäßige Vornahme des Geschlechtsverkehrs in seinen verschiedenen Formen mit allgemein wechselnden Partnern des anderen oder des gleichen Geschlechts, ohne dass es auf eine gesellschaftlich verbindliche oder emotionale Verbindung ankommt.

Demgegenüber ist eine prostitutionsähnliche Handlung eine Handlung, die der Prostitution ähnlich ist und bei der es jedenfalls an einem der Positivkriterien für den Begriff der Prostitution fehlt.

Darauf aufbauend wurde der eigentliche Untersuchungsgegenstand bestimmt.

Eine prostitutive Einrichtung ist eine bauliche Anlage oder ein Teil einer baulichen Anlage, die ortsfest ist und in der dauerhaft der Prostitution und/oder prostitutionsähnlichen Handlungen nachgegangen wird.

Der Begriff der Mitarbeiter meint einerseits Beschäftigte i.S.d. § 7 I 1 SGB IV und andererseits Personen, die auf selbständiger Basis in der prostitutiven Einrichtung mitarbeiten.

---

88 Eine Art Gegenstück bildet insoweit der arbeitsrechtliche Beschäftigungsbegriff, der auch arbeitnehmerähnliche Selbständige umfasst (vgl. § 5 I 2 ArbGG).

89 Leube, SozVers 2002, 85 (86) m.w.N.

90 Ausführlich mit Zahlenmaterial: BMFSFJ, Auswirkungen des Prostitutionsgesetzes, S. 51ff.

Auf der Basis dessen kann jetzt der zweite Untersuchungsschritt dieser Arbeit vollzogen werden und die Rechtslage bezüglich prostitutiver Einrichtungen aufgezeigt werden.

D. Rechtslage

I. Einleitung

Im folgenden Teil D. soll die Rechtslage bezüglich prostitutiver Einrichtungen und ihrer Beschäftigten auf den Gebieten des Öffentlichen Wirtschaftsrechts (II.), des Öffentlichen Baurechts (III.), des Immissionsschutzrechts (IV.), des Arbeitsschutzrechts (V.), des Gesundheitsrechts (VI.), des Ausländerrechts (VII.), des Sozialrechts (VIII.) sowie des Steuerrechts (IX.) dargestellt und kritisch besprochen werden.[1] Das Polizeirecht mit seinen einschlägigen Standardmaßnahmen wurde bereits als ungeeignetes Instrument identifiziert, so dass es in dieser Betrachtung außen vor bleibt. Überdies erscheint es auch aus rechtspolitischen Erwägungen heraus angezeigt, in Bezug auf den Untersuchungsgegenstand von der Anwendung des Polizeirechts wegzukommen. So sich in der Beurteilung der Rechtslage Unterschiede zwischen den verschiedenen Erscheinungsformen prostitutiver Einrichtungen ergeben[2], wird die Darstellung modular unter Betrachtung der verschiedenen Formen erfolgen. Ansonsten wird sie übergreifend geschehen. Der Teil D. bildet die theoretische wie auch systematische Grundlage für Überlegungen zur verwaltungsbehördlichen Regulation im darauf folgenden Teil E.

---

1 Auf die Sperrgebietsverordnungen, die ihre Rechtsgrundlage in Art. 297 I EGStGB finden, ist hier nicht einzugehen, da sie einerseits vor allem das Verbot der Straßenprostitution betreffen, andererseits auch ein überkommendes Mittel der Regulierung prostitutiver Einrichtungen sind (mit Beispielsfall zur Sperrbezirksprostitution: Drumm, DVP 2003, 313). In der Literatur wird im Übrigen die Verfassungsmäßigkeit des Art. 297 EGStGB in Zweifel gezogen: Von Galen, Rechtsfragen der Prostitution, Rdn. 375ff.; Gurlit/Oster, GewArch 2006, 361 und mit Verweis auf Auffassungen in der Instanzrechtsprechung: Wohlfarth, LKRZ 2007, 376 (379). Dagegen aber BVerwG, Urt. v. 20.11.2003 – 4 C 6.02, NVwZ 2004, 743f. und BVerfG, Beschl. v. 28.04.2009 – 1 BvR 224/07, NVwZ 2009, 905ff. Für die Streichung von Art. 297 EGStGB plädiert Renzikowski, Reglementierung von Prostitution, Rdn. 143. Von Seiten der Bundesregierung wird dagegen keine Notwendigkeit nach einem Verzicht gesehen (siehe BMFSFJ, Bericht der Bundesregierung zu den Auswirkungen des Gesetzes zur Regelung der Rechtsverhältnisse der Prostituierten, S. 75).

2 Vorgreifend kann bereits jetzt konstatiert werden, dass dies beispielsweise bei der Behandlung der Fragen des Bauplanungsrechts der Fall sein wird.

II. Öffentliches Wirtschaftsrecht

1. Einführung

Zunächst soll die Rechtslage bezüglich der prostitutiven Einrichtung und ihrer Beschäftigten auf dem Gebiet des Öffentlichen Wirtschaftsrechts untersucht werden.[3] Öffentliches Wirtschaftsrecht wird vorliegend – der treffenden Definition von Stober folgend – als die Gesamtheit aller öffentlich-rechtlichen Rechtsnormen und Maßnahmen im Verhältnis Staat-Bürger vornehmlich zur Beeinflussung des wirtschaftlichen Geschehens durch Sicherung, Planung, Überwachung, Förderung und Lenkung verstanden.[4] Aus dem Bereich dieses Rechtsgebietes sind für diese Untersuchung die Regelungen des Gewerbe- und des Gaststättenrechts bedeutsam, die auch in dieser Reihenfolge besprochen werden sollen. Die sonstigen Teilgebiete des Öffentlichen Wirtschaftsrechts[5] sind für den Untersuchungsgegenstand ersichtlich nicht von Relevanz, so dass sie außer Betracht bleiben. Einleitend sei noch angemerkt, dass das Gewerberecht und das Gaststättenrecht fast ausschließlich personenbezogen und nicht sachbezogen geregelt sind, so dass es im Teil II. weniger um die Sache „prostitutive Einrichtung“ als vielmehr um ihre Betreiber und Beschäftigten gehen wird.

2. Gewerbeordnung

Zunächst sollen also die gewerberechtlichen Fragestellungen besprochen werden.

a) Vorliegen eines Gewerbes

Ob die selbständige Ausübung der Prostitution oder prostitutionsähnlicher Handlungen[6] und das Betreiben einer prostitutiven Einrichtung als Gewerbe einzuordnen sind, war und ist umstritten. Die Frage ist für den weiteren Gang der Arbeit

---

3 Möglicherweise drängt sich an dieser Stelle die Frage auf, warum nicht erst die Problemstellungen des Öffentlichen Baurechts betrachtet werden. Die hier gewählte Reihenfolge beruht darauf, dass im Rahmen des Öffentlichen Wirtschaftsrechts Vorfragen geklärt werden, die später für die Fragen des Bauplanungsrechts (z.B. Anwendbarkeit von § 13 BauNVO) relevant sind.

4 Stober, Handbuch des Wirtschaftsverwaltungs- und Umweltrechts, S. 6.

5 Beispielsweise das Handwerksrecht oder das Verkehrsgewerberecht.

6 Soweit sie entgeltlich erfolgen, wird der Einfachheit halber für diese beiden Gegenstände – sei es in selbständiger oder unselbständiger Form – von prostitutiver Tätigkeit gesprochen.

von nicht unerheblicher Bedeutung. Eine Untersuchung dieser Problematik erfolgt in zwei Schritten: zunächst im Wege einer Subsumtion der in Rede stehenden Tätigkeiten unter den Gewerbebegriff und sodann im zweiten Schritt durch die Prüfung einer Korrektur des gefundenen Ergebnisses.

aa) Subsumtion unter den Gewerbebegriff

Zunächst folgt also die Subsumtion unter den Gewerbebegriff.

(1) Definition des Gewerbebegriffs

Gewerbe i.S.d. GewO ist jede nicht sozial unwertige, auf Gewinnerzielung gerichtete und auf Dauer angelegte, selbständige Tätigkeit, ausgenommen Urproduktion, freie Berufe und bloße Verwaltung eigenen Vermögens.[7] Es gibt also insgesamt sieben Merkmale des Gewerbebegriffs, nämlich vier Positivkriterien (Erlaubtsein, Gewinnerzielungsabsicht, Dauerhaftigkeit und Selbständigkeit) und drei Negativkriterien (keine Urproduktion, keine Verwaltung eigenen Vermögens sowie kein freier Beruf).[8]

(2) Erlaubtsein

Die Tätigkeit ist erlaubt, wenn die Tätigkeit nicht sozialunwertig oder nicht generell verboten ist.[9] Es kommt also darauf an, ob ein gesetzliches Verbot besteht oder, falls nicht, eine soziale Unwertigkeit gegeben ist. Eine soziale Unwertigkeit liegt vor, wenn die Tätigkeit den allgemein anerkannten sittlichen oder moralischen Wertvorstellungen zuwiderläuft.[10]

Zunächst müssten also die genannten Tätigkeiten nicht verboten oder sozial unwertig sein. Zum Teil wird auch nach Inkrafttreten des ProstG an der Sozialunwertigkeit der Prostitution und damit der Verneinung des Gewerbebegriffs festgehalten.[11] Diese Auffassung ist aber nicht haltbar. Das zentrale Argument, das ProstG regele nur zivil- und sozialrechtliche Fragen, ist oberflächlich betrachtet zwar nicht falsch, gleichwohl ist dem Gesetzgebungsmaterial zu entnehmen, dass der Gesetzgeber das Sittenwidrigkeitsurteil allgemein beseitigen wollte[12] und dass außerdem auch allgemein die heutigen sozialethischen Wertvorstellungen

7 Ennuschat in: Tettinger/Wank/Ennuschat, GewO, § 1 Rdn. 2.

8 Frotscher/Kramer, Wirtschaftsverfassungs- und Wirtschaftsverwaltungsrecht, Rdn. 254ff.

9 Kahl in: Landmann/Rohmer, GewO, Einl. Rdn. 38.

10 Siehe dazu Ennuschat in: Tettinger/Wank/Ennuschat, GewO, § 1 Rdn. 41ff.

11 Pauly, GewArch 2002, 217 (218f.) sowie Kurz, GewArch 2002, 142; offener demgegenüber Ennuschat in: Tettinger/Wank/Ennuschat, GewO, § 1 Rdn. 42f.

12 BT-Drs. 14/5958, S. 4.

nicht mehr von einer Sittenwidrigkeit im ordnungsrechtlichen Sinne ausgehen.[13] Ferner weist von Galen anschaulich und zutreffend daraufhin, dass der Gesetzgeber durch die im ProstG enthaltenen sozialrechtlichen Vorschriften eine klare Wertentscheidung getroffen hat.[14] Im Übrigen ist nicht einzusehen, warum etwas, das im Zivilrecht nicht als sittenwidrig gilt, im Gewerberecht als sozial unwertig gelten soll.[15] Insoweit sind auch grundrechtlich geschützte Positionen zu beachten.[16]

Die verwaltungsgerichtliche Rechtsprechung hat sich ebenfalls zu der Frage geäußert, ob das ProstG die Sittenwidrigkeit auch im Öffentlichen Wirtschaftsrecht beseitigt hat. Die verschiedenen Instanzgerichte sind in der Mehrheit dazu gekommen anzunehmen, dass das ProstG auch auf die hier behandelten verwaltungsrechtlichen Fragestellungen ausstrahlt und die soziale Unwertigkeit beseitigt hat.[17] Auch BVerwG und BVerfG sind der Auffassung, dass nicht per se von einer Sittenwidrigkeit auszugehen ist.[18] Zudem hat ebenfalls der BGH in einem wettbewerbsrechtlichen Streit die Sittenwidrigkeit verneint.[19]

Mithin kann die prostitutive Tätigkeit und das Betreiben einer prostitutiven Einrichtung nicht als sittenwidrig und damit als erlaubt angesehen werden.

(3) Gewinnerzielungsabsicht

Gewinnerzielungsabsicht liegt vor, wenn ein unmittelbarer oder mittelbarer wirtschaftlicher Vorteil (=Gewinn) erwartet wird, der zu einem Überschuss über die betrieblichen Kosten der Tätigkeit führt.[20] Im Hinblick auf das Positivkriterium

---

13 Pielow in: Pielow, GewO, § 1 Rdn. 166 m.w.N.

14 Von Galen, Rechtsfragen der Prostitution, Rdn. 425ff.

15 Vergleiche auch mit dem Argument der Einheit der Rechtsordnung Renzikowski, GewArch 2008, 432 (434) sowie Gurlit, GewArch 2008, 426 (427). Siehe auch Stiebig, BayVBl. 2004, 545 (551f.) und Budde, Die Auswirkungen des Prostitutionsgesetzes auf die Sozialversicherung, S. 213ff., die ähnlich argumentieren und ferner auch auf das Gesetzgebungsverfahren hinweisen. Ausführlich und überzeugend auch Lehmann, Der Begriff der Sittenwidrigkeit im Gewerberecht, S. 119ff.

16 Schöbener/Rafii, KSzW 2012, 172 (175).

17 VGH München, Urt. v. 29.04.2002 – 22 B 01.3183, NVwZ 2002, 1393 (1394) und Urt. v. 09.09.2008 – 22 BV 06.3313, GewArch 2009, 256f. sowie VG Stuttgart, Urt. v. 22.07.2005 – 10 K 3330/04, GewArch 2005, 431 (432f.). Offengelassen durch VG Weimar, Beschl. v. 13.05.2002 – 8 E 202/02.We, GewArch 2002, 298 (299) und VG Gießen, Beschl. v. 12.08.2004 – 8 G 2592/04, GewArch 2004, 432.

18 BVerwG, Beschl. v. 23.03.2009 – 8 B 2/09, NVwZ 2009, 909 (910) und BVerfG, Beschl. v. 28.04.2009 – 1 BvR 224/07, NVwZ 2009, 905 (907).

19 BGH, Urt. v. 13.07.2006 – I ZR 241/03, BGHZ 168, 314 (318f.) mit Anmerkung von Armbrüster, JZ 2007, 479.

20 Pielow in: Pielow, GewO, § 1 Rdn. 147.

der Gewinnerzielungsabsicht ergeben sich bezüglich der prostitutiven Tätigkeit und des Betreibens einer prostitutiven Einrichtung keine Besonderheiten.[21]

(4) Dauerhaftigkeit

Das Kriterium der Dauerhaftigkeit verlangt eine nachhaltige, planmäßige und nicht nur eine gelegentliche, zufällige und auf vorübergehende Zeit ausgerichtete Tätigkeit.[22] Die soeben bei der Subsumtion des Merkmals „Gewinnerzielungsabsicht" gemachten Ausführungen gelten auch hier.[23]

(5) Selbständigkeit

Das letzte Positivkriterium – namentlich das der Selbständigkeit – ist gegeben, wenn der Betreffende nach außen hin auf eigene Rechnung und unter Übernahme des Unternehmensrisikos im eigenen Namen auftritt und im Innenverhältnis in persönlicher und sachlicher Unabhängigkeit eigenverantwortlich handelt.[24] Bei diesem Merkmal ist nach Hinrichs[25] wie folgt zu differenzieren: Eine Prostituierte, die unabhängig und ohne Arbeitsvertrag arbeitet, ist selbständig tätig, während eine arbeitsvertraglich gebundene Prostituierte – trotz der Einschränkungen durch § 3 ProstG – eine Arbeitnehmerin und damit nicht selbständig i.S.d GewO ist.

(6) Urproduktion

Das erste Negativkriterium ist das der Urproduktion. Die Urproduktion dient der Erzeugung roher Naturprodukte. Dazu gehören vor allem Land-, Forst- und Fischereiwirtschaft, aber auch Garten- und Weinbau, das Sammeln wilder Früchte, die Tierzucht, die Jagd und der Bergbau.[26]

Das Negativmerkmal der Urproduktion scheidet offenkundig im Hinblick auf den Untersuchungsgegenstand aus.

21 Hinrichs, VR 2003, 257 (260).
22 Ennuschat in: Tettinger/Wank/Ennuschat, GewO, § 1 Rdn. 8.
23 Siehe wiederum Hinrichs, VR 2003, 257 (260).
24 Pielow in: Pielow, GewO, § 1 Rdn. 160.
25 Hinrichs, VR 2003, 257 (260).
26 Ennuschat in: Tettinger/Wank/Ennuschat, GewO, § 1 Rdn. 50.

(7) Verwaltung eigenen Vermögens

Das Negativmerkmal „Verwaltung eigenen Vermögens" ist eben-falls begrifflich schwer zu fassen. Das Kriterium umschreibend wird man wohl verlangen müssen, dass die Tätigkeit nach ihrem Umfang nicht die Schwelle zu einer nachhaltigen Teilnahme am allgemeinen Wirtschaftsverkehr überschreitet.[27] Es ist dabei auf das Gesamtbild der Tätigkeit abzustellen.[28]

Auch dieses Negativmerkmal ist offenkundig in Bezug auf den Untersuchungsgegenstand nicht erfüllt.

(8) Freier Beruf

Es ist aber fraglich, ob nicht die prostitutive Tätigkeit ein freier Beruf ist.

(a) Begriff des freien Berufs

Der Begriff des freien Berufs, der als Gegenstück zum Gewerbe-begriff steht, ist nur mit Mühe zu definieren. Er ist der Sammelbegriff für etliche, unterschiedliche, selbständig ausgeübte Tätigkeiten.[29] Zum Teil ist die Zuordnung zu den freien Berufen spezialgesetzlich geregelt[30], weiterhin enthält § 18 I Nr. 1 EStG einen Hinweis darauf, was alles ein freier Beruf sein kann.[31] Nicht zuletzt aufgrund der besonderen Funktion des Steuerrechts kann der Aufzählung des § 18 I Nr. 1 EStG keine auch für das Gewerberecht verbindliche Begriffsbestimmung entnommen werden.[32] Allerdings findet sich seit 1998 in § 1 II 1 PartGG eine Definition des Begriffs freier Beruf, die auch auf das Gewerberecht ausstrahlt.[33] Nach § 1 II 1 PartGG haben die Freien Berufe „im Allgemeinen auf der Grundlage besonderer beruflicher Qualifikationen oder schöpferischer Begabung die persönliche, eigenverantwortliche und fachlich unabhängige Erbringung von Dienstleistungen höherer Art im Interesse der Auftraggeber und der Allgemeinheit zum Inhalt." Die Norm des § 1 II 2 PartGG nennt eine ganze Reihe von Freien Berufen i.S.d. PartGG, wobei zwischen den fünf Bereichen Heilberufe, rechts- und wirt-

27 Pielow in: Pielow, GewO, § 1 Rdn. 182.

28 Kahl in: Landmann/Rohmer, GewO, Einl. Rdn. 55.

29 Pielow in: Pielow, GewO, § 1 Rdn. 173.

30 Zum Beispiel für die Ärzte durch § 1 II BÄO, die Rechtsanwälte durch § 2 I BRAO und die Wirtschaftsprüfer durch § 1 II WPO.

31 Wacker in: Schmidt, EStG, § 18 Rdn. 60.

32 So auch Ennuschat in: Tettinger/Wank/Ennuschat, GewO, § 1 Rdn. 58 unter Hinweis auf BVerwG, Urt. v. 15.01.1970 – I C 17.68, GewArch 1970, 125 (127).

33 Eher vorsichtig Pielow in: Pielow, GewO, § 1 Rdn. 174; demgegenüber deutlicher Ennuschat in: Tettinger/Wank/Ennuschat, GewO, § 1 Rdn. 58.

schaftsberatende Berufe, naturwissenschaftlich orientierte Berufe, Vermittler geistiger Güter und Informationen sowie Lotsen unterschieden werden kann.[34] Anzumerken ist noch, dass in den Katalog des PartGG einige Berufe[35] aus rechtlichen und/oder politischen Erwägungen bewusst nicht aufgenommen worden sind, obgleich sie an sich freiberuflich ausgeübt werden.[36]

In der spezifisch gewerberechtlichen Literatur werden unter einem freien Beruf wissenschaftliche, künstlerische und schriftstellerische Tätigkeiten sowie Dienstleistungen höherer Art verstanden, die grundsätzlich eine höhere Bildung in Gestalt eines abgeschlossenen Hochschul- oder Fachhochschulstudiums erfordern.[37]

(b) Streitstand

Es ist nach wie vor strittig, ob die selbständige prostitutive Tätigkeit als Gewerbe oder als freier Beruf zu behandeln ist.[38] Der Bund-Länder-Ausschuss „Gewerberecht" hat aus verschiedenen Gründen die Gewerbeeigenschaft verneint[39], so dass in den Ländern Gewerbeanzeigen von Prostituierten und Bordellbetreibern zurückgewiesen gewiesen werden.[40]

(ba) Argumente für die Freiberuflichkeit

In der Literatur wird von einigen Stimmen dafür argumentiert, eine Freiberuflichkeit anzunehmen. Namentlich insbesondere von Galen[41] führt an, dass die Prostitutionsausübung einige, aber nicht alle Kriterien des freien Berufs erfülle. Sie diene unter höchstpersönlichem Einsatz der Dienstleistenden der Erfüllung eines gesellschaftlichen Bedürfnisses. Es fehle zwar an einer längeren Ausbildung höherer Art, was aber dadurch wettgemacht werde, dass die höhere Qualität der Leistung auf schöpferischer Begabung beruhe. Im Übrigen ergebe ein Vergleich mit künstlerischen Tätigkeiten, dass eine Freiberuflichkeit auch ohne aka-

34 Michalski/Römermann, PartGG, § 1 Rdn. 42 sowie Henssler, PartGG, § 1 Rdn. 98.
35 Z.B. die Dentisten, die Notare, die Vermessungsingenieure sowie die Apotheker.
36 BT-Drs. 12/6152, S. 10 sowie Henssler, PartGG, § 1 Rdn. 68ff.
37 Pielow in: Pielow, GewO, § 1 Rdn. 173 sowie Ennuschat in: Tettinger/Wank/Ennuschat, GewO, § 1 Rdn. 57.
38 Nachweise für die Stimmen, die eine Einstufung als Gewerbe annehmen wollen, bei Wohlfarth, VR 2004, 126 (127).
39 Von Galen, Rechtsfragen der Prostitution, Rdn. 434ff. Die Begründungslinien waren in den Beratungen des Bund-Länder-Ausschusses aber höchst unterschiedlich, was u.U. mit der Frage der Auswirkungen des ProstG über das Zivilrecht hinaus zu tun hatte (siehe Schönleitner, GewArch 2002, 319f.).
40 Vgl. m.w.N. Wohlfarth, VR 2004, 126 (128).
41 Rechtsfragen der Prostitution, Rdn. 442ff.

demische Ausbildung möglich sei. Auch weitere Literaturstimmen[42] sowie der Bund-Länder-Ausschuss „Gewerberecht“ tendieren zu einer Freiberuflichkeit. Letzterer hat insoweit ausgeführt, dass es sich bei der Tätigkeit von Prostituierten um eine höchstpersönliche Leistung handele und eine gewerberechtliche Überwachung weder sinnvoll noch durchsetzbar sei.[43]

(bb) Stellungnahme

Der Annahme, die Prostitutionsausübung sei eine freiberufliche Tätigkeit, ist nicht zu folgen. Der durch von Galen angeführten Gesamtbildtheorie[44], die Tätigkeiten vom Gewerbebegriff ausnimmt, bei denen auch bei Vorliegen sämtlicher Begriffsmerkmale des Gewerbebegriffs das Gesamtbild der zu beurteilenden Tätigkeit den herkömmlichen Vorstellungen von einem Gewerbe nicht entspricht[45], kann nicht gefolgt werden. Sie führt zu Unbestimmtheit und Willkür.[46] Weiterhin ist problematisch, ob die Gesamtbildtheorie aufgrund ihrer Zielstellung an dieser Stelle überhaupt „passt“.[47] Das Argument von der Höchstpersönlichkeit ist an sich nicht gänzlich abwegig, gleichwohl ist folgendes zu bedenken: Würde die Höchstpersönlichkeit der Dienstleistung die Gewerbefähigkeit ausschließen, so fielen etliche weitere Tätigkeiten[48] aus der Anwendung der GewO heraus.[49] Die Befürworter der Freiberuflichkeit führen weiter aus, dass die Qualität der sexuellen Leistung auf schöpferischer Begabung beruhen kann und dass ein Vergleich mit der künstlerischen Tätigkeit das Erfordernis einer höheren Ausbildung für die Freiberuflichkeit entbehrlich mache. Auch auf die Gefahr, dem Vorwurf der Polemik ausgesetzt zu sein, muss an dieser Stelle bemerkt werden, dass die prostitutive Tätigkeit jedenfalls in ihrer Grundform eine Dienstleistung darstellt, die auf der Basis elementarer menschlicher Körperfunktionen erfolgt, zu denen jeder geschlechtsreife und insoweit gesunde Mensch körperlich in der Lage ist.[50] Von besonderer schöpferischer Begabung zu sprechen, ist insoweit nicht nach-

---

42 Z.B. Ebner, GewArch 1979, 177 (181) sowie Kühne, ZRP 1975, 184 (187).

43 Schönleitner/Stenger, GewArch 2007, 320 (321).

44 Rechtsfragen der Prostitution, Rdn. 444.

45 Ennuschat in: Tettinger/Wank/Ennuschat, GewO, § 1 Rdn. 3.

46 Umfassend und zutreffend Hinrichs, VR 2003, 257 (261).

47 Gurlit, VerwArch 2006, 409 (424).

48 Beispielsweise Sachverständige, Sport-, Fahr- und Nachhilfelehrer sowie Wahrsager und Astrologen.

49 Siehe auch Hinrichs, VR 2003, 257 (260f.).

50 Vgl. mit dem gleichen Argument und anschaulich ausgedrückt: Budde, Die Auswirkungen des Prostitutionsgesetzes auf die Sozialversicherung, S. 209.

vollziehbar. Eine solche kann u.U. bei Massage- oder SM-Dienstleistungen angenommen werden.[51]

Zentrales Argument für die Verneinung der Freiberuflichkeit sind aber die Tatbestandsmerkmale des § 1 II PartGG. Zum einen fehlt es am Merkmal der besonderen beruflichen Qualifikation oder schöpferischer Begabung. Zum anderen lässt sich z.B. die Tätigkeit als Prostituierte nicht einmal ansatzweise mit den in § 1 II 2 PartGG genannten Tätigkeiten vergleichen. Auch eine Subsumtion unter das Merkmal „ähnlicher Berufe" ist nicht möglich. Es muss sich hierbei um einen Beruf handeln, der in entscheidenden Punkten mit einem Katalogberuf verglichen werden kann. Es ist dazu erforderlich, dass er Tätigkeitsmerkmale aufweist, die nach ihrem Gesamtbild dem typischen Bild dieses Berufs entsprechen.[52] Hieran fehlt es, was die prostitutive Tätigkeit angeht, eindeutig. Im Übrigen sei noch darauf hingewiesen, dass ferner auch in den in der Kommentarliteratur zum PartGG vorhandenen Listen und Übersichten von ähnlichen Berufen[53] nichts zu finden ist, was annähernd etwas mit dem Gegenstand dieser Arbeit zu tun hätte. Gleiches gilt für die Aufzählung in § 18 I Nr. 1 EStG. Die Rechtsprechung hat sich bisher nur sehr vereinzelt zu der Abgrenzungsfrage geäußert und die Freiberuflichkeit der Prostitutionsausübung ausdrücklich verneint.[54] Insgesamt ist daher eine Einordnung prostitutiver Tätigkeiten als freier Beruf im Ergebnis einer Subsumtion abzulehnen.[55]

(9) Zwischenergebnis

Mithin ist der Gewerbebegriff erfüllt.

---

51 Aufgrund der damit verbundenen gesundheitlichen Risiken ist hier durchaus eine gewisse Sachkenntnis hilfreich oder gar nötig. Budde, Die Auswirkungen des Prostitutionsgesetzes auf die Sozialversicherung, S. 209, verweist bei Massagedienstleistungen in mutmaßlich auch satirischer Absicht auf die HwO.

52 Henssler, PartGG, § 1 Rdn. 79.

53 Siehe z.B. Lenz in: Meilicke/von Westphalen/Hoffmann/Lenz/Wolff, PartGG, § 1 Rdn. 78f.; Michalski/ Römermann, PartGG, § 1 Rdn. 83 sowie Henssler, PartGG, § 1 Rdn. 199.

54 Siehe beispielsweise VG Osnabrück, Beschl. v. 07.04.2005 – 2 B 14/05, juris, Rdn. 17 und VG Arnsberg, Urt. v. 18.08.2008 – 14 K 2180/07, BauR 2008, 1935 (nur LS), die sich allerdings mit der Frage der Freiberuflichkeit im Sinne des § 13 BauNVO beschäftigt haben. Zur Verneinung einer Freiberuflichkeit tendiert auch das OVG Schleswig, Urt. v. 02.10.1996 – 1 L 356/95, juris, Rdn. 25.

55 So im Ergebnis auch Schöbener/Rafii, KSzW 2012, 172 (176).

ab) Korrektur

Trotz Bejahung des Gewerbegriffs wird in der Literatur durch verschiedene methodische „Kniffe" versucht, dieses Ergebnis zu korrigieren.[56] Dabei werden vor allem praktische Erwägungen als auch die Methode der teleologischen Reduktion herangezogen. Im Folgenden sollen diese Ansätze vorgestellt und diskutiert werden, um auf diese Weise u.U. eine Korrektur des soeben gefundenen Subsumtionsergebnisses zu vollziehen.

(1) Korrektur über § 6 I GewO

Zunächst wird eine (analoge) Anwendung von § 6 I GewO diskutiert. Die Norm nimmt eine ganze Reihe von Tätigkeiten aus dem Anwendungsbereich der GewO heraus. Sie ist dabei zum Teil eigentlich nur klarstellender Natur[57]; außerdem enthält sie keine abschließende Aufzählung.[58] Die Korrektur über § 6 I GewO wird nur sehr vereinzelt erörtert und im Ergebnis verneint.[59] Hieran gibt es nichts zu erinnern. Es wird zutreffend darauf hingewiesen, dass die prostitutive Tätigkeit oder ein damit vergleichbarer Beruf nicht in § 6 I GewO ausgeführt wird und dass im Übrigen die Norm auch nicht analogiefähig ist.[60] Eine Korrektur über eine (analoge) Anwendung von § 6 I GewO scheidet somit aus.

(2) Korrektur über teleologische Reduktion, praktische Erwägungen o.ä.

Weiterhin werden in der Literatur verschiedene Versuche unternommen, im Wege teleologischer Reduktion von GewO oder ProstG oder ähnlichem die Anwendbarkeit der GewO auf die prostitutive Tätigkeit zu verneinen.[61] Gleichzeitig werden etwas unscharf in der Trennung auch praktische Erwägungen in die Überlegungen mit einbezogen. Diesen beiden Argumentationslinien ist im Folgenden nachzugehen.

---

56 Siehe z.B. Hinrichs, VR 2003, 257 (261) oder Pauly, GewArch 2002, 217 (220).

57 Sydow in: Pielow, GewO, § 6 Rdn. 6.

58 Ennuschat in: Tettinger/Wank/Ennuschat, GewO, § 6 Rdn. 1f.

59 Hinrichs, VR 2003, 257 (261).

60 Hinrichs, VR 2003, 257 (261).

61 Entsprechende Überlegungen sind insbesondere zu finden bei Zimmermann, Die öffentlich-rechtliche Behandlung der Prostitution, S. 163ff.; von Galen, Rechtsfragen der Prostitution, Rdn. 430; von Ebner, GewArch 1979, 177; Renzikowski, GewArch 2008, 432 (434); Wohlfarth, VR 2004, 126 (127f.) und LKRZ 2007, 376 (378f.); Gurlit, GewArch 2008, 426 (428ff.) und VerwArch 2002, 409 (422ff.); Hinrichs, VR 2003, 257 (261ff.) sowie Pauly, GewArch 2002, 217 (220).

(a) Anwendung der §§ 14ff. GewO

Zunächst werden gegen eine Anwendung der GewO deren §§ 14ff. angeführt. Nach § 14 I GewO muss, wer mit dem selbständigen Betrieb eines stehenden Gewerbes oder den Betrieb einer Zweigniederlassung oder einer unselbständigen Zweigstelle anfängt, dieses der zuständigen Behörde gleichzeitig anzeigen. Gleiches gilt nach § 14 I 2 GewO für die Betriebsverlagerung, den Wechsel des Gewerbegegenstands, den Wechsel des Waren- oder Leistungsangebots sowie die Betriebsaufgabe. Diese Anzeigepflicht dient den Zwecken der Gewerbeüberwachung sowie der Statistik (§ 14 I 3 GewO). In Bezug auf die Anmeldepflicht werden vor allem zwei Argumente vorgebracht. Die Anwendung von § 14 GewO würde einen nicht unerheblichen Mehraufwand für die Gewerbebehörden bringen, der z.B. darin begründet liege, dass die Abgrenzung zwischen selbständiger und unselbständiger Prostitutionsausübung schwierig sei.[62] Ein zusätzlicher Verwaltungsaufwand ist schlechterdings kein taugliches Argument.[63] Ein solcher gehört gerade bei Gesetzesänderungen zum „allgemeinen Lebensrisiko“ der öffentlichen Verwaltung. Im Übrigen ist die Abgrenzung zwischen selbständiger und unselbständiger Tätigkeit eine Problematik, die dem Gewerbebegriff generell und nicht nur bezogen auf prostitutive Tätigkeiten immanent ist.[64] Das zweite Hauptargument gegen die Anwendung des § 14 GewO ist, dass die Gewerbetreibenden kein Interesse daran hätten, sich anzumelden. Zum einen scheuten sie sich, sich zu ihrer Tätigkeit zu bekennen[65] und zum anderen würde eine Anzeigepflicht eine dem ProstG zuwiderlaufende Verschlechterung mit sich bringen.

Auch diese Argumente vermögen nicht zu überzeugen. Die Anzeigepflicht ist eine „natürliche“ Konsequenz der Entpolizeilichung in diesem Bereich.[66] Weiterhin weisen Renzikowski[67] und Gurlit[68] darauf hin, dass aus der Sicht der im Gewerbe Tätigen durchaus ein Bedürfnis besteht, eine Gewerbeanzeige vorzunehmen oder dass der Verweigerung einer solchen keine schutzwürdigen Belange entgegenstehen. Vor dem Hintergrund der Vorschrift des § 14 VI 2 GewO ist das ins Feld geführte Offenbarungsargument nicht gänzlich von der Hand zu weisen. Es ist aber hier auch die Wertung des Gesetzgebers zu berücksichtigen, der ebenfalls kein schutzwürdiges Interesse des Gewerbetreibenden an der Beschränkung

62 Pauly, GewArch 2002, 217 (220); Hinrichs, VR 2003, 257 (261) und von Galen, Rechtsfragen der Prostitution, Rdn. 432.

63 So auch Renzikowski, GewArch 2008, 432 (435) und Schöbener/Rafii, KSwZ 2012, 172 (177f.).

64 Siehe nur Kahl in: Landmann/Rohmer, GewO, Einl. Rdn. 35ff. und Ennuschat in: Tettinger/Wank/Ennuschat, GewO, § 1 Rdn. 32.

65 Pauly, GewArch 2002, 217 (220).

66 Gurlit, GewArch 2008, 426 (428).

67 GewArch 2008, 432 (435).

68 GewArch, 2008, 426 (428).

der Weitergabe seiner Grunddaten anerkennt.[69] Der Angst, ein Zwangsouting gegenüber der Allgemeinheit vornehmen zu müssen, kann durch eine Begrenzung der Anwendung von § 14 VI 2 GewO begegnet, worauf im Rahmen der Erörterung möglicher Gesetzesänderungen noch einzugehen sein wird. Im Übrigen besteht auch im Sinne einer Gewerbeüberwachung, die frei von moralischen Wertungen ist, ein praktisches Bedürfnis an einer Anzeigepflicht.[70] Ferner hat die Anzeigepflicht nach § 14 GewO eine weniger einschneidende Wirkung, als z.B. ein gewerberechtliches Genehmigungsverfahren für eine prostitutive Einrichtung oder ein gewerberechtliches Zulassungsverfahren für die selbständige prostitutive Tätigkeit.[71]

Darüberhinaus wird gegen eine Anzeigepflicht eingewandt, dass die Pflichten nach §§ 15a und b GewO dem Anonymitätsbedürfnis jedenfalls der prostitutiv Tätigen an sich widerspräche. Diese Argumentation bedarf aber keiner weiteren Diskussion, da die genannten Normenaufgehoben wurden.[72] Insoweit vermag die Anzeigepflicht die Anwendbarkeit der GewO nicht aufzuheben.

(b) Problematik des Reisegewerberechts

Weiterhin wird angeführt, die Anwendung der GewO würde im Hinblick auf das Reisegewerberecht Probleme bereiten. Die Zuverlässigkeitsprüfung nach § 57 GewO und das grundsätzliche Verbot des Reisegewerbes an Sonn- und Feiertagen nach § 55e GewO führten zu einer unsachgemäßen Behandlung der Prostitution.[73] Diese Argumente sind erörterungswürdig, obgleich es auf sie nicht ankommt. Denn weder die Prostitution in Häusern noch die aufsuchende Prostitution und auch nicht die Straßenprostitution erfüllen regelmäßig das Merkmal „ohne vorhergehende Bestellung" des § 55 I GewO.[74] Überdies ist diskussionswürdig, ob die prostitutive Tätigkeit unter die in § 55 I GewO genannten Tätigkeiten subsumierbar ist. Daher kann auch das Reisegewerberecht mit seinen Rechtsfolgen an der Anwendbarkeit der GewO nichts ändern.

(c) Untersagungsvorschrift des § 35 GewO

Außerdem wird vorgebracht, dass die Untersagungsmöglichkeit für das erlaubnisfreie stehende Gewerbe nach § 35 GewO teleologisch die Anwendbarkeit der

69 Martinez in: Pielow, GewO, § 14 Rdn. 57.

70 So Renzikowski, GewArch 2008, 432 (435).

71 Jedenfalls ersteres ist bereits Gegenstand der rechtspolitischen Debatte (siehe nur BR-Drs. 314/10, S. 2).

72 Siehe dazu Marcks in: Landmann/Rohmer, GewO, §§ 15a, 15b m.w.N.

73 Von Galen, Rechtsfragen der Prostitution, Rdn. 433.

74 Ausführlich Gurlit, VerwArch 2006, 409 (423f.) sowie Hinrichs, VR 2003, 257 (263f.).

GewO auf die selbständige prostitutive Tätigkeit und das Betreiben einer prostitutiven Einrichtung reduziere, da die Untersagungsvorschrift dem Sinn und Zweck des ProstG widerspräche.[75] In diesem Zusammenhang wird eingewandt, dass sich Vollzugsschwierigkeiten in Bezug auf § 35 GewO ergäben, weil die Gewerbebehörden hier „völliges Neuland“ betreten und sich im Verhältnis zu den Aufgaben der Polizei Probleme ergeben würden.[76] Das erste Argument geht allein schon deswegen fehl, weil die öffentliche Verwaltung fortlaufend auf Veränderungen in der Gesellschaft und den gesetzlichen Bestimmungen reagieren muss. Ferner verkennt Pauly[77] die Notwendigkeit einer Entpolizeilichung auch im Bereich der prostitutiven Tätigkeit.

Auch dem Argument des Widerspruchs zwischen § 35 GewO und ProstG ist die Gefolgschaft zu verweigern. Nach § 35 I GewO ist die Ausübung eines Gewerbes von der zuständigen Behörde ganz oder teilweise zu untersagen, wenn Tatsachen vorliegen, die die Unzuverlässigkeit des Gewerbetreibenden oder einer mit der Leitung des Gewerbebetriebs beauftragten Person in Bezug auf dieses Gewerbe dartun, sofern die Untersagung zum Schutz der Allgemeinheit oder der im Betrieb Beschäftigten erforderlich ist. Bereits der Wortlaut der Norm macht deren Schutzrichtung deutlich. Sie schützt sowohl die Allgemeinheit als auch die Beschäftigten. Inwieweit die Anwendung des Maßstabs der Unzuverlässigkeit in gleicher Weise wie bei anderen Gewerbetreibenden auf den Betreiber einer prostitutiven Einrichtung oder eine Person, die selbständig die Prostitution ausübt, eine Schlechterstellung bewirkt, ist nicht nachvollziehbar. Vielmehr bietet die Untersagung nach § 35 GewO für die Gewerbebehörden ein sehr flexibles Instrument, gegen unzuverlässige Gewerbetreibende vorzugehen, weil die Zuverlässigkeit gerade in Bezug auf das konkret ausgeübte Gewerbe festzustellen ist.[78] Auch hier ist eine Abkehr von der Anwendung des Polizeirechts[79] angezeigt. Somit führt auch die Norm des § 35 GewO nicht zu einer Korrektur des Subsumtionsergebnisses.[80]

(d) Infektionsschutzrecht

Zuletzt wird gegen eine Anwendung der GewO auf die genannten Tätigkeiten das Infektionsschutzrecht ins Feld geführt.[81] Es ist nicht verständlich, warum das

75 Hinrichs, VR 2003, 257 (263).

76 Pauly, GewArch 2002, 217 (221) sowie von Galen, Rechtsfragen der Prostitution, Rdn. 433.

77 GewArch 2002, 217 (221).

78 Marcks in: Landmann/Rohmer, GewO, § 35 Rdn. 34.

79 Wofür aber Pauly, GewArch 2002, 217 (221) zu plädieren scheint.

80 So auch Gurlit, VerwArch 2006, 409 (424f.) und ihr folgend Renzikowski, GewArch 2008, 432 (435).

81 Hinrichs, VR 2003, 257 (265).

IfSG[82] zu einer Unanwendbarkeit der GewO führen. Beide haben unterschiedliche Schutzrichtungen. Die Untersagung nach § 31 IfSG ist spezieller gegenüber § 35 GewO[83], was aber – auch aufgrund des anderen Regelungskonzepts des IfSG – nicht zur Unanwendbarkeit der GewO führt.[84]

(e) Zwischenergebnis

Danach ist eine Korrektur des gefundenen Subsumtionsergebnisses im Wege teleologischer Reduktion, aufgrund von praktischen Erwägungen oder ähnlichem nicht möglich.[85]

ac) Ergebnis

Mithin fallen die selbständige prostitutive Tätigkeit und das Betreiben einer prostitutiven Einrichtung unter den Gewerbebegriff und auch unter die Anwendung der GewO.[86]

b) Gewerberechtliche Einordnung von prostitutiven Einrichtungen

Die gewerberechtliche Ein- und Zuordnung von prostitutiven Einrichtungen kann gleichsam negativ bestimmt werden. In Ermangelung spezifischer Vorschriften ist als Grundregel folgendes festzuhalten: Prostitutive Einrichtungen sind dem Grunde nach ein erlaubnisfreies stehendes Gewerbe. Es sei denn, es greifen aufgrund der Spezifik der Einrichtung Sondervorschriften ein. Dies ist vor allem in zwei Fällen gegeben: Zu einen greift für Schaustellungen die Erlaubnisvorschrift des § 33a GewO. Insoweit tritt diese Norm neben die normalen Vorschriften bezüglich des erlaubnisfreien stehenden Gewerbes. Soweit die prostitutive Einrichtung auch Gaststättenbetrieb ist, greift zum anderen das Gaststättenrecht als gegenüber der GewO speziellere Materie ein.[87]

---

82 Die Fragen des Gesundheitsrechts werden in einem späteren Abschnitt dieser Arbeit ausführlich besprochen.

83 Gurlit, GewArch 2008, 426 (429).

84 So auch Gurlit, VerwArch 2006, 409 (424f.).

85 Siehe auch beispielhaft aus der Praxis und für eine Behandlung als Gewerbe plädierend Schäfer in: BMFSJS, Regulierung von Prostitution und Prostitutionsstätten, S. 37ff. So auch Pöltl, VBlBW 2003, 181 (189).

86 Gleichwohl sind die Vorschriften der GewO unter Berücksichtigung der Besonderheiten des hier untersuchten Gegenstands anzuwenden (vgl. hierzu auch Zimmermann, Die öffentlich-rechtliche Behandlung der Prostitution, S. 174), wofür die Regelungen der GewO genug Spielraum bieten.

87 Ähnlich von Galen, Rechtsfragen der Prostitution, Rdn. 449ff.; Gurlit, GewArch 2008, 426 (429) sowie Renzikowski, Reglementierung von Prostitution, Rdn. 75ff. Im Gaststättenrecht

c) Regulierung prostitutiver Einrichtungen durch die Gewerbeordnung

Die bereits angesprochenen Regelungen der GewO, die für prostitutive Einrichtungen relevant sind, sollen nunmehr im Einzelnen spezifisch auf den Untersuchungsgegenstand bezogen besprochen werden.

ca) Anzeigepflicht nach § 14 GewO

Zunächst ist die Anzeigepflicht nach § 14 GewO darzustellen. Nach § 14 I GewO muss wer selbständig im stehenden Gewerbe prostitutiv tätig ist oder eine prostitutive Einrichtung betreibt, dies der zuständigen Behörde anzeigen. Auch insoweit ist die Prostitutionsausübung eine „normale" gewerbliche Tätigkeit. Gegenüber einer Zulassungspflicht für z.B. Bordelle[88] ist die Anzeigepflicht eine relativ milde Maßnahme. Nach § 14 I 3 GewO dient die Anzeigepflicht der Überwachung der Gewerbeausübung sowie statistischen Erhebungen. § 14 Ia bis XI GewO regeln insbesondere die Informationsweitergabe. Wenn die Anzeige nicht vorgenommen wird, kann die Behörde den Gewerbetreibenden durch Verwaltungszwang dazu anhalten.[89] Ferner ist die vorsätzliche oder fahrlässige Ausübung eines anzeigepflichtigen Gewerbes ohne Gewerbeanzeige nach § 146 II Nr. 2 GewO eine Ordnungswidrigkeit.[90] Daneben ist u.U. auch die Ordnungswidrigkeitenvorschrift des § 1 I Nr. 2 SchwarzArbG einschlägig.

cb) Überprüfung nach § 38 II GewO

Die soeben angestellte Überlegung, nach einer Gewerbeanzeige aus dem prostitutiven Bereich regelmäßig eine Überprüfung nach § 38 II GewO vorzunehmen, ist jetzt auf ihre Recht- und Zweckmäßigkeit zu überprüfen.

Nach § 38 II GewO kann bei begründeter Besorgnis der Gefahr der Verletzung wichtiger Gemeinschaftsgüter ein Führungszeugnis oder eine Auskunft aus dem Gewerbezentralregister auch bei anderen als den in Abs. I genannten gewerblichen Tätigkeiten angefordert oder eingeholt werden.

---

ist zwischen erlaubnispflichtigem und erlaubnisfreiem Gaststättengewerbe zu unterscheiden. Gleichwohl kann aber über § 31 GastG die GewO auch hier Anwendung finden.

88 Wie sie anscheinend Renzikowski (GewArch 2008, 432 [435]) für zielführend hält. Es ist diskussionswürdig, die selbständige prostitutive Tätigkeit und das Betreiben einer prostitutiven Einrichtung in den Katalog der überwachungsbedürftigen Gewerbe nach § 38 I GewO aufzunehmen oder regelhaft jedenfalls eine Überprüfung nach § 38 II GewO vorzunehmen.

89 Ausführlich Ennuschat in: Tettinger/Wank/Ennuschat, GewO, § 14 Rdn. 88ff.

90 Siehe dazu Kahl in: Landmann/Rohmer, GewO, § 146 Rdn. 12ff.

Es ist fraglich, ob der Tatbestand der Vorschrift eine derartige, regelhafte Überprüfung ermöglicht. Entscheidend ist, ob eine konkrete Besorgnis der Gefahr der Verletzung wichtiger Gemeinschaftsgüter gegeben ist. Wichtige Gemeinschaftsgüter i.d.S. sind u.a. Leben, Freiheit, Gesundheit oder Vermögen, aber auch die Privatsphäre oder die Verhinderung von Straftaten.[91] Die begründete Besorgnis ist nur dann gegeben, wenn sich konkrete Anhaltspunkte für eine Gefährdung dieser Gemeinschaftsgüter bei der Gewerbeausübung in den betroffenen Branchen oder bei einzelnen Gewerbetreibenden gezeigt haben, so dass eine Überwachung an dieser Stelle angezeigt ist.[92] Nach der Gesetzesbegründung ist es außerdem in jedem Fall erforderlich, dass ein jedenfalls vergleichbares Gefährdungspotenzial wie bei den in § 38 I GewO aufgeführten Gewerben gegeben ist.[93]

An letzterem anknüpfend ist für eine regelhafte Überprüfung nach § 38 II GewO anzuführen, dass in § 38 I Nr. 3 GewO Gewerbetätigkeiten genannt sind, die einen gewissen, wenn auch weiten Bezug zur Prostitution haben. Die Nr. 3 hat in ihrem Schutzzweck u.a. die Verhinderung von prostitutivem Menschenhandel.[94]

Es ginge allerdings zu weit, bei jeder Gewerbeanzeige aus dem prostitutiven Bereich konkrete Anhaltspunkte für eine Gefährdung wichtiger Gemeinschaftsgüter annehmen zu können, zumal vor dem Hintergrund der Wertungen des ProstG. Überdies wird § 38 I Nr. 3 GewO so ausgelegt, dass er die Vermittlung von „Hostessen" gerade nicht erfasst[95], so dass auch diese gesetzgeberische Entscheidung einzustellen ist. Die GewO in ihrer jetzigen Fassung möchte also offensichtlich die hier behandelten Tätigkeiten nicht in ihren § 38 GewO einbeziehen. Es ist aber überlegenswert, etwa das Betreiben einer prostitutiven Einrichtung in den Katalog des § 38 I GewO aufzunehmen. Dies wird im Abschnitt E. erörtert werden.[96]

91 Schönleitner in: Landmann/Rohmer, GewO, § 38 Rdn. 34 sowie Ennuschat in: Tettinger/Wank/Ennuschat, GewO, § 38 Rdn. 34.

92 Schönleitner in: Landmann/Rohmer, GewO, § 38 Rdn. 34.

93 BT-Drs. 13/9109, S. 16.

94 Ennuschat in: Pielow, GewO, § 38 Rdn. 19 m.w.N. Allgemein ist anzumerken, dass der Gesetzgeber eine misstrauische Beziehung zu Ehe- und Partnerschaftsvermittlungen zu haben scheint, was sich z.B. an § 656 BGB zeigt, der den Ehemaklervertrag eben nur als Naturalobliegenheit ausgestaltet (Sprau in: Palandt, BGB, § 656 Rdn. 2 sowie zum Normzweck BGH, Urt. v. 17.01.2008 – III ZR 239/06, NJW 2008, 982 [984]).

95 Schönleitner in: Landmann/Rohmer, GewO, § 38 Rdn. 24.

96 Vorgreifend sei erwähnt, dass der Gesetzgeber dies zu tun beabsichtigt (vgl. BT-Drs. 17/13706).

cc) Untersagung nach § 35 GewO

Weiterhin relevant für den Untersuchungsgegenstand ist die bereits erwähnte Untersagungsvorschrift des § 35 GewO. Sie ist die zentrale Verbotsnorm für das stehende, nicht erlaubnisbedürftige Gewerbe. Damit hat sie auch für den Untersuchungsgegenstand eine nicht zu unterschätzende Funktion. Demgemäß soll sie auch ausführlich besprochen werden. Es sollen hier spezifisch auf den Gegenstand der Arbeit bezogene Fallgruppen und Anwendungsbeispiele dargestellt werden. Nach § 35 I GewO ist die Ausübung eines Gewerbes von der zuständigen Behörde ganz oder teilweise zu untersagen, wenn Tatsachen vorliegen, die die Unzuverlässigkeit des Gewerbetreibenden oder einer mit der Leitung des Gewerbebetriebs beauftragten Person in Bezug auf dieses Gewerbe dartun, sofern die Untersagung zum Schutz der Allgemeinheit oder der im Betrieb Beschäftigten erforderlich ist (§ 35 I 1 GewO).

Die Absätze II bis IX der Vorschrift regeln vor allem Fragen des Verbotsverfahrens sowie der Wiedergestattung.

Die Eingriffsnorm des § 35 I 1 GewO hat folgende Voraussetzungen: Ausübung eines Gewerbes, Unzuverlässigkeit, Verantwortlichkeit sowie Erforderlichkeit.

(1) Ausübung eines Gewerbes

Zunächst muss also ein Gewerbe ausgeübt werden.

(a) Definition

Das Gewerbe muss tatsächlich ausgeübt werden, d.h. bei der Einleitung des Untersagungsverfahrens schon begonnen und noch nicht wieder aufgegeben worden sein.[97]

(b) Untersuchungsgegenstand

Auf den Untersuchungsgegenstand bezogen bedeutet dies – in gebotener Kürze –, dass die selbständige prostitutive Tätigkeit bzw. der Betrieb der prostitutiven Einrichtung bereits begonnen haben und noch nicht beendet sein darf.

(2) Unzuverlässigkeit

Zentrales Tatbestandsmerkmal von § 35 GewO ist die Unzuverlässigkeit.

97 Brüning in: Pielow, GewO, § 35 Rdn. 14.

(a) Definition

Gewerberechtlich unzuverlässig ist nach allgemeiner Auffassung, wer nicht die Gewähr dafür bietet, dass er sein Gewerbe in Zukunft ordnungsgemäß ausüben wird.[98] Das Merkmal ist verschuldensunabhängig zu verstehen.[99] Die in der Vergangenheit eingetretenen Tatsachen sind im Rahmen einer Prognoseentscheidung durch die Untersagungsbehörde daraufhin zu beurteilen, ob sie auf eine Unzuverlässigkeit des Gewerbetreibenden in der Zukunft schließen lassen.[100] Trotz der prognostischen Komponente ist die Unzuverlässigkeit ein gerichtlich voll überprüfbarer unbestimmter Rechtsbegriff ohne Beurteilungsspielraum.[101]

(b) Fallgruppen

Es lassen sich mehrere Fallgruppen von Unzuverlässigkeitsumständen ausmachen, die gleichwohl nicht trennscharf voneinander abgrenzbar sind.[102]

(ba) Begehung von Straftaten und Ordnungswidrigkeiten

Die Begehung von Straftaten und Ordnungswidrigkeiten kann die Unzuverlässigkeit des Gewerbetreibenden begründen, soweit sich daraus die Unzuverlässigkeit desselben allgemein oder nur für das ausgeübte Gewerbe ergibt.[103]

In Bezug auf den Untersuchungsgegenstand wäre eine Unzuverlässigkeit bei selbständiger prostitutiver Tätigkeit beispielsweise dann anzunehmen, wenn die gewerbliche Tätigkeit für die Begehung von Eigentums- und Vermögensdelikten an der Kundschaft (typischerweise etwa für den sog. Beischlafdiebstahl oder den Betrug durch Leistungsverweigerung nach Vorkasse) genutzt oder Körperverletzungen durch Ansteckung mit sexuell übertragbaren Krankheiten begangen werden würden.[104] In letzter Konstellation ist aber Straflosigkeit der Ansteckung denkbar, wenn der Kunde Kenntnis von der Erkrankung hat.[105] Anzumerken ist, dass in der letztgenannten Konstellation u.U. Maßnahmen nach dem IfSG zu

98 Marcks in: Landmann/Rohmer, GewO, § 35 Rdn. 29 m.w.N.

99 Ennuschat in: Tettinger/Wank/Ennuschat, GewO, § 35 Rdn. 34.

100 Marcks in: Landmann/Rohmer, GewO, § 35 Rdn. 31ff.

101 So jedenfalls h.M. (siehe Ennuschat in: Tettinger/Wank/Ennuschat, GewO, § 35 Rdn. 27).

102 In der Kommentarliteratur gibt es in ihrem Aufbau unterschiedliche Kataloge von Fallgruppen, ohne dass zwischen diesen größere inhaltliche Divergenzen erkennbar wären. Vorliegend sollen die Fallgruppen der Unzuverlässigkeit durch eine Synthese aus den verschiedenen Ansätzen dargestellt werden.

103 Ennuschat in: Tettinger/Wank/Ennuschat, GewO, § 35 Rdn. 37ff. mit weiteren Einzelheiten.

104 Gurlit, VerwArch 2006, 409 (424).

105 Fischer, StGB, § 223 Rdn. 15.

ergreifen wären. Für den Betreiber einer prostitutiven Einrichtung sind hier die Delikte gegen die körperliche Unversehrtheit, die persönliche Freiheit und die sexuelle Selbstbestimmung relevant.[106]

(bb) Mangelnde wirtschaftliche Leistungsfähigkeit

Als zweite Fallgruppe ist die mangelnde wirtschaftliche Leistungsfähigkeit zu nennen. Die Ausfüllung dieser Fallgruppe ist in Lehre und Rechtsprechung nicht unstrittig. Diskutiert wird zum einen die Frage, ob diese Fallgruppe für alle Gewerbezweige oder nur für solche, bei denen ausreichende finanzielle Mittel vorhanden sein müssen, relevant ist.[107] Es erscheint in diesem Zusammenhang – unter Aufgreifen der vermittelnden Ansicht – richtig, die Fallgruppe auf alle Gewerbezweige anzuwenden, aber bei den sog. Vertrauensgewerben insoweit höhere Maßstäbe anzulegen, als bei den übrigen Gewerben.[108] Weiterhin ist strittig, wann wirtschaftliche Leistungsfähigkeit zu bejahen ist. Auch an dieser Stelle vermittelnd ist dies anzunehmen, wenn der Gewerbetreibende in ungeordneten Vermögensverhältnissen lebt, wobei § 34b IV Nr. 2 GewO und § 34c II Nr. 2 GewO durch § 12 GewO modifiziert zur Begriffsbestimmung herangezogen werden können. Als absolute Grenze können weiterhin insolvenz- und zwangsvollstreckungsrechtliche Vorgänge einbezogen werden.[109]

Spezifisch bezüglich des Untersuchungsgegenstands sind hier keine Besonderheiten darzustellen.

(bc) Steuerschulden

Die Fallgruppe der Steuerschulden steht mit der fehlenden wirtschaftlichen Leistungsfähigkeit in einem engen Sachzusammenhang. Steuerschulden sind in der Regel Ergebnis derselben.[110]

(bd) Verletzung sozialversicherungsrechtlicher Pflichten

Auch eine Verletzung sozialversicherungsrechtlicher Pflichten lässt auf die Unzuverlässigkeit schließen, weil dadurch der Versicherungsanspruch der Arbeit-

106 Gurlit, VerwArch 2006, 409 (424).

107 Marcks in: Landmann/Rohmer, GewO, § 35 Rdn. 48.

108 So überzeugend Ennuschat in: Tettinger/Wank/Ennuschat, GewO, § 35 Rdn. 68ff.

109 Zum Ganzen: Marcks in: Landmann/Rohmer, GewO, § 35 Rdn. 46. Spezifisch im Hinblick auf den hier behandelten Gegenstand: Gurlit, VerwArch 2006, 409 (424).

110 Ennuschat in: Tettinger/Wank/Ennuschat, GewO, § 35 Rdn. 54; siehe insoweit auch die diversen Rechtsprechungsnachweise bei Marcks in: Landmann/Rohmer, GewO, § 35 Rdn. 49.

nehmer beeinträchtigt und das Vermögen des Trägers der Versicherung geschädigt wird.[111]

Bezüglich des Untersuchungsgegenstands bedeutet dies insbesondere, dass Betreiber prostitutiver Einrichtungen bei Verletzung ihrer sozialversicherungsrechtlichen Pflichten im Hinblick auf die bei ihnen beschäftigen Personen unzuverlässig werden.[112]

(be) Mangelnde Sachkunde

Auch die Unzuverlässigkeit wegen fehlender Sachkunde ist nicht unproblematisch. Sie ist nur in Ausnahmefällen anwendbar, da anderenfalls mittelbar eine allgemeine Sachkundenachweispflicht eingeführt werden würde.[113] Sollte nicht gesetzlich eine bestimmte Sachkunde vorgeschrieben sein, kommt ein Einschreiten nach § 35 GewO nur in Betracht, wenn durch das Fehlen der für die ordnungsgemäße Ausübung eines bestimmten Gewerbes erforderlichen elementarsten Kenntnisse und Fähigkeiten besondere Gefahren für die Allgemeinheit verursacht werden.[114] In der Literatur werden für solche Konstellationen beispielhaft der Schwimmlehrer, der des Schwimmens unfähig ist, sowie der Abbruchunternehmer ohne jegliche Vorkenntnisse im Baugewerbe genannt.[115]

Demgemäß bereitet auch die Anwendung dieser Fallgruppe auf den Untersuchungsgegenstand gewisse Schwierigkeiten. Es stellt sich z.B. die Frage, ob ein Dienstleister, der z.B. sadomasochistische Praktiken anbietet, unzuverlässig ist, weil ihm elementare anatomische Kenntnisse abgehen, wodurch er Körperschäden an seiner Kundschaft verursacht. Die gleiche Fragestellung betrifft etwa erotische Massagedienstleistungen. Man wird diese Problematik wohl dahingehend entscheiden müssen, dass in besonders extremen Fällen tatsächlich eine Unzuverlässigkeit anzunehmen ist.[116] Man kann nämlich den Unzuverlässigkeitsgrund der fehlenden Sachkunde in besonders verantwortungs-, gefahren- oder schadensträchtigen Berufen (Baugewerbe, Heilgewerbe, Rechtsberatung etc.) dann bejahen, wenn die Gewerbetreibenden nicht die geringste theoretische oder praktische Vorbildung besitzen.[117] In entsprechender Anwendung dieser Überlegung wird man wohl bei erotischen Dienstleistungen, die ein gewisses Gefahrenpotenzial für die Kundschaft in sich bergen, in bestimmten krassen Fällen

111 Marcks in: Landmann/Rohmer, GewO, § 35 Rdn. 55.

112 Gurlit, VerwArch 2006, 409 (424f.).

113 Marcks in: Landmann/Rohmer, GewO, § 35 Rdn. 60.

114 Ennuschat in: Tettinger/Wank/Ennuschat, GewO, § 35 Rdn. 74.

115 Marcks in: Landmann/Rohmer, GewO, § 35 Rdn. 60.

116 Hier ergeben sich u.U. auch Überschneidungen zu der Fallgruppe „Begehung von Straftaten und Ordnungswidrigkeiten".

117 Schaeffer, WiVerw 1982, 100 (108).

mangelnder Sachkunde eine Untersagung vornehmen können.[118] Aufgrund der aufgezeigten Schwierigkeiten mit dieser Fallgruppe und der Tatsache, dass für die allermeisten Dienstleistungen formalisierte Ausbildungen schlichtweg fehlen und nicht selten das Prinzip „learning by doing“ vorherrscht, ist bei der Anwendung des Unzuverlässigkeitsgrunds der mangelnden Sachkunde Zurückhaltung angezeigt. Überdies ist zu berücksichtigen, dass gerade bei fehlender Sachkunde auch eine gewisse Regulation durch unzufriedene Kundschaft und daraus folgende Umsatzentwicklungen erfolgen dürfte.[119]

(bf) Verletzung zivil- und wettbewerbsrechtlicher Pflichten

Verstöße gegen zivil- und wettbewerbsrechtliche Pflichten kommen grundsätzlich nicht als Untersagungsgrund in Betracht, es sei denn, sie stellen gleichzeitig Straftaten oder Ordnungswidrigkeiten dar.[120] Dies findet seinen Grund darin, dass § 35 GewO nicht einzelne Gläubiger, sondern die Allgemeinheit schützen soll. Erst wenn der Gewerbetreibende in einer strafbaren, ordnungswidrigen oder hartnäckigen Weise seine zivilrechtlichen Pflichten so verletzt, dass dadurch auf charakterliche Mängel geschlossen werden kann, ist eine Untersagung gemäß § 35 GewO denkbar.[121] Anderenfalls sind die Beteiligten auf den Zivilrechtsweg zu verweisen.[122] Ähnlich schwierig ist es bei wettbewerbsrechtlichen Verstößen. Hier kann eine Untersagung dann angenommen werden, wenn das wettbewerbswidrige Verhalten zugleich öffentlich-rechtliche Vorschriften verletzt oder dieses einen solchen Umfang angenommen hat, dass die ganze gewerbliche Tätigkeit im Kern darin besteht, wettbewerbsrechtswidrig zu arbeiten.[123]

Im Hinblick auf die vorliegend untersuchten Tätigkeiten wären typische Verstöße i.d.S. etwa das Vorenthalten von Arbeitsentgelten, wucherische oder wettbewerbswidrige Preisgestaltungen, Betrügereien an den Kunden oder unlautere Werbung. Es werden bei diesen Beispielen aber bereits Überschneidungen zur Fallgruppe „Begehung von Straftaten und Ordnungswidrigkeiten“ offenkundig. Auch bei dieser Fallgruppe sollte man daher eine gewisse Zurückhaltung walten

118 Entsprechende Überlegungen stellt übrigens Papier in Bezug auf den Vertrieb von Fertigbrillen an (GewArch 1987, 41 [47f.]). Er argumentiert hier ebenfalls mit den Gefahren des Verkaufens einer falschen Brille und den damit verbundenen Gesundheitsrisiken.

119 Auch wenn dieses Argument seltsam anmuten mag, ist festzuhalten, dass die vom Gedanken der Gewerbefreiheit basierende GewO auch von einer gewissen Selbstregulation des Markts ausgeht und daher etwa bei der hier gegenständlichen Gewerbeuntersagung zurückhaltend ist.

120 Marcks in: Landmann/Rohmer, GewO, § 35 Rdn. 62.

121 Ennuschat in: Tettinger/Wank/Ennuschat, GewO, § 35 Rdn. 75.

122 Marcks in: Landmann/Rohmer, GewO, § 35 Rdn. 62.

123 Ennuschat in. Tettinger/Wank/Ennuschat, GewO, § 35 Rdn. 76.

lassen und nur bei eklatanten Verstößen, die auf eine latente charakterliche Ungeeignetheit schließen lassen, eine Untersagung vornehmen.

(bg) Verletzung spezieller öffentlich-rechtlicher Pflichten

Da öffentlich-rechtliche Pflichten jedenfalls auch dem Schutz der Allgemeinheit dienen, kann ihre Verletzung zur Begründung der Unzuverlässigkeit nach § 35 I 1 GewO führen.[124] Vorliegend sind im Besonderen Fragen des Immissionsschutzrechts, des Gesundheitsrechts, des Jugendschutzrechts und des Ausländerrechts für den Betreiber der prostitutiven Einrichtung relevant. Daher können z.B. die Beschäftigung von Ausländern ohne Aufenthaltsrecht oder beharrliche Lärmbelästigungen der Umgebung durch die prostitutive Einrichtung zur Untersagung nach § 35 I 1 GewO führen.

(bh) Sonstige Gründe

Unter die sonstigen Gründe fallen zunächst diverse verschuldete oder unverschuldete persönliche Mängel, die die Unzuverlässigkeit des Gewerbetreibenden dartun, z.B. geistige oder körperliche Gebrechen, Alkohol- oder Rauschgiftsucht, Verwahrlosung etc.[125] Unzuverlässig kann aber auch sein, wer mit seinem gewerblichen Verhalten gegen die guten Sitten verstößt.[126]

Relevant für den prostitutiven Bereich sind natürlich die erstgenannten Tatsachen. Ein besonderes Augenmerk ist in diesem Zusammenhang auf die guten Sitten zu legen. Hier ist vor dem Hintergrund der Wertungen des ProstG eine gewisse Flexibilisierung vorzunehmen. Soweit sie nicht gegen Rechtsvorschriften verstößt, ist z.B. die Förderung der Prostitution grundsätzlich kein Verstoß gegen die guten Sitten.[127]

(3) Verantwortlichkeit

Die Unzuverlässigkeit ist eine persönliche Eigenschaft, so dass im Einzelfall zu klären ist, bei welcher natürlichen Person die Tatsachen vorliegen müssen, die die Unzuverlässigkeit dartun.[128] In diesem Bereich sind bezüglich des Untersu-

124 Ennuschat in: Tettinger/Wank/Ennuschat, GewO, § 35 Rdn. 77.

125 Ennuschat in: Tettinger/Wank/Ennuschat, GewO, § 35 Rdn. 79 sowie Marcks in: Landmann/Rohmer, GewO, § 35 Rdn. 61.

126 Ennuschat in: Tettinger/Wank/Ennuschat, GewO, § 35 Rdn. 81.

127 Ähnlich Zimmermann, Die öffentlich-rechtliche Behandlung der Prostitution, S. 167ff.

128 Ennuschat in. Tettinger/Wank/Ennuschat, GewO, § 35 Rdn. 84.

chungsgegenstands keine Besonderheiten zu beachten, so dass hier für die Einzelheiten schlicht auf die Literatur verwiesen werden kann.[129]

(4) Erforderlichkeit

Nach § 35 I GewO ist die Untersagung nur zulässig, wenn sie zum Schutz der Allgemeinheit oder der im Betrieb Beschäftigen erforderlich ist. Man muss daher dieses Merkmal dreischrittig prüfen: Schutzgut, Erforderlichkeit und Verhältnismäßigkeit.[130]

(5) Rechtsfolge

Liegen die Tatbestandsvoraussetzungen des § 35 I 1 GewO vor, verbleibt kein behördliches Ermessen; es ist eine gebundene Entscheidung vorzunehmen. Auch die Frage, ob eine vollständige oder teilweise Untersagung vorzunehmen ist, steht nicht im Ermessen.[131] Die vorsätzliche oder fahrlässige Zuwiderhandlung gegen die Untersagung gemäß § 35 I GewO stellt nach § 146 I Nr. 1a) GewO eine Ordnungswidrigkeit dar. In schwerwiegenden Fällen ist auch eine Strafbarkeit nach § 148 GewO denkbar.

Die weiteren Fragen im Hinblick auf die Rechtsfolgen sowie die weiteren Einzelheiten des § 35 GewO sind im Hinblick auf die vorliegend behandelte Thematik von peripherer Bedeutung. Daher kann insoweit eine Darstellung dahinstehen.

cd) Erlaubnis nach § 33a GewO

Bezüglich des Untersuchungsgegenstandes ist weiterhin auch die Norm des § 33a GewO relevant, die die Schaustellung von Personen betrifft. Da sie nur diesen speziellen Bereich behandelt, steht sie selbständig neben anderen Erlaubnissen und Genehmigungen.[132] Wer also z.B. als Betreiber einer prostitutiven Einrichtung zur Animierung seiner Kundschaft Striptease-Aufführungen durchführen möchte, benötigt dafür eine Erlaubnis nach § 33a GewO. Innerhalb der Vorschrift ist systematisch zwischen dem Erlaubnistatbestand sowie der Erlaubnisfreiheit und der Erlaubnisfähigkeit der Schaustellung zu unterscheiden. Bezüglich der Vorschrift des § 33a GewO gilt es zu beachten, dass nach der Föderalismusreform I die Gesetzgebungskompetenz für diesen Bereich gemäß Art. 74 I Nr. 11 GG bei den Ländern liegt. Die Länder haben aber sämtlich von dieser Gesetzge-

129 Siehe ausführlich Marcks in: Landmann/Rohmer, GewO, § 35 Rdn. 63ff.
130 Ennuschat in: Tettinger/Wank/Ennuschat, GewO, § 35 Rdn. 117ff.
131 Zum Ganzen: Brüning in: Pielow, GewO, § 35 Rdn. 40ff.
132 So auch Marcks in: Landmann/Rohmer, GewO, § 33a Rdn. 14.

bungszuständigkeit noch keinen Gebrauch gemacht, so dass die Vorschrift nach Art. 125a GG weitergilt.

(1) Erlaubnistatbestand (§ 33a I 1 GewO)

Nach § 33a I 1 GewO bedarf der Erlaubnis der zuständigen Behörde, wer gewerbsmäßig Schaustellungen von Personen in seinen Geschäftsräumen veranstalten oder für deren Veranstaltung seine Geschäftsräume zur Verfügung stellen will. Schaustellung meint Veranstaltungen, in denen die körperlichen Eigenschaften und Fähigkeiten von Menschen zur Schau gestellt werden.[133] Die Schaustellung betrifft insbesondere geschlechtsbezogene Schaustellungen von Personen, worunter Striptease-Veranstaltungen, Peep-Shows und Live-Shows fallen.[134] Das Tatbestandsmerkmal der Gewerbsmäßigkeit ist mit dem oben definierten Gewerbebegriff deckungsgleich. Erlaubnispflichtiger ist zunächst der Veranstalter selbst, wenn die Veranstaltung in seinen Räumen durchgeführt werden soll.[135] Sind Veranstalter und Besitzer der Räume nicht identisch, ist erlaubnispflichtig, wer die tatsächliche Herrschaftsgewalt über die Räume hat.[136] Wenn kein Versagungsgrund vorliegt, besteht ein Rechtsanspruch auf die Erteilung der Erlaubnis.[137] § 33a I 3 GewO regelt weitere Einzelheiten, insbesondere im Hinblick auf Nebenbestimmungen.

(2) Erlaubnisfreiheit der Schaustellung (§ 33a I 2 GewO)

Nach § 33a I 2 GewO sind Darbietungen mit überwiegend künstlerischem, sportlichem, akrobatischem oder ähnlichem Charakter nicht erlaubnisbedürftig. Für die hier behandelten Fragen sind insbesondere die künstlerischen und sportlichen Darbietungen relevant. Bei Striptease-, Live- und Peep-Shows stellt sich nämlich in der Tat die Frage nach der Abgrenzung zu künstlerischen Darbietungen. Es ist dabei auf den Gesamtcharakter der Veranstaltung abzustellen: Es ist danach zu fragen, ob die künstlerischen oder die geschlechtsbezogenen Elemente überwiegen.[138] Es ist auf den überwiegenden Charakter der Veranstaltung abzustellen.[139] Demgemäß wird im Hinblick auf den Untersuchungsgegenstand wie folgt abgegrenzt: Striptease-Darbietungen sowie Live- und Peep-Shows sind ungeachtet

---

133 Ennuschat in: Tettinger/Wank/Ennuschat, GewO, § 33a Rdn. 7.

134 Marcks in: Landmann/Rohmer, GewO, § 33a Rdn. 3. Auf die Genehmigungsfähigkeit ist noch einzugehen.

135 Franz in: Pielow, GewO, § 33a Rdn. 17.

136 Ennuschat in: Tettinger/Wank/Ennuschat, GewO, § 33a Rdn. 13.

137 Franz in: Pielow, GewO, § 33a Rdn. 20.

138 Ennuschat in: Tettinger/Wank/Ennuschat, GewO, § 33a Rdn. 25.

139 Marcks in: Landmann/Rohmer, GewO, § 33a Rdn. 4.

ihrer noch zu diskutierenden Erlaubnisfähigkeit nicht erlaubnisfrei. Erotische Darbietungen mit überwiegend künstlerischem Charakter fallen hingegen unter § 33a I 2 GewO. Hierfür seien beispielhaft die sog. Burlesque-Darbietungen angeführt.

Auch bei sportlichen Darbietungen ist auf die gleiche Weise abzugrenzen.[140] In der Vergangenheit stellte sich die Frage vor allem bei Veranstaltungsformen wie „Frauenschlammringen" oder „Damenkämpfe oben ohne". In diesem Bereich ist aber gegenwärtig wohl aber eine nachgelassene praktische Relevanz zu konstatieren, so dass diese Darbietungen hier keine vertiefte Untersuchung erfahren sollen.

(3) Erlaubnisfähigkeit (§ 33a II GewO)

§ 33a II GewO nennt abschließend in seinen Nr. 1 bis 3 die Gründe, bei deren Vorliegen die Erlaubnis zu versagen ist.

(a) Unzuverlässigkeit (Nr. 1)

Sie ist zunächst nicht zu erteilen, wenn Tatsachen die Annahme rechtfertigen, dass der Antragsteller die für den Gewerbebetrieb erforderliche Zuverlässigkeit nicht besitzt (Nr. 1). Diesbezüglich kann auf die oben gemachten Ausführungen[141] zu § 35 GewO verwiesen werden.[142]

(b) Gute Sitten (Nr. 2)

Von zentraler Bedeutung für diese Arbeit ist der Versagungsgrund des § 33a II Nr. 2 GewO. Hiernach ist die Erlaubnis zu versagen, wenn zu erwarten ist, dass die Schaustellungen den guten Sitten zuwiderlaufen werden.

Es fällt schwer, den Begriff der guten Sitten zu definieren. Überkommen wurden sie definiert, als die von Herkunft und Erziehung geformte und selbständig fortgebildete Anschauung aller verständig, billig und gerecht denkenden Menschen innerhalb eines Rechts- und Kulturkreises.[143] Anfang der 1980er-Jahre hat das BVerwG diese Anstandsformel verlassen und darauf verwiesen, dass die guten Sitten, diejenigen dem geschichtlichem Wandel unterworfenen sozialethischen Wertvorstellungen seien, die in der Rechtsgemeinschaft als maßgebliche Ordnungsvoraussetzungen anerkannt seien. Den Kern dieser Wertvorstellungen

140 Ennuschat in: Tettinger/Wank/Ennuschat, GewO, § 33a Rdn 27f.
141 Siehe unter D., II., 2., c), cc), (2).
142 Der Maßstab ist nämlich insoweit identisch (vgl. Franz in: Pielow, GewO, § 33a Rdn. 44).
143 Vgl. m.w.N. Marcks in: Landmann/Rohmer, GewO, § 33a Rdn. 19.

bilde das GG, das die guten Sitten mitbestimme. Da Achtung und Schutz der Menschenwürde grundlegende Prinzipien des GG seien, seien Veranstaltungen i.S.d. § 33a GewO, die durch die Umstände ihres Ablaufs die Menschenwürde verletzen, sittenwidrig.[144] Diese sog. neue Formel ist auf lebhafte Diskussion gestoßen.[145] Im Folgenden hat das BVerwG erneut seine Formel geändert. Es stellte auf die Mehrheitsüberzeugungen in der Bevölkerung ab[146], was es aber später relativiert hat.[147]

Die zitierte Rechtsprechung ist von grundrechtlichen Ansätzen geprägt. Daneben gibt es Versuche, sich dem Begriff der guten Sitten privatrechtlich oder polizeirechtlich anzunähern.[148]

Es ist indes nicht möglich, im Rahmen dieser Arbeit den Begriff der guten Sitten abstrakt zu definieren. Vielmehr sollen nunmehr die drei vorliegend relevanten Darbietungsformen im Hinblick auf ihre Sittenwidrigkeit geprüft werden.

Relativ einfach ist diese Frage bei Striptease-Aufführungen zu beantworten. Diesen Darbietungen steht § 33a II Nr. 2 GewO nicht entgegen.[149]

Schwieriger wird es aber bei den Peep-Shows. Diesbezüglich gab es in der Vergangenheit diverse Äußerungen aus Rechtsprechung und Literatur.[150] So interessant diese Diskussion auch sein mag, dem Ansatz von Galens folgend kommt es auf sie nicht an, da Peep-Shows vor den Wertungen des ProstG nicht mehr sittenwidrig sind. In seinem zweiten Peep-Show-Urteil hat das BVerwG ausgeführt, dass die Prostitution gegenüber den Peep-Shows sittenwidriger (wörtlich: „schwerwiegendere Phänomen“) sei.[151] Mit dem Erlass des ProstG ist aber dieses Phänomen nicht mehr sittenwidrig, so dass man annehmen kann, dass die Peep-Show erst recht nicht mehr sittenwidrig ist.[152] Das BVerwG hat sich in den letzten

144 BVerwG, Urt. v. 15.12.1981 – 1 C 232/79, BVerwGE 64, 274 (280).

145 Marcks in: Landmann/Rohmer, GewO, § 33a Rdn. 19.

146 BVerwG, Urt. v. 30.01.1990 – 1 C 26/87, BVerwGE 84, 314 (317f.).

147 BVerwG, Beschl. v. 23.08.1995 – 1 B 46/95, NJW 1996, 1423 (1424); ausführlich Ennuschat in: Tettinger/ Wank/Ennuschat, GewO, § 33a, Rdn. 39ff.

148 Vgl. Franz in: Pielow, GewO, § 33a Rdn. 50f.

149 Marcks in: Landmann/Rohmer, GewO, § 33a Rdn. 23; Haurand, DVP 2009, 442 (448) und schon Starosta, GewArch 1985, 290 (294).

150 Wie bereits ausgeführt sind die beiden Peep-Show-Urteile des BVerwG herauszuheben. Vgl. zum ersten Urteil die Nachweise bei Marcks in: Landmann/ Rohmer, § 33a Rdn. 19. Zu dieser Rechtsprechung: Lehmann, Der Begriff der Sittenwidrigkeit im Gewerberecht, S. 136ff.; Gusy, DVBl. 1982, 984; Starosta, GewArch 1985, 290 (293f.) und Discher, JuS 1991, 642.

151 BVerwG, Urt. v. 30.01.1990 – 1 C 26/87, BVerwGE 84, 314 (321).

152 Von Galen, Rechtsfragen der Prostitution, Rdn. 454f. Kritisch und mit beachtlichen Argumenten: Lehmann, Der Begriff der Sittenwidrigkeit im Gewerberecht, S. 138ff. Unklar in Bezug auf das Verhältnis von ProstG und Schaustellung: Theben, Rechtliche Aspekte der (freiwillig) ausgeübten Prostitution unter besonderer Berücksichtigung gewerberechtlicher Vorschriften und des zivilen Vertragsrechts, S. 120ff.

Jahren nicht mehr mit dieser Rechtsfrage auseinandersetzen müssen, was möglicherweise am weitgehenden Verschwinden der Peep-Shows liegen kann.[153]

Schwieriger sind zuletzt noch die Live-Shows, also die Vorführung des menschlichen Geschlechtsverkehrs auf der Bühne. Hier wurde früher einhellig eine Sittenwidrigkeit angenommen.[154] Dieses Verdikt erscheint aber zweifelhaft. Erneut namentlich von Galen argumentiert gegen die Sittenwidrigkeit der Live-Show. Zwar hinkt der von ihr gemachte Vergleich zwischen Swingerclub und Live-Shows aufgrund der anderen Betriebsabläufe[155], gleichwohl ist das zentrale Argument nicht von der Hand zu weisen. Das ProstG soll nicht sexuelle Vorgänge als solche unterbinden. Es muss vielmehr um den Schutz vor der ungewollten Konfrontation damit gehen.[156] Trotz gewisser Bedenken kann dem grundsätzlich gefolgt werden. Live-Shows und ähnliche Veranstaltungen sind somit dem Grunde nach nicht als sittenwidrig anzusehen, wobei durch entsprechende Auflagen sicherzustellen ist, dass keine ungewollte Konfrontation Dritter erfolgt.[157] Etwas anderes muss selbstredend gelten, wenn etwa anderweitig verbotene Darbietungen in diesem Rahmen stattfinden. Beispielhaft wäre eine Live-Show mit pädophilen oder nekrophilen Praktiken oder strafbaren Körperverletzungen als sittenwidrig anzusehen. Gleiches gilt etwa für Schaustellungen mit evident rassistischem oder sexistischem Inhalt, obgleich insbesondere bei letzterem die Grenzziehung im Einzelfall Schwierigkeiten bereiten dürfte.

(c) Öffentliches Interesse (Nr. 3)

Weiterhin ist die Erlaubnis für die Schaustellungen zu versagen, wenn der Gewerbebetrieb im Hinblick auf seine örtliche Lage oder auf die Verwendung der Räume dem öffentlichen Interesse widerspricht (§ 33a II Nr. 3 GewO).

Das Merkmal der örtlichen Lage bezweckt die Vermeidung spezifischer Gefahren, die durch den Standort des Betriebs in seiner Umgebung verursacht werden.[158] Es geht vor allem um die Ausstrahlungen des Gewerbebetriebs, die wegen

153 Hierauf weist Haurand, DVP 2009, 442 (448) hin.

154 Ennuschat in: Tettinger/Wank/Ennuschat, GewO, § 33a Rdn. 56 und Starosta, GewArch 1985, 290 (293).

155 Von Galen, Rechtsfragen der Prostitution, Rdn. 456ff. unter Verweis auf BVerwG, Urt. v. 06.11.2002 – 6 C 16/02, NVwZ 2003, 603. Insoweit demgegenüber zutreffend Haferkorn, GewArch 2002, 145 (146). Dagegen: VG Dresden, Urt. v. 18.05.2011 – 4 K 1229/08, juris, Rdn. 26ff.

156 Von Galen, Rechtsfragen der Prostitution, Rdn. 458.

157 So von Galen, Rechtsfragen der Prostitution, Rdn. 458; a.A. unter Hinweis auf Andeutungen in BVerwG, Urt. v. 06.11.2002 – 6 C 16/02, GewArch 2003, 122 (123): Lehmann, Der Begriff der Sittenwidrigkeit im Gewerberecht, S. 142f.

158 Ennuschat in: Tettinger/Wank/Ennuschat, GewO, § 33a Rdn. 74.

überwiegender öffentlicher Interessen nicht hingenommen werden müssen.[159] Das Merkmal ist vor allem auch bauplanungsrechtlich geprägt.[160] Öffentliche Interessen sind neben dem gesetzlichen Beispiel des Schutzes vor schädlichen Umwelteinwirkungen der Schutz der Nachtruhe vor Krankenhäusern, Sicherheit und Leichtigkeit des Straßenverkehrs, Jugendschutz oder Schutz der Religionsausübung in Kirchen.[161] An dieser Stelle sind gewisse Überschneidungen zum vorherigen Versagungsgrund erkennbar. Im Hinblick auf die drei genannten Schaustellungen, die einen Zusammenhang mit dem Gegenstand dieser Arbeit aufweisen, sind insbesondere die Fragen des Jugendschutzes und des Immissionsschutzes relevant. Auch ist sicherzustellen, dass nicht Uninteressierte ungewollt mit der Schaustellung konfrontiert werden. Dies hat die Behörde durch geeignete Auflagen sicherzustellen.[162] Im Rahmen der Auslegung dieses Versagungsgrundes sind die obigen Ausführungen[163] zur Sittenwidrigkeit sowie die Wertungen des ProstG zu beachten, z.B. kann eine Schaustellung nicht mehr ohne Weiteres wegen eines öffentlichen Interesses an der Unterbindung von Prostitution untersagt werden.

Das Merkmal „Verwendung der Räume“ ist vor dem Hintergrund seines Normzwecks (Vermeidung der Zweckentfremdung von einstmals knappem Wohnraum) von nur noch geringer Bedeutung.[164]

Die fehlende Einhaltung von bau- oder gesundheitsrechtlichen Anforderungen rechtfertigt die Versagung gemäß § 33a II Nr. 3 GewO nicht, weil diese Nummer nicht die Ausgestaltung und Beschaffenheit der Räume, sondern vielmehr die Außenwirkung betrifft.[165] An dieser Stelle ist aber an die Sicherstellung dieser Anforderungen über Nebenbestimmungen zu denken. Bei Verstößen in der Vergangenheit kann auf § 33a II Nr. 1 GewO zurückgegriffen werden.

(4) Rechtsfolge des Erlaubnistatbestands

Liegt kein Versagungsgrund vor, so besteht ein gebundener Anspruch auf die Erteilung der Erlaubnis. Unter den Voraussetzungen § 33a I 3 GewO kann die

159 Marcks in: Landmann/Rohmer, GewO, § 33a Rdn. 26.

160 Ennuschat in: Tettinger/Wank/Ennuschat, GewO, § 33a Rdn. 75. Die Fragen des Baurechts sollen zu einem späteren Zeitpunkt behandelt werden. Siehe jedoch beispielhaft: VG Dresden, Urt. v. 18.05.2011 – 4 K 1229/08, juris, Rdn. 26ff.

161 Franz in: Pielow, GewO, § 33a Rdn. 55 sowie Marcks in: Landmann/Rohmer, GewO, § 33a Rdn. 26.

162 Ähnlich Franz in: Pielow, GewO, § 33a Rdn. 55.

163 Siehe D., II., 2., c), cd), (3), (b).

164 Marcks in: Landmann/Rohmer, GewO, § 33a Rdn. 26. Gleichwohl ist in Großstädten wie Berlin mit Blick auf den angespannten Wohnungsmarkt eine gewisse Renaissance des Zweckentfremdungsrechts zu konstatieren.

165 Ennuschat in: Tettinger/Wank/Ennuschat, GewO, § 33a Rdn. 78 sowie Marcks in: Landmann/Rohmer, GewO, § 33a Rdn. 27.

Erlaubnis befristet werden. Gleichfalls können bereits bei Erlaubniserteilung oder nachträglich Auflagen erteilt werden. Wird vorsätzlich oder fahrlässig eine Schaustellung ohne diese Erlaubnis veranstaltet oder Geschäftsräume dafür zur Verfügung gestellt, so liegt eine Ordnungswidrigkeit nach § 144 I Nr. 1c) GewO vor. Wird einer erteilten Auflage vorsätzlich oder fahrlässig zuwidergehandelt, kann dies eine Ordnungswidrigkeit nach § 144 II Nr. 3 GewO darstellen. Auch eine Strafbarkeit nach § 148 Nr. 1 GewO ist denkbar.

ce) Reisegewerberecht

Exkursartig, da mit dem eigentlichen Untersuchungsgegenstand nur in einem peripheren Zusammenhang stehend, ist mit gewisser Kürze noch das Reisegewerberecht anzusprechen. Wie bereits angedeutet, unterfallen die drei Grundformen der Prostitution nicht dem Reisegewerberecht.

Nach § 55 I GewO betreibt ein Reisegewerbe, wer gewerbsmäßig ohne vorhergehende Bestellung seiner gewerblichen Niederlassung oder ohne eine solche zu haben, entweder Waren feilbietet oder Bestellungen aufsucht oder ankauft, Leistungen anbietet oder Bestellungen auf Leistungen aufsucht (Nr. 1) oder unterhaltende Tätigkeiten als Schausteller oder nach Schaustellerart ausübt (Nr. 2).

Es fehlt bezüglich des Untersuchungsgegenstands am Merkmal der vorhergehenden Bestellung. Ohne vorherige Bestellung meint, dass der Gewerbebetreibende unangemeldet und nicht der Kunde zu ihm kommt.[166] Regelmäßig ist es aber bei der Straßenprostitution so, dass der Kunde die Prostituierten anspricht.[167] Der Schutzzweck des Reisegewerberechts, den Kunden vor Überrumpelung zu schützen, kommt daher nicht zum Tragen.[168] Ob dieses Argument vor dem Hintergrund von sich teils sehr „aggressiv" anbietenden Dienstleistern haltbar ist, ist erörterungsbedürftig. Im Hinblick auf die Mehrzahl der Prostituierten ist es aber zutreffend. In Bezug auf die Kundschaft ist hier der Schutzzweck der §§ 55ff. GewO nicht tangiert.[169] Auch die Norm des § 55a I Nr. 3 GewO führt aufgrund ihrer weitreichenden Konsequenzen dazu, ein Reisegewerbe zu verneinen.[170] Im Übrigen hat der Kunde in der vorliegenden Konstellation ohnehin keine Gewährleistungsansprüche, die durch die Reisegewerbekartenpflicht geschützt werden könnten.[171]

166 Ennuschat in: Tettinger/Wank/Ennuschat, GewO, § 55 Rdn. 15.
167 Gurlit, VerwArch 2006, 409 (424).
168 Schöbener/Rafii, KSzW 2012, 172 (178).
169 Hinrichs, VR 2003, 257 (264). Dazu auch Zimmermann, Die öffentlich-rechtliche Behandlung der Prostitution, S. 172.
170 Anschaulich Zimmermann, Die öffentlich-rechtliche Behandlung der Prostitution, S. 172.
171 Schöbener/Rafii, KSzW 2012, 172 (178).

3. Gaststättenrecht

Im Folgenden sollen nun die Fragen des Gaststättenrechts besprochen werden. Es ist selbstverständlich vor allem dann relevant, wenn der Betrieb zugleich Gaststättenbetrieb ist, worauf noch ausführlich einzugehen ist.

a) Das Gaststättenrecht nach der Föderalismusreform I

Zunächst ist aber als Vorfrage zu klären, welches Recht überhaupt betrachtet werden soll. Im Ergebnis der Föderalismusreform I steht nämlich das Gaststättenrecht in der Gesetzgebungskompetenz der Länder, was sich im Umkehrschluss aus dem Klammertext in Art. 74 I Nr. 11 GG ergibt. Hier stellt sich ein ähnliches Problem wie bei § 33a GewO mit dem Unterschied aber, dass die Hälfte der Länder in diesem Bereich schon tätig geworden ist, namentlich Baden-Württemberg, Brandenburg, Bremen, Hessen, Niedersachsen, Saarland, Sachsen und Thüringen. Es sind dabei folgende grundlegende Tendenzen erkennbar: Ein Regelungsansatz geht dahin, das Gaststättengewerbe erlaubnisfrei zu stellen, während der Ansatz an der Erlaubnisbedürftigkeit festhält. Baden-Württemberg hat – abweichend von diesen beiden Entwicklungsrichtungen – schlicht das GastG in Landesrecht transformiert und zusätzlich wenige landesspezifische Normen geschaffen. Die Länder Brandenburg, Hessen, Niedersachsen, Saarland, Sachsen und Thüringen haben das Gaststättengewerbe zu einem nur anzeigepflichtigen Gewerbe mit besonderer Überwachung gemacht[172], während demgegenüber der Gesetzgeber in Bremen an der Erlaubnispflichtigkeit des Gewerbes festgehalten hat.[173]Der Verzicht auf die Gaststättenerlaubnis ist den Bemühungen um den Bürokratieabbau geschuldet. Inhaltliche Neuerungen durch die Landesgesetzgebung bezogen sich vor allem darauf, sog. Flatrate- oder Komapartys gaststättenrechtlich zu unterbinden. Daher beziehen sich die gaststättenrechtlichen Ausführungen dieser Arbeit auf das GastG des Bundes, was auch nicht weiter ins Gewicht fallen wird, da die entsprechenden Problemstellungen analog auch für die Landesgaststättengesetze gelten dürften. Gleichwohl wird auf die jeweils parallelen Bestimmungen der Länder hingewiesen.

172 § 2 BbgGastG; §§ 2f. HGastG; § 2 NGastG; § 3 SGastG; § 2 SächsGastG und § 2 ThürGastG.

173 § 2 BremGastG.

b) Prostitutive Einrichtungen als Gaststättenbetriebe

Nicht selten sind prostitutive Einrichtungen auch Gaststättenbetriebe, da in ihnen auch alkoholhaltige und alkoholfreie Getränke ausgeschenkt werden.[174] Gerade bei größeren Betrieben ist dies der Fall, während dergleichen bei prostitutiven Einrichtungen in Wohnräumen – nicht zuletzt aufgrund der begrenzten Raumgröße des Betriebs – seltener der Fall ist. Wie eben bereits dargestellt handelt es sich in aller Regel um Schankwirtschaften.[175] In eher seltenen Fällen sind prostitutive Einrichtungen auch Speisewirtschaften, wenn in ihnen z.B. Büfetts angeboten werden.[176] Die mit dem Beherbergungsbetrieb (ehemals § 1 I Nr. 3 GastG) verbundenen Probleme[177] sind in Folge der Herausnahme des Beherbergungsbereichs aus dem Gaststättenrecht entfallen. Im Folgenden werden die gaststättenrechtlichen Normen dargestellt und in Bezug zum Untersuchungsgegenstand gesetzt. Selbstredend wird es dabei um ähnliche Frage- und Problemstellungen gehen wie bei den Ausführungen zur GewO.

c) Regulierung prostitutiver Einrichtungen durch das Gaststättenrecht

Nunmehr werden die Auswirkungen des Gaststättenrechts auf prostitutive Einrichtungen erläutert. Man muss hier zwischen dem erlaubnispflichtigen und dem erlaubnisfreien Gaststättengewerbe unterscheiden.

ca) Erlaubnispflichtiges stehendes Gaststättengewerbe

Wie bereits die Bezeichnung andeutet, erfordert das erlaubnispflichtige stehende Gaststättengewerbe eine Gaststättenerlaubnis.

(1) Erlaubnistatbestand

Zunächst ist der Erlaubnistatbestand in den Blick zu nehmen.

---

174 Anschaulich Loose/Schwägerl, BayVBl. 1992, 228 (232).

175 Ähnlich Renzikowski, Reglementierung von Prostitution, Rdn. 78.

176 Aufgrund der begrenzten Bedeutung dieses Gaststättentyps für diese Untersuchung soll eine Darstellung der Merkmale der Speisewirtschaft dahinstehen. Auch ist hierbei die Erlaubnisfreiheit nach § 2 II Nr. 3 GastG zu beachten, die eine geringe Relevanz der Speisewirtschaft bewirkt. Insoweit wird auf die einschlägige Literatur verwiesen.

177 Von Galen, Rechtsfragen der Prostitution, Rdn. 459.

(a) Grundsatz

Nach § 2 I 1 GastG bedarf der Erlaubnis, wer ein Gaststättengewerbe betreiben will. Den Begriff des Gaststättengewerbes definiert § 1 GastG, der zwischen stehendem Gaststättengewerbe (Abs. I) und Reisegaststättengewerbe (Abs. II) unterscheidet.

Nach § 1 I GastG betreibt zunächst ein Gaststättengewerbe, wer im stehenden Gewerbe Getränke zum Verzehr an Ort und Stelle verabreicht (Schankwirtschaft, Nr. 1) oder zubereitete Speisen zum Verzehr an Ort und Stelle verabreicht (Speisewirtschaft, Nr. 2), wenn der Betrieb für jedermann oder einen bestimmten Personenkreisen zugänglich ist. Ein Reisegaststättengewerbe nach § 1 II GastG betreibt ferner, wer als selbständiger Gewerbetreibender im Reisegewerbe von einer für die Dauer der Veranstaltung ortsfesten Betriebsstätte aus Getränke oder zubereitete Speisen zum Verzehr an Ort und Stelle verabreicht, wenn der Betrieb jedermann oder bestimmten Personenkreisen zugänglich ist.

Relevant für den Untersuchungsgegenstand ist an sich nur die stehende Schankwirtschaft, deren Merkmale hier kurz dargestellt werden sollen. Der Begriff des stehenden Gewerbes ist mit dem Gewerbebegriff der GewO inhaltsgleich.[178] Zunächst ist für die Schankwirtschaft erforderlich, dass das Verabreichen der Getränke in einem jeden oder bestimmten Personenkreis zugänglichen Betrieb erfolgt. Im Gegensatz dazu steht das Offensein nur für bestimmte, einzelne Personen, etwa bei privaten Feiern.[179] Schankwirtschaft liegt also dann nicht vor, wenn nicht jedenfalls den Angehörigen bestimmter Personenkreise, sondern nur ganz bestimmten, mithin nicht beliebig wechselnden, unter den Begriff „jedermann“ fallenden Einzelpersonen Getränke verabreicht werden.[180] Bestimmte Personenkreise im Sinne der Norm sind z.B. Angehörige einer bestimmten Gesellschaftsschicht oder eines Berufstands sowie die Mitglieder eines Vereins.[181] Der Betrieb ist dann zugänglich, wenn dem Willen des einzelnen, diesen zu betreten und sich dort aufzuhalten, keine äußeren Hindernisse entgegenstehen, wobei die Erhebung von Eintrittsgeld oder eine Zugangskontrolle durch das Betriebspersonal der Zugänglichkeit nicht entgegenstehen.[182]

Die Merkmale „stehendes Gewerbe“ und „Zugänglichkeit für jedermann oder für einen bestimmten Personenkreis“ sind beiden Wirtschaftsformen des § 1 I GastG immanent. Speziell für die Schankwirtschaft gibt es noch das Merkmal

---

178 Metzner, GastG, § 1 Rdn. 6ff.

179 Siehe auch mit weiteren Beispielen Pöltl, GastG, § 1 Rdn. 30.

180 Metzner, GastG, § 1 Rdn. 67.

181 Metzner, GastG, § 1 Rdn. 68. Zu den Kriterien der Zugänglichkeit bei Vereinen: Pöltl, GastG, § 1 Rdn. 30.

182 Metzner, GastG, § 1 Rdn. 71.

des Verabreichens von Getränken zum Verzehr an Ort und Stelle. Verabreichen meint das Ausschenken, die Abgabe und auch das bloße Bereitstellen der Getränke.[183] Getränke sind Flüssigkeiten aller Art, die nach Sprachgebrauch oder Verkehrsauffassung zum Trinken bestimmt sind und üblicherweise zum Durstlöschen benutzt werden[184], wobei § 1 I Nr. 1 GastG nicht zwischen alkoholischen und alkoholfreien Getränken unterscheidet. Zum Verzehr an Ort und Stelle meint, dass das Getränk zum Verzehr bestimmt ist.[185] Für den Verzehr an Ort und Stelle genügt es, dass zwischen der Abgabestätte und dem Ort, an dem das Getränk mit Wissen und Wollen des Gewerbetreibenden alsbald verzehrt werden soll, ein gewisser räumlicher Zusammenhang besteht.[186] Wie bereits angedeutet, sollen die Merkmale der Speisewirtschaft an dieser Stelle nicht dargestellt werden. Auf sie ist aber sogleich kurz in Zusammenhang mit der Erlaubnisfreiheit einzugehen. Bezogen auf den Untersuchungsgegenstand bedeutet dies, dass prostitutive Einrichtungen, wenn sie Merkmale des § 1 I Nr.1 GastG erfüllen, mit allen Konsequenzen als Gaststättenbetriebe anzusehen sind. Eine besondere Bedeutung dürfte das Merkmal der Zugänglichkeit erlangen. Es dient der gaststättenrechtlichen Abgrenzung zu privaten Veranstaltungen geschlechtlicher Natur.

(b) Erlaubnisfreiheit (§ 2 II GastG)

§ 2 II GastG regelt einen Katalog von Tatbeständen, bei denen eine Gaststättenerlaubnis nicht erforderlich ist. Gleichwohl unterliegen sie den übrigen Vorschriften der GewO und des GastG.[187] Relevant für diese Arbeit sind vor allem die Nummern 1 und 3.

(ba) Alkoholfreie Getränke (Nr. 1)

Nach Nr. 1 bedarf keiner Erlaubnis, wer (nur) alkoholfreie Getränke verabreicht. Nicht selten werden in prostitutiven Einrichtungen eben lediglich solche Getränke ausgeschenkt, weil die Betreiber keine alkoholisierten Gäste in ihren Einrichtungen wünschen. Solche Betriebe sind somit erlaubnisfrei.

---

183 Pöltl, GastG, § 1 Rdn. 32.

184 Metzner, GastG, § 1 Rdn. 40.

185 Früher kam es darauf an, dass das Getränk zum Genuss ausgeschenkt wurde. Durch das finale Element „zum Verzehr“ wird auf die typischen Verkehrsgewohnheiten und -anschauungen abgestellt (vgl. Metzner, GastG, § 1 Rdn. 49).

186 Pöltl, GastG, § 1 Rdn. 33.

187 Metzner, GastG, § 2 Rdn. 29.

(bb) Zubereitete Speisen (Nr. 3)

Werden in der prostitutiven Einrichtung zubereitete Speisen verabreicht, wird sie (auch) zur Speisewirtschaft, die aber nicht der Erlaubnispflicht unterliegt. Zubereitete Speisen sind neben den warmen und kalten Mahlzeiten der Gastronomie auch z.B. Frischwurst, Speiseeis oder Torten.[188] Nicht als zubereitete Speisen gelten Waren, die längere Zeit ohne Tiefkühlung vorrätig gehalten werden können, und solche, die ohne besondere Zubereitung essfertig sind.[189] Wenn also z.B. in einer prostitutiven Einrichtung zubereitete Speisen verabreicht werden, wird sie zu einer erlaubnisfreien Speisewirtschaft. Werden demgegenüber allerdings zu den Getränken lediglich Knabbereien, Chips o.ä. gereicht, so fehlt es gänzlich an einer Speisewirtschaftseigenschaft.

(c) Zwischenergebnis

Vor dem Hintergrund des weitreichenden Freistellungskatalogs des § 2 II GastG sind letztlich nur noch Betriebe erlaubnispflichtig, in denen alkoholische Getränke verabreicht werden.[190] Somit wird an sich der Grundsatz der Erlaubnispflichtigkeit des Gaststättengewerbes faktisch zur Ausnahme. Mithin bedürfen nur prostitutive Einrichtungen mit Alkoholausschank einer Gaststättenerlaubnis. Im Übrigen sind sie erlaubnisfreies stehendes (Gaststätten-) Gewerbe.

(2) Inhalt der Erlaubnis (§ 3 GastG)

Für den Inhalt der Erlaubnis gilt § 3 GastG. Nach Abs. I ist die Erlaubnis für eine bestimmte Betriebsart und für bestimmte Räume zu erteilen (S. 1). Die Betriebsart ist in der Erlaubnisurkunde zu bezeichnen; sie bestimmt sich nach der Art und Weise der Betriebsgestaltung, insbesondere nach den Betriebszeiten und der Art der Getränke, der zubereiteten Speisen, der Beherbergung oder der Darbietungen (S. 2). Nach Abs. II darf die Erlaubnis auf Zeit erteilt werden, soweit das GastG es zulässt oder der Antragsteller es beantragt. Prostitutive Einrichtungen, die der Gaststättenerlaubnis bedürfen, müssen daher für die jeweilige Betriebsart zugelassen werden. Hierzu ist es erforderlich, dass der Gaststättenbetrieb als prostitutive Einrichtung mit der jeweils konkreten Art konzessioniert und in der Erlaubnis bezeichnet wird. In Betracht kommen als Betriebsarten z.B. Swinger-

188 Pöltl, GastG, § 1 Rdn. 37.
189 Metzner, GastG § 1 Rdn. 91ff. sowie Pöltl, GastG, § 1 Rdn. 38.
190 Vgl. auch Vahle, DVP 2006, 133 (134).

club oder Table-Dance-Bar.[191] Es sind auch weitere Betriebsarten denkbar, etwa Laufhaus oder Großbordell.

(3) Versagung der Gaststättenerlaubnis (§ 4 GastG)

Die Erteilung der Gaststättenerlaubnis ist nach § 4 I GastG zu versagen (gebundene Entscheidung), wenn einer der dort katalogartig genannten Gründe gegeben ist.

(a) Unzuverlässigkeit (§ 4 I Nr. 1 GastG)

Als erstes ist der Versagungsgrund der Unzuverlässigkeit zu betrachten.

(aa) Allgemeines

Zunächst nennt § 4 I Nr. 1 GastG als Versagungsgrund die Unzuverlässigkeit, die genauso wie in § 35 GewO verstanden wird.[192] Im Unterschied zur GewO enthält die Norm aber eine Aufzählung von Fällen, in denen eine Unzuverlässigkeit anzunehmen ist, die aber nicht abschließend, sondern nur beispielhaft ist.[193] Von Bedeutung für den Gegenstand dieser Arbeit sind indes nur einige gesetzliche Beispiele, die hier dargestellt werden sollen.

(ab) Der Unsittlichkeit Vorschub leisten

Mit diesem Merkmal sind ähnliche Definitionsprobleme verbunden wie mit dem Merkmal der „guten Sitten" in Zusammenhang mit § 33a GewO, so dass eine wiederholte Darstellung insoweit dahinstehen kann. Gleiches gilt für die gemachten Ausführungen zur Unsittlichkeit prostitutiver Handlungen in Zusammenhang mit dem Gewerbebegriff. Der Unsittlichkeit Vorschub leistet, wer als Gewerbetreibender, also auf dem Wege über seinen Gewerbebetrieb, durch Handlungen oder Unterlassungen die Unsittlichkeit wissentlich und willentlich fördert.[194] Das Dulden oder Fördern von Prostitution oder prostitutionsähnlichen Handlungen sowie das Veranstalten von Peep- oder Live-Shows und Striptease-Darbietun-

191 Vahle, DVP 2006, 133 (134f.); Metzner, GastG, § 3 Rdn. 42f. und Pauly, GewArch 2003, 151 (153).

192 Siehe nur Metzner, GastG, § 4 Rdn. 10ff. § 2 II BremGastG regelt die Versagung als parallele landesrechtliche Vorschrift die Versagung der Gaststättenerlaubnis. § 3 III BbgGastG; § 4 I HGastG; § 4 NGastG; § 4 IV SGastG; § 4 III SächsGastG und § 7 III ThürGastG verlangen gleichfalls die Zuverlässigkeit.

193 Pöltl, GastG, § 4 Rdn. 41.

194 Metzner, GastG, § 4 Rdn. 92.

gen leistet nicht der Unsittlichkeit Vorschub und begründet an sich keinen Versagungsgrund.[195] Gleiches gilt für Anbahnungsgaststätten.[196] Spezifisch in der gaststättenrechtlichen Literatur wird die Frage erörtert, ob Betreiber von Swinger- und Pärchenclubs der Unsittlichkeit Vorschub leisten würden. Unter Berücksichtigung der Wertungen des ProstG sind Swinger- und Pärchenclubs nicht unsittlich. Wenn das ProstG die Prostitution für nicht mehr sittenwidrig erklärt, dann muss dies erst recht für derartige Aktivitäten gelten[197], was in der Literatur aber nicht unumstritten ist.[198]

Mithin sind Swinger- und Pärchenclubs nicht als unsittlich einzustufen, so dass entsprechende Gaststättenerlaubnisse nicht nach § 4 I Nr. 1 GastG versagt werden können.[199] Ähnlich wie bei der Schaustellung nach § 33a GewO ist aber der Jugendschutz und der Schutz vor ungewollter Konfrontation sicherzustellen.[200] Eine gaststättenrechtliche Unzuverlässigkeit wegen Vorschubleisten der Unsittlichkeit ist demgegenüber in folgenden Fällen anzunehmen: bei sog. Zwangsprostitution,

195 Zur Entwicklung vor und nach dem ProstG: Lehmann, NVwZ 2009, 888. So auch Caspar, NVwZ 2002, 1322 (1324ff.) und Pöltl, VBlBW 2003, 181 (187ff.) und KommJur 2004, 81 (85). Mit ausführlicher Darstellung der Entwicklung in Rechtsetzung und -sprechung und gleichem Ergebnis: Theben, Rechtliche Aspekte der (freiwillig) ausgeübten Prostitution unter besonderer Berücksichtigung gewerberechtlicher Vorschriften und des zivilen Vertragsrechts, S. 122ff. Zur alten Rechtlage beispielhaft: BVerwG, Beschl. v. 14.11.1990 – 1 B 74.90, GewArch 1991, 115f.; OVG Hamburg, Beschl. v. 12.06.1992 – Bs VI 38/92, NVwZ-RR 1993, 294; VGH Mannheim, Beschl. v. 29.01.1996 – 14 S 46/96, GewArch 1996, 208 (209); Loose/Schwägerl, BayVBl. 1992, 228 (232f.) und Fischer, GewArch 2000, 14 (17f.). Schon vor dem Erlass des ProstG: VG Berlin, Urt. v. 01.12.2000 – 35 A 570/99, NJW 2001, 983 (989). Die Rechtsprechung verneint nach seinem Inkrafttreten zutreffend die Unsittlichkeit: BVerwG, Beschl. v. 23.03.2009 – 8 B 2/09, NVwZ 2009, 909 (910); VGH München, Urt. v. 09.09.2008 – 22 BV 06.3313, GewArch 2008, 256f.; VG Weimar, Beschl. v. 13.05.2002 – 8 E 202/02.We, GewArch 2002, 298 (299) und VG Stuttgart, Urt. v. 22.07.2005 – 10 K 3330/04, GewArch 2005, 431 (432ff.). Anders demgegenüber: VG Lüneburg, Urt. v. 29.05.2005 – 5 A 5/01, juris, Rdn. 19ff. Offengelassen vom VG Gießen, Beschl. v. 12.08.2004 – 8 G 2592/04, GewArch 2004, 432.

196 Vgl. Gurlit, VerwArch 2006, 409 (425) und Lehmann, Der Begriff der Sittenwidrigkeit im Gewerberecht, S. 148ff.

197 So Lehmann, Der Begriff der Sittenwidrigkeit im Gewerberecht, S. 143ff.; Eckert, VR 2005, 243 (245f.) und Haurand, DVP 2009, 442 (448) unter Verweis auf BVerwG, Urt. v. 06.11.2002 – 6 C 16/02 GewArch 2003, 122. Siehe auch beispielhaft zur Verwaltungspraxis vor der Entstehung des BVerwG: Fischer, GewArch 2000, 14 (18). So auch OVG Berlin, Beschl. v. 05.06.2002 – OVG 1 S 2.01, GE 2002, 1569; VGH München, Urt. v. 29.04.2002 – 22 B 01.3183, GewArch 2002, 296 (297f.) und VG Berlin, Beschl. v. 17.01.2000 – VG 4 A 441.99, GewArch 2000, 125 (126).

198 A.A. Kurz, GewArch 2002, 142 sowie noch Pauly, GewArch 2002, 217 (225). Letztere kritisch zur Entscheidung des BVerwG in GewArch 2003, 151. Kritisch ferner Stollenwerk, GewArch 2008, 317ff. Interessant auch in einer arbeitsrechtlichen Konstellation die Ausführungen von Peter, Nebentätigkeiten von Arbeitnehmern, S. 142ff.

199 Siehe ähnlich Haferkorn, GewArch 2002, 145 (148f.).

200 Vgl. Haferkorn, GewArch 2002, 145 (149) sowie Hinrichs, VR 2004, 126 (128).

bei ungewollter Konfrontation Unbeteiligter mit der prostitutiven Tätigkeit sowie bei Verstößen gegen Strafvorschriften.[201] Gleichfalls werden sog. Flatrate-Bordelle als sittenwidrig angesehen.[202]

(ac) Verstöße gegen das Gesundheits- und Lebensmittelrecht

Selbstverständlich müssen auch in prostitutiven Einrichtungen gesundheits- und lebensmittelrechtliche Bestimmungen eingehalten werden.[203] Spezifisch auf den Untersuchungsgegenstand finden sich entsprechende Ausführungen etwa bei Haferkorn[204], die etwa in Swingerclubs aus hygienischen Gründen eine Einschränkung des Geschlechtsverkehrs in Sauna- und Poolbereichen fordert.

(ad) Verstöße gegen das Arbeits- oder Jugendschutzrecht

Weiterhin können Verstöße gegen das Arbeits- und Jugendschutzrecht die Unzuverlässigkeit begründen. Dem Arbeitsschutzrecht wird in diesem Abschnitt der Arbeit zu einem späteren Zeitpunkt noch ein eigener Abschnitt (V.) gewidmet werden. Im Hinblick auf den Jugendschutz geht es vorliegend vor allem um Aufenthaltsverbote für Kinder und Jugendliche.[205] Diesen Personengruppen ist der Aufenthalt in prostitutiven Einrichtungen nicht gestattet.

(ae) Sonstige Gründe

Neben den sonstigen gesetzlichen Beispielen[206] spielen auch die Unzuverlässigkeitsgründe eine Rolle, die bereits im Rahmen des § 35 GewO dargestellt worden sind. Insoweit darf auf diese Ausführungen verwiesen werden.

(b) Anforderungen an die Räume (§ 4 I Nr. 2 und 2a, III GastG)

Die Nr. 2 und 2a normieren Anforderungen an die Räume des Gaststättengewerbes.[207]

---

201 Pöltl, GastG, § 4 Rdn. 67 und Caspar, NVwZ 2002, 1322 (1327).

202 Lehmann, GewArch 2010, 291 und Stühler, BauR 2013, 685 (687).

203 Allgemein dazu Metzner, GastG, § 4 Rdn. 100ff. sowie Pöltl, GastG, § 4 Rdn. 72.

204 GewArch 2002, 145 (149).

205 Siehe Metzner, GastG, § 4 Rdn. 121; vgl. ferner Haferkorn, GewArch 2002, 145 (149).

206 Trunksucht, Ausbeutung Unerfahrener, Leichtsinniger oder Willensschwacher sowie Vorschub leisten des Alkoholmissbrauchs, des verbotenen Glückspiels und der Hehlerei (ausführlich Metzner, GastG § 4 Rdn. 50ff.).

207 Den Gaststättengesetzen der Länder sind raumbezogene Anforderungen überwiegend fremd. Eine Ausnahme bildet die punktuell raumbezogene Regelung des § 3 III BremGastG.

Nach § 4 I Nr. 2 GastG ist die Erlaubnis zu versagen, wenn die zum Betrieb des Gewerbes oder zum Aufenthalt der Beschäftigten bestimmten Räume wegen ihrer Lage, Beschaffenheit, Ausstattung oder Einteilung für den Betrieb nicht geeignet sind, insbesondere den notwendigen Anforderungen zum Schutz der Gäste und der Beschäftigten gegen Gefahren für Leben, Gesundheit oder Sittlichkeit oder den sonst zur Aufrechterhaltung der öffentlichen Sicherheit oder Ordnung notwendigen Anforderungen nicht genügen.

Unter diese Anforderungen fallen z.B. bauordnungs-, lebensmittel-, gesundheits-, arbeitsschutz-, jugendschutz- und strafrechtliche Vorschriften, sofern eine bestimmte Gestaltung der Gaststättenräume aufgrund dessen geboten ist.[208] § 4 III GastG ermöglicht es den Ländern, durch Rechtsverordnungen die Anforderungen zu konkretisieren.

Für den Untersuchungsgegenstand sind bei der Gestaltung der Räume Maßnahmen zum Schutz der ungewollten Konfrontation Unbeteiligter und zum Schutz der Jugend erforderlich. Das Erfordernis der Sittlichkeit ist vor dem Hintergrund der Wertungen des ProstG insoweit zu flexibilisieren. Zu fordern wäre z.B., dass spätestens im Eingangsbereich des Betriebs erkennbar wird, dass es sich um eine prostitutive Einrichtung handelt.[209] Weiterhin wären auch z.B. Waschgelegenheiten für die Beschäftigten zu schaffen.[210] Auf die Fragen des Bauordnungs-, Gesundheits- und Arbeitsstättenrechts ist noch ausführlicher einzugehen.

Die Nr. 2a des § 4 I GastG regelt Fragen der Barrierefreiheit des Gaststättenbetriebs[211], was für diese Arbeit von peripherer Bedeutung ist.

(c) Öffentliches Interesse (§ 4 I Nr. 3 GastG)

Weiterhin ist nach § 4 I Nr. 3 GastG die Gaststättenerlaubnis zu versagen, wenn der Gewerbebetrieb im Hinblick auf seine örtliche Lage oder auf die Verwendung der Räume dem öffentlichen Interesse widerspricht, insbesondere schädliche Umwelteinwirkungen i.S.d. Bundesimmissionsschutzgesetzes oder sonst erhebliche Nachteile, Gefahren oder Belästigungen für die Allgemeinheit befürchten lässt.

Während sich § 4 I Nr. 2 und 2a GastG mit der inneren Gestaltung des Gaststättenbetriebs befassen, soll Nr. 4 Gefahren vorbeugen, die sich aus der Beziehung des Gaststättenbetriebs zu seiner Umgebung ergeben.[212] Wie die gesetzli-

208 Pöltl, GastG, § 4 Rdn. 81.

209 So Haferkorn, GewArch 2002, 145 (149) bezüglich des Swingerclubs. Ferner Gurlit, VerwArch 2006, 409 (426) und Caspar, NVwZ 2002, 1322 (1327).

210 Von Galen, Rechtsfragen der Prostitution, Rdn. 473.

211 Ausführlich Pöltl, GastG, § 4 Rdn. 88f.

212 Metzner, GastG, § 4 Rdn. 218.

chen Beispiele am Ende der Nummer zeigen, geht es vor allem um Immissionen, aber auch um sonstige öffentliche Interessen.

Der Belang des Schutzes vor schädlichen Umwelteinwirkungen ist vor allem für prostitutive Einrichtung größeren Ausmaßes von Bedeutung. Bei Großbordellen ist z.B. schlicht ein höheres Lärmpotenzial vorhanden (durch An- und Abfahrt der Gäste oder durch laute Gespräche vor dem Betrieb).[213]

Neben dem Immissionsschutz geht es bei § 4 I Nr. 3 GastG auch um andere öffentliche Interessen. Unter dem Begriff „sonstige öffentliche Interessen" ist eine ganze Reihe von Belangen subsumierbar. Neben den Fragen des Immissionsschutzes und des Baurechts umfasst er alle Belange, die aufgrund einer Abwägung im Einzelfall gegenüber dem Interesse des Antragstellers an der ungehinderten Ausübung seines Gewerbes vorrangig sind.[214] Auf die Fragen des Bauplanungs- und Bauordnungsrecht ist später einzugehen.

Neben den diversen allgemeinen öffentlichen Interessen, die insoweit relevant sind[215], ist für den Gegenstand dieser Arbeit zunächst die Frage bedeutsam, ob eine räumliche Verbindung von Gaststättenbetrieb und Prostituiertenzimmern eine Versagung der Erlaubnis nach § 4 I Nr. 3 GastG zu rechtfertigen vermag. Während diese Frage vor dem Inkrafttreten des ProstG noch bejaht wurde, ist nunmehr davon auszugehen, dass allein die Verbindung nicht ausreichend ist. Es kommt jetzt vielmehr darauf an, ob Gefahren für den Jugendschutz drohen oder die ungewollte Konfrontation Unbeteiligter zu besorgen ist.[216] Gleichwohl ist im Hinblick auf eine Versagung Zurückhaltung angezeigt. Es erscheint vorrangig eine entsprechende Erteilung von Auflagen zielführender. Eine Versagung ist aber denkbar, wenn der im konkreten Fall gegenständliche Gaststättenbetrieb in einem sog. Sperrgebiet liegen würde.[217]

Neben den bereits genannten Belangen „Jugendschutz" und „Schutz vor ungewollter Konfrontation" sind spezifisch bezüglich des Untersuchungsgegenstands noch der Infektions- und Gesundheitsschutz zu beachten, soweit dieser aufgrund der Lage des Gaststättenbetriebs relevant ist.[218] Ferner ist denkbar, dass die prostitutive Einrichtung aufgrund ihrer Lage in sozialwidriger Weise auf die Umgebung einwirkt.[219] Bei prostitutiven Einrichtungen ist insoweit vor dem Hin-

---

213 Allgemein zu dieser Art von Immissionen: Pöltl, GastG, § 4 Rdn. 131ff.

214 Pöltl, GastG, § 4 Rdn. 179.

215 Siehe m.w.N. die Ausführungen bei Metzner, GastG, § 4 Rdn. 275ff. und Pöltl, GastG, § 4 Rdn. 179ff.

216 Zum Ganzen: Pöltl, GastG, § 4 Rdn. 180g m.w.N. Exemplarisch von Galen, Rechtsfragen der Prostitution, Rdn. 473.

217 Ähnlich, Metzner, GastG, § 4 Rdn. 278.

218 Metzner, GastG, § 4 Rdn. 278.

219 Metzner, GastG, § 4 Rdn. 292.

tergrund der Wertungen des ProstG ohnehin Zurückhaltung bei der Versagung zu üben.[220]

(d) Unterrichtungsnachweis (§ 4 I Nr. 4 GastG)

Die Fragestellungen in Zusammenhang mit dem Unterrichtungsnachweis nach § 4 I Nr. 4 GastG sind für die vorliegende Untersuchung von sehr geringer Bedeutung. Eine Erörterung soll mithin dahinstehen.

(4) Auflagen (§ 5 I GastG)

Die Vorschrift des § 5 I GastG ermöglicht es, dem Betreiber eines erlaubnisbedürftigen Gaststättengewerbes jederzeit Auflagen zu erteilen.[221] Die in § 5 I GastG aufgeführten Gründe für die Auflagenerteilung sind den Versagungsgründen des § 4 GastG sehr ähnlich, so dass aufgrund dessen eine Beauflagung stets als milderes Mittel gegenüber der Versagung zu wählen ist.[222]

Bezüglich des Untersuchungsgegenstandes kann daher inhaltlich auf die vorherigen Ausführungen zu § 4 GastG verwiesen werden. Den vorliegend relevanten Belangen ist auch bei prostitutiven Einrichtungen zunächst durch Auflage und nachrangig durch Versagung zu begegnen.

(5) Rücknahme und Widerruf der Erlaubnis (§ 15 GastG)

Möglich sind aber auch Rücknahme und Widerruf der Erlaubnis.[223]

(a) Allgemeines

§ 15 GastG regelt Rücknahme und Widerruf der Gaststättenerlaubnis, wobei die Norm folgende innere Systematik aufweist: Abs. I regelt die Rücknahme. Abs. II regelt den zwingenden Widerruf und Abs. III den Widerruf nach Ermessen. Im Konkurrenzverhältnis zum allgemeinen Verwaltungsrecht ist folgendes zu beachten: Die Vorschrift des § 49 VwVfG ist nach h.M. neben § 15 II und III GastG

220 Vgl. insoweit oben zur Frage von Gaststättenbetrieb und Prostituiertenunterkunft. Demgegenüber mit überkommener Positionierung: Metzner, GastG, § 4 Rdn. 293.

221 In Bremen ermöglicht § 2 II 3 BremGastG den Erlass von Anordnungen gegenüber dem Erlaubnishaber. Da die anderen Landesgaststättengesetze keine Erlaubnistatbestände haben, fehlt es ihnen auch an Rechtsgrundlagen zum Erlass von Auflagen.

222 Pöltl, GastG, § 5 Rdn. 3.

223 In Bremen enthält das Landesgaststättengesetz keine Vorschriften über die Rücknahme oder den Widerruf, so dass hier die entsprechenden Bestimmungen des Verwaltungsverfahrensgesetzes in Anwendung zu bringen sind.

nicht anwendbar[224], während demgegenüber § 48 VwVfG neben § 15 I GastG anwendbar bleibt.[225]

(b) Rücknahme nach § 15 I GastG

§ 15 I GastG regelt also die Fälle der Rücknahme der Gaststättenerlaubnis. Tatbestandlich erfordert die Norm, dass nach der Erlaubniserteilung bekannt wird, dass im Zeitpunkt der Erteilung Versagungsgründe nach § 4 I Nr. 1 GastG vorlagen und die Unzuverlässigkeit fortbesteht. Es ist eine gebundene Entscheidung zu treffen.

Kurz und knapp bedeutet dies für den hier behandelten Gegenstand, dass die Gaststättenerlaubnis zurücknehmen ist, wenn einer der oben in Zusammenhang mit § 4 I Nr. 1 GastG beschriebenen Unzuverlässigkeitsumstände[226] vorlag. Daneben kommt aber auch noch die Rücknahmevorschrift des § 48 VwVfG in Betracht.

(c) Widerruf nach § 15 II GastG

Der gebundene Widerruf nach § 15 II GastG baut auf dem vorherigen Absatz auf. Abs. II erfasst Konstellationen, in denen der Versagungsgrund nach § 4 I Nr.1 GastG, also die Unzuverlässigkeit, nach Erteilung der Erlaubnis eingetreten ist.

(d) Widerruf nach § 15 III GastG

§ 15 III GastG betrifft den Widerruf der Gaststättenerlaubnis nach Ermessen. Kommt kein Widerruf wegen Unzuverlässigkeit nach § 15 II GastG in Betracht, kann bei Vorliegen einer der dort katalogartig genannten Tatbestände ein Widerruf vorgenommen werden. Die aufgeführten Pflichten in den Nr. 1 bis 7 sieht der Gesetzgeber als so wichtig an, dass ihre Verletzung ein Erlaubniswiderruf rechtfertigen kann.[227]

Relevant für den Gegenstand dieser Untersuchung sind insbesondere die Nr. 1, 2 und 4 des § 15 III GastG.

Die Nr. 1 ist im prostitutiven Bereich beispielsweise bedeutsam, wenn der Betreiber der prostitutiven Einrichtung z.B. eine Erlaubnis als Swingerclub hat, aber

224 Vgl. nur BVerwG, Urt. v. 13.12.1988 – 1 C 44/86, BVerwGE 81, 74 (78) und VGH Mannheim, Beschl. v. 12.11.1986 – 14 S 2804/86, GewArch 1987, 132 sowie Metzner, GastG, § 15 Rdn. 44; a.A. siehe z.B. Pöltl, GastG, § 15 Rdn. 9.

225 Siehe m.w.N. Pöltl, GastG, § 15 Rdn. 7.

226 Siehe unter D., II., 3., c), ca), (3), (a).

227 Pöltl, GastG, § 15 Rdn. 34.

seine Betriebsart in die eines Bordells ändert. Hier wäre aufgrund der anderen Beschäftigtenstruktur ein Einschreiten denkbar. Eine Konstellation, die ebenfalls über § 15 III Nr. 1 GastG laufen könnte, wäre folgende: Dem Betreiber wurde durch die Erlaubnis eine bestimmte Betriebszeit vorgegeben, an die er sich allerdings nicht hält.[228]

Nr. 2 ermöglicht den Widerruf, wenn gegen Auflagen, die dem Betreiber der prostitutiven Einrichtung etwa zum Jugend- oder Immissionsschutz erteilt worden sind, verstoßen wird.

Die Widerrufsnorm des § 15 III Nr. 4 GastG ist ebenfalls bedeutsam im prostitutiven Bereich, wenn z.B. ein aggressiver „Rausschmeisser" beschäftigt wird, für den ein Verbot nach § 21 I GastG erlassen worden ist.

(6) Sanktionsmöglichkeiten

Im Übrigen ist auch eine Reglementierung über die Ordnungswidrigkeitenvorschriften denkbar. So stellt es nach § 28 I Nr. 1 GastG eine Ordnungswidrigkeit dar, wenn vorsätzlich oder fahrlässig ein Gaststättengewerbe ohne die erforderliche Erlaubnis betrieben wird.[229] Gleichfalls handelt ordnungswidrig, wenn einer Auflage nach § 5 I GastG zuwidergehandelt wird (§ 28 I Nr. 2 GastG).[230]

cb) Erlaubnisfreies stehendes Gaststättengewerbe

Auf das erlaubnisfreie stehende Gaststättengewerbe ist aus Gründen, die sich sogleich zeigen werden, knapper einzugehen.

(1) Tatbestand

Das erlaubnisfreie stehende Gaststättengewerbe umfasst alle Formen des Gaststättengewerbes, die wegen § 2 II GastG erlaubnisfrei sind, also letztlich alle bis auf die Schankwirtschaft mit alkoholischen Getränken.[231]

228 In der Literatur wird dies als Fall von Nr. 1 und nicht von Nr. 2 angesehen (Pöltl, GastG, § 15 Rdn. 25).

229 Die parallele landesgesetzliche Bestimmung für das nach Landesrecht erlaubnispflichtige Gaststättengewerbe ist § 12 I Nr. 1 BremGastG.

230 Siehe aus dem Landesrecht: § 12 I Nr. 2 BremGastG.

231 Das Beherbergungsgewerbe ist aufgrund seiner Herausnahme aus § 1 I GastG überhaupt kein Gaststättengewerbe mehr.

(2) Rechtslage

Für das erlaubnisfreie stehende Gaststättengewerbe gelten zunächst die entsprechenden Bestimmungen des GastG. Im Hinblick auf die Reglementierung von prostitutiven Einrichtungen ist etwa die Eingriffsnorm des § 5 II GastG bedeutsam, die den Erlass von Anordnungen gegenüber den Betreibern von erlaubnisfreien Gaststättenbetrieben nach Maßgabe von § 5 I GastG ermöglicht.[232] Ferner gelten ergänzend über § 31 GastG die Vorschriften des GewO.[233] Auch ist wiederum eine Sanktion nach den speziellen Ordnungswidrigkeitenvorschriften des Gaststättenrechts denkbar. So stellt etwa die vorsätzliche oder fahrlässige Nichtbefolgung einer Anordnung nach § 5 II GastG gemäß § 28 I Nr. 2 GastG eine Ordnungswidrigkeit dar.[234] Eine Darstellung der relevanten Vorschriften der GewO ist bereits vorgenommen worden, so dass weitere Ausführungen dahinstehen können.

4. Zusammenfassung zu II.

Die Ergebnisse zum Öffentlichen Wirtschaftsrecht können wie folgt zusammengefasst werden:

Die selbständige prostitutive Tätigkeit ist als Gewerbe anzusehen. Den Auffassungen, die Tätigkeit für sittenwidrig zu halten oder in ihr einen freien Beruf zu sehen, ebenso wie Überlegungen, den Gewerbebegriff insoweit teleologisch zu reduzieren oder sonst zu modifizieren, kann nicht gefolgt werden.

---

232 Die Landesgaststättengesetze, die das Gaststättengewerbe als erlaubnisfreies Gewerbe ausgestalten, lassen den Erlass von Anordnungen zu (§ 6 I BbgGastG; § 10 II HGastG; § 5 I NGastG; § 9 SGastG; § 5 I SächsGastG und § 7 I ThürGastG). Gleichfalls ermöglicht § 2 VI BremGastG den Erlass von Anordnungen gegenüber dem Betreiber eines erlaubnisfreien Gaststättengewerbes.

233 Eine Untersagung des Gaststättengewerbes über die jeweils einschlägigen Bestimmungen des Landesrechts ist überwiegend gleichfalls über die Bestimmung des § 35 GewO möglich (§§ 1 II, 3 III BbgGastG; § 8 BremGastG; §§ 1 II, 4 NGastG; §§ 4 III, 13 I SächsGastG und § 9 I ThürGastG). Ausnahmen bilden die speziellen Untersagungsvorschriften des § 4 I HGastG und des § 4 IV SGastG.

234 Im Übrigen gelten hier über § 31 GastG die Vorschriften über Ordnungswidrigkeiten und Straftaten des Titels X der GewO entsprechend. Die parallelen Bestimmungen aus dem Gaststättenrecht der Länder sind: § 10 I Nr. 1 und 2 BbgGastG; § 12 I Nr. 1 und 4 HGastG; § 11 I Nr. 1, 5 und 13 NGastG; § 16 I Nr. 1, 5 und 10 SGastG; § 12 I Nr. 1 und 4 SächsGastG und § 10 I Nr. 1 und 7 ThürGastG.

Prostitutive Einrichtungen unterfallen grundsätzlich dem Begriff des erlaubnisfreien stehenden Gewerbes. Es sei denn, es greifen § 33a GewO oder das Gaststättenrecht ein.

Die gewerberechtliche Regulierung dieser Einrichtungen erfolgt daher über die Anzeigevorschrift des § 14 GewO und die Untersagungsvorschrift des § 35 GewO. In Bezug auf letzteres ergeben sich hier spezifische Besonderheiten bei den Fallgruppen der Unzuverlässigkeit. So sind für den Untersuchungsgegenstand vor allem die Fallgruppen der Begehung von Straftaten und Ordnungswidrigkeiten sowie der Verletzung von zivil- oder öffentlich-rechtlichen Vorschriften und Pflichten relevant. In extremen Ausnahmefällen ist auch eine Untersagung wegen fehlender Sachkunde möglich. Eine regelhafte Anwendung von § 38 II auf das hier gegenständliche Gewerbe dürfte problematisch sein.

In Einzelfällen erlangt auch § 33a GewO Bedeutung. Insoweit muss konstatiert werden, dass auch Schaustellungen mit sexuellem Inhalt im Regelfall nicht gegen die guten Sitten (§ 33 a II Nr. 2 GewO) verstoßen, so dass nur in Ausnahmefällen die Erlaubnis verweigert werden kann.

Werden in der prostitutiven Einrichtung alkoholische Getränke verabreicht, unterfallen sie dem Regelungsregime des Gaststättenrechts. In Zusammenhang mit der Erlaubniserteilung, der Auflagenerteilung und der Aufhebung der Erlaubnis stellen sich ähnliche Rechtsprobleme wie in Bezug auf die Untersagung nach § 35 GewO.

III. Öffentliches Baurecht

1. Einführung

Nach den hauptsächlich personenbezogenen Ausführungen zum Öffentlichen Wirtschaftsrecht soll es im jetzt folgenden Abschnitt zum Öffentlichen Baurecht mehr um die Sache „prostitutive Einrichtung“ gehen. Wie in diesem Rechtsgebiet üblich wird die Darstellung anhand des Bauplanungsrechts, Bauordnungsrechts und Baunebenrechts erfolgen. Wie bereits am Anfang dieser Arbeit angedeutet drehen sich die Auseinandersetzungen um prostitutive Einrichtungen vor allem um bodenrechtliche Fragestellungen, so dass ein besonderes Augenmerk auf die bauplanungsrechtlichen Fragen zu legen ist.

2. Bauplanungsrecht

Den Anfang soll das Bauplanungsrecht machen. Die Funktion des Bauplanungsrechts besteht darin, die rechtliche Qualität des Bodens und seine Nutzbarkeit festzulegen.[235] Vor dem Hintergrund der einschlägigen Rechtsstreitigkeiten in der Praxis wird es dabei vor allem um die Frage gehen müssen, in welchen Plangebieten welche prostitutiven Einrichtungen zulässig sind.

a) Bauplanungsrechtliche Einordnung der prostitutiven Einrichtung

Zunächst muss die Frage geklärt werden, wie prostitutive Einrichtungen überhaupt bauplanungsrechtlich einzuordnen sind – als Vergnügungsstätten, als Stätten freiberuflicher Tätigkeit oder als Gewerbebetriebe.

aa) Prostitutive Einrichtungen als Vergnügungsstätten

Sie könnten als Vergnügungsstätten anzusehen sein. Unter Vergnügungsstätten sind gewerbliche Nutzungen zu verstehen, die sich in unterschiedlicher Ausprägung unter Ansprache oder Ausnutzung des Sexual-, Spiel- und/oder Geselligkeitstriebs einer bestimmten gewinnbringenden „Freizeit-"Unterhaltung widmen.[236] Als besondere Gewerbebetriebe sind sie durch kommerzielle Freizeitgestaltung und Amüsierbetrieb gekennzeichnet.[237] Die Vergnügungsstätten lassen sich in drei Unterarten unterteilen, nämlich Diskotheken, Spiel- und Automatenhallen sowie Nachtlokale jeglicher Art, Vorführ- und Geschäftsräume, deren Zweck auf Darstellungen mit sexuellem Charakter ausgerichtet ist.[238] Im Schrifttum gibt es einzelne Stimmen, die prostitutive Einrichtungen allgemein unter Differenzierung zwischen kerngebietstypisch und kerngebietsuntypisch[239] als Vergnügungsstätten einordnen möchten.[240] Diese Positionierung vermag aber indes nicht zu überzeugen, vielmehr ist es nur schwerlich vertretbar, dass prostitutive Einrichtungen allgemein unter den Begriff der Vergnügungsstätte fallen. Mit der herrschenden Meinung in Rechtsprechung und Literatur können einzelne

235 Hoppe in: Hoppe/Bönker/Grotefels, Öffentliches Baurecht, § 1 Rdn. 5.

236 Fickert/Fieseler, BauNVO, § 4a Rdn. 22.

237 Söfker in: Ernst/Zinkahn/Bielenberg/Krautzberger, BauGB, § 6 BauNVO Rdn. 42.

238 Fickert/Fieseler, BauNVO, § 4a Rdn. 22.2.

239 Anschaulich zu dieser Differenzierung: Stüer, Handbuch des Bau- und Fachplanungsrechts, Rdn. 606.

240 Siehe mit ausführlicher Begründung und weiteren Nachweisen: Zimmermann, Die öffentlich-rechtliche Behandlung der Prostitution, S. 133ff. Offengelassen von OVG Berlin-Brandenburg, Urt. v. 07.06.2012 – OVG 2 B 18.11, juris, Rdn. 48.

Formen prostitutiver Einrichtungen sehr wohl als solche besonderen Gewerbebetriebe angesehen werden. Nach den oben gemachten Ausführungen sind Striptease-, Table-Dance-, Live-Show- und Peep-Show-Lokale sowie Sex-Kinos u.ä. Vergnügungsstätten.[241] Alle übrigen prostitutiven Einrichtungen sind jedenfalls keine solchen Betriebe. Insoweit ist vielmehr der überzeugenden Argumentation von Galens zu folgen.[242] Sie führt an, dass bei Vergnügungsstätten der Besucher eine passive Rolle hat, während er demgegenüber etwa bei Bordellen eine aktive Position hat und im Einzelfall individuell selbst bestimmt, ob und was er erlebt.[243] Überdies ist zu berücksichtigen, dass nicht allen prostitutiven Einrichtungen die einer Vergnügungsstätte eigenen Störungen gemein sind.[244] Mithin sind unbeschadet der oben bereits unzweifelhaft als Vergnügungsstätten qualifizierten Betriebe nicht per se alle prostitutiven Einrichtungen bauplanungsrechtlich als Vergnügungsstätten einzuordnen.[245]

Weiterhin ist noch auf das Problem einzugehen, ob Pärchen- und Swingerclubs als Vergnügungsstätten anzusehen sind. Es scheinen die Stimmen zu überwiegen, die eine Einstufung als Vergnügungsstätten bevorzugen.[246] Dies vermag nur bedingt zu überzeugen. In der Rechtsprechung wird für eine solche Einstufung vor allem das Störpotenzial der einschlägigen Betriebe angeführt.[247] Betrachtet man allerdings die dazugehörigen Betriebsabläufe, so ist mit der Begründungslinie von Galens zu konstatieren, dass Swingerclubs dem „Bordell“ ähnlicher sind als dem, was herkömmlicherweise unter einer Vergnügungsstätten verstanden wird.

---

241 Söfker in: Ernst/Zinkahn/Bielenberg/Krautzberger, BauGB, § 6 BauNVO Rdn. 42 und Stühler, BauR 2013, 685.

242 Rechtsfragen der Prostitution, Rdn. 499f. und sich ihr anschließend Rhein/ Zitzen, NJOZ 2009, 267 (278f.).

243 Hiergegen wäre allenfalls einzuwenden, dass bei Spiel- und Automatenhallen als einer Fallgruppe der Vergnügungsstätten der Besucher durchaus durch Münzeinwurf und Tastendrücken eine aktivere Rolle hat. Selbstredend wird aber der Spielverlauf dennoch maßgeblich vom Spielgerät beeinflusst.

244 Instruktiv zum Störpotenzial von Vergnügungsstätten Fickert/Fieseler, BauNVO, § 4a Rdn. 22.2.

245 Siehe dazu auch i.E. richtig, aber mit überkommender Begründung Wettling, VBlBW 1983, 18 (19).

246 Fickert/Fieseler, BauNVO, § 4a Rdn. 22.21; Pauly, GewArch 2003, 151 (154) und wohl auch Stühler, GewArch 2006, 20 (22f.). Aus der Rechtsprechung: VGH Kassel, Beschl. v. 27.03.2011 – 4 TZ 742/01, BauR 2002, 1135 (nur LS), juris, Rdn. 5; VGH Mannheim, Beschl. v. 28.11.2006 – 3 S 2377/06, DÖV 2007, 348f.; VG München, Urt. v. 29.12.2003 – 25 B 98.3582, NVwZ-RR 2005, 15 (16); VG Karlsruhe, Beschl. v. 30.07.2009 – 5 K 1631/09, juris, Rdn. 23; VG Darmstadt, Urt. v. 26.06.2012 – 7 K 1187/11, BauR 2013, 129f. (nur LS), juris, Rdn. 35 und VG Minden, Urt. v. 23.10.2012 – 1 K 2109/11, juris, Rdn. 38. Siehe auch m.w.N. Stühler, BauR 2013, 685 (687), der im Übrigen auch die sog. Flatrate-Bordelle den Vergnügungsstätten zuordnet.

247 VGH München, Urt. v. 29.12.2003 – 25 B 98.3582, NVwZ-RR 2005, 15 (16f.) sowie VGH Mannheim, Beschl. v. 28.11.2006 – 3 S 2377/06, BauR 2007, 669 (670f.).

Entsprechend dem sprichwörtlichen Motto „Alles kann, nichts muss“ bestimmt sich hier der konkrete Ablauf des Besuchs nach den individuellen Wünschen des Besuchers, der eben nicht in der Rolle des passiven Betrachters verbleibt. Selbstredend ist auch bei solchen Betrieben ein Störpotenzial nicht zu negieren, was aber letztlich eher eine Frage der Zulässigkeit im Einzelfall ist, wofür BauGB und BauNVO auch eine ausreichend flexible Handhabe bieten. Bei Mischnutzungen zwischen Vergnügungsstätten und Gaststättenbetrieb ist im Einzelfall für die Einordnung der jeweilige Schwerpunkt zu ermitteln.[248]

Zusammenfassend gilt es daher Folgendes festzuhalten: Prostitutive Einrichtungen sind grundsätzlich nicht als Vergnügungsstätten i.S.d. BauNVO zu qualifizieren.[249] Betriebe mit Live-Shows, Peep-Shows, Table-Dance- und Striptease-Darbietungen sowie sog. Sex-Kinos sind demgegenüber als Vergnügungsstätten anzusehen.[250]

ab) Anwendung von § 13 BauNVO

Wie bereits in den Ausführungen zum Gewerbebegriff angedeutet, wird weiterhin über die Frage diskutiert, ob prostitutive Einrichtungen Gebäude und Räume für freie Berufe i.S.d. § 13 BauNVO sein könnten. Zum Teil wird die Anwendbarkeit von § 13 BauNVO bejaht.[251] Hier kann aber nichts anderes gelten als im Gewerberecht. Das Betreiben einer prostitutiven Einrichtung oder die selbständige prostitutive Tätigkeit ist schlechterdings nicht als freiberufliche Tätigkeit i.S.d. § 13 BauNVO anzusehen. Überdies gilt es zu berücksichtigen, dass auch das Merkmal der Wohnartigkeit bei § 13 BauNVO möglicherweise Schwierigkeiten bereiten dürfte. Aufgrund der heute vorherrschenden Auslegung dieses Begriffes, die dazu geführt hat, dass das Merkmal nur noch von geringer Bedeutung ist[252], wird diese Problematik hier nicht vertieft. Es ist aber festzuhalten, dass aufgrund der bereits oben vorgebrachten Bedenken[253] eine Anwendung von § 13 BauNVO zu verneinen ist. Damit soll nicht einer offensiven Verdrängung

---

248 Stock in: Ernst/Zinkahn/Bielenberg/Krautzberger, BauGB, § 4a BauNVO Rdn. 69.

249 Vgl. zum Meinungsstand im Übrigen m.w.N. Stühler, NVwZ 1997, 861 (866); Stühler, BauR 2010, 1013 (1020ff.) sowie Schröer, NZBau 2009, 166. Zur Einordnung in der verwaltungsbehördlichen Praxis: Rabe, Potentiale und Entwicklungen im Baurecht, S. 126. Ebenso Thiel, AL 2012, 174 (176).

250 Das VG Freiburg, Urt. v. 08.11.2012 – 4 K 912/12, VBlBW 2013, 225 (229) möchte – indessen ohne nähere Begründung – wohl auch ein SM-Studio unter den Begriff der Vergnügungsstätte subsumieren.

251 Von Galen, Rechtsfragen der Prostitution, Rdn. 491 sowie Rhein/Zitzen, NJOZ 2009, 267 (277f.).

252 Siehe Fickert/Fieseler, BauNVO, § 13 Rdn. 6.

253 Siehe D., II., 2., a), aa), (8), (b), (bb).

von prostitutiven Einrichtungen mit Hilfe des Bauplanungsrechts das Wort geredet werden, gleichwohl muss aber akzeptiert werden, dass der Subsumtion von bestimmten Tätigkeiten unter § 13 BauNVO schlicht Grenzen gesetzt sind, die methodisch sauber auch nicht durch noch so gut gemeinte „Kniffe" überwunden werden können.[254]

ac) Prostitutive Einrichtungen als Gewerbebetriebe

Demgemäß sind prostitutive Einrichtungen regelmäßig – von den beschriebenen Ausnahmen abgesehen – als Gewerbebetriebe zu qualifizieren.[255]

b) Die bauplanungsrechtliche Zulässigkeit der prostitutiven Einrichtung

Nach der Klärung dieser Vorfrage ist nunmehr mit größerer Ausführlichkeit zu erörtern, wo prostitutive Einrichtungen bauplanungsrechtlich zulässig sind, wobei in der Unterscheidung nach beplanten Bereich (§ 30 BauGB), unbeplanten Innenbereich (§ 34 BauGB) sowie Außenbereich (§ 35 BauGB) vorzugehen ist. Den Schwerpunkt bildet aber die Frage nach der Zulässigkeit in den einzelnen Plangebieten der BauNVO. Selbstverständlich müssen auch prostitutive Einrichtungen den bauplanungsrechtlichen Anforderungen im Hinblick auf das Maß der baulichen Nutzung, die überbaubaren Grundstücksflächen und die örtlichen Verkehrsflächen gerecht werden. Streitbefangen ist aber zumeist eigentlich nur die Frage der Zulässigkeit der Art der baulichen Nutzung.[256]

ba) Zulässigkeit im Rahmen von § 30 I BauGB

Nach § 30 I BauGB ist im Geltungsbereich eines qualifizierten Bebauungsplans ein Vorhaben zulässig, wenn es den Festsetzungen des Bebauungsplans nicht widerspricht und die Erschließung gesichert ist. Die Art der baulichen Nutzung

---

254 Die Subsumtion unter § 13 BauNVO verneinen auch VG Osnabrück, Beschl. v. 07.04.2005 – 2 B 14/05, juris, Rdn. 17 und VG Arnsberg, Urt. v. 18.08.2008 – 14 K 2180/07, BauR 2008, 1935 (nur LS). Auch eher verneinend: OVG Schleswig, Urt. v. 02.10.1996 – 1 L 356/95, juris, Rdn. 25.

255 In diesem Sinne auch BVerwG, Urt. v. 25.11.1983 – 4 C 21/83, BVerwGE 68, 213 (214) und Beschl. v. 28.06.1995 – 4 B 137/95, NVwZ-RR 1996, 84; VGH München, Beschl. v. 13.02.2008 – 15 ZB 07.2200, juris, Rdn. 5; OVG Hamburg, Beschl. v. 13.08.2009 – 2 Bs 102/09, ZfBR 2010, 156 (157); VGH Mannheim, Beschl. v. 05.03.2012 – 5 S 3239/11, VBlBW 2012, 345 (346); VG Freiburg, Urt. v. 08.11.2012 – 4 K 912/12, VBlBW 2013, 225 (229) und VG Saarlouis, Urt. v. 24.04.2013 – 5 K 473/12, juris, Rdn. 61.

256 Dies ist in der Praxis der häufigste Streitpunkt (siehe etwa die Beispiele bei Rabe, Potentiale und Entwicklungen im Baurecht, S. 123).

wird maßgeblich durch § 9 I Nr. 1 BauGB und die in den §§ 2 bis 11 BauNVO aufgeführten Plangebieten bestimmt.[257] Es gilt daher zu untersuchen, in welchen Plangebieten welche prostitutiven Einrichtungen zulässig sind, wobei das Kleinsiedlungsgebiet (§ 2 BauNVO) und die Sondergebiete (§§ 10f. BauNVO) nicht betrachtet werden.[258]

(1) Reines Wohngebiet (§ 3 BauNVO)

Den Anfang macht das reine Wohngebiet gemäß § 3 BauNVO.

(a) Gebietstypik und zulässige Nutzungen

Das reine Wohngebiet dient nach § 3 I BauNVO dem Wohnen. Das Wohnen ist durch eine auf Dauer angelegte Häuslichkeit, die Eigengestaltung der Haushaltsführung und des häuslichen Wirkungskreises sowie die Freiwilligkeit des Aufenthalts gekennzeichnet.[259]Das reine Wohngebiet ist zwar offen für andere Nutzungen, wobei dennoch die Wohnnutzung deutlich mehr als einfach nur überwiegen muss.[260] Der Maßstab für die allgemeine und ausnahmsweise Zulässigkeit von Nutzungen und Anlagen bestimmt sich aus der zu gewährleistenden Wohnruhe und der diese voraussetzenden Störungsfreiheit des reinen Wohngebiets.[261]

In reinen Wohngebieten sind Wohngebäude allgemein zulässig (§ 3 II BauNVO), während nach Abs. III ausnahmsweise zugelassen werden können: Läden und nicht störende Handwerksbetriebe, die zur Deckung des täglichen Bedarfs für die Bewohner des Gebiets dienen, sowie kleine Beherbergungsbetriebe (Nr. 1) und Anlagen für soziale Zwecke sowie den Bedürfnissen der Bewohner des Gebiets dienende Anlagen für kirchliche, kulturelle, gesundheitliche und sportliche Zwecke (Nr.2).

---

257 Meiners/Kronsbein/Birkhölzer in: Hoppenberg/de Witt, Handbuch des Öffentlichen Baurechts, Teil A III Rdn. 49.

258 Die Nichtberücksichtigung des Kleinsiedlungsgebiets nach § 2 BauNVO ist auf deren allgemein schwindende Bedeutung zurückzuführen (siehe Boeddinghaus, BauNVO, § 2 Rdn. 1ff. sowie Stock in: König/Roeser/Stock, BauNVO, § 2 Rdn. 1f.). Weiter lassen sich prostitutive Einrichtungen nur schwerlich in Sondergebieten, die der Erholung dienen (§ 10 BauNVO), legalisieren noch ist ein Sondergebiet nach § 11 BauNVO für die Aufnahme solcher Einrichtungen denkbar.

259 Fickert/Fieseler, BauNVO, § 3 Rdn. 1.

260 Stock in: Ernst/Zinkahn/Bielenberg/Krautzberger, BauGB, § 3 BauNVO Rdn. 16.

261 Meiners/Kronsbein/Birkhölzer in: Hoppenberg/de Witt, Handbuch des Öffentlichen Baurechts, Teil A III Rdn. 119.

(b) Zulässigkeit von prostitutiven Einrichtungen

Die Frage, welche prostitutiven Einrichtungen im reinen Wohngebiet zulässig sind, ist schnell beantwortet: gar keine. Prostitutive Einrichtungen fallen nämlich nicht einmal unter die in Abs. III genannten ausnahmsweise zulässigen Nutzungen, da sie weder Läden noch Handwerksbetriebe für den täglichen Bedarf i.S.d. Nr.1 noch Anlagen i.S.d. Nr. 2 sind.[262]

Zu denken wäre allenfalls an eine ausnahmsweise Zulässigkeit von solchen prostitutiven Einrichtungen, die Räume vermieten, als kleine Beherbergungsbetriebe i.S.d. § 3 III Nr. 1 a.E. BauNVO. Dies begegne aber nicht unerheblichen Schwierigkeiten. Im reinen Wohngebiet wird eine dem Wohnen besonders angenäherte Form der Beherbergung in Form der tage- oder wochenweisen Vermietung möblierter Zimmer in der Wohnung oder im Wohngebäude des Vermieters für zulässig gehalten.[263] Prostitutive Einrichtungen, die auf der Vermietung von Räumen basieren, fallen nicht unter diese Definition. Es geht nicht um die Unterbringung von in der Regel ortsfremden Personen über einen gewissen Zeitraum, sondern vielmehr um die meist stundenweise Vermietung von Räumlichkeiten zum Zwecke der Prostitution oder prostitutionsähnlichen Handlungen. Solche Betriebe sind daher nicht unter den Begriff des Beherbergungsbetriebs i.S.d. § 3 III Nr. 1 BauNVO subsumierbar.

Da reine Wohngebiete ausschließlich dem Wohnen dienen, sind prostitutive Einrichtungen hier bauplanungsrechtlich unzulässig.[264]

(2) Allgemeines Wohngebiet (§ 4 BauNVO)

Etwas anders gestaltet es sich im allgemeinen Wohngebiet (§ 4 BauNVO)

(a) Gebietstypik und zulässige Nutzungen

Das allgemeine Wohngebiet dient nach § 4 I BauNVO vorwiegend dem Wohnen. Vorwiegend bedeutet ein erkennbares Vorherrschen der Wohnnutzung. Demgemäß unterscheidet es sich vom reinen Wohngebiet dahingehend, dass auch andere, das Wohnen nicht störende Nutzungen das Bild des Plangebiets prägen.[265]

---

262 So die einhellige Meinung in Schrifttum und Rechtsprechung: vgl. Otto, Planungsrechtliche Zulässigkeit von Bordellen, S. 6; von Feldmann, GE 2007, 1422; Rhein/Zitzen, NJOZ 2009, 267 (271f.).

263 Stock in: Ernst/Zinkahn/Bielenberg/Krautzberger, BauGB, § 3 BauNVO Rdn. 77.

264 So auch Otto, Planungsrechtliche Zulässigkeit von Bordellen, S. 6. Für den Fall der sog. Wohnungsprostitution: OVG Schleswig, Urt. v. 02.10.1996 – 1 L 356/95, juris, Rdn. 24.

265 Meiners/Kronsbein/Birkhölzer in: Hoppenberg/de Witt, Handbuch des Öffentlichen Baurechts, Teil A III Rdn. 159.

Allgemein zulässig sind hier nach § 4 II BauNVO Wohngebäude (Nr. 1), die der Versorgung des Gebiets dienenden Läden, Schank- und Speisewirtschaften sowie nicht störende Handwerksbetriebe (Nr. 2) und Anlagen für kirchliche, kulturelle, soziale, gesundheitliche und sportliche Zwecke (Nr. 3). Ausnahmsweise können nach § 4 III BauNVO auch Betriebe des Beherbergungsgewerbes (Nr. 1), sonstige nicht störende Gewerbebetriebe (Nr. 2), Anlagen für Verwaltungen (Nr. 3), Gartenbaubetriebe (Nr. 4) sowie Tankstellen (Nr. 5) zugelassen werden.

(b) Zulässigkeit von prostitutiven Einrichtungen

Hier ist die Rechtslage deutlich komplexer und streitig.

(ba) Zulässigkeit als Vergnügungsstätten

Vor der Besprechung des eigentlichen Kernproblems ist kurz auf die Frage der Zulässigkeit von prostitutiven Einrichtungen, die Vergnügungsstätten sind, einzugehen. Diese sind auch im allgemeinen Wohngebiet bauplanungsrechtlich unzulässig.[266]

(bb) Zulässigkeit als Schank- und Speisewirtschaften

Ähnlich verhält es sich mit der allgemein zulässigen Nutzung als der Versorgung des Gebietes dienende Schank- und Speisewirtschaft nach § 4 II Nr. 2 BauNVO. Möglich wäre dies ja bei prostitutiven Einrichtungen, die ebensolche Betriebe sind. Im Regelfall ist hierüber eine Zulässigkeit nicht gegeben, da die prostitutive Einrichtung in Gestalt einer Schank- und Speisewirtschaft im Zweifelsfall nicht nur der Versorgung des Gebiets dient, sondern eine darüberhinausgehende Funktion hat, die auch in erster Linie nicht in der Bereitstellung klassischer gastronomischer Leistungen liegt.

(bc) Zulässigkeit als sonstige nicht störende Gewerbebetriebe

Streitig ist aber, wie bereits angedeutet, die Frage, ob prostitutive Einrichtungen als sonstige nicht störende Gewerbebetriebe nach § 4 III Nr. 2 BauNVO zulässig sind. Der Streit, der sich vor allem an den sog. Wohnungsbordellen entzündet, besteht darin, ob prostitutive Einrichtungen als nicht störende Gewerbebetriebe gelten können oder ob sie aufgrund ihrer Typik mit der Wohnnutzung unverein-

266 In einem fälschlich als Vergnügungsstätte eingeordneten Swingerclub: VGH München, Urt. v. 29.12.2003 – 25 B 98.3582, NVwZ-RR 2005, 15 (16).

bar sind.[267] Insoweit herrschend ist die letzte Ansicht, die sog. typisierende Betrachtung. Die vom BVerwG entwickelte Typisierungslehre geht davon aus, dass bestimmte Arten von Vorhaben – unabhängig von ihren konkreten Eigenschaften – in ein bestimmtes Baugebiet gehören, weil von ihnen Störungen ausgehen können. Ausgangspunkt der typisierenden Betrachtung ist die Frage, ob der konkrete Betrieb seiner Art nach erfahrungsgemäß geeignet ist, die jeweils geschützte Nutzung, hier das Wohnen, nicht oder nicht wesentlich zu stören. Relevant dafür sind die mit der Zulassung des Betriebs nach seinem Gegenstand, seiner Struktur und seiner Arbeitsweise typischerweise verbundenen Auswirkungen auf die nähere Umgebung.[268] Es kommt also nicht auf tatsächliche Störungen an.[269] Diese Betrachtungsweise findet auch auf prostitutive Einrichtungen Anwendung.[270] Das führt bei der Prüfung der bauplanungsrechtlichen Zulässigkeit von solchen Vorhaben dazu, dass wegen der Annahme von „milieubedingten Auswirkungen" oder „milieubedingter Unruhe" eine Genehmigungsfähigkeit von prostitutiven Einrichtungen u.ä. in allgemeinen Wohngebieten nicht anzunehmen ist.[271] Dies würde dazu führen, dass sie aufgrund ihres abstrakten Störpotenzials auch im allgemeinen Wohngebiet unzulässig sind.

Die typisierende Betrachtung ist aber ein ungeeignetes Instrumentarium.

Sie ist zu Recht in der Literatur und vereinzelt auch in der Rechtsprechung auf Kritik gestoßen. Als Kernkritik lässt sich festhalten, dass die typisierende Betrachtungsweise wertende Kriterien in das Bauplanungsrecht einfließen lässt, indem sie nämlich die These vertritt, dass die gewerbliche Prostitution als dauernde Unwerthandlung das Wohnen störe, womit letztlich dem Bauplanungsrecht eigentlich fremde sittlich-sozialethische Betrachtungsweisen in die Beurteilung der Zulässigkeit eingeführt werden.[272] Auch ist die typisierende Betrachtungs-

267 Otto, KommunalPraxis spezial 2009, 11 (12).

268 Stock in: König/Roeser/Stock, BauNVO, § 4 Rdn. 72.

269 Zum Ganzen: Löhr in: Battis/Krautzberger/Löhr, BauGB, § 30 Rdn. 22. Siehe grundlegend BVerwG, Urt. v. 25.11.1983 – 4 C 21/83, BVerwGE 68, 213 (215f.) und Beschl. v. 28.06.1995 – 4 B 137/95, NVwZ-RR 1996, 84 und Beschl. v. 29.10.1997 – 4 B 8/97, NVwZ-RR 1998, 540 (541).

270 Siehe nur Stühler, BauR 2010, 1013 (1024f.). So auch die verwaltungsgerichtliche Instanzrechtsprechung, die der typisierenden Betrachtungsweise folgt: OVG Berlin, Beschl. v. 09.04.2003 – 2 S 5.03, GewArch 2003, 498 (499); OVG Koblenz, Beschl. v. 15.01.2004 – 8 B 11983/03, DÖV 2004, 395 (396); OVG Berlin-Brandenburg, Beschl. v. 14.11.2005 – 10 S 3.05, juris, Rdn. 13ff.; OVG Bautzen, Beschl. v. 28.06.2010 – 1 A 659/08, BauR 2010, 1637 (nur LS); VG Osnabrück, Beschl. v. 07.04.2005 – 2 B 14/05, juris, Rdn. 15f.; VG Bremen, Beschl. v. 30.06.2010 – 1 V 410/10, BauR 2010, 1635 (nur LS); VG Düsseldorf, Urt. v. 01.02.2012 – 25 K 2440/11, juris, Rdn. 47ff. sowie VG Neustadt (Weinstraße), Beschl. v. 04.07.2012 – 3 L 571/12.NW, BauR 2012, 1834 (nur LS), juris, Rdn. 14.

271 Stühler, BauR 2010, 1013 (1024f.).

272 Rhein/Zitzen, NJOZ 2009, 267 (273f.) und VG Minden, Urt. v. 23.10.2012 – 1 K 2109/11, juris, Rdn. 56. Nur am Rande sei bemerkt, dass die Rechtsprechung – anders als inzwischen insbe-

weise wegen der unklaren Begriffe, auf die bereits im Teil C. eingegangen wurde, und der Unterschiedlichkeit der Erscheinungsformen prostitutiver Einrichtungen und ihrer Betriebsformen und -abläufe ungeeignet.[273] Zudem zeigen die Erfahrungen in der Praxis, dass einer prostitutiven Einrichtung nicht zwingend auch Störungen zugeordnet werden können.[274] Auch weist Gurlit daraufhin, dass das Belastungspotenzial von prostitutiven Einrichtungen nicht stärker ist als das anderer in dem Plangebiet zulässiger gewerblicher Nutzungen.[275] Es ist daraus folgend eine Gesamtschau der bauplanungsrechtlich relevanten Auswirkungen der prostitutiven Einrichtung zu bevorzugen.[276] Prostitutive Einrichtungen können hiernach über § 4 II Nr. 1 BauNVO im Einzelfall ausnahmsweise zulässig sein. Dabei ist vor allem das Gebot der Rücksichtnahme gemäß § 15 I 2 BauNVO zu beachten, wonach bauliche Anlagen im Einzelfall u.a. dann unzulässig sind, wenn von ihnen Belästigungen oder Störungen ausgehen können, die nach der Eigenart des Baugebiets im Baugebiet selbst oder in dessen Umgebung unzumutbar sind. Belästigungen und Störungen müssen sich auf solche Gesichtspunkte beziehen, die bodenrechtliche Relevanz haben. Sie sind damit anhand des städtebaulichen Ziels des Wohnens zu orientieren. Moralische oder sittliche Erwägungen sind dem Bauplanungsrecht als Bodenrecht fremd. Prostitutive Einrichtungen können nach § 4 II Nr. 1 BauNVO ausnahmsweise zulässig sein. Dies ist im konkreten Einzelfall zu ermitteln. Anhaltspunkte können dabei Befragungen der Nachbarschaft, der Polizei- und Ordnungsbehörden, Betrachtungen der Lage und des Aufbaus der Betriebsräume, Betriebszeiten und -abläufe sowie das typische Kundenaufkommen sein. Tendenziell wird man wohl sagen können, dass ein sog. Wohnungsbordell nicht per se im allgemeinen Wohngebiet unzulässig ist.[277] Deutlich problematischer bis unmöglich dürfte es demgegenüber bei größeren und auffälligeren prostitutiven Einrichtungen werden.

---

sondere im Gaststättenrecht – jeden Einfluss des ProstG auf die Beurteilung der bauplanungsrechtlichen Zulässigkeit verneint (siehe Rabe, Potentiale und Entwicklungen im Baurecht, S. 124f.).

273 VG Berlin, Urt. v. 06.05.2009 – 19 A 91.07, GewArch 2009, 322 (324f.) und dem folgend VG Minden, Urt. v. 23.10.2012 – 1 K 2109/11, juris, Rdn. 57.

274 So Otto, KommunalPraxis spezial 2009, 11 (13f.) u.a. unter Verweis auf Leopold, Berliner Wohnungsbordelle in Wohn- und Mischgebieten.

275 Vgl. mit entsprechenden Nachweisen Gurlit, VerwArch 2006, 409 (427f.), wobei einschränkend zu bemerken ist, dass auch Gurlit unzutreffend für eine Einstufung der prostitutiven Tätigkeit als freiberuflich eintritt.

276 VG Berlin, Urt. v. 06.05.2009 – 19 A 91.07, GewArch 2009, 322 (325) und ähnlich VG Minden, Urt. v. 23.10.2012 – 1 K 2109/11, juris, Rdn. 62; kritisch zu der Entscheidung und für die typisierende Betrachtung plädierend: Stühler, BauR 2010, 1013 (1030ff.).

277 Otto, KommunalPraxis spezial 2009, 11 (14).

(3) Besonderes Wohngebiet (§ 4a BauNVO)

In den Einzelheiten wiederum anders ist die Rechtslage im besonderen Wohngebiet nach § 4a BauNVO.

(a) Gebietstypik und zulässige Nutzungen

Besondere Wohngebiete sind nach § 4a I 1 BauNVO überwiegend bebaute Gebiete, die aufgrund ausgeübter Wohnnutzung und vorhandener sonstiger in § 4a II BauNVO genannter Anlagen eine besondere Eigenart aufweisen und in denen unter Berücksichtigung dieser Eigenart die Wohnnutzung erhalten und fortentwickelt werden soll. Nach S. 2 von Abs. I dienen sie vorwiegend dem Wohnen, aber auch der Unterbringung von Gewerbebetrieben und sonstigen Anlagen. Die Ausweisung als besonderes Wohngebiet dient stadtentwicklungspolitischen Zielstellungen.[278] Die Eigenart des besonderen Wohngebietes besteht in der vorhandenen Mischung von (vorhandener) Wohnnutzung und (vorhandenen) Anlagen, die in § 4a II BauNVO bezeichnet sind.[279]

Allgemein zulässig sind in diesem Plangebiet Wohngebäude (Nr. 1), Läden, Berherbergungsbetriebe, Schank- und Speisewirtschaften (Nr. 2), sonstige Gewerbebetriebe (Nr. 3), Geschäfts- und Bürogebäude (Nr. 4) sowie Anlagen für kirchliche, kulturelle, soziale, gesundheitliche und sportliche Zwecke (Nr. 5). Ausnahmsweise zulässig sind in diesen Gebieten nach Abs. III Anlagen für zentrale Einrichtungen der Verwaltung (Nr. 1), Vergnügungsstätten, soweit sie nicht wegen ihrer Zweckbestimmung oder ihres Umfangs nur in Kerngebieten allgemein zulässig sind (Nr. 2), und Tankstellen (Nr. 3).

(b) Zulässigkeit von prostitutiven Einrichtungen

Für das besondere Wohngebiet dürfte Ähnliches gelten wie für das allgemeine Wohngebiet. Für die sonstigen Gewerbebetriebe gilt, dass nur solche Betriebe zulässig sind, die in ihren Auswirkungen noch mit der Wohnnutzung als Hauptnutzungsart verträglich sind.[280] Hinsichtlich prostitutiver Einrichtungen, die zugleich auch Schank- und Speisewirtschaften sind, ist im Vergleich zum allgemeinen Wohngebiet eine einfachere Zulässigkeit festzustellen, da § 4a II Nr. 2 BauNVO im Gegensatz zu § 4 II Nr. 2 BauNVO nicht fordert, dass die Schank-

278 Meiners/Kronsbein/Birkhölzer in: Hoppenberg/de Witt, Handbuch des Öffentlichen Baurechts, Teil A III Rdn. 205ff.

279 Stock in: Ernst/Zinkahn/Bielenberg/Krautzberger, BauGB, § 4a BauNVO Rdn. 20.

280 Boeddinghaus, BauNVO, § 4a Rdn. 13.

und Speisewirtschaft der Versorgung des Gebiets dient. Sie müssen aber nichtsdestominder wohnnutzungskonform sein.[281]

Bezüglich derjenigen prostitutiven Einrichtungen, die zugleich auch Vergnügungsstätten sind, ist gegenüber dem allgemeinen Wohngebiet eine Besonderheit zu beachten. Diese sind nämlich u.U. im vorliegenden Plangebiet ausnahmsweise zulässig nach § 4a III Nr. 2 BauNVO. Es wird für das besondere Wohngebiet darauf abgestellt, ob diese Vergnügungsstätte kerngebietsuntypisch ist, was diejenigen Vergnügungsstätten erfasst, die der Entspannung und Freizeitbetätigung nur in einem begrenzten Umfang des Stadtgebiets dienen.[282] Beispielhaft hierfür sind Lichtspielhäuser oder Diskothekenbetriebe mit nur kleiner Größe und eher dezentraler Funktion zu nennen. Soweit eine prostitutive Einrichtung eine kerngebietsuntypische Vergnügungsstätte in diesem Sinne darstellt, kann sie daher im besonderen Wohngebiet ausnahmsweise bauplanungsrechtlich zulässig sein.

(4) Dorfgebiet (§ 5 BauNVO)

Weitgehend ungeklärt ist die Rechtslage im Dorfgebiet nach § 5 BauNVO.

(a) Gebietstypik und zulässige Nutzungen

Das Dorfgebiet dient nach § 5 I 1 BauNVO der Unterbringung der Wirtschaftsstellen land- und forstwirtschaftlicher Betriebe, dem Wohnen und der Unterbringung von nicht wesentlich störenden Gewerbebetrieben sowie der Versorgung der Bewohner des Gebiets dienenden Handwerksbetrieben. Das Dorfgebiet ist durch die drei Hauptfunktionen Land- und Forstwirtschaft, Wohnen und Gewerbe geprägt[283], wobei § 5 I 2 BauNVO bezüglich der Belange der land- und forstwirtschaftlichen Betriebe eine vorrangige Rücksichtnahme anordnet.[284] In Bezug auf die Störanfälligkeit des Gebiets ist festzustellen, dass es insoweit mit dem Mischgebiet vergleichbar ist, so dass der Schutz des Wohnens allgemein geringer ist als in einem Wohngebiet.[285]

Im Dorfgebiet sind nach § 5 II BauNVO allgemein zulässig Wirtschaftsstellen land- und forstwirtschaftlicher Betriebe und die dazugehörigen Wohnungen und Wohngebäude (Nr. 1), Kleinsiedlungen (Nr. 2), sonstige Wohngebäude (Nr. 3), Betriebe zur Be- und Verarbeitung und Sammlung land- und forstwirtschaftli-

281 Stock in: Ernst/Zinkahn/Bielenberg/Krautzberger, BauGB, § 4a BauNVO Rdn. 59.
282 Boeddinghaus, BauNVO, § 4a Rdn. 23.
283 Söfker in: Ernst/Zinkahn/Bielenberg/Krautzberger, BauGB, § 5 BauNVO Rdn. 10
284 Ausführlich zu dieser vorrangigen Rücksichtnahme Fickert/Fieseler, BauNVO, § 5 Rdn. 3.
285 Meiners/Kronsbein/Birkhölzer in: Hoppenberg/de Witt, Handbuch des Öffentlichen Baurechts, Teil A III Rdn. 248.

cher Erzeugnisse (Nr. 4), Einzelhandelsbetriebe, Schank- und Speisewirtschaften sowie Beherbergungsbetriebe (Nr. 5), sonstige Gewerbebetriebe (Nr. 6), Anlagen für örtliche Verwaltung sowie für kirchliche, kulturelle, soziale, gesundheitliche und sportliche Zwecke (Nr. 7), Gartenbaubetriebe (Nr. 8) und Tankstellen (Nr. 9). Ausnahmsweise können Vergnügungsstätten i.S.d. § 4a III Nr.2 BauNVO zugelassen werden.

(b) Zulässigkeit von prostitutiven Einrichtungen

Die Frage der Zulässigkeit prostitutiver Einrichtungen wird in Rechtsprechung und Literatur, soweit ersichtlich, fast überhaupt nicht besprochen.[286] Aufgrund der strukturellen Nähe zum Mischgebiet[287] und aufgrund der Vielfältigkeit der dort allgemein zulässigen Nutzungen wird man wohl Folgendes festhalten müssen: Prostitutive Einrichtungen sind, soweit sie nicht kerngebietstypische Vergnügungsstätten sind, ausnahmsweise zulässig. In Rechtsprechung und Literatur problematisch war in der Vergangenheit zumeist die Zulässigkeit von Diskothekenbetrieben in Dorfgebieten.[288] Die hier gegenständliche Fragestellung wurde bisher kaum erörtert.[289] Prostitutive Einrichtungen, die zugleich auch Vergnügungsstätten sind, sind, soweit sie insbesondere keine überörtliche Funktion haben, als kerngebietsuntypische Vergnügungsstätten ausnahmsweise nach § 5 III BauNVO zulässig. Im konkreten Fall sind die zitierten Erörterungen zur Frage der Zulässigkeit von Diskothekenbetrieben im Dorfgebiet heranzuziehen.

Im Übrigen sind prostitutive Einrichtungen im Dorfgebiet allgemein nach § 5 II Nr. 5 und 6 BauNVO zulässig. Aufgrund der strukturellen Nähe zum Mischgebiet wird man hier neben prostitutiven Einrichtungen in Wohnräumen auch größere prostitutive Einrichtungen als zulässig ansehen können. Sicherlich ist zu konstatieren, dass die Störungen im Dorfgebiet nach Vorstellung des Verordnungsgebers vor allem von den dort privilegierten land- und forstwirtschaftlichen Betrieben ausgehen[290], jedoch legen die vielfältigen allgemein zulässigen Nutzungsarten des § 5 II BauNVO den Schluss nahe, dass in diesem Plangebiet auch für größere prostitutive Einrichtungen Raum sein dürfte. Es bleibt abzuwarten, ob und wie die Rechtsprechung diesen Komplex beurteilen wird.

---

286 Siehe als Ausnahmen Zimmermann, Die öffentlich-rechtliche Behandlung der Prostitution, S. 144 sowie sehr knapp Wohlfahrt, VR 2004, 126 (129).

287 Das Dorfgebiet wird auch als „ländliches Mischgebiet" bezeichnet.

288 Fickert/Fieseler, BauNVO, § 5 Rdn. 22 sowie Söfker in: Ernst/Zinkahn/ Bielenberg/Krautzberger, BauGB, § 5 BauNVO Rdn. 55.

289 Siehe im weiteren Sinne und älteren Datums VGH Mannheim, Urt. v. 15.03.1983 – 3 S 2135/82, BRS 40 Nr. 59.

290 Roeser in: König/Roeser/Stock, BauNVO, § 5 Rdn. 7.

(5) Mischgebiet (§ 6 BauNVO)

Die Rechtslage im Mischgebiet nach § 6 BauNVO ist ähnlich umstritten wie im oben dargestellten allgemeinen Wohngebiet.

(a) Gebietstypik und zulässige Nutzungen

Das Mischgebiet dient dem Wohnen und der Unterbringung von Gewerbebetrieben, die das Wohnen nicht wesentlich stören. Es stehen also Wohnen und gewerbliche Nutzung, soweit sie erstere nicht wesentlich stört, gleichberechtigt und gleichrangig nebeneinander.[291] Der Wohnnachbarschaft ist hier mehr zuzumuten als in einem Wohngebiet, während andererseits die Gewerbebetriebe mehr Rücksicht nehmen müssen als im Gewerbegebiet.[292]

Allgemein zulässig sind im Mischgebiet nach § 6 II BauNVO Wohngebäude (Nr. 1), Geschäfts- und Bürogebäude (Nr. 2), Einzelhandelsbetriebe, Schank- und Speisewirtschaften sowie Beherbergungsbetriebe (Nr. 3), sonstige Gewerbebetriebe (Nr. 4), Anlagen für Verwaltungen sowie für kirchliche, kulturelle, soziale, gesundheitliche und sportliche Zwecke (Nr. 5), Gartenbaubetriebe (Nr. 6), Tankstellen (Nr. 7) und Vergnügungsstätten i.S.d. § 4a III Nr. 2 BauNVO, soweit sie in einem Mischgebiet liegen, das überwiegend durch gewerbliche Nutzung geprägt ist (Nr. 8).

Daneben können Vergnügungsstätten aber auch ausnahmsweise außerhalb der in Abs. II Nr. 8 bezeichneten Gebietsteile zugelassen werden (§ 6 III BauNVO).

(b) Zulässigkeit von prostitutiven Einrichtungen

Im Mischgebiet ist die Rechtslage komplex. Als weitgehend unstreitig ist es anzusehen, dass hier die sog. Wohnungsprostitution als allgemein zulässig betrachtet wird.[293] Sie ist hier allenfalls über § 15 I BauNVO unzulässig.[294] Sonstige Formen von prostitutiven Einrichtungen werden unter Berufung auf § 6 I BauNVO eher

291 Fickert/Fieseler, BauNVO, § 6 Rdn. 1.

292 Meiners/Kronsbein/Birkhölzer in: Hoppenberg/de Witt, Handbuch des Öffentlichen Baurechts, Teil A III Rdn. 278.

293 So fast einhellig Rechtsprechung und Literatur: vgl. VGH Mannheim, Beschl. v. 09.08.1996 – 8 S 1987/96, NVwZ 1997, 601 und Urt. v. 13.02.1998 – 5 S 2570/96, NVwZ-RR 1998, 550; VGH München, Beschl. v. 19.05.1999 – 26 ZB 99.770, UPR 1999, 395; OVG Berlin, Beschl. v. 09.04.2003 – 2 S 5.03, GewArch 2003, 498 (499); OVG Münster, Beschl. v. 11.06.2003 – 22 B 609/03, juris; OVG Berlin-Brandenburg, Beschl. v. 14.11.2005 – 10 S 3.05, juris; Janning, BauR 2005, 958 (959); Otto, KommunalPraxis spezial 2009, 11 (14) sowie von Feldmann, GE 2007, 1422; a.A. Stühler, GewArch 2006, 26f. und Fickert/Fieseler, BauNVO, § 6 Rdn. 2.2.

294 Janning, BauR 2005, 958 (959).

als nicht zulässig im Mischgebiet angesehen.[295] Auch dies ergebe sich wiederum aus einer typisierenden Betrachtungsweise, wonach sog. Bordelle und sog. bordellartige Betriebe Gewerbebetriebe sind, die die Wohnfunktion des Mischgebiets potenziell stören können.[296] Neben der Problematik, ob die typisierende Betrachtungsweise in Bezug auf den Untersuchungsgegenstand als ein geeignetes Instrumentarium anzusehen ist, stellt sich die Frage, ob die vorgenannte ablehnende Ansicht haltbar ist. Wie eingangs bereits dargestellt ist im Mischgebiet eine Gleichberechtigung von Wohnen und gewerblicher Nutzung, soweit sie das Wohnen nicht wesentlich stört, gegeben. Man wird einräumen müssen, dass bestimmte prostitutive Einrichtungen natürlich im Mischgebiet das Wohnen wesentlich zu stören geeignet sind, jedoch lässt sich § 6 I BauNVO durchaus entnehmen, dass dies stets im Einzelfall zu überprüfen ist.[297] Auch aufgrund der mit der typisierenden Betrachtung verbundenen Schwierigkeiten ist einer Einzelfallprüfung der Vorzug zu geben.[298]

Hinsichtlich solcher prostitutiven Einrichtungen, die Vergnügungsstätten darstellen, ist zu differenzieren: Soweit sie kerngebietsuntypisch sind, sind sie nach § 6 II Nr. 8 und III BauNVO zulässig, ansonsten sind sie unzulässig. Innerhalb der kerngebietsuntypischen Vergnügungsstätten ist wiederum zu unterscheiden: In Teilen des Mischgebiets, die überwiegend durch Gewerbenutzung geprägt sind[299], sind sie nach § 6 II Nr. 8 BauNVO allgemein und im Übrigen nach III nur ausnahmsweise zulässig.

(6) Kerngebiet (§ 7 BauNVO)

Unkomplizierter ist die Rechtslage wiederum im Kerngebiet.

295 VGH Mannheim, Beschl. v. 09.08.1996 – 8 S 1987/96, NVwZ 1997,601; Urt. v. 13.02.1998 – 5 S 2570/96, NVwZ-RR 1998, 550 sowie Urt. v. 24.07.2002 – 5 S 149/01, GewArch 2003, 496; VGH München, Beschl. v. 19.05.1999 – 26 ZB 99.770, UPR 1999, 395; OVG Berlin, Beschl. v. 09.04.2003 – 2 S 5.03, UPR 2003, 394 (395); OVG Hamburg, Beschl. v. 10.06.2005 – 2 Bs 144/05, GewArch 2005, 435 (436f.); VGH München, Beschl. v. 16.05.2008 – 9 ZB 07.3221, juris, Rdn. 9 und Beschl. v. 16.05.2008 – 9 ZB 07.3224, BauR 2008, 1851 (1852) und OVG Bautzen, Beschl. v. 28.06.2010 – 1 A 659/08, BauR 2010, 1637; kritisch demgegenüber etwa Gurlit, VR 2006, 409 (427).

296 Fickert/Fieseler, BauNVO, § 6 Rdn. 2.1.

297 So wohl allgemein zum Begriff des Störens Aschke in: Ferner/Kröninger/ Aschke, BauGB, § 6 BauNVO Rdn. 10.

298 VG Berlin, Urt. v. 06.05.2009 – 19 A 91.07, GewArch 2009, 322 (325).

299 Zum Begriff vgl. Söfker in: Ernst/Zinkahn/Bielenberg/Krautzberger, BauGB, § 6 BauNVO Rdn. 45.

(a) Gebietstypik und zulässige Nutzungen

Nach § 7 I BauNVO dient das Kerngebiet vorwiegend der Unterbringung von Handelsbetrieben sowie von zentralen Einrichtungen der Wirtschaft, der Verwaltung und der Kultur. Bei einem Kerngebiet handelt es sich nicht zwingend um den inneren Bereich einer Großstadt[300], sondern z.B. auch um den Mittelpunkt eines Stadtteils und das Zentrum einer kleinen Stadt. Das Störungspotenzial orientiert sich im Kerngebiet am zulässigen Mischungsverhältnis der unterschiedlichen Nutzungen.[301]

Allgemein zulässig im Kerngebiet sind nach § 7 II BauNVO Geschäfts-, Büro- und Verwaltungsgebäude (Nr. 1), Einzelhandelsbetriebe, Schank- und Speisewirtschaften, Beherbergungsbetriebe und Vergnügungsstätten (Nr. 2), sonstige nicht wesentlich störende Gewerbebetriebe (Nr. 3), Anlagen für kirchliche, kulturelle, soziale, gesundheitliche und sportliche Zwecke (Nr. 4), Tankstellen in Zusammenhang mit Parkhäusern und Großgaragen (Nr. 5), Wohnungen für Aufsichts- und Bereitschaftspersonen sowie für Betriebsinhaber und Betriebsleiter (Nr. 6) und sonstige Wohnungen nach Maßgabe der Festsetzungen des Bebauungsplans (Nr. 7). Nach § 7 III BauNVO sind ausnahmsweise Tankstellen (Nr. 1) und Wohnungen (Nr. 2), die nicht unter Abs. II fallen, zulässig.

(b) Zulässigkeit von prostitutiven Einrichtungen

Im Kerngebiet ist wiederum zu konstatieren, dass bislang kaum Rechtsprechung spezifisch zum Untersuchungsgegenstand ergangen ist.[302] Die Literatur geht – auch soweit sie der Prostitution eher unaufgeschlossen gegenüber steht – von einer bauplanungsrechtlichen Zulässigkeit jeder Art prostitutiver Einrichtung im Kerngebiet aus.[303] Janning problematisiert, ob denn auch die sog. Wohnungsprostitution im Kerngebiet zulässig wäre, bejaht dies aber mit der Begründung, dass es sich wegen des geringen Störungspotenzials um einen Gewerbebetrieb i.S.d. § 7 II Nr. 3 BauNVO handele.[304]

300 Fickert/Fieseler, BauNVO, § 7 Rdn. 1.

301 Vgl. Meiners/Kronsbein/Birkhölzer in: Hoppenberg/de Witt, Handbuch des Öffentlichen Baurechts, Teil A III Rdn. 314.

302 Siehe als eine der wenigen Entscheidungen: OVG Berlin-Brandenburg, Urt. v. 07.06.2012 – OVG 2 B 18.11, juris, Rdn. 49.

303 Janning, BauR 2005, 958 (959f.); Stühler, BauR 2010, 1013 (1023), von Feldmann, GE 2007, 1422f. sowie Söfker in: Ernst/Zinkahn/Bielenberg/ Krautzberger, BauGB, § 7 BauNVO Rdn. 25. Allerdings schränken letztere dahingehend ein, dass sie nicht wesentlich stören dürfte.

304 Janning, BauR 2005, 958 (959).

Im Ergebnis sind daher prostitutive Einrichtungen im Kerngebiet nach § 7 II Nr. 2 und 3 BauNVO allgemein zulässig. Ihre Zulässigkeit wird nur durch § 15 I BauNVO begrenzt.[305]

(7) Gewerbegebiet (§ 8 BauNVO)

Die Rechtslage gestaltet sich im Gewerbegebiet nach § 8 BauNVO komplexer.

(a) Gebietstypik und zulässige Nutzungen

Nach § 8 I BauNVO dient das Gewerbegebiet vorwiegend der Unterbringung von nicht erheblich belästigenden Gewerbebetrieben. Es unterscheidet sich vom Industriegebiet dadurch, dass es der Unterbringung nicht so stark störender gewerblicher Nutzung dient, wodurch der mögliche Störungsgrad im Vergleich zum Industriegebiet geringer ist.[306]

Im Gewerbegebiet sind nach § 8 II BauNVO allgemein zulässig Gewerbebetriebe aller Art, Lagerhäuser, Lagerplätze und öffentliche Betriebe (Nr. 1), Geschäfts-, Büro- und Verwaltungsgebäude (Nr. 2), Tankstellen (Nr. 3) und Anlagen für sportliche Zwecke (Nr. 4). Gemäß § 8 III BauNVO können Wohnungen für Aufsichts- und Betriebspersonen sowie für Betriebsinhaber und Betriebsleiter (Nr. 1), Anlagen für kirchliche, kulturelle, soziale und gesundheitliche Zwecke (Nr. 2) sowie Vergnügungsstätten ausnahmsweise zugelassen werden.

(b) Zulässigkeit von prostitutiven Einrichtungen

Das Gewerbegebiet wird in der Rechtsprechung als geradezu prototypisch geeigneter Standort für prostitutive Einrichtungen, in denen keine Wohnnutzung vorliegt, angesehen[307], wo hingegen Wohnungsprostitution in einem Gewerbegebiet als planungsrechtlich unzulässig angesehen wird.[308] Diese Auffassung ist

---

305 Von Feldmann, GE 2007, 1422 (1423) und Janning, BauR 2005, 958 (959). Siehe beispielhaft OVG Berlin-Brandenburg, Urt. v. 07.06.2012 – OVG 2 B 18.11, juris, Rdn. 48ff.

306 Meiners/Kronsbein/Birkhölzer in: Hoppenberg/de Witt, Handbuch des Öffentlichen Baurechts, Teil A III Rdn. 333.

307 Paradigmisch BVerwG, Urt. v. 25.11.1983 – 4 C 21.83, BVerwGE 68, 213 (214f.). Dem BVerwG folgend zuletzt VGH Mannheim, Beschl. v. 05.03.2012 – 5 S 3239/11, VBlBW 2012, 345 (346); VG Freiburg, Urt. v. 08.11.2012 – 4 K 912/12, VBlBW 2013, 225 (230) oder VG München, Urt. v. 29.11.2012 – M 11 K 11.3872, juris, Rdn. 27. Weitere Nachweise bei Stühler, BauR 2010, 1013 (1023). Zur Unzulässigkeit nach § 15 Abs. 1 S. 1 BauNVO im (faktischen) Gewerbegebiet: VG München, Urt. v. 29.11.2012 – M 11 K 11.167, juris, Rdn. 23f.

308 Söfker in: Ernst/Zinkahn/Bielenberg/Krautzberger, BauGB, § 8 BauNVO Rdn. 24. Siehe ferner BVerwG, Urt. v. 29.04.1992 – 4 C 43/89, BVerwGE 90, 140 (146f.) mit kritischer Anmerkung von Rhein/Zitzen, NJOZ 2009, 267 (272f.); VGH München, Beschl. v. 02.05.2006 – 2 BV 05/1739, juris und VG Saarlouis, Urt. v. 24.04.2013 – 5 K 473/12, juris, Rdn. 61.

in der Literatur an verschiedenen Stellen auf Kritik gestoßen. Es wird konkret bezogen auf die hier erörterte Frage vorgebracht, dass es auf den Charakter des konkreten Gewerbegebiets ankäme, ob eine prostitutive Einrichtung zulässig sei oder nicht.[309] Überhaupt verhalte es sich so, dass das Gewerbegebiet grundsätzlich dem produzierenden und verarbeitenden Gewerbe vorbehalten sei.[310] Prostitutive Einrichtungen könnten aber über Ausnahmen und Befreiungen im Gewerbegebiet legalisiert werden.[311] Diese Ansicht ist nicht nachvollziehbar, da der Verordnungsgeber für das Gewerbegebiet eine andere Leitentscheidung getroffen hat. Zunächst differenziert § 8 II Nr. 1 BauNVO nicht zwischen den verschiedenen Arten von Gewerbebetrieben. Außerdem wird gerade durch Nr. 2 deutlich, dass das Gewerbegebiet kein „Industriegebiet light" ist, sondern vielmehr mit Geschäfts-, Büro- und Verwaltungsgebäuden auch Betriebe aus den Bereichen Handel, Dienstleistung, Versicherung, Bankenwesen usw. aufnehmen soll.[312] Der Ansicht, dass wegen der strukturellen Nähe des Gewerbegebiets zum Industriegebet in ersterem prostitutive Einrichtungen nicht zugelassen werden können, kann nicht gefolgt werden.

Jedoch kann auch die Auffassung der Rechtsprechung, die im Übrigen – von den genannten Ausnahmen abgesehen – in der Literatur weitgehend geteilt wird[313], vorliegend nicht unkommentiert bleiben. Als überzeugend kann bezeichnet werden zu sagen, dass das Gewerbegebiet prostitutive Einrichtungen ohne Wohnfunktion aufnehmen kann. Selbst wenn man solchen Einrichtungen – aus welchen Gründen auch immer – kritisch oder ablehnend gegenüber steht, muss man doch einräumen, dass sie wegen der Auffangfunktion des Gewerbegebiets[314] doch recht problemlos „hinpassen". Schwierigkeiten bereitet die Frage der Zulässigkeit der sog. Wohnungsprostitution. § 8 II BauNVO lässt allgemein Gewerbenutzung mit Wohnanteil im Gewerbegebiet nicht zu. Auch § 8 III Nr. 1 BauNVO lässt solche prostitutiven Einrichtungen an sich auch nicht ausnahmsweise zu. Zwar kommt es bei dieser Form der prostitutiven Einrichtung – wie oben dargestellt – nicht auf die Frage des tatsächlichen Wohnens an, jedoch ist wegen § 8 III Nr. 1 BauNVO in einem Gewerbegebiet für Wohnräume schlechterdings kaum Raum. Die Vorschrift gestattet ja nur sog. Werkswohnungen für Aufsichts- und Bereitschaftspersonen sowie für Betriebsinhaber und -leiter.[315] Als solche Perso-

309 Schlichter/Friedrich, WiVerw 1988, 199 (225f.).

310 Boeddinghaus, BauNVO, § 9 Rdn. 2.

311 Schlichter/Friedrich, WiVerw 1988, 199 (226).

312 Aschke in: Ferner/Kröninger/Aschke, BauGB, § 8 BauNVO Rdn. 1f.

313 Söfker in: Ernst/Zinkahn/Bielenberg/Krautzberger, BauGB, § 8 BauNVO Rdn. 24, etwas unklar demgegenüber bei Fickert/Fieseler, BauNVO, § 8 Rdn. 5.3ff.

314 Fickert/Fieseler, BauNVO, § 8 Rdn. 1.11.

315 Zum Begriff siehe Aschke in: Ferner/Kröninger/Aschke, BauGB, § 7 BauNVO Rdn. 10 sowie § 8 BauNVO Rdn. 13.

nen können insbesondere Prostituierte wohl kaum angesehen werden. Auch fehlt es an dem funktionalen Zusammenhang zwischen Betrieb und Wohnung, weil beide schließlich deckungsgleich sind. Differenziert man im Ergebnis bezüglich der prostitutiven Einrichtung in Wohnräumen zwischen solchen, in denen gewohnt wird, und solchen, in denen nicht gewohnt wird, so muss man im ersten Fall sagen, dass diese bauliche Nutzung – wie oben aufgezeigt – nicht einmal mit § 8 III Nr. 1 BauNVO vereinbar wäre. Im zweiten Fall wird man sagen müssen, dass eine unzulässige Nutzung von ausnahmsweise zulässigen Wohnräumen vorliegen dürfte, der mit bauordnungsrechtlichen Maßnahmen zu begegnen wäre. Es erweist sich die als herrschend anzusehende Meinung zwar als zutreffend, jedoch wird man die Frage stellen müssen, wo denn prostitutive Einrichtungen in Wohnräumen zulässig sein sollen. Überwiegend sind, wie oben aufgezeigt, Literatur und Rechtsprechung der Ansicht, dass prostitutive Einrichtungen aus Wohngebieten herauszuhalten sind, jedoch begegnet ihre Zulässigkeit auch in anderen Plangebieten wie dem Gewerbegebiet rechtlichen Problemen.[316]

Abschließend ist noch auf die Zulässigkeit von prostitutiven Einrichtungen einzugehen, die Vergnügungsstätten sind. Nach § 8 III Nr. 3 BauNVO sind sie im Gewerbegebiet ausnahmsweise zulässig. Es kommt nicht darauf an, ob es sich um kerngebietstypische oder kerngebietsuntypische Vergnügungsstätten handelt, was erneut die Auffangfunktion des Gewerbegebiets belegt.[317] Es können prostitutive Einrichtungen, die Vergnügungsstätten sind, daher insgesamt ausnahmsweise im Gewerbegebiet zugelassen werden.

(8) Industriegebiet (§ 9 BauNVO)

Im Industriegebiet nach § 9 BauNVO sind ähnliche rechtliche Schwierigkeiten wie im vorherigen Plangebiet zu bewältigen.

(a) Gebietstypik und zulässige Nutzungen

Das Industriegebiet dient ausschließlich der Unterbringung vorwiegend solcher Gewerbebetriebe, die in anderen Baugebieten unzulässig sind. Es geht also vor allem um die Betriebe, die wegen ihres hohen Störgrades durch Lärm- und Luftemissionen in anderen Gebieten nicht angesiedelt werden können.[318] Der im In-

316 Mit ähnlicher Fragestellung Zimmermann, Die öffentlich-rechtliche Behandlung der Prostitution, S. 147ff.
317 Söfker in: Ernst/Zinkahn/Bielenberg/Krautzberger, BauGB, § 8 BauNVO Rdn. 46.
318 Fickert/Fieseler, BauNVO, § 9 Rdn. 1.

dustriegebiet zulässige Störungsgrad ist mit erheblich belästigend zu bezeichnen.[319]

Allgemein im Industriegebiet sind gemäß § 9 II BauNVO Gewerbebetriebe aller Art, Lagerhäuser, Lagerplätze und öffentliche Betriebe (Nr. 1) und Tankstellen (Nr. 2) zulässig. Nach § 9 III BauNVO können ausnahmsweise zugelassen werden Wohnungen für Aufsichts- und Bereitschaftspersonen sowie für Betriebsinhaber und Betriebsleiter (Nr. 1) sowie Anlagen für kirchliche, kulturelle, soziale, gesundheitliche und sportliche Zwecke (Nr. 2).

(b) Zulässigkeit von prostitutiven Einrichtungen

Die Rechtslage im Industriegebiet ist bezüglich des Untersuchungsgegenstands bislang nicht abschließend geklärt, insbesondere gibt es keine eindeutige höchstrichterliche Judikatur.

Eine Ansicht scheint dahin zu tendieren, die Frage der Zulässigkeit von prostitutiven Einrichtungen analog des Gewerbegebiets behandeln zu wollen.[320]

Die Gegenansicht verneint die Zulässigkeit wegen Gebietsunverträglichkeit.[321] Diese Gebietsunverträglichkeit rühre im Wesentlichen daraus, dass der Zweck des Industriegebiets gerade in der Aufnahme von besonders emittierenden Betrieben besteht und daher diesen für das Gebiet typischen Betrieben vorbehalten bleiben müsse. Stühler weist zutreffend darauf hin, dass das BVerwG in der oben genannten Entscheidung zum Gewerbegebiet die Frage der Zulässigkeit eines Bordells im Industriegebiet nicht eindeutig beantwortet, aber angedeutet hat, dass die Frage wohl anders zu beantworten sei als im Gewerbegebiet.[322]

Unzweifelhaft können aus den bereits bezüglich des Gewerbegebiets vorgebrachten Gründen prostitutive Einrichtungen in Wohnräumen auch im Industriegebiet nicht zugelassen werden. Auch sonst bestehen größere Bedenken. Zu-

---

319 Söfker in: Ernst/Zinkahn/Bielenberg/Krautzberger, BauGB, § 9 BauNVO Rdn. 12.

320 Söfker in: Ernst/Zinkahn/Bielenberg/Krautzberger, BauGB, § 9 BauNVO Rdn. 20; Feldmann, GE 2007, 1422 (1423); VG Freiburg, Urt. v. 24.10.2000 – 4 K 1178/99, NVwZ 2001, 1442 (1444f.); Zimmermann, Die öffentlich-rechtliche Behandlung der Prostitution, S. 149 sowie Stock in: König/Roeser/Stock, BauNVO, § 9 Rdn. 17.

321 Stühler, BauR 2010, 1013 (1023f.); Fickert/Fieseler, BauNVO, § 9 Rdn. 8.12. sowie konsequenterweise Schlichter/Friedrich, WiVerw 1988, 199 (227). Offengelassen demgegenüber von Rhein/Zitzen, NJOZ 2009, 267 (273).

322 Stühler, BauR 2010, 1013 (1023f.) mit Verweis auf BVerwG, Urt. v. 25.11.1983 – 4 C 21/83, BVerwGE 68, 213 (217). Eindeutiger hat sich vor längerer Zeit auch der VGH Mannheim, Beschl. v. 30.06.1970 – III 415/70, BRS 23 Nr. 35 S. 75f. positioniert, jedoch ist anzumerken, dass es sich bei dieser Entscheidung um eine Anlage handelte, in der auch gewohnt werden sollte, so dass bereits aus diesem Grunde eine Zulässigkeit verneint wurde. Zur Zulässigkeit eines Beherbergungsbetriebs im Industriegebiet beispielhaft VGH Mannheim, Beschl. v. 30.07.2009 – 5 S 973/09, juris, Rdn. 4.

nächst wird bei einem Vergleich von § 8 BauNVO und § 9 BauNVO deutlich, dass das Industriegebiet vor allem zur Aufnahme emissionsintensiver Betriebe zu dienen bestimmt ist, die in anderen Gebieten wiederum gerade nicht angesiedelt werden können.[323] Weiterhin unterstreichen die amtliche Überschrift und die zulässigen Nutzungsarten diese Auslegung. Zwar spricht § 9 II Nr. 1 BauNVO undifferenziert von Gewerbebetrieben jeder Art, jedoch wird die Zulässigkeit wohl durch die Zweckbestimmung des Plangebiets begrenzt.[324] Es spricht daher Einiges dafür anzunehmen, dass prostitutive Einrichtungen in einem Industriegebiet gebietsunverträglich sind. Weiterhin weist Stühler[325] durchaus überzeugend daraufhin, dass die Rechtsprechung auch Vergnügungsstätten mit beachtlichen Argumenten ebenfalls mit Verweis auf die Eigenart des Gebiets im Industriegebiet nicht zulässt.[326]

Insgesamt ist daher festzuhalten, dass prostitutive Einrichtungen wegen der sehr besonderen Typik des Plangebiets im Industriegebiet unzulässig sind.

bb) Zulässigkeit im Rahmen von § 34 BauGB

Auch bezüglich des unbeplanten Innenbereichs (§ 34 BauGB) ist die Zulässigkeit prostitutiver Einrichtungen zu untersuchen.

(1) Der unbeplante Innenbereich im Allgemeinen

Im unbeplanten Innenbereich bestimmt sich die bauplanungsrechtliche Zulässigkeit grundsätzlich nach § 34 I BauGB. Hiernach ist ein Vorhaben innerhalb eines in Zusammenhang bebauten Ortsteils[327] zulässig, wenn es sich nach Art und Maß der baulichen Nutzung, der Bauweise und der zu überbauenden Grundstücksfläche in die Eigenart der näheren Umgebung einfügt und die Erschließung gesichert ist (S. 1). Außerdem müssen die Anforderungen an gesunde Wohn- und Arbeitsverhältnisse gewahrt werden und das Ortsbild darf nicht beeinträchtigt werden (S. 2). Wenn die Eigenart der näheren Umgebung einem der Baugebie-

---

323 Allgemein Fickert/Fieseler, BauNVO, § 9 Rdn. 1.

324 Stock in: König/Roeser/Stock, BauNVO, § 9 Rdn. 16.

325 BauR 2010, 1013 (1024).

326 Stühler verweist insbesondere auf BVerwG, Urt. v. 24.02.2000 – 4 C 23/98, BauR 2000, 1306 (1307). Ähnliche Überlegungen stellt aber auch das OVG Münster, Urt. v. 27.04.2006 – 7 A 1620/05, GewArch 2006, 495f. an. So führt das BVerwG in der genannten Entscheidung an, dass für die Unzulässigkeit neben der Gebietsunverträglichkeit auch die Funktion des Kerngebiets als Aufnahmeort für Vergnügungsstätten, die u.U. schlechte verkehrliche Anbindung von Industriegebieten und die fehlende Zweckbestimmung der Industriegebiete für Erholung und Vergnügen streite.

327 Vgl. zum Begriff Krautzberger in: Battis/Krautzberger/Löhr, BauGB, § 34 Rdn. 2ff.

te der BauNVO entspricht, bestimmt sich nach § 34 II BauGB die Zulässigkeit des Vorhabens nach seiner Art allein danach, ob es nach den Bestimmungen der BauNVO in dem Baugebiet allgemein zulässig wäre. Handelt es sich um ein Vorhaben, das nach der BauNVO nur ausnahmsweise zulässig wäre, ist die Ausnahmevorschrift des § 31 I BauGB anzuwenden.

(2) Zulässigkeit prostitutiver Einrichtungen

Bezüglich der Zulässigkeit prostitutiver Einrichtungen ist wiederum der Hauptschwerpunkt auf die Problematik der Art der baulichen Nutzung zu legen. Soweit ein Fall des § 34 II BauGB vorliegt, kann im Grunde nur auf die obigen Ausführungen[328] zur Zulässigkeit in den einzelnen Plangebieten verwiesen werden. Hinzuweisen ist noch darauf, dass ein Vorhaben, auch wenn es nach seiner Art nicht nach § 34 II BauGB i.V.m. den Bestimmungen der BauNVO allgemein oder ausnahmsweise zulässig wäre, auch über die Befreiungsvorschrift des § 31 II BauGB legalisiert werden kann.[329]

Liegt kein Fall des §34 II BauGB vor, so bestimmt sich die Zulässigkeit auch der Art der baulichen Nutzung nach § 34 I BauGB, wobei es entscheidend darauf ankommt, ob das Merkmal des Einfügens erfüllt ist.[330] Es kommt hier sehr auf den Einzelfall an. Allgemein hat die Prüfung in folgenden Schritten zu erfolgen[331]:

- Die tatsächliche vorhandene Bebauung ist umfassend in den Blick zu nehmen.
- Die Betrachtung muss sodann auf das Wesentliche/auf das Prägende zurückgeführt und geprüft werden, ob das Vorhaben sich in diesem Rahmen hält.
- Das so gefundene Ergebnis wird über das Gebot der Rücksichtnahme korrigiert.

Im Einzelfall ist unter Berücksichtigung des oben zu den Plangebieten der BauNVO Genannten zu entscheiden.[332]

Die übrigen mit § 34 I BauGB verbundenen Fragen und Probleme sind spezifisch für den Untersuchungsgegenstand von geringer Bedeutung, so dass insoweit auf die entsprechende allgemeine Rechtsprechung und Literatur verwiesen werden darf.

---

328 Siehe unter D., III., 2., c), ca).

329 Krautzberger in: Battis/Krautzberger/Löhr, BauGB, § 34 Rdn. 52.

330 In dieser Allgemeinheit Wohlfarth, VR 2004, 126 (129).

331 Vgl. zum folgenden Bönker in: Hoppe/Bönker/Grotefels, Öffentliches Baurecht, § 8 Rdn. 148ff.

332 Krautzberger in: Battis/Krautzberger/Löhr, BauGB, § 34 Rdn. 15, die für ein Heranziehen der Maßstäbe der BauNVO eintreten. Siehe ferner bezüglich des Untersuchungsgegenstands von Feldmann, GE 2007, 1422 (1423) und außerdem beispielhaft BVerwG, Beschl. v. 29.10.1997 – 4 B 8/97, NVwZ-RR 1998, 540 (541).

bc) Zulässigkeit im Rahmen von § 35 BauGB

Weniger relevant, aber dennoch interessant ist die Zulässigkeit prostitutiver Einrichtungen im Außenbereich (§ 35 BauGB).

(1) Der Außenbereich im Allgemeinen

Im Außenbereich, in dem grundsätzlich Bauverbot herrscht[333], sind drei Arten von Vorhaben zu unterscheiden: die vollprivilegierten nach § 35 I, die teilprivilegierten nach § 35 IV sowie die sonstigen Vorhaben nach § 35 II.

Die vollprivilegierten Vorhaben sind solche, die aufgrund ihrer Eigenart bevorzugt in den Außenbereich gehören.[334] Die in Abs. I enumerativ und abschließend aufgezählten Vorhaben sind dann zulässig, wenn öffentliche Belange nicht entgegenstehen und die ausreichende Erschließung gesichert ist.

Die sog. teilprivilegierten Vorhaben sind solche Vorhaben, denen bestimmte öffentliche Belange nicht entgegengehalten werden können. Bei den dort aufgeführten Nummern handelt es sich vor allem um Konstellationen, in denen eine bestimmte, bereits bestehende Nutzung verändert, erneuert oder erweitert wird. § 35 IV BauGB ist eine Ausgestaltung des Bestandsschutzes.[335]

Die sonstigen Vorhaben nach § 35 II BauGB unterscheiden sich von den teilprivilegierten Vorhaben im Wesentlichen dadurch, dass ihnen alle öffentlichen Belange nach § 35 III BauGB entgegengehalten werden können.

(2) Zulässigkeit prostitutiver Einrichtungen

Bezogen auf den Untersuchungsgegenstand ist zunächst kurz zu konstatieren, dass prostitutive Einrichtungen ausnahmslos nicht in den Katalog der privilegierten Vorhaben fallen. Entfernt wäre nur an die Nr. 4 des Abs. I zu denken[336], die aber offenkundig nicht erfüllt ist. Prostitutive Einrichtungen, die unter § 35 IV BauGB fallen, wären bei Erfüllung der dort genannten Voraussetzungen bauplanungsrechtlich zulässig. Bezogen auf den Untersuchungsgegenstand ist die praktische Relevanz dieser Vorschrift aber sehr gering. Rechtsprechung ist dazu nicht bekannt.

---

333 Tyczewski/Freund in: Hoppenberg/de Witt, Handbuch des Öffentlichen Baurechts, Teil A IV Rdn. 124.

334 Krautzberger in: Battis/Krautzberger/Löhr, BauGB, § 35 Rdn. 4.

335 Tyczewski/Freund in: Hoppenberg/de Witt, Handbuch des Öffentlichen Baurechts, Teil A IV Rdn. 219.

336 Zu den Merkmalen dieser Nummer im Überblick Bönker in: Hoppe/Bönker/Grotefels, Öffentliches Baurecht, § 8 Rdn. 245ff.

Allgemein dürften wohl sämtliche prostitutiven Einrichtungen, die im Außenbereich errichtet werden sollen, unter § 35 II BauGB fallen.[337] Die Zulässigkeit der hier besprochenen Einrichtungen nach § 35 II BauGB wird in Literatur und Rechtsprechung, soweit ersichtlich, fast gar nicht besprochen, was wohl Ausdruck der geringen praktischen Relevanz ist. Man wird im Einzelfall prüfen müssen, ob dem Vorhaben öffentliche Belange entgegenstehen.[338]

c) Bauplanungsrechtliche Instrumente

Außerdem ist zu klären, mit welchen bauplanungsrechtlichen Instrumenten eine Gemeinde erforderlichenfalls die Entstehung sowie den Bestand prostitutiver Einrichtungen steuern kann, wozu die Anwendung verschiedener Instrumente des BauGB denkbar ist.

ca) Bebauungsplan

Als geradezu klassisches Instrument zur städtebaulichen Steuerung ist die Bauleitplanung anzusehen. Unzweifelhaft lässt sich auch die Ansiedlung prostitutiver Einrichtungen durch Bauleitplanung steuern, was in der Praxis ein nicht selten zu beobachtendes Phänomen ist.[339]

(1) Der Bebauungsplan im Allgemeinen

Der Bebauungsplan, der regelmäßig als Satzung ergeht (§ 10 I BauGB), setzt auf der Basis des Flächennutzungsplans rechtsverbindlich die städtebauliche Ordnung fest (§ 8 I und II BauGB). Er ist das zentrale Instrument der Bauleitplanung. Es lassen sich drei Grundformen des Bebauungsplans unterscheiden: der einfache Bebauungsplan (§ 30 III BauGB), der vorhabenbezogene Bebauungsplan (§ 30 II BauGB) sowie der qualifizierte Bebauungsplan (§ 30 I BauGB).

Formell ist bei einem Bebauungsplan das in den Normen der §§ 2 bis 4b, 6 und 10 BauGB geregelte Verfahren zu beachten, an dessen Stelle bei Vorliegen der entsprechenden Voraussetzungen auch das vereinfachte Verfahren nach § 13 BauGB treten kann.

337 Vgl. bezüglich einer Gaststätte allgemein OVG Münster, Urt. v. 22.01.1968 – VII A 471/67, BRS 20 Nr. 47 sowie bezüglich eines sog. Dirnenwohnheims VGH München, Urt. v. 27.07.1976 – Nr. 354 I 73, BRS 30 Nr. 125.

338 In dem soeben zitierten Urteil des VGH München hatte das Gericht im Rahmen einer Nachbarklage über die Zulässigkeit zu entscheiden und daher nicht voll umfänglich die Voraussetzungen des § 35 II BauGB geprüft.

339 Stühler, BauR 2010, 1013.

Materiell ist der Bebauungsplan einerseits durch die Abwägung des § 1 VII BauGB und andererseits durch eine Reihe von zwingenden Vorgaben (das Prinzip der Erforderlichkeit nach § 1 III BauGB, das Bestimmtheitsgebot, die Anpassungspflicht gemäß § 1 IV BauGB, das Entwicklungsgebot nach § 8 II BauGB sowie das Gebot der Beachtung des Planungsrahmen nach § 9 BauGB) bestimmt.[340]

(2) Untersuchungsgegenstand

Im Hinblick auf die städtebauliche Steuerung der Ansiedlung prostitutiver Einrichtungen hat die Gemeinde zwei Möglichkeiten, entsprechend spezielles Planungsrecht zu setzen: zum einen über § 1 V BauNVO und zum anderen über § 1 IX BauNVO.[341]

(a) Vorgehen über § 1 V BauNVO

Zunächst besteht die erste Möglichkeit darin, nach § 1 V BauNVO im Bebauungsplan auch einzelne der unter einer Nummer einer Baugebietsvorschrift der BauNVO erfassten Nutzungen auszuschließen, was aber nur aus städtebaulichen Gründen zulässig ist.[342] Praktisch wird diese Möglichkeit dazu genutzt, um die Ansiedelung von Vergnügungsstätten zu steuern.[343]

Zu unterstreichen ist hierbei, dass die maßgeblichen Gründe städtebaulicher Natur sein müssen. Es ist nicht zulässig, das Instrument des § 1 V BauNVO aus Gründen des Jugendschutzes, zur Suchtprävention, aus allgemeinen moralischen Gründen etc. anzuwenden.[344] Außerdem muss die jeweilige Zweckbestimmung des Plangebiets gewahrt bleiben.[345]

340 Stollmann, Öffentliches Baurecht, § 7 Rdn. 19.

341 Die Abgrenzung erfolgt wohl danach, ob es um Vergnügungsstätten geht, was zur Anwendung von § 1 V BauNVO führt; falls nicht, gilt § 1 IX BauNVO, siehe Schröer, NZBau 2009, 166 (167), unklar demgegenüber bei von Feldmann, GE 2007, 1422 (1423).

342 Grundlegend hierzu BVerwG, Beschl. v. 22.05.1987 – 4 N 4/86, BVerwGE 77, 308 (310ff.).

343 Stühler, BauR 2010, 1013f. Beispielhaft in Bezug auf Swingerclubs: Stühler, GewArch 2006, 20 (24), die jedoch nach der hier vertretenen Auffassung keine Vergnügungsstätten sind. Speziell für Vergnügungsstätten hat der Gesetzgeber mit der durch das Gesetz zur Stärkung der Innenentwicklung der Städte und Gemeinden und weiteren Fortentwicklung des Städtebaurechts (BGBl. I S. 1548) geschaffenen und zum 20.09.2013 in Kraft tretenden Vorschrift des § 9 IIb BauGB eine Möglichkeit der bauplanerischen Steuerung der Ansiedelung von Vergnügungsstätten im unbeplanten Innenbereich geschaffen.

344 Fickert/Fieseler, BauNVO, § 1 Rdn. 101.

345 Boeddinghaus, BauNVO, § 1 Rdn. 91.

(b) Vorgehen über § 1 IX BauNVO

Die andere und wohl praktisch bedeutsamere Möglichkeit im Rahmen der Bauleitplanung ist, mit der Vorschrift des § 1 IX BauNVO zu arbeiten. Nach § 1 IX BauNVO kann bei Vorliegen besonderer städtebaulicher Gründe im Bebauungsplan festgesetzt werden, dass nur bestimmte Arten der in den Baugebieten allgemein oder ausnahmsweise zulässigen baulichen oder sonstigen Anlagen zulässig oder nicht zulässig sind oder nur ausnahmsweise zugelassen werden können. Diese Norm ermöglicht sog. Ausschlussfestsetzungen, mit deren Hilfe prostitutive Einrichtungen aus dem jeweiligen Plangebiet herausgehalten werden können. Praktisch sind insoweit verschiedene Punkte zu beachten: Die auszuschließenden Nutzungen müssen hinreichend bestimmt sein.[346] Dies kann aufgrund der vielfältigen Erscheinungsformen prostitutiver Einrichtungen im Einzelfall schwierig sein. Wichtig ist aber zuvorderst, dass die von der Norm geforderten besonderen städtebaulichen Gründe vorliegen müssen. Solche Gründe müssen nicht besonders gewichtige Gründe sein; es reicht vielmehr aus, wenn es sich um spezielle, auf die konkreten Besonderheiten des Einzelfalls abgestellte Gründe gerade für die gegenüber § 1 V BauNVO noch feinere Ausdifferenzierung der zulässigen Nutzungen handelt.[347] Solche städtebaulichen Gründe sind konkret etwa die Verhinderung von sog. Trading-down-Effekten, Erhaltung von Gewerbestandorten oder die Erhaltung des Gebietscharakters.[348] Nicht unerheblich ist ferner, dass die Ausschlussfestsetzung nicht dazu benutzt werden darf, einzelne Vorhaben unzulässig werden zu lassen, vielmehr ist eine städtebauliche Festsetzung für das gesamte Plangebiet erforderlich.[349] Als Grenze für die Nutzung von § 1 IX BauNVO ist wiederum zu beachten, dass die allgemeine Zweckbestimmung des jeweiligen Plangebietes beachtet werden muss.[350] Janning plädiert im Übrigen mit durchaus interessanten Argumenten dafür, für die einschlägige Ausschlussfestsetzung das bereits erwähnte vereinfachte Verfahren nach § 13 BauGB zu verwenden.[351]

346 Janning, BauR 2005, 958 (960).

347 Boeddinghaus, BauNVO, § 1 Rdn. 121.

348 Siehe m.w.N. Stühler, BauR 2010, 1013 (1015f.); Schröer, NZBau 2009, 166 (167) sowie Janning, BauR 2005, 958 (960f.), wobei bei letzterem Tendenzen erkennbar sind, auf Umwegen insoweit auch moralische Betrachtungen in die konkrete Auslegung einfließen zu lassen. Siehe zu Beispielen aus der Praxis: OVG Koblenz, Urt. v. 11.05.2005 – 8 C 10053/05, BRS 69 Nr. 35, VG Trier, Urt. v. 13.02.2008 – 5 K 975/07.TR, juris; VG Minden, Beschl. v. 02.05.2012 – 9 L 157/12, juris und VG Freiburg, Urt. v. 08.11.2012 – 4 K 912/12, VBlBW 2013, 225 (227).

349 Schröer, NZBau 2005, 166 (167).

350 Wobei Stühler, BauR 2010, 1013 (1016) darauf hinweist, dass keines der Plangebiete der BauNVO seinen Charakter dadurch verliert, dass dort prostitutive Einrichtungen ausgeschlossen werden. Siehe wiederum Stühler zum Ausschluss von Swingerclubs in GewArch 2006, 20 (24f.).

351 BauR 2005, 958 (962f.).

cb) Veränderungssperre

Weiterhin kommt als bauplanungsrechtliches Instrument die Veränderungssperre in Betracht.

(1) Die Veränderungssperre im Allgemeinen

Mit der Veränderungssperre (§§ 14ff. BauGB) wird eine Satzung mit dem Inhalt beschlossen, dass Vorhaben im Sinne des § 29 BauGB nicht durchgeführt oder bauliche Anlagen nicht beseitigt werden dürfen (§ 14 I Nr. 1 BauGB) oder erhebliche oder wesentlich wertsteigernde Veränderungen von Grundstücken und baulichen Anlagen, deren Veränderungen nicht genehmigungs-, zustimmungs- oder anzeigepflichtig sind, nicht vorgenommen werden dürfen (§ 14 I Nr. 2 BauGB). Voraussetzung ist, dass ein Beschluss zum Erlass eines Bebauungsplans gefasst worden ist. Als Instrument zur Sicherung der Planung tritt sie nach zwei Jahren außer Kraft (§ 17 I 1 BauGB). Ist etwa die Bauleitplanung bereits vorher abgeschlossen, tritt die Veränderungssperre insoweit vorher außer Kraft. § 17 II BauGB regelt die einmalige Verlängerung und Abs. IV den erneuten Erlass. § 16 BauGB regelt Rechtsnatur und Bekanntmachung der Veränderungssperre.

Maßgebliche Voraussetzung für eine Veränderungssperre ist, wie bereits angedeutet, dass die Gemeinde beschlossen hat, einen Bebauungsplan aufzustellen, zu ändern, zu ergänzen oder aufzuheben. Es muss also zunächst ein wirksamer und nach § 2 I 2 BauGB ordnungsgemäß bekanntgemachter Aufstellungsbeschluss gegeben sein.[352] Weiterhin ist es erforderlich, dass die Anordnung der Veränderungssperre zur Sicherung der Planung erforderlich ist.[353] Sie ist nach der ständigen Rechtsprechung des BVerwG unzulässig, wenn zum Zeitpunkt ihres Erlasses der Inhalt der beabsichtigten Planung noch in keiner Weise abzusehen ist.[354] Es muss vielmehr der künftige Planungsinhalt in einem Mindestmaß bestimmt und absehbar sein.[355]

(2) Untersuchungsgegenstand

Liegen die genannten Voraussetzungen vor, so kann zur Sicherung der Planung, also insbesondere zur einstweiligen Verhinderung der Ansiedelung weiterer pro-

---

352 Bönker in: Hoppe/Bönker/Grotefels, Öffentliches Baurecht, § 10 Rdn. 8.

353 Krautzberger in: Battis/Krautzberger/Löhr, BauGB, § 14 Rdn. 9. Siehe beispielhaft aus der Praxis VGH München, Beschl. v. 31.03.2009 – 14 ZB 08.2705, juris und VGH Kassel, Urt. v. 05.02.2004 – 4 N 360/03, NVwZ-RR 2005, 312.

354 Siehe m.w.N. Stüer in: Hoppenberg/de Witt, Handbuch des Öffentlichen Baurechts, Teil B, Rdn. 1192.

355 Krautzberger in: Battis/Krautzberger/Löhr, BauGB, § 14 Rdn. 9.

stitutiven Einrichtungen, die Veränderungssperre genutzt werden. Die Literaturstimmen, die sich mit der Steuerung prostitutiver Einrichtungen durch Bauleitplanung befassen, zeigen übereinstimmend diesen Weg auf.[356]

cc) Zurückstellung von Baugesuchen

Daneben gibt es weiterhin die Möglichkeit der Zurückstellung von Baugesuchen nach § 15 BauGB.

(1) Die Zurückstellung von Baugesuchen im Allgemeinen

Diese rein verfahrensrechtliche Norm[357] dient vor allem der Überbrückung der Zeit, bis die Veränderungssperre wirksam wird.[358] Voraussetzung für eine Zurückstellung ist, dass eine Veränderungssperre nicht beschlossen wurde, obwohl ihre Voraussetzungen vorliegen, oder dass eine beschlossene Veränderungssperre noch nicht in Kraft getreten ist. Rechtsfolgenseitig darf dann die Baugenehmigungsbehörde auf Antrag der Gemeinde die Entscheidung von Vorhaben im Einzelfall bis zu zwölf Monate aussetzen, wenn zu befürchten ist, dass die Planung durch das Vorhaben unmöglich gemacht oder wesentlich erschwert würde. Für Fälle, in denen kein Baugenehmigungsverfahren durchgeführt wird, gilt § 15 I 2 und 2 BauGB mit der Möglichkeit, eine vorläufige Untersagung auszusprechen. Diese Regelung hat den Hintergrund, dass gegenwärtig in der Landesgesetzgebung eine Tendenz zur Genehmigungsfreistellung besteht.[359]

(2) Untersuchungsgegenstand

Im Falle einer Veränderungssperre der oben beschriebenen Art kann so zur Sicherung einer Planung verfahren werden. Spezifische Besonderheiten bezogen auf den Untersuchungsgegenstand sind nicht zu beachten.[360]

---

356 Janning, BauR 2005, 958 (963); von Feldmann, GE 2007, 1422 (1423) und Schröer, NZBau 2009, 166 (167). Siehe aus dem Bereich der Rechtsprechung: VGH Kassel, Urt. v. 05.02.2004 – 4 N 360/03, NVwZ-RR 2005, 312; OVG Lüneburg, Urt. v. 24.04.2007 – 1 KN 22/07, BauR 2007, 2024; OVG Münster, Beschl. v. 25.11.1997 – 10a D 131/97.NE, juris; VG Minden, Beschl. v. 02.05.2012 – 9 L 157/12, juris und Urt. v. 23.10.2012 – 1 K 2109/11, juris sowie VG Saarlouis, Urt. v. 24.04.2013 – 5 K 473/12, juris.

357 Bönker in: Hoppe/Bönker/Grotefels, Öffentliches Baurecht, § 10 Rdn. 29.

358 Krautzberger in: Battis/Krautzberger/Löhr, BauGB, § 15 Rdn. 1.

359 Bönker in: Hoppe/Bönker/Grotefels, Öffentliches Baurecht, § 10 Rdn. 37.

360 In der Literatur wird die Zurückstellung von Baugesuchen in Zusammenhang mit prostitutiven Einrichtungen, soweit ersichtlich, nur von Stühler, BauR 2010, 1013 besprochen. Aus dem Bereich der Rechtsprechung ist beispielsweise auf OVG Koblenz, Beschl. v. 17.11.2008 – 1 B 11139/08, LKRZ 2009, 37 hinzuweisen.

cd) Vorkaufsrechte

Ferner ist noch an die Vorkaufsrechte nach §§ 24ff. BauGB zu denken. Diese sollen hier außen vor bleiben. Zunächst haben sie sehr enge Voraussetzungen für Begründung und Ausübung, so dass sie für diese Arbeit von geringer Bedeutung sind. Außerdem muss vor dem Hintergrund der Lage der kommunalen Haushalte in Deutschland allgemein eine verringerte Relevanz von öffentlich-rechtlichen Vorkaufsrechten konstatiert werden.

3. Bauordnungsrecht

Neben bauplanungsrechtlichen Fragen sind auch bauordnungsrechtlichen Frage für den Untersuchungsgegenstand nicht irrelevant. Das objektbezogene Bauordnungsrecht beschäftigt sich vor allem mit den Anforderungen an Konstruktion und Gestaltung baulicher Anlagen, wobei zwischen materiellem und formellem Bauordnungsrecht unterschieden wird.[361]

Bezüglich prostitutiver Einrichtungen haben sich bisher im Vergleich zu den bauplanungsrechtlichen Fragestellungen vergleichsweise wenige Autoren zu den Fragen des Bauordnungsrechts geäußert.[362] Dieses Defizit soll behoben werden, in dem im Folgenden zunächst die bauordnungsrechtlichen Anforderungen an prostitutiven Einrichtungen (also die Vorschriften des materiellen Bauordnungsrechts) und dann die in Betracht kommenden bauordnungsrechtlichem Instrumente (formelles Bauordnungsrecht) untersucht werden.

a) Bauordnungsrechtliche Anforderungen

Die materiellen Anforderungen des Bauordnungsrechts sind vielfältig und reichen von einer Generalklausel bis hin zu Fragen der Barrierefreiheit oder Fahrradabstellanlagen. Eine Fokussierung auf die für den Untersuchungsgegenstand wichtigsten Problematiken ist daher nötig.

361 Grotefels in: Hoppe/Bönker/Grotefels, Öffentliches Baurecht, Einl. zu § 15.

362 Eine Ausnahme ist z.B. Zimmermann, Die öffentlich-rechtliche Behandlung der Prostitution, S. 112f.

aa) Generalklausel, insbesondere Schutz der öffentlichen Sicherheit oder Ordnung

Die in allen Bauordnungen enthaltene und gegenüber den übrigen speziellen Anforderungen subsidiäre Generalklausel stellt allgemeine Regeln für bauliche Anlagen auf, so dass sie vor allem den Charakter eines Auffangtatbestands hat.[363] Die Generalklausel hat zur Zielrichtung, bauliche Anlagen, andere Anlagen und Einrichtungen sowie bauliche Tätigkeiten von Gefahren für die öffentliche Sicherheit oder Ordnung, insbesondere Leben, Gesundheit oder natürliche Lebensgrundlagen, freizuhalten.[364]

Im Hinblick auf den Gegenstand dieser Arbeit müssen vor allem die Schutzgüter „öffentliche Sicherheit" und „öffentliche Ordnung" in den Blick genommen werden. Beide sind analog der Begriffsbestimmungen im allgemeinen Ordnungsrecht zu verstehen.[365] Öffentliche Sicherheit wird daher auch im Bauordnungsrecht in drei Teilschutzgüter unterteilt: die Unverletzlichkeit der Rechtsordnung, die Unverletzlichkeit der subjektiven Rechte und Rechtsgüter sowie der Bestand des Staates und seiner Einrichtungen und Veranstaltungen.[366] Öffentliche Ordnung ist zu definieren als die Gesamtheit der im Rahmen der verfassungsmäßigen Ordnung liegenden ungeschriebenen Regeln, deren Beachtung nach den jeweils herrschenden Anschauungen unerlässliche Voraussetzung eines geordneten staatsbürgerlichen Zusammenlebens ist.[367]

Vor dem Hintergrund der gesetzgeberischen Wertung durch das ProstG greift die bauordnungsrechtliche Generalklausel nicht schon deshalb ein, wenn in der baulichen Anlage prostitutive Tätigkeiten erfolgen.[368] Gleichwohl kann in bestimmten Fällen über die Generalklausel eine Baugenehmigung versagt werden oder eine ordnungsrechtliche Maßnahme wie eine Nutzungsuntersagung erfolgen, wenn von der prostitutiven Einrichtung eine spezifische Gefahr für die öffentliche Sicherheit oder Ordnung im polizeirechtlichen Sinne ausgeht. Dies ist z.B. der Fall, wenn Vorschriften, die den Schutz der Jugend betreffen[369], oder strafrechtliche Bestimmungen nicht beachtet werden.[370]

---

363 Grotefels in: Hoppe/Bönker/Grotefels, Öffentliches Baurecht, § 15 Rdn. 10.

364 Reichel/Schulte, Handbuch Bauordnungsrecht, 2. Kap., Rdn. 169.

365 Götze in: Hoppenberg/de Witt, Handbuch des Öffentlichen Baurechts, Teil A V, Rdn. 18.

366 Pieroth/Schlink/Kniesel, Polizei- und Ordnungsrecht, § 8 Rdn. 3.

367 Pieroth/Schlink/Kniesel, Polizei- und Ordnungsrecht, § 8 Rdn. 46.

368 Ähnlich Zimmermann, Die öffentlich-rechtliche Behandlung der Prostitution, S. 113 sowie Gurlit, VerwArch 2006, 409 (426) m.w.N.

369 Von Galen, Rechtsfragen der Prostitution, Rdn. 498.

370 Zimmermann, Die öffentlich-rechtliche Behandlung der Prostitution, S. 113.

ab) Außenwerbung

Weiterhin ist aus dem Bereich der bauordnungsrechtlichen Bestimmungen die Frage der Baugestaltung für den Untersuchungsgegenstand bedeutsam. Nach den einschlägigen Vorgaben der Bauordnungen müssen bauliche Anlagen sowie andere Anlagen und Einrichtungen nach Form, Maßstab, Verhältnis der Baumassen und Bauteile zueinander, Werkstoff und Farbe so gestaltet sein, dass sie nicht verunstaltend wirken.[371]

Praktisch bedeutsam gerade im urbanen Raum dürfte in diesem Zusammenhang bezüglich des Untersuchungsgegenstands die Frage der Außenwerbung sein. Werbeanlagen an prostitutiven Einrichtungen begegnen unter zwei Aspekten bauordnungsrechtlichen Problemen[372]: zum einen unter dem Gesichtspunkt des Verbots der Verunstaltung und zum anderen unter dem Gesichtspunkt der Verkehrsgefährdung.

Hinsichtlich des Begriffs der Verunstaltung ist auf den gebildeten Durchschnittsbetrachter abzustellen.[373] Verunstaltung ist ein hässlicher, das ästhetische Empfinden des Beschauers nicht bloß beeinträchtigender, sondern verletzender Zustand.[374] Denkbar ist durchaus, dass eine Werbeanlage aufgrund der Tatsache, dass sie für eine prostitutive Einrichtung wirbt, verunstaltend ist. Aufgrund der hohen Präsenz sexualbezogener Inhalte, Themen und Motive in der Werbung und in den verschiedenen Medien im Allgemeinen sind hier aber höhere Anforderungen zu stellen. Man wird beispielsweise regelmäßig noch nicht sagen können, dass etwa ein blinkendes Werbeschild mit einer entsprechenden eindeutigen Aufschrift bereits verunstaltend wirkt.[375]

Im Übrigen kann sich eine Verunstaltung aber auch aus der bloßen Häufung von Werbeanlagen ergeben.[376] Daneben ist es auch denkbar, dass sich die verunstaltende Wirkung, unabhängig vom jeweiligen Inhalt der Werbung, aus der baulichen Gestaltung, Lage etc. ergibt.[377]

---

371 Grotefels in: Hoppe/Bönker/Grotefels, Öffentliches Baurecht, § 15 Rdn. 24.

372 Auf die straßen- und straßenverkehrsrechtlichen Implikationen dieses Felds ist im Rahmen der Betrachtung des Baunebenrechts einzugehen.

373 Grotefels in: Hoppe/Bönker/Grotefels, Öffentliches Baurecht, § 15 Rdn. 27.

374 Siehe m.w.N. Krebs in: Schoch, Besonderes Verwaltungsrecht, 4. Kap., Rdn. 204.

375 Siehe demgegenüber einen Fall, indem eine einschlägige Werbeanlage als verunstaltend angesehen wurde, wenn auch in einem denkmalschutzrechtlichen Kontext: OVG Magdeburg, Urt. v. 13.09.2001 – A 2 S 204/99, juris, Rdn. 38ff. Ausführlich und aufschlussreich ebenfalls, wenn auch nicht mit baurechtlichem Kontext: OVG Münster, Beschl. v. 24.06.2009 – 5 B 464/09, NJW 2009, 3179.

376 Reichel/Schulte, Handbuch Bauordnungsrecht, 4. Kap. Rdn. 130.

377 Siehe etwa die kurze Kasuistik bei Reichel/Schulte, Handbuch Bauordnungsrecht, 4. Kap. Rdn. 46.

Auch ist der Aspekt der Verkehrsgefährdung in die Betrachtung aufzunehmen. Denkbar ist nämlich, dass eine besonders auffällige Werbung für eine prostitutive Einrichtung zur Ablenkung von Verkehrsteilnehmern und damit zur Gefährdung des Straßenverkehrs führt.[378] Insbesondere bei Werbeanlagen mit besonders provokanten oder aufreizenden Inhalten (z.B. erotische Darstellung von Menschen oder sexuellen Handlungen) sind Ablenkungswirkungen nicht auszuschließen. Ob eine konkrete Verkehrsgefährdung vorliegt, ist unter Gesamtwürdigung des Einzelfalls unter Berücksichtigung von Art und Gestaltung der Werbeanlage sowie der örtlichen Verhältnisse der Straßenführung zu ermitteln.[379]

Hinzuweisen ist noch darauf, dass die Werbeanlagen ansonsten auch die bauplanungsrechtlichen Anforderungen erfüllen müssen.[380]

ac) Stellplatzpflicht

Aus Sicht der anwohnenden Bevölkerung ist aus Gründen vor allem des Immissionsschutzes weiterhin die Stellplatzpflicht bedeutsam. Bauliche Anlagen sowie andere Anlagen, bei denen Kraftfahrzeugverkehr zu erwarten ist, dürfen in den meisten Bundesländern nur errichtet werden, wenn auch Stellplätze oder Garagen in ausreichender Zahl, Größe sowie Beschaffenheit hergestellt werden.[381] Die einzurichtende Zahl bestimmt sich anhand der Zahl der zu erwartenden Kraftfahrzeuge.[382]

Gerade bei größeren prostitutiven Einrichtungen, die im überörtlichen Bereich Kundschaft anziehen, ist eine solche Stellplatzpflicht relevant.[383]

ad) Sonstige bauordnungsrechtliche Anforderungen

Selbstverständlich müssen die prostitutiven Einrichtungen auch die sonstigen, hier nicht erörterten bauordnungsrechtlichen Anforderungen erfüllen. Hinzuweisen ist darauf, dass aus bauordnungsrechtlicher Sicht im Besonderen noch, je nach der konkreten Art der prostitutiven Einrichtung, die Anforderungen an Aufenthalts- bzw. Wohnräume zu wahren sind.

---

378 Heintz in: Gädtke/Böckenförde/Temme/Heintz, LBauO NRW, § 13 Rdn. 106.

379 Reichel/Schulte, Handbuch Bauordnungsrecht, 4. Kap. Rdn. 136.

380 Götze in: Hoppenberg/de Witt, Handbuch des Öffentlichen Baurechts, Kap. A V, Rdn. 87; siehe im Einzelnen Reichel/Schulte, Handbuch Bauordnungsrecht, 4. Kap. Rdn. 141 bis 167.

381 Grotefels in: Hoppe/Bönker/Grotefels, Öffentliches Baurecht, § 15 Rdn. 41.

382 Götze in: Hoppenberg/de Witt, Handbuch des öffentlichen Baurechts, Teil A V, Rdn. 130.

383 Beispielhaft VG Darmstadt, Urt. v. 26.06.2012 – 7 K 1187/11, BauR 2013, 129f. (nur LS), juris, Rdn. 49ff.

b) Bauordnungsrechtliche Instrumente

Weiterhin stellt sich die Frage, welche rechtlichen Instrumente die Bauaufsichtsbehörden gegenüber prostitutiven Einrichtungen anwenden können. Hier ist zwischen präventiven und repressiven Mitteln zu unterscheiden.

ba) Präventive Instrumente

Als präventive Instrumente sind die Baugenehmigung, die Genehmigungsfreistellung und der Bauvorbescheid zu nennen.

(1) Allgemeines

Als klassisches Instrument des präventiven Bauordnungsrechts ist die Baugenehmigung zu nennen. Die Baugenehmigung beschränkt die Baufreiheit und ist grundsätzlich vor Beginn der Bautätigkeit einzuholen.[384] Das Genehmigungserfordernis ist ein präventives Verbot mit Erlaubnisvorbehalt.[385] Die Baugenehmigung ist zu erteilen, d.h. es besteht ein Rechtsanspruch auf Erteilung, wenn das Vorhaben mit Bauplanungsrecht, Bauordnungsrecht und sonstigem öffentlichen Recht vereinbar ist.[386]

Eine Art Minus zur Baugenehmigung stellt die Genehmigungsfreistellung dar. Bei diesem Verfahren, das in den Landesbauordnungen verschiedene Bezeichnungen erhalten hat[387], wird das Vorhaben nur angezeigt. Erst nach Ablauf einer bestimmten Zeit, innerhalb derer noch eine Untersagung oder das Verlangen eines Baugenehmigungsverfahrens möglich sind, darf mit der Bauausführung begonnen werden.[388]

Der Bauvorbescheid gibt dem Bauherrn die Möglichkeit, zu einzelnen Fragen des Bauvorhabens bereits vor Stellung des Antrags auf Erteilung der Baugenehmigung eine verbindliche Antwort über die Vereinbarkeit mit öffentlich-rechtlichen Vorschriften zu erhalten.[389] Zur Vermeidung eines ressourcenintensiven Baugenehmigungsverfahrens wird dadurch in der Regel zumeist die Frage, ob die Bebauung des Grundstücks überhaupt möglich ist, einer Klärung zugeführt.[390]

---

384 Stollmann, Öffentliches Baurecht, § 18 Rdn. 3.

385 Grotefels in: Hoppe/Bönker/Grotefels, Öffentliches Baurecht, § 16 Rdn. 13.

386 Stollmann, Öffentliches Baurecht, § 18 Rdn. 4f.

387 Die MBO spricht von Genehmigungsfreistellung, während in Brandenburg die Bezeichnung Bauanzeigeverfahren und in Baden-Württemberg Kenntnisgabeverfahren lautet.

388 Zum Ganzen: Reichel/Schulte Handbuch Bauordnungsrecht, § 14 Rdn. 69.

389 Reichel/Schulte, Handbuch Bauordnungsrecht, 14. Kap. Rdn. 140.

390 Grotefels in: Hoppe/Bönker/Grotefels, Öffentliches Baurecht, § 16 Rdn. 65.

(2) Untersuchungsgegenstand

Bezogen auf den Untersuchungsgegenstand gibt es im Grunde keine spezifischen erörterungsbedürftigen Besonderheiten. Wegen der oft streitigen Frage der bauplanungsrechtlichen Zulässigkeit ist es empfehlenswert, bei streitigen Fällen zunächst ein Bauvorbescheidsverfahren hinsichtlich dieser Frage durchzuführen.

bb) Repressive Instrumente

Neben den dargestellten präventiven Instrumenten hält das Bauordnungsrecht auch verschiedene repressive Mittel bereit, die Baueinstellungsverfügung, die Beseitigungsanordnung und die Nutzungsuntersagung.[391]

(1) Allgemeines

Die Baueinstellungsverfügung ermöglicht es frühzeitig, die weitere Ausführung eines illegalen Vorhabens zu untersagen.[392] Dabei ist insbesondere für Fälle der formellen Illegalität relevant, also für Fälle, in denen ohne vorherigen Erlass einer Baugenehmigung bereits mit der Bauausführung begonnen wird.[393] Denkbar ist auch ein Einschreiten bei materieller Illegalität eines nicht genehmigungsbedürftigen Vorhabens.[394]

Die Beseitigungsanordnung kann wohl als die einschneidendste Maßnahme des Bauordnungsrechts bezeichnet werden. Sie hat den Zweck, einen rechtswidrig geschaffenen Zustand rückgängig zu machen, indem die Anlage zu beseitigen ist.[395] Die Beseitigung darf in der Regel nur dann verfügt werden, wenn das Vorhaben sowohl in formeller wie auch in materieller Hinsicht illegal ist.[396] Außerdem ist erforderlich, dass rechtmäßige Zustände auf eine andere Weise nicht hergestellt werden können.[397]

Als weitere und für den Untersuchungsgegenstand wohl wichtigste Eingriffsmöglichkeit der Baubehörde ist die Nutzungsuntersagung zu nennen. Mit der Be-

391 Daneben ist auch die Erfüllung eines Ordnungswidrigkeitentatbestands denkbar. Die entsprechenden Vorschriften sind: § 84 MBO; § 75 LBO BW; Art. 79 BayBO; § 83 BauO Bln; § 79 BbgBO; § 83 BremBO; § 80 HBauO; § 76 HBO; § 84 LBauO MV; § 91 NBauO; § 84 LBauO NRW; § 89 LBauO RP; § 87 LBauO Saar; § 87 SächsBO; § 83 BauO LSA; § 82 LBauO SH und § 81 ThürBO.

392 Stollmann, Öffentliches Baurecht, § 19 Rdn. 12.

393 Grotefels in: Hoppe/Bönker/Grotefels, Öffentliches Baurecht, § 16 Rdn. 87.

394 Stollmann, Öffentliches Baurecht, § 19 Rdn. 15.

395 Reichel/Schulte, Handbuch Bauordnungsrecht, 15. Kap. Rdn. 301.

396 Stollmann, Öffentliches Baurecht, § 19 Rdn. 23.

397 Grotefels in: Hoppe/Bönker/Grotefels, Öffentliches Baurecht, § 16 Rdn. 91.

seitigungsverfügung hat sie gemeinsam, dass die Anlage baurechtlich illegal sein muss.[398] Von einer Beseitigungsanordnung unterscheidet sie sich aber in einem zentralen Punkt. Ihr Zweck ist es lediglich, die Ausnutzung eines rechtswidrigen Zustands, also die baurechtswidrige Nutzung der baulichen Anlage zu unterbinden, ohne aber die bauliche Anlage als solche zu beseitigen.[399] Gegenüber der Beseitigungsanordnung ist sie also weniger intensiv.

(2) Untersuchungsgegenstand

In der Praxis wird es um die oftmals allein streitige Frage der Zulässigkeit der Art der baulichen Nutzung gehen. Dies belegt bereits eine rein quantitative Analyse der insoweit einschlägigen obergerichtlichen und höchstrichterlichen Rechtsprechung in diesem Bereich.[400] Anfechtungsklagen gegen bauordnungsrechtliche Maßnahmen sind wohl auch die häufigste baurechtliche Rechtsschutzkonstellation in Bezug auf prostitutive Einrichtungen. Aber auch Verpflichtungsklagen zur Erteilung von Baugenehmigungen sind in der Praxis nicht selten.[401]

398 Es ist umstritten, ob die Anlage für eine Nutzungsuntersagung nur formell rechtswidrig sein muss oder ob zusätzlich noch eine materielle Illegalität notwendig ist. Siehe Nachweise dazu bei Stollmann, Öffentliches Baurecht, § 19 Rdn. 18.

399 Reichel/Schulte, Handbuch Bauordnungsrecht, 15. Kap. Rdn. 213.

400 Vgl. bezüglich Nutzungsuntersagungen nur aus jüngeren Zeit: OVG Koblenz, Urt. v. 23.06.2010 – 8 A 10559.10.OVG, GewArch 2010, 370; VGH München, Beschl. v. 02.09.2010 – 14 ZB 10.1461, KommunalPraxis BY 2010, 400 und Beschl. v. 17.10.2012 – 2 CS 12.1835, juris; OVG Koblenz, Beschl. v. 13.07.2010 – 8 A 10623/10, NVwZ-RR 2010, 755; OVG Saarlouis, Beschl. v. 30.06.2009 – 2 B 367/09, NVwZ-RR 2009, 727; OVG Berlin-Brandenburg, Beschl. v. 14.06.2010 – OVG 2 S 15.10, juris; VG Karlsruhe, Beschl. v. 30.07.2009 – 5 K 1631/09, juris; VG München, Beschl. v. 13.02.2012 – M 1 S 12.520, juris und Urt. v. 29.11.2012 – M 11 K 11.3872, juris; VG Neustadt (Weinstraße), Beschl v. 04.07.2012 – 3 L 571/12.NW, BauR 2012, 1834 (nur LS), juris; VG Ansbach, Beschl. v. 02.10.2012 – AN 9 S 12.00822, juris; VG Freiburg, Urt. v. 08.11.2012 – 4 K 912/12, VBlBW 2013, 225 sowie VG Augsburg, Beschl. v. 10.07.2013 – Au 5 S 13.670, juris. Demgegenüber sind Beispiele für Streitigkeiten um Beseitigungsanordnungen und Baueinstellungsverfügungen eher selten (siehe VG Koblenz, Urt. v. 16.06.2005 – 1 K 505/05.KO, juris). Zur Rechtmäßigkeit einer sog. „Kündigungsauflage" neben einer Nutzungsuntersagung: VG Freiburg, Beschl. v. 14.06.2013 – 4 K 529/13, juris, Rdn. 16f.

401 Siehe insoweit nur aus der jüngeren Zeit BVerwG, Urt. v. 20.11.2003 – 4 C 6/02, NVwZ 2004, 743; OVG Münster, Beschl. v. 09.02.2010 – 10 A 471/09, juris; OVG Kassel, Beschl. 07.02.2008 – 3 UZ 473/07, BauR 2009, 636; OVG Bautzen, Beschl. v. 28.06.2010 – 1 A 659/08, BauR 2010, 1637; VG München, Urt. v. 29.11.2012 – M 11 K 11.167, juris und VG Saarlouis, Urt. v. 24.04.2013 – 5 K 473/12, juris.

4. Baunebenrecht

Weiterhin ist noch das Baunebenrecht zu berücksichtigen. Das Baunebenrecht umfasst die Materien des öffentlichen Rechts, die neben dem Bauplanungs- und Bauordnungsrecht spezialgesetzliche Vorschriften enthalten, die bei der Errichtung von Bauvorhaben zu beachten sind.[402] Das Baunebenrecht umfasst eine Vielzahl von Vorschriften des Bundes und der Länder, die hier nicht sämtlich wiedergegeben werden können.[403] Einzelne, vorliegend relevante Rechtsmaterien sollen überblicksartig besprochen werden.

a) Öffentliches Wirtschaftsrecht

Das Öffentliche Wirtschaftsrecht wurde, soweit relevant, bereits unter II. besprochen. Nichtsdestotrotz ist auf die Schnittstellen von Öffentlichem Baurecht und Öffentlichem Wirtschaftsrecht, hier insbesondere auf das Gaststättenrecht, einzugehen. Schließlich enthält § 4 I GastG mit Nr. 2, 2a und 3 auch raumbezogene Elemente. Das Verhältnis von Gaststättenerlaubnis und Baugenehmigung lässt sich wie folgt zusammenfassen: Eine Baugenehmigung hat Bindungswirkung auch für die Gaststättenerlaubnis, soweit es um die Grundstücksnutzung geht. Andererseits steht eine abgelehnte Baugenehmigung der Erteilung einer Gaststättenerlaubnis nicht zwingend entgegen.[404] Dies bedeutet, dass, soweit eine Baugenehmigung erteilt wurde, die Erteilungsvoraussetzungen von § 4 I Nr. 2, 2a und 3 GastG als gegeben anzusehen sind.[405] Außerdem ist zu berücksichtigen, dass auch die Gaststättenverordnungen der übrigen Länder häufig raumbezogene Anforderungen für Gaststättenbetriebe enthalten.[406]

b) Arbeitsschutzrecht

Dem Arbeitsschutzrecht, das aber auch in den allermeisten Bauordnungen einzelne Regelungen erfahren hat, wird im Rahmen dieser Arbeit im Kapitel V. ein eigener Abschnitt gewidmet werden.

402 Reichel/Schulte, Handbuch Bauordnungsrecht, 1. Kap. Rdn. 433.

403 Vgl. die Übersichten bei Reichel/Schulte, Handbuch Bauordnungsrecht, 1. Kap. Rdn. 434f.

404 Zum Ganzen: Huber in: Schoch, Besonderes Verwaltungsrecht, 3. Kap. Rdn. 348; vgl. auch bezüglich des Untersuchungsgegenstands von Galen, Rechtsfragen der Prostitution, Rdn. 476.

405 Metzner, GastG, § 4 Rdn. 350ff. Daneben ist allerdings in den Bundesländern mit eigenem Gaststättengesetz ein Trend dahin erkennbar, von raumbezogenen Erfordernissen abzugehen. Allein Bremen enthält mit § 3 III BremGastG nur eine punktuelle raumbezogene Regelung vor.

406 Siehe z.B. §§ 3f. GastV Bln oder §§ 4ff. GastVO RhPf.

c) Straßenrecht- und Straßenverkehrsrecht

Auf die straßen- und straßenverkehrsrechtlichen Implikationen der Straßenprostitution ist hier aufgrund des Untersuchungsgegenstands nicht einzugehen.[407] Relevant sind die Vorschriften aber auch in Bezug auf die hier betrachtete Materie, insbesondere in Zusammenhang mit den bereits besprochenen Werbeanlagen. In straßenverkehrsrechtlicher Hinsicht ist insoweit auf die Bestimmungen des § 6 I Nr. 3g StVG und § 33 I Nr. 3 StVO hinzuweisen. Auch das Straßenrecht enthält Bestimmungen zu Werbeanlagen und zu sonstigen baulichen Anlagen entlang der Straßen: Hinsichtlich der Bundesfernstraßen ist dies § 9 FStrG, hinsichtlich der sonstigen Straßen gelten die straßenrechtlichen Bestimmungen der Länder.[408]

d) Zweckentfremdungsrecht

Von nur noch historischer Bedeutung ist das Zweckentfremdungsrecht, welches insbesondere nach den Zerstörungen des Zweiten Weltkriegs den knappen Wohnraum vor wohnungsfremden Nutzungen schützen sollte. Mittlerweile ist aber festzustellen, dass viele Bundesländer ihre zweckentfremdungs-rechtlichen Vorschriften aufgehoben haben.[409] Möglicherweise wäre die Frage interessant, wie es sich zweckentfremdungsrechtlich mit einer prostitutiv genutzten Wohnung verhält, jedoch hat sie keine wirkliche praktische Bedeutung mehr und kann daher dahinstehen.

5. Zusammenfassung zu III.

Der Abschnitt zum Öffentlichen Baurecht kann wie folgt zusammengefasst werden:

Prostitutive Einrichtungen sind in bauplanungsrechtlicher Hinsicht im Regelfall als Gewerbebetriebe anzusehen. In bestimmten Fällen können sie als Vergnügungsstätten qualifiziert werden. Eine Anwendung von § 13 BauNVO auf sie muss abgelehnt werden.

Ihre bauplanungsrechtliche Zulässigkeit hängt im Rahmen von § 30 I BauGB vom jeweiligen Plangebiet ab. So sind prostitutive Einrichtungen im allgemei-

407 Vgl. insoweit ausführlich Zimmermann, Die öffentlich-rechtliche Behandlung der Prostitution, S. 273ff.

408 Siehe beispielhaft Art. 23f. BayStrWG, § 24 BbgStrG sowie § 25 StrWG NRW.

409 Zu den verbliebenen Ausnahmen gehören z.B. das BayZwEWG, das HmbWoSchG und das ZwG M-V.

nen und besonderen Wohngebiet nur ausnahmsweise zulässig. Im Mischgebiet, im Kerngebiet und im Gewerbegebiet sind sie im Regelfall allgemein zulässig. Unzulässig sind sie im reinen Wohngebiet und im Industriegebiet. Im Hinblick auf das Dorfgebiet ist die Rechtslage ungeklärt, wobei hier eine Tendenz zur Zulässigkeit gesehen wird.

Im Rahmen von § 34 BauGB ist die bauplanungsrechtliche Zulässigkeit von den Umständen des Einzelfalls abhängig.

Im Außenbereich fallen sie unter die nicht privilegierten Vorhaben nach § 35 II BauGB mit den damit verbundenen Konsequenzen für die planungsrechtliche Zulässigkeit.

Die bauplanungsrechtliche Steuerung ist mit Bebauungsplänen (über § 1 V und IX BauNVO) und Veränderungssperren möglich.

In bauordnungsrechtlicher Hinsicht sind vor allem die bauordnungsrechtliche Generalklausel, die Frage der Außenwerbung und die Stellplatzpflicht bedeutsam.

Von den bauordnungsrechtlichen Eingriffsinstrumenten kommt in Bezug auf prostitutive Einrichtungen in erster Linie die Nutzungsuntersagung in Betracht.

Aus dem Baunebenrecht ist ein besonderes Augenmerk auf das Öffentliche Wirtschaftrecht, das Arbeitsstättenrecht und das Straßenrecht zu legen.

IV. Immissionsschutzrecht

1. Einführung

Als weiteres Rechtsgebiet ist das Immissionsschutzrecht zu untersuchen. Es zielt im Kern auf die Bekämpfung von Lärm und die Reinhaltung der Luft.[410] In rechtssystematischer Hinsicht kann es in die bundesrechtlichen Vorschriften (vor allem das BImSchG und die dazugehörigen BImSchVen), die sich auf die Gesetzgebungskompetenz des Art. 74 I Nr. 24 GG stützen und vor allem den technischen Lärmschutz regeln, und die landesgesetzlichen Bestimmungen, die den verhaltensbedingten Lärm betreffen werden, unterteilt werden.[411] Für den vorliegenden Untersuchungsgegenstand haben die Bestimmungen des Immissionsschutzrechts nur eine untergeordnete Bedeutung, da es weder besondere, auf prostitutive Einrichtungen bezogene Regelungen bereithält noch insbesondere Lärm eine spezifische Problematik der hier in den Blick genommenen Einrichtungen ist.

410 Schmidt/Kahl, Umweltrecht, § 4 Rdn.1.

411 Siehe zur Abgrenzung von anlagen- und verhaltensbezogenem Immissionsschutz: Kloepfer, Umweltrecht, § 14 Rdn. 352f.

2. Regulierung durch Bundesrecht

Den Anfang in der Betrachtung machen die Bestimmungen des BImSchG und der dazugehörigen Rechtsverordnungen.

a) Anlagenbegriff und Art der Anlage

Vor einer Darstellung der in Betracht kommenden rechtlichen Instrumente ist in einem ersten Schritt zu klären, ob eine prostitutive Einrichtung überhaupt eine Anlage i.S.d. BImSchG und, falls ja, ob sie eine genehmigungsbedürftige oder nicht genehmigungsbedürftige Anlage ist.

aa) Anlagenbegriff

Zunächst ist also fraglich, ob die prostitutive Einrichtung dem Anlagenbegriff des § 3 BImSchG unterfällt. Hiernach sind Anlagen im Sinne des BImSchG Betriebsstätten und sonstige ortsfeste Einrichtungen (Nr. 1), Maschinen, Geräte und sonstige ortsveränderliche technische Einrichtungen sowie Fahrzeuge, soweit sie nicht der Vorschrift des § 38 BImSchG unterfallen (Nr. 2), sowie Grundstücke, auf denen Stoffe gelagert oder abgelagert oder Arbeiten durchgeführt werden, die Emissionen verursachen können, ausgenommen öffentliche Verkehrswege (Nr. 3).

Vorliegend kommt allein die Nr. 1 in Betracht. Einrichtungen in diesem Sinne sind Räume, Flächen oder bewegliche Sachen, die zur Umsetzung unternehmerischer oder betrieblicher Zwecke benötigt werden.[412] Ortsfest ist die Anlage, wenn sie aufgrund ihrer Art oder Konstruktion an ihren Standort gebunden ist, im Normalfall also nicht bewegt werden soll.[413] Prostitutive Einrichtungen fallen danach in jedem Falle unter diesen weiten Anlagenbegriff des § 3 V Nr. 1 BImSchG, da es sich bei ihnen um ortsfeste Räume handelt, die gewerblichen Zwecken dienen.[414]

ab) Art der Anlage

Nun ist in einem zweiten Schritt zu klären, ob es sich um eine genehmigungsbedürftige oder eine nicht genehmigungsbedürftige Anlage handelt.

412 Kotulla in: Kotulla, BImSchG, § 3 Rdn. 66.

413 Jarass, BImSchG, § 3 Rdn. 69.

414 Vgl. insoweit auch die diversen Beispiele von Jarass, BImSchG, § 3 Rdn. 71, nach denen sogar Büro- und Verwaltungsgebäude von dem Begriff erfasst sind.

Nach § 4 I 1 BImSchG bedürfen die Errichtung und der Betrieb der Anlagen, die aufgrund ihrer Beschaffenheit oder ihres Betriebs in besonderem Maße geeignet sind, schädliche Umwelteinwirkungen hervorzurufen oder in anderer Weise die Allgemeinheit oder die Nachbarschaft zu gefährden, erheblich zu benachteiligen oder zu belästigen, einer Genehmigung. Nach S. 3 werden die genehmigungsbedürftigen Anlagen im Einzelnen durch eine Rechtsverordnung, die 4. BImSchV, bestimmt.

Die Frage, ob eine prostitutive Einrichtung nach § 4 I 1 BImSchG i.V.m. § 1 I 4. BImSchV i.V.m. dem Anhang zur 4. BImSchV genehmigungsdürftig ist, ist zu verneinen. Die Auflistung der genehmigungsbedürftigen Anlagen im Anhang enthält keine Anlage, die auch nur ansatzweise einer prostitutiven Einrichtung nahekommen würde.

Mithin handelt es sich um nicht genehmigungsbedürftige Anlagen nach den §§ 22ff. BImSchG.

b) Behördliche Eingriffsmöglichkeiten

Da die nicht genehmigungsbedürftige Anlage bereits qua definitione keiner Genehmigung bedarf, findet eine präventive Kontrolle in einem Genehmigungsverfahren nicht statt. Die zuständige Behörde kann über die Anordnung im Einzelfall (§ 24 BImSchG) und die Untersagung (§ 25 BImSchG) die Beachtung der Betreiberpflichten sicherstellen. Dreh- und Angelpunkt dieser Pflichten ist die Vorschrift des § 22 I BImSchG. Nach dieser Regelung sind nicht genehmigungsbedürftige Anlagen u.a. so zu errichten und zu betreiben, dass schädliche Umwelteinwirkungen verhindert werden, die nach dem Stand der Technik vermeidbar sind (Nr. 1) und nach dem Stand der Technik unvermeidbare schädliche Umwelteinwirkungen auf ein Mindestmaß beschränkt werden (Nr. 2).

In Bezug auf prostitutive Einrichtungen ist nur die Frage des von ihnen ausgehenden Lärms relevant, wobei es in der Sache ähnlich wie bei Gaststätten vor allem um den von den Gästen verursachten Lärm geht. Sicherlich ist wegen der spezifischen Betriebsabläufe die Problematik der Schankvorgärten o.ä. kein Problem der prostitutiven Einrichtung, gerade aber bei größeren Betrieben dieser Art ergeben sich Probleme durch den durch Zu- und Abfahrt bzw. Zu- und Weggang verursachten Gästelärm.[415] Je nach Betriebsablauf der fraglichen Einrichtung sind daneben weitere Lärmimmissionen z.B. in Form von lauter Musik (etwa bei solchen Einrichtungen, in denen auch Tanzdarbietungen stattfinden) oder – was eher den Einzelfall bilden dürfte – von gewöhnlichen Küchengeräuschen denkbar. Es erscheint wegen der ähnlichen Problemstellung sinnvoll, in Bezug auf

415 Vgl. für die Gaststätten: Metzner, GastG, § 4 Rdn. 261 und 270.

die Betreiberpflichten des § 22 BImSchG die prostitutive Einrichtung ähnlich wie einen Gaststättenbetrieb zu behandeln. Die immissionsschutzrechtlichen Betreiberpflichten werden in Bezug auf den Untersuchungsgegenstand, da keine der BImSchVen eingreift, vor allem maßgeblich durch die Bestimmungen der TA Lärm konkretisiert.[416] Daneben ist zu erwägen, noch auf die Bestimmungen der Freizeitlärm-Richtlinie der LAI abzustellen. Dies ist aber nicht möglich, da sie auf Gaststätten und damit auch auf prostitutive Einrichtungen keine Anwendung finden können.[417]

ba) Anordnungen im Einzelfall nach § 24 BImSchG

Die Durchsetzung der Betreiberpflichten ist im ersten Schritt durch § 24 S. 1 BImSchG möglich. Danach kann die zuständige Behörde im Einzelfall die zur Durchführung des § 22 BImSchG erforderlichen Anordnungen treffen. Denkbar wäre es, etwa in Bezug auf den Verkehrslärm anzuordnen, dass das Personal in den Nachtstunden vor dem Betrieb die Ruhe sicherzustellen hat oder dass die Betriebszeiten zu beschränken sind.[418] In Fällen von lauter Musik wäre es möglich anzuordnen, dass der Türbereich der prostitutiven Einrichtung so zu gestalten ist, dass dieser Lärm nicht nach außen dringt.

Im Hinblick auf das Konkurrenzverhältnis zu anderen Rechtsvorschriften ist darauf hinzuweisen, dass § 24 BImSchG neben anderen Rechtsvorschriften mit gleichem Regelungsinhalt steht, sofern sich aus der anderen Rechtsvorschrift nichts anderes ergibt.[419] Dies bedeutet, dass in den Fällen, in denen eine prostitutive Einrichtung zugleich eine Gaststätte ist, neben einer Anordnung nach § 24 S. 1 BImSchG auch eine Auflage gemäß § 5 I Nr. 3 GastG möglich wäre.

Die vorsätzliche oder fahrlässige Zuwiderhandlung gegen eine Anordnung nach § 24 BImSchG stellt § 62 I Nr. 5 BImSchG eine Ordnungswidrigkeit dar.

---

416 Allgemein zur Abgrenzung der Rechtsverordnungen zur TA Lärm: Jarass, BImSchG, § 22 Rdn. 47; siehe für die Anwendung der TA Lärm auf Gaststätten: BVerwG, Beschl. v. 09.04.2003 – 6 B 12/03, GewArch 2003, 300 (301) und Beschl. v. 18.05.2009 – 8 B 13/09, juris, Rdn. 4.

417 Siehe Ketteler, DVBl. 2008, 220 (223), der darauf hinweist, dass für Freiluftgaststätten die TA Lärm nicht gilt, so dass die Freizeitlärm-Richtlinie einen geeigneten Prüfungsmaßstab bilden könnte. Diese Problematik ist aber für den hiesigen Gegenstand ohne Belang.

418 Siehe nur beispielhaft für entsprechende, auf § 5 I Nr. 3 GastG gestützte Anordnungen: OVG Bautzen, Beschl. v. 10.06.2010 – 3 B 431/09, juris sowie VGH München, Beschl. v. 30.06.2011 – 22 CS 11.902, juris.

419 Kotulla in: Kotulla, BImSchG, § 24 Rdn. 10.

bb) Untersagung nach § 25 BImSchG

Ist die Anordnung nach § 24 S. 1 BImSchG nicht erfolgreich, ist eine Untersagung nach § 25 BImSchG möglich, wobei im Hinblick auf prostitutive Einrichtungen im Regelfall die Untersagungsnorm des § 25 I BImSchG eingreifen wird. Nach dieser Norm kann die zuständige Behörde den Betrieb der Anlage ganz oder teilweise bis zur Erfüllung der Anordnung nach § 24 S. 1 untersagen, wenn ihr Betreiber dieser nicht nachkommt. Die Untersagung nach Abs. I steht im behördlichen Ermessen, wobei vor allem wegen der einschneidenden Wirkung der Untersagung dem Gebot der Verhältnismäßigkeit ein besonderes Gewicht zukommt.[420] Wird die Anlage trotz der Untersagung vorsätzlich oder fahrlässig betrieben, so stellt dies eine Ordnungswidrigkeit dar (§ 62 I Nr. 6 BImSchG).

Der Betrieb einer prostitutiven Einrichtung kann nach Abs. Ia nicht untersagt werden, da sie offensichtlich nicht unter die Seveso-II-Richtlinie (Richtlinie 96/82/EG) fällt. Auch eine Untersagung nach § 25 II BImSchG kommt nur in Ausnahmefällen in Betracht. Dafür müssten nämlich die von der Einrichtung hervorgerufenen schädlichen Umwelteinwirkungen das Leben oder die Gesundheit von Menschen oder bedeutende Sachwerte konkret gefährden.

In den bereits angedeuteten Ausnahmefällen kann die im Regelfall vorzunehmende Untersagung nach § 25 II BImSchG beispielhaft nur dann in Betracht kommen, wenn die von der prostitutiven Einrichtung ausgehenden Lärmbelastungen Krankheitszustände hervorgerufen haben.[421]

3. Regulierung durch Landesrecht

Von geringerer Bedeutung für den Untersuchungsgegenstand sind die nun darzustellenden landesgesetzlichen Bestimmungen zum Immissionsschutz, wobei die Darstellung exemplarisch anhand der Regelungen des Stadtstaates Berlin und des Flächenstaates Brandenburg erfolgt.

---

420 Porger in: Kotulla, BImSchG, § 25 Rdn. 14f.

421 Z.B. Schlafstörungen (siehe BVerwG, Urt. v. 24.09.1992 – 7 C 6/92, BVerwGE 91, 92 [93]). Siehe zur Untersagung eines Diskothekenbetriebs wegen Lärmbelastungen: OVG Berlin-Brandenburg, Beschl. v. 08.06.2010 – OVG 11 S 15.10, juris.

a) Landes-Immissionsschutzgesetz Berlin

Aus dem LImSchG Bln, das nach § 1 I auch für nicht genehmigungsbedürftige Anlagen nach § 22 BImSchG gilt, sind in Ergänzung zu den Bestimmungen des BImSchG hier mehrere Vorschriften relevant.[422]

Zunächst ist es nach §§ 3f. LImSchG Bln untersagt, Lärm zu verursachen, der die Nacht- bzw. Sonn- und Feiertagsruhe stört. In Bezug auf prostitutive Einrichtungen ist dabei weder die Norm des § 6 II LImSchG Bln, die diese Verbote einschränkt, einschlägig, noch ist insoweit die Zulassung von Ausnahmen nach § 10 I LImSchG Bln denkbar. Nach § 10 I LImSchG Bln kann zwar die zuständige Behörde für den Betrieb von Anlagen auf Antrag Ausnahmen von den Verboten der §§ 3 bis 5 LImSchG Bln zulassen, wenn die Störung unbedeutend ist oder das Vorhaben Vorrang vor dem Ruheschutzinteresse Dritter hat. Gerade die letzte Tatbestandsalternative ist nur schwerlich denkbar. Es ist nämlich kein Fall ersichtlich, in dem der von einer prostitutiven Einrichtung ausgehende Lärm Vorrang vor etwaigen Ruheschutzinteressen haben könnte. Daneben hält das LImSchG Bln mit § 12 auch eine mit der Vorschrift des § 24 S. 1 BImSchG vergleichbare Rechtsgrundlage für behördliche Eingriffe bereit. § 15 LImSchG Bln enthält eine Vorschrift über Ordnungswidrigkeiten.

b) Landesimmissionsschutzgesetz Brandenburg

Die Rechtslage in Brandenburg ist ähnlich. Mit § 10 I enthält das LImSchG Bbg eine mit § 3 LImSchG Bln vergleichbare Regelung. Der Schutz der Feiertagsruhe wird in Brandenburg durch § 3 II FTG sichergestellt. Auch hier ist eine Ausnahme von dem Ruhegebot nur schwerlich denkbar. Nach der entsprechenden Norm des § 10 III 1 LImSchG Bbg sind Ausnahmen im Ermessen der zuständigen Behörde denkbar, soweit die Ausübung der Tätigkeit während der Nachtzeit im öffentlichen Interesse oder einem besonderen überwiegenden Interesse eines Beteiligten geboten ist. Dergleichen ist in Bezug auf eine prostitutive Einrichtung nur schwerlich denkbar. Gleiches gilt für die noch strengere Vorschrift zur Zulassung von Ausnahmen von den Vorschriften über die Sonn- und Feiertagsruhe in § 8 FTG. § 15 S. 1 LImSchG Bbg ermöglicht wie § 24 S. 1 BImSchG behördliche Anordnungen. Eine Ordnungswidrigkeitenvorschrift enthält § 23 LImSchG.

---

422 Siehe zu der streitigen, aber wohl herrschend bejahten Frage, ob anlagenbezogene landesrechtliche Regelungen überhaupt zulässig sind: Sparwasser/Engel/Voßkuhle, Umweltrecht, § 10 Rdn. 261.

4. Zusammenfassung zu IV.

Die Ergebnisse zum Immissionsschutzrecht lassen sich wie folgt zusammenfassen:

Prostitutive Einrichtungen sind nicht genehmigungsbedürftige Anlagen im Sinne des BImSchG.

In der Praxis geht es hierbei vor allem um den Schutz vor den von ihnen ausgehenden Lärmimmissionen. Für die Erfüllung der maßgeblichen Betreiberpflichten nach § 22 I BImSchG kommt es insoweit im Schwerpunkt auf die TA Lärm an.

Die maßgeblichen Eingriffsinstrumente sind die Anordnung im Einzelfall (§ 24 BImSchG) und die Untersagung (§ 25 BImSchG).

Im geringeren Umfang spielt auch das Immissionsschutzrecht der Länder eine Rolle für den Betrieb von prostitutiven Einrichtungen, wobei hiernach Ausnahmen von den Vorschriften über die Nachtruhe bzw. Sonn- und Feiertagsruhe nur schwerlich denkbar sind.

V. Arbeitsschutzrecht

1. Einführung

Bedeutsam für den Untersuchungsgegenstand sowohl im Hinblick auf die räumliche Beschaffenheit der prostitutiven Einrichtung als auch in Bezug auf die Rechtsstellung der in ihr Beschäftigten sind die Vorschriften des Arbeitsschutzrechts. Dieses Rechtsgebiet lässt sich zwar nicht vollumfänglich dem Öffentlichen Recht zuordnen, jedoch hat es insoweit, als dass die einschlägigen gesetzlichen Bestimmungen Rechtsgrundlagen für behördliche Eingriffe enthalten, auch einen öffentlich-rechtlichen Charakter. Zweck des Arbeitsschutzrechts ist der Erhalt und die Förderung der Gesundheit der Beschäftigten, die durch Arbeitsunfälle einerseits sowie durch arbeitsbedingte Erkrankungen andererseits beeinträchtigt werden kann.[423] Von den Bestimmungen des Arbeitsschutzrechts sind für die Untersuchung vor allem die mehr öffentlich-rechtlich geprägten Vorschriften des ArbSchG und der ArbStättV relevant.[424]

423 Pieper/Vorath, Handbuch Arbeitsschutz, S. 19f.

424 Die gleichfalls dem Arbeitsschutzrecht im weiteren Sinne zuzurechnenden Vorschriften des MuSchG, des ArbZG und des BUrlG bleiben wegen ihres arbeits- und damit zivilrechtlichen Charakters außen vor. Es kann auf die Darstellung von Galens, Rechtsfragen der Prostitution, Rdn. 189ff. Bezug genommen werden.

2. Arbeitsschutzgesetz

Das ArbSchG dient nach seinem § 1 I 1 dazu, Sicherheit und Gesundheitsschutz der Beschäftigten bei der Arbeit durch Maßnahmen des Arbeitsschutzes zu sichern und zu verbessern.

a) Die prostitutive Einrichtung als Betrieb

Zunächst ist zu problematisieren, ob eine prostitutive Einrichtung überhaupt ein Betrieb i.S.d. ArbSchG sein kann.

Unter Betrieb i.d.S. wird die technisch-organisatorische Einheit verstanden, innerhalb derer ein Arbeitgeber allein oder mit seinen Arbeitnehmern mit Hilfe von technischen oder immateriellen Mitteln bestimmte arbeitstechnische Zwecke fortgesetzt verfolgt, die sich nicht in der Befriedigung von Eigenbedarf erschöpfen.[425]

Unter diesen sehr weiten Betriebsbegriff lässt sich dem Grunde nach auch eine prostitutive Einrichtung subsumieren.[426] Jedoch ist dieses Ergebnis in Bezug auf solche Einrichtungen in Wohnräumen unter zwei Gesichtspunkten erörterungsbedürftig. Zum einen könnte man auf den Gedanken kommen, sie über § 1 II 1 ArbSchG vom Anwendungsbereich des ArbSchG auszunehmen. Danach gilt das Gesetz nicht für den Arbeitsschutz von Hausangestellten in privaten Haushalten. Dies ist aber nicht anzunehmen. Der Begriff der Hausangestellten bedeutet nach seinem wesentlichen Bedeutungsgehalt in der Sache etwas ganz anderes als Beschäftigte, die in einer prostitutiven Einrichtung tätig sind. Der Begriff umfasst vielmehr Berufsbilder wie Hausmädchen, Wirtschafter, Gärtner, Hausköche, Privatchauffeure u.ä. Zum anderen stellt sich die Frage, ob nicht in einer derartigen Art von prostitutiver Einrichtung Tätige als Heimarbeiter anzusehen sind, so dass ihr Arbeitsschutz durch das HAG sichergestellt wird.[427] Auch dies ist zu verneinen, da das HAG – wie etwa aus § 2 II und IV HAG ersichtlich wird – vor allem die Herstellung, Bearbeitung oder Verpackung von Waren in der eigenen Wohnung oder Betriebsstelle schützen soll.[428]

---

425 Kittner/Pieper, ArbSchG, § 2 Rdn. 27.

426 Ausdrücklich Kollmer in: Kollmer/Klindt, ArbSchG, § 1 ArbSchG Rdn. 57.

427 Allgemein: Kittner/Pieper, ArbSchG, § 2 Rdn. 18.

428 Schmidt/Koberski/Tiemann/Wascher, HAG, § 2 Rdn. 11. Mit dem gleichen Ergebnis, jedoch gestützt auf die fehlende Eigenschaft als Gewerbe: von Galen, Rechtsfragen der Prostitution, Rdn. 291ff.

Voraussetzung ist aber mit Blick auf die Definition des Betriebs und den Schutzzweck des Arbeitsschutzgesetzes, nämlich dem Schutz der Beschäftigten[429], dass Beschäftigte i.S.d. Gesetzes vorhanden sind.

Damit ist die prostitutive Einrichtung unter der genannten Voraussetzung als Betrieb anzusehen.

b) Grundsätze und Grundpflichten gemäß §§ 3f. ArbSchG

Zunächst formen die Bestimmungen der §§ 3f. ArbSchG die Grundsätze und Grundpflichten des Arbeitsschutzes aus.

Nach § 3 I 1 ArbSchG ist der Arbeitgeber verpflichtet, die erforderlichen Maßnahmen des Arbeitsschutzes unter Berücksichtigung der Umstände zu treffen, die die Sicherheit und Gesundheit der Beschäftigten bei der Arbeit beeinflussen. Nach S. 2 hat er die Maßnahmen auf ihre Wirksamkeit zu überprüfen und erforderlichenfalls sich ändernden Gegebenheiten anzupassen, wobei er eine Verbesserung von Sicherheit und Gesundheitsschutz der Beschäftigten anzustreben hat (S. 3). Abs. II regelt die grundlegenden Modalitäten von Planung und Durchführung sowie Abs. III die Kostentragung.

§ 4 ArbSchG nennt verschiedene allgemeine Grundsätze, von denen der Arbeitgeber bei Maßnahmen des Arbeitsschutzes auszugehen hat. Die spezifischen Gefahren einer Tätigkeit in einer prostitutiven Tätigkeit bestehen vor allem in Gefahren für die Gesundheit der Beschäftigten durch übertragbare Krankheiten jeder Art. Damit erlangen vor allem die Grundsätze der Nr. 1, 2, 3, 5 und 7 eine besondere Bedeutung für die hier untersuchten Betriebe.

Von den Grundpflichten und Grundsätzen der §§ 3f. ArbSchG ausgehend sind in Bezug auf prostitutive Einrichtungen diverse Maßnahmen des Arbeitsschutzes denkbar. So kann bereits durch die Ausstattung und Gestaltung der Innenräume durch verschiedene Hygienemaßnahmen einer etwaigen Übertragung von Krankheiten vorgebeugt werden. Beispielhaft ist etwa die Verwendung von leicht desinfizierbaren Oberflächen (insbesondere von solchen, bei denen die Wahrscheinlichkeit des Kontakts mit Körperflüssigkeiten sehr hoch ist) oder entsprechender Bettwäsche denkbar. Durch entsprechende Weisungen an die die Beschäftigten können besonders gesundheitsgefährdende Praktiken untersagt oder die Benutzung von Kondomen angeordnet werden.[430] Zudem ist Gesundheits-

429 Kollmer in: Kollmer/Klindt, ArbSchG, § 1 Rdn. 23f.

430 Für das letztere plädiert auch Budde, Die Auswirkungen des Prostitutionsgesetzes auf die Sozialversicherung, S. 180. Siehe auch die detaillierten Überlegungen von Giese in: BMFSFJ, Regulierung von Prostitution und Prostitutionsstätten, S. 47.

schutz dadurch möglich, dass den Beschäftigten entsprechende Hygieneartikel und -einrichtungen sowie Verhütungsmittel zur Verfügung gestellt werden.

c) Arbeitsmedizinische Vorsorge nach § 11 ArbSchG

Mit Blick auf die spezifischen Gesundheitsgefahren der prostitutiven Tätigkeit erlangt die arbeitsmedizinische Vorsorge nach § 11 ArbSchG eine besondere Bedeutung. Danach hat der Arbeitgeber den Beschäftigten auf ihren Wunsch – unbeschadet der Pflichten aus anderen Rechtsvorschriften – zu ermöglichen, sich je nach den Gefahren für ihre Sicherheit und Gesundheit bei der Arbeit regelmäßig arbeitsmedizinisch untersuchen zu lassen. Die entsprechenden Kosten trägt der Arbeitgeber (§ 3 III ArbSchG). In diesem Zusammenhang ist darauf hinzuweisen, dass die Verwendung von Kondomen nicht dazu führt, dass i.S.v. § 11 ArbSchG a.E. nicht mit einem Gesundheitsschaden zu rechnen ist.[431]

d) Unterweisung nach § 12 ArbSchG

Zugleich ist aus denselben Gründen auch die Unterweisung nach § 12 I ArbSchG relevant. Der Arbeitgeber hat danach die Beschäftigten über Sicherheit und Gesundheitsschutz bei der Arbeit während ihrer Arbeitszeit ausreichend und angemessen zu unterweisen (S. 1). Die Unterweisung muss dabei nach S. 2 Anweisungen und Erläuterungen umfassen, die eigens auf den Arbeitsplatz oder den Aufgabenbereich der Beschäftigten ausgerichtet sind. In Bezug auf die Beschäftigten der prostitutiven Einrichtung ist danach etwa eine Unterweisung – auch über im Einzelfall bereits vorhandene Kenntnisse hinaus – über (sexuell) übertragbare Krankheiten und den wirksamen Schutz davor denkbar.

e) Pflichtenstellung der Beschäftigten gemäß §§ 15f. ArbSchG

Mit den Pflichten des Arbeitgebers korrespondieren auch Pflichten und Rechte der Beschäftigten. So trifft sie nach § 15 I 1 ArbSchG etwa die Pflicht, nach ihren Möglichkeiten sowie gemäß der Unterweisungen und Weisungen des Arbeitgebers für ihre Sicherheit und Gesundheit bei der Arbeit Sorge zu tragen. Sie haben nach S. 2 auch die Pflicht, für die Sicherheit und Gesundheit der Personen zu sorgen, die von ihren Handlungen oder Unterlassungen bei der Arbeit betroffen

---

431 Von Galen, Rechtsfragen der Prostitution, Rdn. 186. Kittner/Pieper, ArbSchG, § 11 Rdn. 6 weisen im Übrigen darauf hin, dass es an sich einen Betrieb ohne Gefährdungen gar nicht gibt.

sind. Diese letzte Pflicht betrifft in Bezug auf den Untersuchungsgegenstand vor allem die Kunden der prostitutiven Einrichtung.[432]

f) Behördliche Befugnisse nach § 22 ArbSchG

§ 22 ArbSchG gibt den Arbeitsschutzbehörden verschiedene Eingriffsbefugnisse an die Hand, den Arbeitsschutz zu überwachen und durchzusetzen. Abs. I begründet eine Auskunftspflicht, Abs. II ermöglicht eine Nachschau usw. in den Betriebsräumen. Zentral ist indes die Rechtsgrundlage des § 22 III ArbSchG. Die zuständige Behörde kann nach dieser Regelung anordnen, welche Maßnahmen der Arbeitgeber und die verantwortlichen Personen oder die Beschäftigten zur Erfüllung der sich aus dem ArbSchG und den dazugehörigen Rechtsverordnungen ergebenden Pflichten (Nr. 1) und welche Maßnahmen der Arbeitgeber und die verantwortlichen Personen zur Abwendung einer besonderen Gefahr für Leben und Gesundheit der Beschäftigten (Nr. 2) zu treffen haben. Insbesondere durch Nr. 1 können Maßnahmen zum Gesundheitsschutz in der prostitutiven Einrichtung angeordnet werden, z.B. bestimmte Hygienemaßnahmen zu treffen oder bestimmte Reinigungszyklen im Betrieb zu beachten.[433] Wird eine Anordnung nach S. 1 nicht befolgt, ist nach § 22 III 3 ArbSchG auch eine Untersagung der fraglichen Tätigkeit möglich.

g) Sanktionsmöglichkeiten

Wird einer Anordnung nach § 22 III ArbSchG vorsätzlich oder fahrlässig zuwidergehandelt, so stellt dies nach § 25 I Nr. 2 ArbSchG eine Ordnungswidrigkeit dar. Außerdem ist in schwereren Fällen auch eine Strafbarkeit nach § 26 ArbSchG denkbar.

3. Arbeitsstättenverordnung

Den zweiten Teil des hier relevanten Arbeitsschutzrechts bildet die ArbStättV. Sie dient ausweislich ihres § 1 I der Sicherheit und dem Gesundheitsschutz der Beschäftigten beim Einrichten und Betreiben von Arbeitsstätten.

---

432 Vgl. Heilmann/Aufhauser, ArbSchG, § 15 Rdn. 4.

433 Siehe auch die Beispiele in Heilmann/Aufhauser, ArbSchG, § 22 Rdn. 1.

a) Die prostitutive Einrichtung als Arbeitsstätte

Zunächst ist wiederum zu klären, ob die prostitutive Einrichtung als Arbeitsstätte anzusehen ist, unter den Anwendungsbereich der ArbStättV fällt.

Nach der Legaldefinition des § 2 I ArbStättV sind Arbeitsstätten Orte in Gebäuden oder im Freien, die sich auf dem Gelände eines Betriebs oder einer Baustelle befinden und die zur Nutzung für Arbeitsplätze vorgesehen sind (Nr. 1) oder andere Orte in Gebäuden oder im Freien, die sich auf dem Gelände eines Betriebs oder einer Baustelle befinden und zu denen Beschäftigten im Rahmen ihrer Arbeit Zugang haben (Nr. 2).

Unter Zugrundelegung dieser sehr weiten Begriffsbestimmung ist auch unter der Voraussetzung, dass dort Beschäftigte vorhanden sind[434] die prostitutive Einrichtung als Arbeitsstätte anzusehen.[435]

b) Allgemeine Pflichten nach § 3a ArbStättV

§ 3a I ArbStättV nennt zunächst in Form einer Generalklausel die allgemeinen Anforderungen an Arbeitsstätten. Hiernach hat der Arbeitgeber dafür zu sorgen, dass Arbeitsstätten so eingerichtet und betrieben werden, dass von ihnen keine Gefährdungen für die Sicherheit und die Gesundheit der Beschäftigten ausgehen. Diese Anforderungen werden durch die Nr. 1 bis 3 des Anhangs zur ArbStättV näher konkretisiert. Spezifisch für den Untersuchungsgegenstand relevante Anforderungen für Einrichtung oder Betrieb finden sich dort nicht.

c) Besondere Anforderungen nach § 4 ArbStättV

Im Hinblick auf die besonderen Anforderungen nach § 4 ArbStättV ist wegen der aufgezeigten gesundheitlichen Gefährdungen vor allem Abs. II zu beachten. Nach § 4 II 1 ArbStättV hat der Arbeitgeber die Pflicht, für eine den hygienischen Erfordernissen entsprechende Reinigung der Arbeitsstätte zu sorgen. Nach S. 2 sind Verunreinigungen und Ablagerungen, die zu Gefährdungen führen können, unverzüglich zu beseitigen. Der Umfang und die Häufigkeit bestimmen sich dabei grundsätzlich nach den hygienischen Erfordernissen in der Arbeitsstätte.[436] Mithin ist wegen der Besonderheit der Betriebsabläufe in einer prostitutiven Einrichtung in den Räumen, in denen es zu Intimkontakt kommt, und in den Sanitär-

---

434 Kollmer, ArbStättV, § 1 ArbStättV Rdn. 4.

435 So auch von Galen, Rechtsfragen der Prostitution, Rdn. 187, die auf eine entsprechende Anerkennung durch das ProstG verweist.

436 Kollmer, ArbStättV, § 4 Rdn. 12.

räumen eine mindestens tägliche Reinigung durchaus angezeigt. Im Einzelfall ist auch eine Maßnahme nach S. 2 vorzunehmen.

d) Sanitärräume, Umkleideräume sowie Pausen- und Bereitschaftsräume (§ 6 ArbStättV)

Relevant ist aus verschiedenen Gründen auch die Vorschrift des § 6 ArbStättV. Wegen der Art der Tätigkeit müssen in der prostitutiven Einrichtung auch Sanitärräume nach § 6 II 2 ArbStättV vorgesehen sein. Je nach Einzelfall müssen auch geeignete Umkleideräume zur Verfügung gestellt werden (§ 6 II 3 ArbStättV). Die in der Einrichtung beschäftigten Personen tragen schließlich eine „besondere Arbeitskleidung". Daneben muss die prostitutive Einrichtung gemäß § 6 III 1 ArbStättV einen Pausenraum dann haben, wenn sie mehr als zehn Beschäftigte hat. Darüber hinaus ist zu erwägen, ob nicht auch bei kleineren Betrieben aus Sicherheits- und Gesundheitsgründen ein Pausenraum erforderlich ist.[437]

e) Behördliche Befugnisse

Die behördlichen Befugnisse zur Durchsetzung der Regelungen ergeben sich vor allem aus dem bereits erörterten § 22 ArbSchG.[438] § 22 III 1 Nr. 1 ArbSchG etwa adressiert auch die aufgrund des ArbSchG ergangenen Rechtsverordnungen, zu denen auch die ArbStättV gehört.

f) Sanktionsmöglichkeiten

Außerdem ist wiederum über eine Reglementierung über die Ordnungswidrigkeiten- und Strafvorschriften der §§ 25f. ArbSchG sowie des § 9 ArbStättV möglich.

4. Zusammenfassung zu V.

Der Abschnitt zum Arbeitsschutzrecht kann kurz wie folgt resümiert werden:

437 Die insoweit in der Literatur genannten Gründe (siehe Pieper, ArbSchR, § 6 ArbStättV Rdn. 13) lassen sich auch auf die hier untersuchte Tätigkeit übertragen. So arbeiten prostitutiv Tätige in Räumen, zu denen naturgemäß auch Dritte Zugang haben (sollen).

438 Pieper, ArbStättV, Vor § 1 Rdn. 9f.

Prostitutive Einrichtungen sind Betriebe im Sinne des ArbSchG. Die arbeitsschutzrechtlichen Grundsätze und Grundpflichten nach §§ 3f. ArbSchG zeitigen daher auch für sie Wirkung. Besonders relevant sind die arbeitsmedizinische Vorsorge nach § 11 ArbSchG und die Unterweisung gemäß § 12 ArbSchG.

Gleichfalls sind prostitutive Einrichtungen Arbeitsstätten im Sinne der ArbStättV. Gerade die besonderen Anforderungen der §§ 4 und 6 ArbStättV sind daher zu beachten.

Behördliche Eingriffe zur Sicherstellung der Pflichten aus dem ArbSchG und der ArbStättV sind über § 22 ArbSchG möglich.

VI. Gesundheitsrecht

1. Einführung

Die Bedeutung des Gesundheitsrechts für den Untersuchungsgegenstand leitet sich aus dem Umstand ab, dass prostitutiv tätige Personen in erhöhtem Maße dem Risiko der eigenen sowie der Ansteckung dritter Personen mit sexuell übertragbaren Krankheiten ausgesetzt sind.[439] Gesundheitsrechtliche Vorschriften wurden in der Vergangenheit bereits für die behördliche Reglementierung der prostitutiven Tätigkeit verwendet, beispielhaft sei hier das bereits erwähnte GeschlKrG genannt.[440] In Zusammenhang mit dem Auftreten von AIDS in den 1980er-Jahren wurde in der rechtspolitischen Debatte um die Bekämpfung der Krankheit massiven Eingriffen mit gesundheitsrechtlichen Vorschriften das Wort geredet.[441]

Das in diesem Abschnitt zu besprechende Gesundheitsrecht umfasst nur das IfSG, das seit dem SeuchRNeuG die für den Umgang mit sexuell übertragbaren Krankheiten relevanten Vorschriften beinhaltet. Die in einem weiteren Sinne gleichfalls zum Gesundheitsrecht gehörigen Vorschriften über die gesetzliche Krankenversicherung werden im Abschnitt zum Sozialrecht besprochen. Die für den Untersuchungsgegenstand relevanten Instrumentarien und Rechtsprobleme des Infektionsschutzrechts werden dargestellt und erörtert, wobei zwischen Maßnahmen zur Verhütung und zur Bekämpfung unterschieden wird.

---

439 Eine Bestimmung des Begriffs der sexuell übertragbaren Krankheit lässt sich positiv dem Gesetz nicht entnehmen und bedarf sogleich noch der näheren Klärung.

440 Siehe im Einzelnen: Laskowski, Die Ausübung der Prostitution, S. 66f.

441 Siehe nur Gauweiler, ZRP 1989, 85 (88f.) mit seinem Vorschlag, entsprechend infizierte Personen, die prostitutiv tätig sind, in bestimmten Fällen zu „kasernieren“. Dieser Vorschlag ist auch in der rechtspolitischen Debatte nicht kritiklos geblieben. Zum rechtspolitischen Diskurs: siehe nur Bruns, ZRP 1989, 241 und Hutschenreuther, ZRP 1990, 73.

2. Begriffsbestimmungen

Während die meisten hier relevanten Begriffe in § 2 IfSG legaldefiniert sind, enthält das Infektionsschutzrecht keine Bestimmung des Begriffs der sexuell übertragbaren Krankheit. Das Gesetz nennt ihn in §§ 19 I 1, 24 S. 2 IfSG lediglich. Ausgehend von der Definition der übertragbaren Krankheit in § 2 Nr. 3 IfSG, wonach eine solche eine durch Krankheitserreger oder deren toxische Produkte, die unmittelbar oder mittelbar auf den Menschen übertragen werden, verursachte Krankheit ist, muss es sich hierbei um eine Krankheit handeln, die jedenfalls auch im Wege des Geschlechtskontaktes übertragen werden kann.[442] Inhaltlich muss der Begriff zunächst die vier „klassischen" Geschlechtskrankheiten nach dem GeschlKrG, namentlich Syphilis, Tripper, Weicher Schanker und venerische Lymphknotenentzündung erfassen.[443] Daneben umfasst er eine Reihe weiterer Krankheiten, von denen als bekannteste die Hepatitis B und das HI-Virus zu nennen sind.[444]

3. Maßnahmen zur Verhütung übertragbarer Krankheiten

Zunächst sind die Regelungen des Vierten Abschnitts des Infektionsschutzgesetzes zur Verhütung übertragbarer Krankheiten in den Blick zu nehmen.

a) Allgemeine Maßnahmen nach § 16 IfSG

Nach der Generalklausel des § 16 I 1 IfSG trifft die für Infektionsschutz zuständige Behörde die notwendigen Maßnahmen zur Abwendung der dem Einzelnen oder der Allgemeinheit drohenden Gefahren, wenn Tatsachen festgestellt werden, die zum Auftreten einer übertragbaren Krankheit führen können oder anzunehmen ist, dass solche Tatsachen vorliegen. Dabei sind die Mitarbeiter der Behörde nach Abs. II berechtigt, Grundstücke etc. zu betreten, Unterlagen einzusehen, Gegenstände und Proben mitzunehmen sowie Auskünfte zu verlangen. Die Vorschrift greift in Abgrenzung zu den Normen über die Bekämpfung von übertragbaren Krankheiten (§§ 24ff. IfSG) in dem Stadium ein, wo noch unklar ist, ob überhaupt eine übertragbare Krankheit ausgebrochen ist. Es kann auch gar

442 Vgl. zur WHO-Definition des Begriffs: Pschyrembel, Klinisches Wörterbuch, S. 1726, Stichwort STD.

443 Erdle, IfSG, § 19 Rdn. 1.

444 Siehe auch mit der Nennung weiterer Krankheitsbilder: Bales/Baumann/Schnitzler, IfSG, § 24 Rdn. 1.

keine Gefahrenlage vorliegen, so dass ihre Anwendung nicht zum Ergreifen von weiteren Maßnahmen führt.[445]

Bezogen auf die gegenständlichen prostitutiven Einrichtungen ermöglicht die Norm etwa eine behördliche Anordnung, in einer Einrichtung die Ausübung oder Duldung des ungeschützten Geschlechtsverkehrs zu untersagen.[446] Gleichfalls wäre es denkbar, bei extremen Fällen in Betrieben auch die Ausübung des Geschlechtsverkehrs ganz zu untersagen.[447] Zudem können auf die Norm des § 16 II IfSG entsprechende Ermittlungs- und Überwachungsmaßnahmen in prostitutiven Einrichtungen gestützt werden. So wäre es denkbar, die Einrichtung zu betreten, das Mobiliar und die übrige Inneneinrichtung zu untersuchen und mit Blick auf Krankheitserreger Proben zu nehmen.

Streitig im Rahmen von § 16 IfSG ist, ob die Norm gleichfalls wie § 10 III BSeuchG die Untersuchung von Personen, vorliegend natürlich prostitutiv Tätiger, ermöglicht. Zwar wurde diese Vorschrift des alten Rechts gerade nicht in die Nachfolgeregelung des § 16 IfSG übernommen, jedoch enthält die Gesetzesbegründung zum IfSG den Hinweis, dass der Regelungsgehalt von § 10 III BSeuchG von § 26 II IfSG a.F.[448] (jetzt § 25 III IfSG n.F.) mit umfasst sei.[449] Dem wurde in der Literatur mit der Begründung nicht gefolgt, dass § 26 II IfSG a.F. tatbestandlich voraussetze, dass die Anforderungen von § 25 I IfSG gegeben sind.[450] In der Tat ist dem beizupflichten. Im Rahmen von § 16 IfSG sind Untersuchungen, wie sie in § 10 III BSeuchG vorgesehen waren, nicht möglich. Dies folgt nicht nur aus dem klaren Wortlaut der in der Begründung adressierten Norm des § 26 II IfSG a.F. (jetzt § 25 III IfSG n.F.), sondern auch aus dem systematischen Unterschied zwischen dem Vierten und dem Fünften Abschnitt. Es kann danach schlechterdings nicht angenommen werden, dass im Rahmen der Verhütung übertragbarer Krankheiten Normen aus dem Bereich der Bekämpfung übertragbarer Krankheiten zur Anwendung kommen können. Gäbe es einen solchen Zusammenhang zwischen den Abschnitten, wäre die Verweisung in § 26 I IfSG a.F. (jetzt § 25 II IfSG n.F.) überflüssig gewesen. Routineuntersuchungen und

445 Bales/Baumann/Schnitzler, IfSG, § 16 Rdn. 6.

446 VG Augsburg, Urt. v. 06.04.2009 – Au 7 K 07.1610, juris.

447 Siehe aus der „Frühzeit“ von AIDS im Bundesgebiet: VG München, Beschl. v. 18.11.1986 – M 7 S 86.4866, GewArch 1987, 229f. mit einem solchem Verbot nach der Vorgängervorschrift des § 10 BSeuchG bezüglich einer von homosexuellen Männern besuchten Sauna. Jedoch ist zweifelhaft, ob eine derartige behördliche Entscheidung nach dem heutigen Kenntnisstand über AIDS in der breiten Bevölkerung und den allgemein bekannten Schutzmöglichkeiten noch haltbar wäre.

448 In der Fassung vor dem Gesetz zur Durchführung der Internationalen Gesundheitsvorschriften (2005) und zur Änderung weiterer Gesetze vom 21.03.2013 (BGBl. I S. 566).

449 BT-Drs. 14/2530, S. 69.

450 Erdle, IfSG, § 16 Rdn. 1; siehe mit dem gleichen Ergebnis, jedoch ohne Begründung: Bales/ Baumann/ Schnitzler, § 16 Rdn. 13.

Zwangsregistrierungen prostitutiv Tätiger sind daher nach neuem Recht nicht mehr möglich.[451]

Wird vorsätzlich oder fahrlässig bei den Maßnahmen nach § 16 IfSG nicht mitgewirkt, so stellt dies nach § 73 I Nr. 2, 3 und 4 IfSG eine Ordnungswidrigkeit dar. Zudem ist auch eine Strafbarkeit nach § 74 IfSG möglich.

b) Beratung und Untersuchung durch das Gesundheitsamt gemäß § 19 IfSG

Für den Untersuchungsgegenstand von besonderer Relevanz ist § 19 IfSG. Nach Abs. I 1 bietet das Gesundheitsamt bezüglich sexuell übertragbarer Krankheiten und Tuberkulose Beratung und Untersuchung an oder stellt diese in Zusammenarbeit mit anderen medizinischen Einrichtungen sicher. Nach S. 2 können diese Maßnahmen auch ambulant erfolgen, in Bezug auf sexuell übertragbare Krankheiten wird zudem grundsätzlich die Anonymität gewährleistet. Die Kostenübernahme wird durch II geregelt.

Die Norm ist Ausdruck eines kooperativen Konzepts, das auf der Erkenntnis beruht, dass Personen mit sexuell übertragbaren Krankheiten oder solche, die von einer Ansteckung besonders bedroht sind, wozu prostitutiv Tätige wegen der Spezifik ihrer Tätigkeit zweifellos gehören, Beratungs- und Behandlungsmöglichkeiten meiden.[452] Staatlicher Zwang, insbesondere die namentliche Erfassung, führt eher zur Vermeidung ärztlichen Kontakts[453] und damit eher zur Verbreitung als zur Bekämpfung sexuell übertragbarer Krankheiten. Diese Problematik betrifft in der Praxis weniger sog. etablierte Personen aus dem prostitutiven Bereich als vielmehr solche, die nur gelegentlich arbeiten, sich illegal im Bundesgebiet aufhalten, drogenabhängig oder obdachlos sind.[454] Demgemäß soll der aufsuchende und anonyme Charakter gerade Personen erreichen, die um entsprechende Angebote nicht wissen, sie aufgrund ihrer persönlichen Not nicht in Anspruch nehmen oder den Kontakt mit der öffentlichen Verwaltung zu meiden suchen.[455] Damit stellt § 19 IfSG eine Abkehr von der Bekämpfung der mit der prostitutiven Tätigkeit verbundenen Gefahren durch gesundheitspolizeiliche Maßnahmen hin zu einem auf Aufklärung, Eigenverantwortung und Freiwilligkeit setzendes System dar.[456]

---

451 Hinrichs, VR 2003, 257 (264) und Erdle, IfSG, S. 61.

452 Gurlit, VerwArch 2006, 409 (419) und Erdle, IfSG, § 19 Rdn. 1.

453 Hinrichs, VR 2003, 257 (264).

454 Bales/Baumann/Schnitzler, IfSG, § 19 Rdn. 2.

455 Bales/Baumann/Schnitzler, IfSG, § 19 Rdn. 4, 8.

456 Hinrichs, VR 2003, 257 (264f.).

4. Maßnahmen zur Bekämpfung übertragbarer Krankheiten

Ist die übertragbare Krankheit bereits aufgetreten, greifen die Maßnahmen des Fünften Abschnitts über die Bekämpfung übertragbarer Krankheiten.

a) Untersuchungs- und Ermittlungsmaßnahmen nach §§ 25f. IfSG

Zunächst sind wieder Maßnahmen zur Untersuchung und Ermittlung möglich. Die Generalklausel enthält § 25 I IfSG, wonach das Gesundheitsamt die erforderlichen Ermittlungen anstellt, wenn sich ergibt oder anzunehmen ist, dass etwa jemand krank, krankheitsverdächtig, ansteckungsverdächtig oder Ausscheider ist. Für die weitere Durchführung der Ermittlungen gelten die Abs. II, III, V und VIII von § 16 IfSG entsprechend (§ 25 II IfSG).

Wie bereits angedeutet, enthält der Fünfte Abschnitt mit § 25 III IfSG, anders als der Abschnitt mit den Vorschriften über die Verhütung übertragbarer Krankheiten, eine Regelung, die auch Untersuchungen von Personen ermöglicht. Nach dieser Vorschrift können Kranke, Krankheitsverdächtige, Ansteckungsverdächtige oder Ausscheider vorgeladen (S. 1) und verpflichtet werden, Untersuchungen und Entnahme von Untersuchungsmaterial an sich vornehmen zu lassen (S. 2). Danach ist es möglich, in begründeten Verdachtsfällen auch prostitutiv Tätige zu untersuchen, wobei diese Untersuchungen stets an den Tatbestand des § 25 I IfSG anknüpfen müssen.[457] Standardmäßige Untersuchungen nur auf der Tatsachengrundlage, dass die zu untersuchende Person prostitutiv tätig ist, sind demgemäß nicht möglich.[458]

Wird bei der Untersuchung vorsätzlich oder fahrlässig nicht mitgewirkt, so kommt gleichfalls eine Ordnungswidrigkeit nach § 73 I Nr. 2, 3 und 4 IfSG und unter Umständen eine Strafbarkeit nach § 74 IfSG in Betracht.

b) Schutzmaßnahmen nach § 28 IfSG

Weiter ist es nach § 28 I 1 IfSG möglich, Schutzmaßnahmen anzuordnen. Danach trifft die zuständige Behörde die notwendigen Schutzmaßnahmen, insbesonde-

457 Siehe beispielhaft zur Anordnung einer Blutentnahme bei einem potentiell HIV-kranken, mutmaßlichen Drogenabhängigen: VGH München, Beschl. v. 19.05.1988 – 25 CS 88.00312, NJW 1988, 2318.

458 Vgl. insoweit auch Gurlit, VerwArch 2006, 409 (419f.) und Malkmus, Prostitution in Recht und Gesellschaft, S. 142f. So wohl ebenfalls Budde, Die Auswirkungen des Prostitutionsgesetzes auf die Sozialversicherung, S. 181.

re die in den §§ 29 bis 31 genannten, wenn etwa Kranke, Krankheitsverdächtige, Ansteckungsverdächtige oder Ausscheider festgestellt werden und soweit und solange die Maßnahmen zur Verhinderung der Verbreitung übertragbarer Krankheiten erforderlich sind. Damit stellt § 28 I 1 IfSG die Generalklausel zur Bekämpfung übertragbarer Krankheiten dar, während die §§ 29 bis 31 IfSG die spezielleren Schutzmaßnahmen regeln.[459]

Nach § 28 I 1 IfSG können daher gegenüber prostitutiv tätigen Personen bestimmte Verhaltensweisen in Bezug auf die Tätigkeit angeordnet werden. Klassischerweise ist dies die sog. Safer-sex-Anordnung, also das Gebot, ein Kondom zu verwenden.[460] Insoweit wurde im Übrigen auch diskutiert, entsprechende Anordnungen gegenüber den Kunden zu treffen, sie also gleichfalls auf die Anwendung zu verpflichten.[461] Gleichfalls denkbar ist eine Anordnung dahingehend, dass nur solche Praktiken anwendet werden dürfen, die den Kunden nicht gefährden. Eine erwägenswerte, wenn auch sehr einschneidende Maßnahme wäre es auch anzuordnen, dass potenzielle Kunden über die Infektion aufzuklären sind. Dies bedürfte mit Blick auf das Gebot der Verhältnismäßigkeit aber bedenklich sein. Nicht möglich ist es jedoch, über § 28 IfSG die prostitutive Tätigkeit als solche zu untersagen. Hierfür gilt § 31 IfSG, auf den noch einzugehen ist.

Eine vorsätzlich oder fahrlässige Zuwiderhandlung gegen Schutzmaßnahmen nach § 28 IfSG stellt nach § 73 I Nr. 6 IfSG eine Ordnungswidrigkeit dar. Auch ist eine Strafbarkeit nach § 74 IfSG möglich.

c) Beobachtung nach § 29 IfSG

Als spezielle Bekämpfungsmaßnahme ist zunächst die Beobachtung gemäß § 29 IfSG zu nennen. Nach Abs. I können Kranke, Krankheitsverdächtige, Ansteckungsverdächtige und Ausscheider einer Beobachtung unterworfen werden. Dabei haben sie nach dem Abs. II 1 Untersuchungen zu dulden und Anordnungen des Gesundheitsamts Folge zu leisten. Ferner müssen sie nach Abs. II 4 Auskünfte erteilen. Dadurch können also auch prostitutiv Tätige überwacht werden. Hier sind hinsichtlich der Sanktionen die Ordnungswidrigkeitsvorschrift des § 73 I Nr. 4, 6, 12 und 13 IfSG und die Strafvorschrift des § 74 IfSG relevant.

459 Erdle, IfSG, § 28 Rdn. 1.

460 Erdle, IfSG, § 28 Rdn. 1. Siehe dazu Laskowski, Die Ausübung der Prostitution, S. 343ff. und S. 351ff., die eine solche Anordnung für verfassungswidrig hält. Im Bayern wurde dies im Wege einer Rechtsverordnung angeordnet (§ 6 HyVO Bay).

461 M.w.N. Laskowski, Die Ausübung der Prostitution, S. 342 zur Vorgängernorm des § 34 BSeuchG und auch Budde, Die Auswirkungen des Prostitutionsgesetzes auf die Sozialversicherung, S. 182f.

d) Quarantäne nach § 30 IfSG

Mit Blick auf die geführten Auseinandersetzungen in der (rechts-) politischen Debatte ist auch die Möglichkeit der Quarantäne nach § 30 I IfSG zu erwähnen. Danach kann bei sonstigen Kranken sowie Krankheitsverdächtigen, Ansteckungsverdächtigen und Ausscheidern angeordnet werden, dass sie in einem geeigneten Krankenhaus oder in sonst geeigneter Weise abgesondert werden, bei Ausscheidern jedoch nur, wenn sie andere Schutzmaßnahmen nicht befolgen, befolgen können oder befolgen würden und dadurch ihre Umgebung gefährden.

Dabei war und ist vor allem umstritten, ob an AIDS erkrankte, uneinsichtige Personen, die prostitutiv tätig sind, dauerhaft abgesondert werden können, wobei der Gegenstand der Kontroverse insbesondere war, ob die Vorgängernorm des § 37 BSeuchG dafür die richtige Rechtsgrundlage darstellt.[462] Da die Problematik gegenwärtig nicht mehr diskutiert wird, braucht sie nicht mehr vertieft zu werden. Es ist jedoch auf einige Erwägungen hinzuweisen: Zunächst begegnet eine dauerhafte Quarantäne dieser Personen wegen des Grundsatzes der Verhältnismäßigkeit erheblichen Bedenken, vor allem vor dem Hintergrund der Tatsache, dass AIDS trotz aller medizinischen Fortschritte nicht heilbar ist, so dass eine Quarantäne sehr lange, ggf. bis ans Lebensende, dauern könnte. Zudem weist Hutschenreuther anschaulich darauf hin, dass es jedem aufgeklärten Menschen ohne großen Aufwand möglich ist, sich vor der Ansteckung durch Geschlechtsverkehr zu schützen.[463] Soweit würde im Lichte dessen die staatliche Schutzpflicht überdehnt werden.[464] Außerdem ist auch eine „Aussonderung" durch Strafurteil möglich.[465]

Eine Zuwiderhandlung gegen eine Quarantäneanordnung ist nach § 75 I Nr. 1 IfSG strafbar.

e) Verbot der Berufstätigkeit gemäß § 31 IfSG

Als weitere Schutzmaßnahme kommt schließlich das Verbot der Berufstätigkeit gemäß § 31 IfSG in Betracht. Nach § 31 S. 1 IfSG kann die zuständige Behörde Kranken, Krankheitsverdächtigen, Ansteckungsverdächtigen und Ausscheidern die Ausübung bestimmter beruflicher Tätigkeiten ganz oder teilweise untersagen.[466] Dies gilt nach S. 2 auch für sonstige Personen, die Krankheitserreger so

462 Zum Streitstand: Bales/Baumann/Schnitzler, IfSG, § 30 Rdn. 6f.

463 Dies unterscheidet im Übrigen das HI-Virus von anderen Krankheiten, die z.B. bereits über die Atemwege übertragen werden können.

464 Hutschenreuther, ZRP 1990, 73.

465 Bruns, ZRP 1989, 241 (242).

466 Zur Problematik zur zwangsweisen Durchsetzung: VG Stuttgart, Beschl. v. 23.08.1998 – 4 K 3923/98, NVwZ 1999, 323.

in oder an sich tragen, dass im Einzelfall die Gefahr einer Weiterverbreitung besteht. Damit korrespondiert auch die Entschädigungspflicht nach § 56 IfSG, wonach ein von einer Maßnahme nach § 31 IfSG Betroffener eine Entschädigung in Geld erhält, die sich in der Höhe nach seinem Verdienstausfall bestimmt. Zum Teil wird – wohl gerade mit Blick auf die anderenfalls eintretende Entschädigungspflicht – die Anwendung von § 31 IfSG auf prostitutiv Tätige verneint.[467] Zur Begründung wird ausgeführt, dass es sich nicht um eine berufliche Tätigkeit handele und daher § 28 IfSG in diesem Falle anzuwenden sei, um ein Verbot anzuordnen. Dem kann aus mehreren Gründen nicht gefolgt werden: Zunächst wird das systematische Verhältnis der Generalklausel des § 28 I IfSG zu § 31 IfSG übersehen. Weiter sind auch die Wertungen des ProstG zu berücksichtigen. Selbst wenn man nach wie vorder prostitutiven Tätigkeit allgemein den Charakter als Beruf absprechen will, muss man unter dem Gesichtspunkt des Normzwecks von § 31 IfSG eine Anwendung dennoch bejahen. Auf ein Sittenwidrigkeitskriterium kann es in Zusammenhang mit der Bekämpfung von übertragbaren Krankheiten über § 31 IfSG nicht ankommen.[468]

Im Hinblick auf das systematische Verhältnis von § 31 IfSG zu § 35 GewO ist darauf hinzuweisen, dass in Bezug auf die Gewerbeuntersagung zum Zwecke des Infektionsschutzes § 31 IfSG die lex specialis ist.[469]

Ein Berufsverbot würde wegen der fehlenden Heilbarkeit lebenslang bestehen, so dass der sich wiederum stellenden Problematik der Verhältnismäßigkeit vor allem durch die Entschädigung nach § 56 IfSG Rechnung getragen werden kann.[470]

Es besteht aber das Folgeproblem, dass von einigen Stimmen einerseits die Anwendung von § 31 IfSG bejaht, andererseits jedoch eine Entschädigungspflicht nach § 56 IfSG verneint wird.[471] Diese Ansicht ist aber von den gewandelten Anschauungen in der Gesellschaft, die sich auch im ProstG ausdrücken, überholt.[472] Zudem muss der weite Wortlaut berücksichtigt werden, der gerade nicht auf eine Berufstätigkeit, sondern auf die Erwerbstätigkeit abstellt. Ferner kann die Gewährung der Entschädigung gerade auch dem Zweck des Berufsverbots dienen, da somit der Anreiz genommen wird, unter Verstoß gegen die Anordnung weiter prostitutiv tätig zu sein und die Krankheit weiter zu verbreiten.[473]

467 Erdle, IfSG, § 31.

468 Bales/Baumann/Schnitzler, IfSG, § 31 Rdn. 8.

469 Hinrichs, VR 2003, 257 (265) und Gurlit, GewArch 2008, 426 (429).

470 Zimmermann, Die öffentlich-rechtliche Behandlung der Prostitution, S. 272.

471 Siehe Costard, Öffentlich-rechtliche Probleme beim Auftreten einer neuen übertragbaren Krankheit am Beispiel AIDS, S. 110f.

472 Bales/Baumann/Schnitzler, IfSG, § 56 Rdn. 8ff., Gurlit, VerwArch 2006, 409 (420) und Zimmermann, Die öffentlich-rechtliche Behandlung der Prostitution, S. 272.

473 Frankenberg, AIDS-Bekämpfung im Rechtsstaat, S. 129f.

Jedoch ist die Entschädigung kein Schadensersatz, sondern eine Billigkeitsentscheidung.[474] Daher kann die Entschädigung nicht in jedem Falle gewährt werden. So wird es bei prostitutiv tätigen Personen gerade aus Billigkeitsgründen darauf ankommen müssen, ob die Tätigkeit die wesentliche Einnahmequelle war oder nur dem Nebenerwerb diente, ob die prostitutive Tätigkeit rechtmäßigerweise ausgeübt wurde und unter welchen Umständen die Infektion mit der fraglichen Krankheit erfolgte.[475] So kann es wohl nicht im Sinne der Billigkeit sein, nach einer Ansteckung in Folge von hoch riskanten Praktiken oder in positiver Kenntnis einer Erkrankung des Kunden eine Entschädigung zu gewähren. Anderenfalls würde das Eingehen solcher Risiken monetär auch noch honoriert werden, obgleich das IfSG gerade die Bekämpfung übertragbarer Krankheiten – also das Gegenteil – bezweckt.

Der Verstoß gegen ein Verbot der Berufstätigkeit nach § 31 IfSG ist nach § 75 I Nr. 1 IfSG strafbar.

5. Regelungen für Schwimm- und Badebecken nach §§ 37ff. IfSG

Schließlich ist für bestimmte prostitutive Einrichtungen noch auf die §§ 37ff. IfSG hinzuweisen. Sofern sich in ihnen Schwimm- oder Badebecken befinden, muss nach § 37 II IfSG das Wasser so beschaffen sein, dass durch seinen Gebrauch eine Schädigung der menschlichen Gesundheit, insbesondere durch Krankheitserreger, nicht eintreten kann. Sie unterliegen dabei der Überwachung nach § 37 III 1 IfSG, wobei auch Kontrollen nach § 16 II IfSG möglich sind. Die näheren Anforderungen ergeben sich aus den Rechtsverordnungen nach § 38 IfSG. Schließlich gibt § 39 I IfSG eine Untersuchungspflicht auf, Abs. II ermöglicht behördliche Maßnahmen.

6. Zusammenfassung zu VI.

Die Ergebnisse zum Gesundheitsrecht lassen sich wie folgt zusammenfassen:

Im Hinblick auf die Verhütung übertragbarer Krankheiten sind allgemeine Maßnahmen nach § 16 IfSG sowie die Beratung und Untersuchung nach § 19 IfSG möglich.

---

474 Erdle, IfSG, Vorb. zu § 56.

475 Bales/BaumannSchnitzler, IfSG, § 56 Rdn. 9ff.

Bei der Bekämpfung übertragbarer Krankheiten sind sowohl Untersuchungsmaßnahmen nach §§ 25f. IfSG als auch Schutzmaßnahmen nach §§ 28ff. IfSG denkbar. Im Hinblick auf den Untersuchungsgegenstand sind dabei die sog. Safer-sex-Anordnung, die Quarantäne und das Verbot der Berufstätigkeit streitbefangen. Die Quarantäne begegnet aus verschiedenen Erwägungen heraus rechtlichen Bedenken. Ein Verbot der Berufstätigkeit ist über § 31 IfSG möglich, da die prostitutive Tätigkeit einen Beruf i.S.d. Norm darstellt. Dies hat zur Folge, dass dem Grunde nach Entschädigung nach § 56 IfSG gewährt werden muss.

Schließlich sind in Einzelfällen auch die §§ 37ff. IfSG relevant.

VII. Ausländerrecht

1. Einführung

Das Ausländerrecht, das im Kern durch das AufenthG, das FreizügG/EU und das AsylVfG normiert wird, ist zum einen Gefahrenabwehrrecht[476] und hat zum anderen die Funktion, Wanderungsbewegungen zu steuern.[477] Die hier betroffene Personengruppe lässt sich allgemein danach bestimmen, dass gemäß § 2 I AufenthG Ausländer jeder ist, der nicht Deutscher im Sinne des Art. 116 I GG ist. Ausländer lassen sich in rechtlicher Hinsicht in drei grobe Obergruppen unterteilen: Die erste Gruppe bilden die Freizügigkeitsberechtigten. Die Gruppe umfasst vor allem die Unionsbürger und ihre Familienangehörigen, die nach § 1 Abs. 2 Nr. 1 AufenthG grundsätzlich nicht dem Anwendungsbereich des AufenthG unterfallen. Für sie gilt wegen der europarechtlichen Vorgaben der Art. 18ff. AEUV das deutlich liberalere FreizügG/EU, das sie in den meisten Rechtsgebieten den Deutschen gleichstellt. Daneben gehören dieser Gruppe die ihnen gleichgestellten Angehörigen der EWR-Staaten an.

Als zweite Gruppe sind die Ausländer zu nennen, die nicht Unionsbürger sind, wozu auch Staatenlose und Asylberechtigte gehören. Diese werden hier vereinfacht als sonstige Ausländer bezeichnet. Ihre Rechtsstellung wird im Wesentlichen durch das AufenthG ausgeformt.

Die dritte Gruppe sind schließlich die Asylbewerber, deren Status durch das AsylVfG bestimmt wird.

Im Folgenden soll es unter Differenzierung nach diesen Obergruppen um drei Fragen gehen: Zunächst ist zu klären, ob und unter welchen Voraussetzungen die Angehörigen der jeweiligen Gruppe im Bundesgebiet prostitutiven Tätigkeiten

476 Sailer in: Lisken/Dennier, Handbuch des Polizeirechts, Kap. J Teil I Rdn. 1.
477 Reinhardt in: Kluth/Hund/Maaßen, Zuwanderungsrecht, § 2 Rdn. 1.

nachgehen oder eine prostitutive Einrichtung betreiben dürfen. Dann sind die jeweiligen Kontroll-, Sanktions- und Eingriffsmöglichkeiten herauszuarbeiten. Schließlich wird dargestellt, wie und unter welchen Voraussetzungen in Zusammenhang mit dem hiesigen Untersuchungsgegenstand eine Aufenthaltsbeendigung erfolgen kann.

2. Asylbewerber

Den Anfang macht wegen der verhältnismäßig übersichtlichen Rechtslage die Gruppe der Asylbewerber. Diese umfasst diejenigen Ausländer, die einen Asylantrag nach §§ 13f. AsylVfG gestellt haben, über den noch nicht entschieden worden ist.

a) Zulässigkeit der prostitutiven Tätigkeit oder des Betreibens einer prostitutiven Einrichtung

Die Aufnahme einer prostitutiven Tätigkeit oder das Betreiben einer prostitutiven Einrichtung ist Asylbewerbern nur begrenzt möglich, wobei wiederum differenziert werden muss.

aa) Beschäftigungsverbot nach § 61 I AsylVfG

Nach § 61 I AsylVfG darf ein Asylbewerber für die Zeit, in der er zum Wohnen in einer Aufnahmeeinrichtung verpflichtet ist, keine Erwerbstätigkeit ausüben. Dieses Beschäftigungsverbot ist absolut und ausnahmslos. Es umfasst in materieller Hinsicht selbständige wie unselbständige Tätigkeiten und die Beschäftigung zur Berufsausbildung.[478] In der Rechtsprechung war jedenfalls streitig, ob die prostitutive Tätigkeit als Beschäftigung im ausländerrechtlichen Sinne anzusehen ist. So führte etwa das OLG Stuttgart noch 1986 an, dass die Erwerbsprostitution wegen ihrer Sozialunwürdigkeit kein mit der Menschenwürde zu vereinbarender Teil des Wirtschaftslebens sei.[479] Andere Gerichte haben dies bereits vor der Geltung des ProstG anders bewertet.[480] Diese Rechtsprechung ist im Ergebnis

478 Wolff in: Hofmann/Hoffmann, Ausländerrecht, § 61 AsylVfG Rdn. 5.

479 OLG Stuttgart, Urt. v. 26.02.1986 – 3 Ss 852/85, NVwZ-RR 1987, 86.

480 Siehe BVerwG, Urt. v. 03.11.1987 – 1 C 37.84, InfAuslR 1988, 98 (99f.) mit Blick auf die Frage, wer die Abschiebekosten zu tragen hat, jedoch letztlich mit der gleichen Bewertung der prostitutiven Tätigkeit. So auch BGH, Urt. v. 12.06.1990 – 5 StR 614/89, NJW 1990, 2207 und OLG Karlsruhe, Beschl. v. 23.09.1997 – 2 Ss 123/97, NStZ-RR 1998, 61 (62f.).

oder, soweit sie in der Prostitution aus Gründen des Zwecks der jeweiligen Norm eine Beschäftigung sieht, in ihrer Begründung mit Blick auf die Wertungen des ProstG nicht mehr haltbar. Zudem ist es in der Begründung inkonsequent, der Prostitution einerseits allgemein mit Blick auf ihren sozialen Unwert den Beschäftigungscharakter abzusprechen, sodann andererseits ergebnisorientiert im Einzelfall doch als Beschäftigung anzusehen.

In zeitlicher Hinsicht gilt das Beschäftigungsverbot nur für die Zeit der Unterbringung in der Aufnahmeeinrichtung gemäß § 47 I AsylVfG. Insoweit ist also jede Tätigkeit, auch die prostitutive, und gleichfalls das Betreiben einer prostitutiven Einrichtung unzulässig.

ab) Erwerbstätigkeitsverbot nach § 4 II, III AufenthG

Nach Beendigung der Wohnverpflichtung nach § 47 I AsylVfG unterliegt der Asylbewerber dem allgemeinen Beschäftigungsverbot des § 4 II, III AufenthG. Danach dürfen Ausländer nur dann eine Erwerbstätigkeit ausüben, wenn sie ihr Aufenthaltstitel dazu berechtigt oder es gesetzlich vorgesehen ist. Beides ist bei Asylbewerbern nicht möglich. Ihre Erwerbstätigkeit wird weder durch gesetzliche Vorschrift zugelassen noch ermöglicht ihr Aufenthaltstitel dergleichen, weil er über eine bloße Aufenthaltsgestattung gemäß § 55 AsylVfG verfügt. Das Beschäftigungsverbot besteht von Gesetzes wegen; einer Auflage bedarf es nicht.[481] Auch insoweit ist eine prostitutive Tätigkeit oder der Betrieb einer prostitutiven Einrichtung nicht möglich.

ac) Beschäftigungsverbot nach § 61 II AsylVfG

Nach Ablauf einer Jahresfrist des gestatteten Aufenthalts kann dem Asylbewerber die Ausübung einer Beschäftigung erlaubt werden, wenn die Bundesagentur für Arbeit nach §§ 39 bis 41 AufenthG zugestimmt hat oder eine Rechtsverordnung die Beschäftigungsaufnahme ohne Zustimmung der Bundesagentur zulässt.

Auf der Tatbestandsseite der Vorschrift muss somit entweder die Bundesagentur für Agentur zustimmen oder eine Rechtsverordnung die Beschäftigung zulassen. Die durch Rechtsverordnung zugelassenen und daher zustimmungsfreien Tätigkeiten werden durch die Bestimmungen der BeschV bestimmt. Die Aufnahme prostitutiver Tätigkeiten ist dort nicht genannt, insbesondere sind sie nicht durch § 22 Nr. 5 BeschV erfasst. Nach § 22 Nr. 5 BeschV bedarf die Beschäftigung als Fotomodell, Werbetyp, Mannequin oder Dressmen keiner Zustimmung. Die Vorschrift kann eine prostitutive Tätigkeit nach ihrem Wortlaut und erkennbaren Normzweck nicht erfassen. Sie betrifft nur eine Beschäftigung

481 Wolff in: Hofmann/Hoffmann, Ausländerrecht, § 61 AsylVfG Rdn. 6.

im Bereich der Werbe- oder Modeindustrie. Damit ist tatbestandsmäßig in Bezug auf den Untersuchungsgegenstand allein die Zustimmung der Bundesagentur für Arbeit maßgeblich.[482] Die Zustimmung der Arbeitsagentur vollzieht sich im Einzelnen nach §§ 39, 40 AufenthG. Eine Erörterung dieser, vor allem aus arbeitsmarktpolitischen Gründen, sehr komplexen Materie im Ganzen soll dahinstehen[483], jedoch ist darauf hinzuweisen, dass mit Blick auf die erhöhte Sensibilität des Gegenstands der vorliegenden Arbeit die Versagungsgründe des § 40 II Nr. 1 und 2 AufenthG eine besondere Bedeutung erlangen dürften. Es ist allerdings schwierig, der Zustimmungserteilung über den wichtigen Grund nach § 40 II Nr. 2 AufenthG den prostitutiven Charakter der Tätigkeit entgegenzuhalten; dies bereits deshalb, weil dafür nur Belange des Arbeitsmarkts maßgeblich sind.[484]

Rechtsfolgenseitig besteht ein ausländerbehördliches Ermessen. Dabei dürfen keine aufenthalts- oder asylrechtlich irrelevanten Zwecke verfolgt werden; entscheidend ist vielmehr, ob öffentliche Interessen geschützt werden müssen, die durch die Anwesenheit des Ausländers nachteilig berührt werden können.[485] Es ist fraglich, ob ein Antrag auf Erteilung einer Beschäftigungserlaubnis allein mit Blick darauf verwehrt werden kann, dass die vom Asylbewerber avisierte Beschäftigung prostitutiver Art ist. Dieser Umstand ist für sich aufenthalts- und asylrechtlich irrelevant. Denkbar ist aber, die Erlaubnis unter ausländerpolizeilichen Gesichtspunkten zu versagen[486], etwa wenn bezogen auf die prostitutive Tätigkeit die Begehung von Straftaten durch den Asylbewerber zu befürchten ist oder wenn in Folge, z.B. von Masseneinwanderungen zu prostitutiven Zwecken Gefahren für die öffentliche Sicherheit oder Ordnung entstehen.

482 Bei der Prüfung, ob die Zustimmung erteilt wird, darf die Bundesagentur auch arbeitsmarktpolitische Belange in die Entscheidungsfindung einbeziehen (Wolff in: Hofmann/Hoffmann, Ausländerrecht, § 61 AsylVfG Rdn. 9). In diesem Zusammenhang muss erwähnt werden, dass die prostitutive Tätigkeit nicht unter den Tatbestand des § 25 Nr. 1 BeschV fällt (siehe insoweit zur Vorgängervorschrift des § 5 Nr. 9 AAV: VG Karlsruhe, Beschl. v. 08.10.1998 – 9 K 754/98, juris, Rdn. 7f. zur Frage, ob eine Nachtclubtänzerin Künstlerin in diesem Sinne ist. Für andere prostitutive Tätigkeiten gelten die dort gemachten Erwägungen entsprechend.). Siehe auch Positionspapier des Senators für Inneres und Sport der Freien Hansestadt Bremen zum Thema „Regulierungsbedarfe im Zusammenhang mit der Prostitutionsausübung zur Bekämpfung des Menschenhandels und der Zwangsprostitution, S. 8.

483 Insoweit weist von Galen, Rechtsfragen der Prostitution, Rdn. 543ff. in Bezug auf die alten ausländerrechtlichen Vorschriften darauf hin, dass ein arbeitsmarktpolitisches Interesse an der Zuwanderung ausländischer Prostituierter (ggf. bestimmter Nationalitäten) durchaus denkbar sein kann.

484 Stiegeler in: Hofmann/Hoffmann, Ausländerrecht, § 40 AufenthG Rdn. 3.

485 Wolff in: Hofmann/Hoffmann, Ausländerrecht, § 61 AsylVfG Rdn. 9 unter Hinweis auf BVerwG, Urt. v. 15.12.1981 – 1 C 145.80, BVerwGE 64, 285 (288).

486 Allgemein zum Prüfungsumfang: Marx, AsylVfG, §§ 61 Rdn. 2ff.

b) Kontroll-, Sanktions- und Eingriffsmöglichkeiten

In Bezug auf das Beschäftigungsverbot stehen den Behörden verschiedene Kontroll- und Sanktionsinstrumente zur Verfügung.

Zunächst ist ein Verstoß gegen das Beschäftigungsverbot des § 61 I AsylVfG nach § 85 Nr. 5 AsylVfG strafbar. Gleiches gilt nach § 85 Nr. 3 AsylVfG für den Fall, dass einer vollziehbaren Auflage nach § 60 I AsylVfG, die die Erwerbstätigkeit verbietet oder beschränkt, zuwidergehandelt wird. Weiter kann die Ausübung einer Beschäftigung ohne die Erlaubnis nach § 61 II AsylVfG ordnungswidrig sein.[487]

Die Einhaltung des Beschäftigungsverbots kann zudem dadurch sichergestellt werden, dass im Rahmen von behördlichen Überprüfungen prostitutiver Einrichtungen überprüft wird, ob dort etwa beschäftigte Asylbewerber zur Ausübung einer Beschäftigung berechtigt sind.

c) Möglichkeiten der Aufenthaltsbeendigung

Von den verfahrensrechtlichen Vorschriften des AsylVfG abgesehen sind die Möglichkeiten, bei einem Asylbewerber eine Aufenthaltsbeendigung durch Ausweisung und Abschiebung herbeizuführen, begrenzt. Nach § 56 IV AufenthG genießt er einen besonderen Ausweisungsschutz. Nach S. 1 der Vorschrift kann er nur unter der Bedingung ausgewiesen werden, dass das Asylverfahren unanfechtbar ohne Anerkennung als Asylberechtigter oder ohne die Feststellung eines Abschiebungsverbots nach § 60 I AufenthG abgeschlossen wird. Die Ausweisungsverfügung wird also erst dann wirksam, wenn der Asylantrag erfolglos geblieben ist.[488] Nach S. 2 kann von dieser Bedingung abgesehen werden, wenn ein Sachverhalt vorliegt, der nach § 56 I AufenthG eine Ausweisung rechtfertigt (Nr. 1) oder eine nach den Vorschriften des AsylVfG erlassene Abschiebungsanordnung vollziehbar geworden ist (Nr. 2).

Für den Untersuchungsgegenstand relevant ist danach die bedingungslose Ausweisung gemäß § 56 IV 2 Nr. 1, I AufenthG. Diese ist nach Abs. I 2 nur aus schwerwiegenden Gründen der öffentlichen Sicherheit und Ordnung möglich, wobei solche in der Regel in den Fällen der §§ 53 und 54 Nr. 5, 5a und 7 AufenthG vorliegen (S. 3). Dabei unterscheidet das Gesetz in den S. 4 und 5 zwischen § 53 und § 54 AufenthG hinsichtlich der Entscheidungsform. Die prostitutive Tätigkeit eines Asylbewerbers oder der Betrieb einer prostitutiven Einrichtung durch einen solchen für sich rechtfertigt – unbeschadet einer Verurteilung wegen

487 Siehe § 404 II Nr. 4 SGB III.

488 Alexy in: Hofmann/Hoffmann, § 56 AufenthG Rdn. 38.

eines Verstoßes gegen ein Beschäftigungsverbot – noch keine Ausweisung aus schwerwiegenden Gründen der öffentlichen Sicherheit und Ordnung. Dafür streiten zunächst die gesetzgeberischen Wertungen des ProstG. Außerdem kommen die Tätigkeiten keinesfalls annähernd dem nahe, was der Gesetzgeber über die Regelbeispiele in § 56 I 3 AufenthG zu einem schwerwiegenden Grund erklärt hat. Danach unterfallen sie nicht als unbenannter schwerwiegender Grund dem § 56 I 2 AufenthG. Relevant ist der Ausweisungsgrund aber, wenn im Rahmen der prostitutiven Tätigkeit oder des Betriebs der prostitutiven Einrichtung eines der Regelbeispiele erfüllt wird. Denkbar ist insoweit die strafgerichtliche Verurteilung nach § 53 Nr. 1 AufenthG. In Bezug auf den Betreiber einer prostitutiven Einrichtung, der zugleich auch Asylbewerber ist, wird mit Blick auf die prostitutive Einrichtung auch § 53 Nr. 3 AufenthG relevant. Für eine bedingungslose Ausweisung nach § 56 IV 2 Nr. 1 AufenthG ist daher bezüglich der prostitutiven Tätigkeit nur begrenzt Raum. Im Übrigen kann ein Asylbewerber wie jeder „normale“ Ausländer abgeschoben werden, wenn ein Ausweisungsgrund vorliegt, jedoch eingeschränkt durch die Bedingung gemäß § 56 IV 1 AsylVfG.

Zudem sind in diesem Zusammenhang die Abschiebungsverbote nach Abs. II bis VII des § 60 AufenthG zu beachten.

3. Sonstige Ausländer

Die zweite Obergruppe bilden die sonstigen Ausländer. Diese Obergruppe umfasst alle Ausländer, die nicht Asylbewerber und nicht Freizügigkeitsberechtigte sind.

Es gilt jedoch, in Einzelfällen Besonderheiten zu beachten. So gelten für die in Deutschland lebenden türkischen Staatsangehörigen, nach dem sie betreffenden Assoziationsrecht[489] Besonderheiten, die vor allem das Ausweisungsrecht betreffen. Außerdem sind auch in Bezug auf Staatsangehörige weiterer Staaten Assoziationsabkommen zu beachten.[490] Zugleich gibt es weitere zwischenstaatliche Abkommen, die aufenthaltsrechtlich bedeutsam sind.[491] Auf die sie betreffenden Besonderheiten wird punktuell hingewiesen werden. Auch zählen die Asylberechtigten, die im Bundesgebiet den Status nach dem Abkommen über die Rechtsstellung von Flüchtlingen haben (§ 2 I AsylVfG), und die Flüchtlinge,

489 Bedeutsam ist dabei vor allem der ARB 1/80.

490 Im Einzelnen handelt es sich etwa um Staaten Mittel- und Osteuropas, die Kandidaten für den Beitritt zur EU waren oder sind oder die sog. Maghred-Staaten (siehe im Einzelnen: Huber/Göbel-Zimmermann, Ausländer- und Asylrecht, Rdn. 1393ff sowie 1501ff.).

491 Siehe z.B. die Übersicht von Röseler in: Renner, Ausländerrecht, § 18 AufenthG Rdn. 8.

auf die im Umkehrschluss aus § 1 II AufenthG die Bestimmungen des AufenthG gleichfalls Anwendung finden, zu dieser Gruppe.

a) Zulässigkeit der prostitutiven Tätigkeit oder des Betreibens einer prostitutiven Einrichtung

Zunächst ist wiederum zu untersuchen, ob und unter welchen Voraussetzungen ein Ausländer dieser Obergruppe einer prostitutiven Tätigkeit nachgehen oder eine prostitutive Einrichtung betreiben darf.

aa) Grundregel des § 4 III 1 AufenthG

Nach der Grundregel des § 4 III 1 AufenthG dürfen Ausländer eine Erwerbstätigkeit nur dann ausüben, wenn sie ihr Aufenthaltstitel dazu berechtigt. Nach S. 2, der sich vor allem an den jeweiligen Arbeit- und Auftraggeber richtet, dürfen Ausländer nur beschäftigt werden, wenn sie einen solchen Aufenthaltstitel besitzen. Den Begriff der Erwerbstätigkeit definiert dabei § 2 II AufenthG. Er umfasst hiernach jede selbständige Tätigkeit und die Beschäftigung im Sinne des § 7 SGB IV, somit auch die prostitutive Tätigkeit oder den Betrieb einer prostitutiven Einrichtung.[492] Danach ist für solche Tätigkeiten grundsätzlich ein entsprechend dazu berechtigender Aufenthaltstitel erforderlich.

ab) Ausnahme gemäß § 4 III 3 AufenthG

Jedoch ist von diesem Grundsatz eine Ausnahme zu machen: Die Grundregel des § 4 III 1 AufenthG gilt nicht, wenn dem Ausländer aufgrund einer zwischenstaatlichen Vereinbarung, eines Gesetzes oder einer Rechtsverordnung die Erwerbstätigkeit ohne entsprechenden Aufenthaltstitel gestattet ist.

Ein relevantes Beispiel ist die Gruppe der geduldeten Ausländer. Ein Geduldeter ist ein Ausländer, bei dem die zwangsweise Durchsetzung seiner Ausreisepflicht zeitweise ausgesetzt ist (§ 60a AufenthG). Er verfügt über keinerlei Aufenthaltstitel, so dass sein Aufenthalt an sich nicht rechtmäßig ist.[493] Ihm kann gemäß § 32 BeschV ähnlich wie einem Asylbewerber die Beschäftigung gestattet werden. Auf die vorstehenden Ausführungen kann daher Bezug genommen wer-

492 Dies ist mit BVerwG, Urt. v. 03.11.1987 – 1 C 37/84, InfAuslR 1988, 98 und BGH, Urt. v. 12.06.1990 – 5 StR 614/89, NJW 1990, 2207 selbst bei einer überkommenden Einordnung möglich. So auch zum alten AuslG: Zeitler, VBlBW 1996, 44 (45). Siehe dazu die nachstehenden Ausführungen zum Sozialrecht.

493 Huber/Göbel-Zimmermann, Ausländer- und Asylrecht, Rdn. 32.

den. Weiter kann bei Ausländern ohne Aufenthaltstitel die Beschäftigung nach Maßgabe der §§ 23 bis 30 AufenthV erlaubt sein.[494]

ac) Berechtigung nach dem Aufenthaltstitel (§ 4 II 1 AufenthG)

Liegt danach keine Berechtigung zur Erwerbstätigkeit ohne Aufenthaltstitel vor, so berechtigt nach § 4 II 1 AufenthG ein Aufenthaltstitel nur dann zur Ausübung einer Erwerbstätigkeit, wenn es entweder nach dem AufenthG ausdrücklich bestimmt ist (1. Alt) oder der Aufenthaltstitel die Ausübung der Erwerbstätigkeit ausdrücklich erlaubt (2. Alt).

(1) Gesetzliche Bestimmung (1. Alt.)

Dies betrifft die Fälle, in denen die gesetzliche Regelung zum betreffenden Aufenthaltstitel die Erwerbstätigkeit bereits ausdrücklich zulässt. Dies sind die Fälle der Niederlassungserlaubnis (§ 9 I 2 AufenthG, jedoch mit der Möglichkeit der Nebenbestimmung), der Erlaubnis zum Daueraufenthalt-EG (§ 9a I 2 AufenthG), des Aufenthalts zum Studium, zum Sprachkurs und zum Schulbesuch (§ 16 III 1 AufenthG, jedoch zeitlich beschränkt), die Aufenthaltserlaubnis für sonstige Ausbildungszwecke (§ 17 III 2 AufenthG), der Aufnahme aus völkerrechtlichen oder humanitären Gründen (§ 22 S. 3 AufenthG), die Aufenthaltserlaubnis nach § 23 II 3 AufenthG (§ 23 II 5 AufenthG), des Aufenthalts aus humanitären Gründen (§ 25 I 4, II 2 AufenthG), des Aufenthalts zum Familiennachzugs (§§ 28 V, 29 V AufenthG), des eigenständigen Aufenthaltsrecht der Ehegatten (§ 31 I 3 AufenthG), des Aufenthaltsrechts bei Wiederkehr (§ 37 I 2 AufenthG), des Aufenthaltsrecht der ehemaligen Deutschen (§ 38 IV AufenthG) sowie der Aufenthaltsrechtserlaubnis für in anderen Mitgliedstaaten der Europäischen Union langfristig Aufenthaltsberechtigte (§ 38a III AufenthG). Inhaber dieser Aufenthaltstitel dürfen ohne weiteres oder jedenfalls unter den genannten Einschränkungen einer prostitutiven Tätigkeit nachgehen oder eine prostitutive Einrichtung betreiben. Die Berechtigung zur Erwerbstätigkeit ist in ihrem Aufenthaltstitel nur deklaratorisch zu vermerken.[495]

---

494 Hoffmann in: Hofmann/Hoffmann, Ausländerrecht, § 4 AufenthG Rdn. 26. Dies ist jedoch in Bezug auf den Untersuchungsgegenstand von keiner Relevanz.

495 Marx, Ausländer- und Asylrecht, § 3 Rdn. 21. In diesem Zusammenhang weist Linda in: BMFSFJ, Regulierung von Prostitution und Prostitutionsstätten, S. 55 darauf hin, dass die Mehrheit der Ausländer, die im Bundesgebiet einer prostitutiven Tätigkeit nachgehen, einen Aufenthaltstitel dieser Art hat.

(2) Ausdrückliche Erlaubnis (2. Alt)

Soweit es nicht bereits der jeweilige Aufenthaltstitel ausdrücklich gestattet, ist eine prostitutive Tätigkeit oder der Betrieb einer prostitutiven Einrichtung nur möglich, wenn er sie ausdrücklich erlaubt. In dieser Alternative ist die Erteilung des Aufenthaltstitels mit der Erlaubnis zur Erwerbstätigkeit konstitutiv; sie betrifft vor allem die Fälle des Aufenthalts zum Zwecke der Erwerbstätigkeit nach §§ 18 bis 21 AufenthG.[496] Relevant ist im Hinblick auf die unselbständige prostitutive Tätigkeit die Vorschrift des § 18 III AufenthG und bezüglich der selbständigen Tätigkeit die des § 21 AufenthG.

(a) Erlaubnis für die Beschäftigung nach § 18 III AufenthG

Nach der programmatischen Norm des § 18 I 1 AufenthG orientiert sich die Zulassung ausländischer Beschäftigter an den Erfordernissen des Wirtschaftsstandorts Deutschland unter Berücksichtigung der Verhältnisse auf dem Arbeitsmarkt und dem Erfordernis, die Arbeitslosigkeit wirksam zu bekämpfen. Vorrang vor diesem Programmsatz genießen aber völkerrechtliche Verträge (S. 2).[497] Die Vorschrift des § 18 AufenthG gilt jedoch nur für neu einwandernde Personen[498], so dass in den Fällen, in denen bereits anderweitig eine Aufenthaltserlaubnis besteht, die die Erwerbstätigkeit aber nicht erlaubt, die im Anschluss zu besprechende Norm des § 4 II 3 AufenthG greift. Da die unselbständige prostitutive Tätigkeit keine qualifizierte Berufsausbildung voraussetzt[499], unterfällt sie der Vorschrift des § 18 III AufenthG.

Danach darf eine Aufenthaltserlaubnis für die Ausübung einer solchen Beschäftigung nur dann erteilt werden, wenn dies durch eine zwischenstaatliche Vereinbarung bestimmt oder aufgrund der BeschV die Erteilung der Zustimmung der Bundesagentur für Arbeit nach §§ 18 II 1, 39 AufenthG zulässig ist. Soweit es im jeweiligen Einzelfall keine zwischenstaatliche Vereinbarung gibt, bedarf es also der Zustimmung der Arbeitsagentur. Die hierfür maßgebliche BeschV nennt diverse Fälle, bei denen die Bundesagentur für Arbeit zustimmen kann. Dort findet sich die prostitutive Tätigkeit nicht. Ihr nur sehr ansatzweise nahe kommt allenfalls noch die Beschäftigung gemäß § 25 Nr. 1 BeschV.[500]

496 Marx, Ausländer- und Asylrecht, § 3 Rdn. 21.

497 Im Einzelnen: Stiegeler in: Hofmann/Hoffmann, Ausländerrecht, § 18 Rdn. 11.

498 Röseler in: Renner, Ausländerrecht, § 18 Rdn. 4.

499 Eine irgendwie geartete, formalisierte Ausbildung ist zudem weder in Deutschland noch sonst bekannt.

500 Auf diese Vorschrift ist bereits unter D., VII., 2. a), ac) eingegangen worden.

Jedoch gilt es, für bestimmte Ausländergruppen die Sonderregelungen der §§ 26ff. BeschV zu beachten. So wäre die Zustimmung bei deutschen Volkszugehörigen (§ 28 BeschV) und bei Staatsangehörigen von bestimmten Industriestaaten, die nicht unter das Freizügigkeits- oder Assoziationsrecht fallen (§ 26 BeschV), zulässig. Insoweit wäre also wohl eine Erlaubniserteilung für eine prostitutive Tätigkeit möglich.

Im Übrigen ist darauf hinzuweisen, dass auch eine Zustimmungsfreiheit nach der BeschV nicht in Betracht kommt. Hier ist ebenso wie im Hinblick auf die Einzelheiten der Zustimmungserteilung durch die Arbeitsagentur auf die Ausführungen zu den Asylbewerbern Bezug zu nehmen.

Rechtsfolgenseitig besteht bei der Erteilung der Aufenthaltserlaubnis nach § 18 III 1 AufenthG ein ausländerbehördliches Ermessen. Die Behörde darf dabei nur aufenthaltsrechtliche Gesichtspunkte unter Berücksichtigung der ermessenslenkenden Vorschriften der §§ 1, 18 I AufenthG ihrer Entscheidung zugrundelegen. Im Übrigen müssen zudem auch die allgemeinen Voraussetzungen des § 5 AufenthG gegeben sein.

(b) Erlaubnis für eine selbständige Tätigkeit nach § 21 AufenthG

Für die selbständige prostitutive Tätigkeit ist jedenfalls dem Grunde nach die Erteilung einer entsprechenden Aufenthaltserlaubnis nach § 21 AufenthG denkbar. Nach der Grundregel des Abs. I 1 kann eine solche erteilt werden, wenn ein wirtschaftliches Interesse oder ein regionales Bedürfnis besteht (Nr. 1), die Tätigkeit positive Auswirkungen auf die Wirtschaft erwarten lässt (Nr. 2) und die Finanzierung der Umsetzung durch Eigenkapital oder durch eine Kreditzusage gesichert ist (Nr. 3). Nach S. 2 regelt, wonach sich das Vorliegen der Voraussetzungen des S. 1 richtet. Im Übrigen richtet sich die Beurteilung der Voraussetzungen nach S. 3.

Bereits diese Voraussetzungen machen deutlich, dass die Erteilung einer Aufenthaltserlaubnis für eine selbständige prostitutive Tätigkeit konstruktiv nur schwerlich möglich sein dürfte. Soweit ein Ausländer in das Bundesgebiet zuwandern möchte und die Tätigkeit allein ohne weitere Arbeitnehmer ausüben möchte, ist dies schlechterdings bereits tatbestandlich nicht möglich. Wird die Erteilung der Erlaubnis nach § 21 AufenthG zum Betrieb einer prostitutiven Einrichtung begehrt, so dürften der Erlaubniserteilung entweder der Tatbestand[501] oder Ermessenserwägungen der Ausländerbehörde entgegenstehen.

501 Voraussetzungen wie übergeordnetes wirtschaftliches Interesse oder besonderes regionales Bedürfnis oder Kriterien wie Auswirkungen auf die Beschäftigungs- und Ausbildungssituation oder Beitrag für Innovation und Forschung dürften mit einer prostitutiven Einrichtung nicht zu erfüllen sein. So auch Linda in: BMFSJ, Regulierung von Prostitution und Prostitutionsstätten, S. 55.

Gleichfalls ist aber über § 21 II AufenthG eine erleichterte Erlaubniserteilung bei völkerrechtlichen Verträgen möglich.[502]

ad) Erlaubnis der Beschäftigung nach § 4 III 3 AufenthG

Schließlich ist es über § 4 III 3 AufenthG möglich, einem Ausländer, der keine Aufenthaltserlaubnis zum Zweck der Beschäftigung besitzt, eine Beschäftigung zu erlauben. Dies ist im Ermessen der Behörde dann möglich, wenn die Bundesagentur zustimmt oder durch Rechtsverordnung die Zustimmungsfreiheit bestimmt ist. Fälle der Zustimmungsfreiheit sind wiederum die in den Bestimmungen der BeschV geregelten Fälle, derentwegen auf die bereits gemachten Ausführungen Bezug genommen werden kann.[503] Maßgeblich ist daher wiederum allein die Zustimmung der Arbeitsagentur. Rechtsfolgenseitig besteht ein ausländerbehördliches Ermessen. Die Gestattung der Beschäftigung erfolgt im Wege einer Auflage zum Aufenthaltstitel.[504]

b) Kontroll-, Sanktions- und Eingriffsmöglichkeiten

Nun sind die entsprechenden Kontroll-, Sanktions- und Eingriffsmöglichkeiten in den Blick zu nehmen.

ba) Kontrolle des Aufenthaltstitels

Zunächst ist eine gewisse Kontrolle darüber möglich, dass jeder Aufenthaltstitel erkennen lassen muss, ob die Ausübung einer Erwerbstätigkeit erlaubt ist Er weist also entweder eine rein deklaratorische oder eine konstitutive Eintragung auf. Nach § 4 II 4 AufenthG sind zudem Beschränkungen der Zustimmung der Arbeitsagentur in den Aufenthaltstitel einzutragen. Dadurch wird dem Arbeitgeber ermöglicht, zu überprüfen, ob und in welchem Umfang der Ausländer beschäftigt werden kann.[505] Dies betrifft naturgemäß auch die unselbständige prostitutive Tätigkeit. Damit korrespondieren die ausweisrechtlichen Pflichten. Zwar

502 Stiegeler in: Hofmann/Hoffmann, Ausländerrecht, § 21 Rdn. 12 und Marx, Ausländer- und Asylrecht, § 3 Rdn. 190ff.

503 Siehe D., VII., 2., a), ac).

504 Marx, Ausländer- und Asylrecht, § 3 Rdn. 26f.

505 In diesem Zusammenhang sei angemerkt, dass der VGH Mannheim im Wege einer Ordnungsverfügung dem Betreiber einer prostitutiven Einrichtung aufgab, sich vor einer entsprechenden Raumüberlassung persönlich zu vergewissern, ob die Ausländer einer entsprechenden Tätigkeit nachgehen dürfen (Beschl. v. 29.05.1995 – 1 S 442/95, VBlBW 1995,404 mit kritischer Anmerkung von Zeitler, VBlBW 1996, 44 (46ff.).

ist der Ausländer nicht verpflichtet, seinen Aufenthaltstitel dauernd bei sich zu führen[506], jedoch treffen ihn gewisse Pflichten. So muss er ihn nach § 48 I Nr. 2 AufenthG den Ausländerbehörden vorlegen, aushändigen oder überlassen, wenn dies zur Durchführung oder Sicherung von Maßnahmen nach dem AufenthG erforderlich ist. Er müsste ihn z.B. vorgelegen, um die Erlaubnis der Erwerbstätigkeit eintragen zu lassen.

bb) Ausreiseverbot nach § 46 II AufenthG

Peripher denkbar wäre auch ein Ausreiseverbot nach § 46 II AufenthG. Hiernach kann einem Ausländer die Ausreise gemäß § 10 I und II PassG untersagt werden. Nach § 10 I PassG ist einem Deutschen die Ausreise zu untersagen, wenn ihm nach § 7 I PassG ein Pass versagt, nach § 8 PassG ein Pass entzogen oder gegen ihn eine Anordnung nach § 6 VII PAuswG ergangen ist. Dreh- und Angelpunkt ist damit die Frage, ob eine der in § 7 I PassG genannten Annahmen begründet ist. Für den Untersuchungsgegenstand ist zunächst § 7 I Nr. 1 PassG relevant, wonach der Pass u.a. zu versagen ist, wenn bestimmte Tatsachen die Annahme rechtfertigen, dass der Bewerber erhebliche Belange der Bundesrepublik Deutschland gefährdet. Insoweit ist festzuhalten, dass allein die Ausreise zu prostitutiven Zwecken für sich noch keine erheblichen Belange gefährdet, da ihr in der Regel kein derartig übermäßiger Unwert beigemessen wird. Zudem ist anders als bei den typischerweise von der Norm erfassten Hooligans[507] ein Bezug zur Bundesrepublik, zumal bei einer Person nicht deutscher Staatsangehörigkeit, nur bedingt erkennbar. Denkbar, aber nur in Extremfällen möglich, wäre ein Ausreiseverbot nach Nr. 1, wenn der Ausländer im Ausland schwere Straftaten in Zusammenhang mit der prostitutiven Tätigkeit begehen könnte.[508] Gleichfalls relevant in Bezug auf den Untersuchungsgegenstand ist das Ausreiseverbot nach § 7 I Nr. 2 PassG.

bc) Straftaten und Ordnungswidrigkeiten

Von den relevanten Straftattatbeständen sind in Zusammenhang mit prostitutivem Menschenhandel die Strafvorschriften der §§ 96, 97 AufenthG zu nennen. Wenn für den Ausländer eine Erwerbstätigkeit nicht zulässig ist, werden die

---

506 Albrecht in: Storr/Wenger/Eberle/Albrecht/Harms/Kreuzer, Kommentar zum Zuwanderungsrecht, § 48 AufenthG Rdn. 5.

507 Hornung in: Hornung/Möller, PassG/PAuswG, § 7 PassG Rdn. 17ff.

508 Siehe die extremen Beispiele bei Medert/Süßmuth, Pass- und Personalausweisrecht, § 7 PassG, Rdn. 12.

Strafvorschrift des § 95 Ia AufenthG und die Ordnungswidrigkeiten nach § 98 IIa, III Nr. 1 AufenthG bedeutsam.

c) Möglichkeiten der Aufenthaltsbeendigung

Schließlich sind die Möglichkeiten der Aufenthaltsbeendigung in Zusammenhang mit der prostitutiven Tätigkeit zu erörtern.

ca) Ausreisepflicht

Der Ausländer muss dafür gemäß § 50 I AufenthG ausreisepflichtig sein. Nach dieser Norm ist ein Ausländer zur Ausreise verpflichtet, wenn er einen erforderlichen Aufenthaltstitel nicht oder nicht mehr besitzt und ein Aufenthaltstitel nach dem Assoziationsrecht EWG/Türkei nicht oder nicht mehr besteht. Interessant für die vorliegende Arbeit sind vor allem die Fälle, in denen ein zunächst rechtmäßiger Aufenthalt aufgrund von in Zusammenhang mit der prostitutiven Tätigkeit entstandenen Tatsachen beendet werden soll. Dies sind die Konstellationen des Widerrufs des Aufenthaltstitels (§§ 51 I Nr. 4, 52 AufenthG) und die Ausweisung des Ausländers (§§ 51 Nr. 5, 53ff. AufenthG).

(1) Widerruf der Aufenthaltserlaubnis nach §§ 51 Nr. 4, 52 AufenthG

Wird eine Erwerbstätigkeit unzulässigerweise ausgeübt, so ist je nach Einzelfall ein Widerruf nach § 52 II 1 oder 2, § 52 III Nr. 1 und § 52 VII Nr. 1 oder 2 AufenthG zulässig.

(2) Ausweisung des Ausländers nach §§ 51 I Nr. 5, 53ff. AufenthG

Weitaus interessanter sind aber die Möglichkeiten der Ausweisung nach den §§ 53 ff. AufenthG.

(a) Zwingende Ausweisung nach § 53 AufenthG

Bei erheblichen kriminellen Handlungen in Zusammenhang mit der prostitutiven Tätigkeit ist zunächst eine zwingende Ausweisung nach den Nr. 1 und 3 des § 53 AufenthG möglich.[509]

509 Beispielhaft VG Berlin, Urt. v. 04.12.2012 – 23 K 254.11, juris.

(b) Ausweisung im Regelfall nach § 54 AufenthG

Gleiches gilt für die Tatbestände der Ausweisung im Regelfall nach § 54 Nr. 1 und 2 AufenthG.

(c) Ermessensausweisung nach § 55 AufenthG

Für den Untersuchungsgegenstand relevant, da auch bereits Gegenstand der Diskussion in Rechtsprechung und Literatur, sind aber zwei Tatbestände der Ermessensausweisung nach § 55 AufenthG. Nach Abs. I kann ein Ausländer ausgewiesen werden, wenn sein Aufenthalt die öffentliche Sicherheit oder Ordnung oder sonstige erhebliche Interessen der Bundesrepublik Deutschland beeinträchtigt. Abs. II nennt einen Katalog von Regelbeispielen für den Tatbestand des Abs. I. Abs. III nennt Gesichtspunkte, die bei der Ermessensbetätigung zu berücksichtigen sind.

(ca) Gewerbsunzucht (§ 55 II Nr. 3 AufenthG)

Nach § 55 II Nr. 3 AufenthG kann ein Ausländer insbesondere ausgewiesen werden, wenn er gegen eine für die Ausübung der Gewerbsunzucht geltende Rechtsvorschrift oder behördliche Verfügung verstößt. In rechtshistorischer Hinsicht ist interessant, dass bis zum Jahre 1990 die Prostitutionsausübung nach § 10 I Nr. 8 AuslG 1965 ein eigener Ausweisungsgrund war. Durch § 46 Nr. 3 AuslG 1990 wurde dann ein Ausweisungsgrund mit dem gleichen Wortlaut der heutigen Vorschrift geschaffen. Gegen die Regelung in ihrer heutigen Form werden auch mit Blick auf die Wertungen des ProstG im Schrifttum Bedenken vorgebracht.[510] Man muss wie folgt differenzieren: Aufgrund des inzwischen eingeschränkten Wortlauts, der nicht mehr per se auf die Gewerbsunzucht, sondern auf einen Verstoß gegen entsprechende Rechtsvorschriften und Verfügungen sowie der Wertungen des ProstG abstellt, ist die Ausübung der freiwilligen und aufenthaltsrechtlich erlaubten prostitutiven Tätigkeit oder das Betreiben einer prostitutiven Einrichtung kein Grund im Sinne des § 55 II Nr. 3 AufenthG (mehr). Wird sie aufenthaltsrechtlich unzulässigerweise ausgeübt, so stellt dies keinen Verstoß gegen eine Vorschrift dar, die spezifisch die Gewerbsunzucht betrifft. In diesen Fällen ist allenfalls eine Ausweisung nach § 55 II Nr. 2 AufenthG in Betracht zu ziehen.[511] § 55 II Nr. 3 AufenthG kommt gleichfalls nicht zum Tragen, wenn

510 Siehe von Galen, Rechtsfragen der Prostitution, Rdn. 550ff., die einen Verstoß gegen den Gleichheitssatz des Art. 3 I GG sieht, und Gurlit, VerwArch 2006, 409 (421), die die Norm für überflüssig hält; a.A. wohl Stühler, GewArch 2005, 129 (131).

511 Dienelt in: Renner, Ausländerrecht, § 55 AufenthG Rdn. 38.

ein Fall der Zwangsprostitution vorliegt, da es dann an der Willensautonomie fehlt.[512] Die Vorschrift kann aber greifen, wenn gegen Sperrbezirksverordnungen oder gesundheitsamtliche Anordnungen verstoßen wird.[513] Dies sind schließlich Vorschriften und Verfügungen, die spezifisch die in der überkommenden Terminologie des Gesetzes als Gewerbsunzucht bezeichnete prostitutive Tätigkeit betreffen.[514]

(cb) Gefährdung der öffentlichen Gesundheit (§ 55 II Nr. 5 AufenthG)

Weiter ist eine Ermessensausweisung möglich, wenn der Ausländer durch sein Verhalten die öffentliche Gesundheit gefährdet. Die öffentliche Gesundheit ist berührt, wenn der Ausländer an einer nach § 6 IfSG meldepflichtigen und auf Menschen übertragbaren Krankheit, einer ansteckungsfähigen Krankheit oder einer ähnlich gefährlichen und übertragbaren Krankheit leidet oder Überträger einer solchen Krankheit ist.[515] Dabei kommt es nicht allein auf die Erkrankung an, sondern darauf, dass der Betroffene durch sein Verhalten die Verbreitung der Krankheit fördert.[516] Danach kommt eine Ausweisung dann in Betracht, wenn ein prostitutiv tätiger Ausländer durch seine Tätigkeit Krankheiten, was praktisch vor allem sexuell übertragbare Krankheiten sein dürften, verbreitet, indem er angeordnete Schutzmaßnahmen nicht befolgt oder Vermeidungsmaßnahmen unterlässt. Es besteht hier also ein enger Bezug zu den Ausführungen zu VI.

(d) Ausweisungsschutz nach § 56 AufenthG

Zu beachten ist zudem auch der besondere Ausweisungsschutz in den in § 56 AufenthG genannten Fällen.[517] Außerdem ist in § 25 IVa AufenthG für die Opfer prostitutiven Menschenhandels ein spezieller Aufenthaltstitel für die Sicherung des Strafverfahrens vorgesehen. Danach kann dem Ausländer, auch wenn er vollziehbar ausreisepflichtig ist, ein Aufenthaltstitel gewährt werden, wenn er zur Aussage als Zeuge bereit ist, er jeden Kontakt zu den Beschuldigten abgebrochen hat und der Aufenthalt als sachgerecht angesehen wird.

---

512 Wohlfahrt, VR 2004, 126 (130).

513 Alexy in: Hofmann/Hoffmann, Ausländerrecht, § 55 AufenthG Rdn. 28 und Dienelt in: Renner, Ausländerrecht, § 55 AufenthG Rdn. 38.

514 Siehe auch beispielhaft VG München, Beschl. v. 27.02.2006 – M 9 S 05.5720, juris, Rdn. 15f.

515 Huber/Göbel-Zimmermann, Ausländer- und Asylrecht, Rdn. 1089.

516 Alexy in: Hofmann/Hoffmann, Ausländerrecht, § 55 Rdn. 31.

517 Siehe zum Ausweisungsschutz der assoziationsberechtigten türkischen Staatsangehörigen: Dienelt in: Renner, Ausländerrecht, Vor §§ 53-56 AufenthG Rdn. 48ff.

cb) Durchsetzung der Ausreisepflicht

Die Ausreisepflicht wird durch Zurückschiebung (§ 57 AufenthG) und Abschiebung (§ 58 AufenthG) ggf. zwangsweise durchgesetzt, wobei die Abschiebungsverbote des § 60 AufenthG und die Duldungsvorschrift des § 60a AufenthG[518] zu beachten sind.

4. Freizügigkeitsberechtigte

Die letzte Gruppe bilden die Unionsbürger und ihre Familienangehörigen sowie die ihnen gemäß § 12 FreizügG/EU gleichgestellten Staatsangehörigen der EWR-Staaten[519] und ihre Familienangehörigen. Der Rechtsstatus der EU-Bürger ist sehr stark von gemeinschaftsrechtlichen Vorgaben geprägt, namentlich der allgemeinen Freizügigkeit nach Art. 21 AEUV und der Grundfreiheiten nach Art. 45ff. AEUV. Die Rechtsstellung der freizügigkeitsberechtigten EWR-Staatsangehörigen wird durch die vergleichbaren Grundfreiheiten nach dem EWR-Vertrag (Art. 28ff.) bestimmt.

a) Zulässigkeit der prostitutiven Tätigkeit oder des Betreibens einer prostitutiven Einrichtung

Die Frage, ob ein nach dem FreizügG/EU Berechtigter im Bundesgebiet einer prostitutiven Tätigkeit nachgehen darf, ist zu bejahen. Sie wird von den Grundfreiheiten nach dem AEUV geschützt. Auch die prostitutive Tätigkeit ist nach der Rechtsprechung des EuGH eine Arbeits- und Dienstleistung i.S.d. Art. 45ff. AEUV.[520] Es kommt nicht darauf an, ob die Tätigkeit im jeweiligen Mitgliedsstaat als sittenwidrig betrachtet wird; es ist allein entscheidend, ob sie verbo-

518 Dabei ist etwa in Bezug auf Konstellationen des prostitutiven Menschenhandels die Vorschrift des § 60a II 2 AufenthG relevant (Wohlfarth, VR 2004, 126 [130]).

519 Die EWR-Staaten sind Island, Norwegen und Liechtenstein.

520 Grundlegend EuGH, Urt. v. 20.11.2001 – C-268/99, NVwZ 2002, 326 (329) und im Anschluss BVerwG, Urt. v. 24.10.2002 – 1 C 31.02, Buchholz 451.9 Art 52 EG-Vertrag Nr. 1 und LSG Berlin-Brandenburg, Beschl. v. 28.01.2013 – L 14 AS 3133/12 B ER, InfAuslR 2013, 239 (240f.) sowie dazu zusammenfassend von Galen, Rechtsfragen der Prostitution, Rdn. 530 und Theben, Rechtliche Aspekte der (freiwillig) ausgeübten Prostitution unter besonderer Berücksichtigung gewerberechtlicher Vorschriften und des zivilen Vertragsrechts, S. 149ff. Auch bejaht von Harms in: Storr/Wenger/ Eberle/Albrecht/Harms/ Kreuzer, Kommentar zum Zuwanderungsrecht, § 2 FreizügG/EU Rdn. 12. Kritisch Lenze, EuGRZ 2002, 106.

ten (d.h. insbesondere strafbar) ist.[521] Dieser Rechtsprechung des EuGH ist das BVerwG gefolgt.[522] Unionsbürger, die in der Bundesrepublik selbständig oder als Arbeitnehmer prostitutive Tätigkeiten ausüben möchten oder eine prostitutive Einrichtung betreiben wollen, haben die EG-Grundfreiheiten und demgemäß auch die Rechte aus dem FreizügG/EU.[523] Für die Staatsangehörigen der EWR-Staaten kann nichts anderes gelten.

b) Kontroll-, Sanktions- und Eingriffsmöglichkeiten

Wegen des besonderen Rechtsstatus der nach dem FreizügG/EU berechtigten Personen sind behördliche Eingriffe und Sanktionen nur begrenzt möglich.

ba) Ausweispflicht nach § 8 FreizügG/EU

Zunächst ist eine gewisse Kontrolle, ob eine prostitutive Tätigkeit berechtigt erfolgt, über die Ausweispflicht nach § 8 I Nr. 3 FreizügG/EU möglich. Danach sind die Freizügigkeitsberechtigten verpflichtet, ihren Pass oder Passersatz sowie ihr entsprechendes aufenthaltsrechtliches Dokument erforderlichenfalls den Ausländerbehörden vorzulegen. Die Norm begründet zwar keine Rechtspflicht, dauernd und jederzeit die Dokumente bei sich zu führen[524], jedoch ist hierüber im Zweifelsfalle, z.B. im Rahmen von behördlichen Kontrollen prostitutiver Einrichtungen, eine Klärung des aufenthaltsrechtlichen Status des Betroffenen möglich.

bb) Ausreiseuntersagung nach § 11 I FreizügG/EU i.V.m. § 46 II 1 AufenthG.

Dem Freizügigkeitsberechtigten kann gleichfalls als sehr scharfe Maßnahme die Ausreise gemäß § 11 I FreizügG/EU i.V.m. § 46 II 1 AufenthG untersagt werden. Auf die zu dieser Norm bereits getätigten Ausführungen kann verwiesen werden. Eine Sanktionierung ist insoweit über § 11 I FreizügG/EU i.V.m. § 95 I Nr. 4 AufenthG möglich.

---

521 EuGH, Urt. v. 20.11.2001 – C-268/99, NVwZ 2002, 326 (329ff.).

522 Von Galen, Rechtsfragen der Prostitution, Rdn. 531.

523 Ausdrücklich LSG Essen, Beschl. v. 02.07.2012 – L 19 AS 1071/12 B ER, juris, Rdn. 24. Dabei ist zu beachten, dass u.U. bei den erst kürzlich der Gemeinschaft beigetretenen Staaten die Einschränkung des § 13 FreizügG/EU zu berücksichtigen ist (siehe zu den weiteren Einzelheiten: Harms in: Storr/Wenger/ Eberle/Albrecht/Harms/Kreuzer, Kommentar zum Zuwanderungsrecht, § 13 FreizügG/EU Rdn. 5ff.). Ist die Genehmigung nach § 284 I SGB III noch nicht erfolgt, so findet auf sie das AufenthG Anwendung.

524 Geyer in: Hofmann/Hoffmann, Ausländerrecht, § 8 FreizügG/EU Rdn. 5.

bc) Strafbarkeit nach § 11 I FreizügG/EU i.V.m. §§ 96, 97 AufenthG

In Bezug auf den prostitutiven Menschenhandel sind die Strafvorschriften des § 11 I FreizügG/EU i.V.m. §§ 96, 97 AufenthG auch für Freizügigkeitsberechtigte bedeutsam.

c) Möglichkeiten der Aufenthaltsbeendigung

Auch die Möglichkeiten zur Aufenthaltsbeendigung sind begrenzt.

ca) Rechtsverlust nach § 6 FreizügG/EU

Denkbar ist ein Rechtsverlust nach § 6 I FreizügG/EU. Nach dieser Vorschrift kann der Verlust des Rechts auf Einreise und Aufenthalt nur aus Gründen der öffentlichen Ordnung, Sicherheit oder Gesundheit festgestellt werden. Zur Auslegung dieser Merkmale nimmt die Norm ausdrücklich Bezug auf die entsprechenden Bestimmungen des AEUV. Die öffentliche Ordnung ist berührt, wenn innerstaatliche Rechtsvorschriften verletzt werden, wobei eine aktuelle, gegenwärtige Gefahr weiterer Rechtsverletzungen gegeben sein muss, die die Grundinteressen der Gemeinschaft berühren.[525] Die öffentliche Sicherheit umfasst sowohl die äußere wie auch die innere Sicherheit des Staates, der sich auf sie beruft. Zur äußeren Sicherheit gehören militärische Bedrohungen, die Gefahr einer erheblichen Störung der auswärtigen Beziehungen oder des friedlichen Zusammenlebens der Völker. Die innere Sicherheit erfasst den Bestand des Staates, seiner Einrichtungen und wichtiger Dienste sowie das Überleben der Bevölkerung.[526] Die Gründe der öffentlichen Gesundheit beziehen sich auf den Schutz von Menschen vor Krankheiten.[527] Als Krankheiten, die zur Rechtfertigung von die Freizügigkeit beschränkenden Maßnahmen herangezogen werden dürfen, gelten gemäß S. 3 unter Heranziehung der Definition in Art. 29 I der Freizügigkeitsrichtlinie nur Krankheiten mit epidemischen Potenzial sowie sonstige übertragbare, durch Infektionsträger oder Parasiten verursachte Krankheiten, sofern gegen sie Maßnahmen zum Schutz der Staatsangehörigen des Aufnahmemitgliedsstaats getroffen werden. Dies betrifft etwa quarantänepflichtige Krankheiten, AIDS hingegen nur in Ausnahmefällen.[528]

525 Alexy in: Hofmann/Hoffmann, Ausländerrecht, § 6 FreizügG/EU Rdn. 10.

526 Vgl. Becker in: Schwarze, EU-Kommentar, Art. 36 AEUV Rdn. 12.

527 Harms in: Storr/Wenger/Eberle/Albrecht/Harms/Kreuzer, Kommentar zum Zuwanderungsrecht, § 6 FreizügG/EU Rdn. 7.

528 Zum Ganzen: Alexy in: Hofmann/Hoffmann, Ausländerrecht, § 6 FreizügG/EU Rdn. 12.

Danach kann bei prostitutiver Tätigkeit oder dem Betrieb einer prostitutiven Einrichtung hauptsächlich in zwei Fällen ein Rechtsverlust begründet werden. Zum einen ist denkbar, dass eine prostitutiv tätige Person wiederholt Straftaten erheblichen Umfangs in Zusammenhang mit dieser Tätigkeit begangen hat und aufgrund der vorzunehmenden Gefahrenprognose die Begehung weitere Straftaten zu befürchten sind. Die Voraussetzungen liegen sehr hoch, da ein Grundinteresse der Gesellschaft durch die Handlungen des Betroffenen berührt sein muss.[529] Zum anderen ist ein Rechtsverlust möglich, wenn durch die prostitutive Tätigkeit Krankheiten verbreitet werden. Einschränkend ist aber zu beachten, dass die Feststellung aus Gründen der öffentlichen Gesundheit nur erfolgen kann, wenn die Krankheit in den ersten drei Monaten nach Einreise auftritt. Denkbar ist in diesen Fällen aber ein Rechtsverlust über die öffentliche Ordnung oder Sicherheit.[530]

cb) Ausreisepflicht nach § 7 FreizügG/EU

Die Ausreisepflicht korrespondiert mit dem Rechtsverlust. Die Norm begründet in Abs. I die Ausreisepflicht und in Abs. II das Verbot der Wiedereinreise und des Aufenthaltsrechts, wenn der Rechtsverlust festgestellt ist.

5. Zusammenfassung zu VII.

Der Abschnitt zum Ausländerrecht kann wie folgt zusammengefasst werden:

Im Hinblick auf die Zulässigkeit prostitutiver Tätigkeit oder des Betriebs einer prostitutiver Einrichtung von Asylbewerbern kommt es mit Blick auf § 61 AsylVfG vor allem auf die Dauer ihres Aufenthalts an. Sanktionen sind über § 85 AsylVfG möglich. Eine Aufenthaltsbeendigung in Zusammenhang mit prostitutiven Tätigkeiten ist nur in Ausnahmefällen möglich.

Sonstigen Ausländern muss entweder nach dem Gesetz oder nach dem Aufenthaltstitel die prostitutive Tätigkeit oder der Betrieb einer prostitutiven Einrichtung erlaubt sein (§ 4 II 1 AufenthG). Gerade Letzteres ist mit Blick auf die Anforderungen von § 18 AufenthG bzw. § 21 AufenthG schwierig. Auch eine Beschäftigungserlaubnis nach § 4 III 3 AufenthG ist schwierig. Behördliche Kontrollen und Eingriffe sind über die Eintragungen nach § 4 II 4 AufenthG sowie Ausreiseverbote nach § 46 II AufenthG möglich. Es sind zudem verschiedene

529 Harms in: Storr/Wenger/Eberle/Albrecht/Harms/Kreuzer, Kommentar zum Zuwanderungsrecht, § 6 FreizügG/EU Rdn. 8.

530 Dienelt in: Renner, Ausländerrecht, § 6 FreizügG/EU Rdn. 41.

Straf- und Ordnungswidrigkeitenvorschriften des AufenthG relevant. Im Hinblick auf die Aufenthaltsbeendigung ist bei unzulässiger Erwerbstätigkeit der Widerruf der Aufenthaltserlaubnis möglich. Außerdem sind die Ausweisungstatbestände der Nr. 3 und 5 des § 55 II AufenthG bedeutsam.

Bei den Freizügigkeitsberechtigten ist zu beachten, dass die prostitutive Tätigkeit oder der Betrieb einer prostitutiven Einrichtung den Grundfreiheiten nach dem AEUV und dem EWR-Vertrag unterfällt. Freizügigkeitsberechtigte dürfen somit einer prostitutiven Tätigkeit nachgehen oder eine prostitutive Einrichtung betreiben. Kontrolle und Eingriffe sind hier nur eingeschränkt über § 8 FreizügG/EU bzw. § 11 I FreizügG/EU i.V.m. § 46 II AufenthG möglich. Sanktionen können über § 11 I FreizügG/EU i.V.m. §§ 96, 97 AufenthG erfolgen. Eine Aufenthaltsbeendigung kann in Ausnahmefällen über den Rechtsverlust nach § 6 FreizügG/EU erfolgen.

VIII. Sozialrecht

1. Einführung

Das Sozialrecht hat gemäß § 1 I 1 SGB I das Ziel, zur Verwirklichung sozialer Gerechtigkeit und sozialer Sicherheit Sozialleistungen einschließlich sozialer und erzieherischer Hilfen zu gestalten. Dabei darf hier nicht übersehen werden, dass der Wunsch nach sozialer Absicherung in der Vergangenheit eine der zentralen Forderungen der prostitutiv Tätigen war.[531]

Das Sozialrecht ist im Kern in den zwölf Büchern des SGB und den über § 68 SGB I gleichfalls zum SGB gehörigen Gesetzen normiert. Den Schwerpunkt der hiesigen Darstellung bildet das Sozialversicherungsrecht, wobei sowohl die Rechtsstellung von Personen, die als abhängig Beschäftigte prostitutiv tätig sind, in den Blick zu nehmen ist als auch diejenige der Personen, die selbständig einer solchen Tätigkeit nachgehen. Daneben sind die Vorschriften über die Arbeitsförderung und – exkursartig – die Normen über die Grundsicherung für Arbeitssuchende zu erörtern.

531 Siehe nur Heine/Koch, ArchsozArb 1990, 91f., obgleich eine positive Wirkung des ProstG angezweifelt wird (Braun, SozSich 2005, 268 [272] m.w.N.).

2. Prostitutiv Tätige als Beschäftigte in der Sozialversicherung

Den Anfang macht die Betrachtung der sozialversicherungsrechtlichen Stellung der in einer prostitutiven Einrichtung abhängig Beschäftigten.

a) Vorliegen eines Beschäftigungsverhältnisses

Zunächst ist erörterungsbedürftig, ob eine prostitutive Tätigkeit überhaupt ein Beschäftigungsverhältnis i.S.d. § 7 I 1 SGB IV darstellen kann, das nach § 2 II Nr. 1 SGB IV die Versicherung in der Sozialversicherung auslöst. Nach dieser Norm ist Beschäftigung die nichtselbständige Arbeit, insbesondere in einem Arbeitsverhältnis. Gemäß S. 2 sind Anhaltspunkte für eine Beschäftigung eine Tätigkeit nach Weisungen und eine Eingliederung in die Arbeitsorganisation des Weisungsgebers. Der Begriff des Beschäftigungsverhältnisses ist dabei zwar im Wesentlichen mit dem des Arbeitsverhältnisses deckungsgleich, jedoch nicht vollständig gleichbedeutend.[532] Es ist nämlich ein sozialversicherungsrechtliches Beschäftigungsverhältnis auch dann denkbar, wenn nur ein faktisches oder gar kein Arbeitsverhältnis vorliegt.[533]

Es war und ist wohl noch streitig, ob es für das Vorliegen eines sozialversicherungsrechtlichen Beschäftigungsverhältnisses darauf ankommt, ob die fragliche Tätigkeit gegen die guten Sitten verstößt oder nicht.[534] Man wird allerdings aufgrund des Wortlautes des § 7 I 1 SGB IV und des Schutzzwecks des Sozialrechts davon ausgehen müssen, dass es auf ein solches Kriterium nicht ankommt.[535] Auch das BSG vertritt inzwischen diese Ansicht.[536]

Man wird aber aufgrund der Wertungen des ProstG bei einer prostitutiven Tätigkeit ohnehin eine Sittenwidrigkeit nicht mehr annehmen können.[537]

---

532 Waltermann, Sozialrecht, Rdn. 109.

533 Muckel/Ogorek, Sozialrecht, § 7 Rdn. 22f.

534 Siehe dazu Muckel/Ogorek, Sozialrecht, § 7 Rdn. 24 und die Nachweise in BSG, Urt. v. 10.08.2000 – B 12 KR 21/98 R, BSGE 87, 53 (61).

535 Ausführlich Felix, NZS 2002, 225 (227ff.), die das Sozialrecht diesbezüglich für wertneutral hält.

536 BSG, Urt. v. 10.08.2000 – B 12 KR 21/98 R, BSGE 87, 53 (59ff.) und die zustimmende Anmerkung von Schmitt, SGb 2002, 178. Siehe in diesem Zusammenhang auch Heine/Koch, die ausführlich darlegen, dass es für die Frage der sozialen Absicherung nicht auf die Sittenwidrigkeit ankommen kann (ArchsozArb 1990, 91ff.) sowie mit dem gleichen Ergebnis Erdmann, Die Beiträge 2001, 641.

537 So auch ausdrücklich die Gemeinsame Verlautbarung vom 18.11.2002 nach der Besprechung der Spitzenverbände und der Bundesanstalt für Arbeit über Fragen des gemeinsamen Beitragseinzugs zur Kranken-, Pflege-, Renten- und Arbeitslosenversicherung am 18./19.11.2002, SozVers 2003, 57f.

Aber selbst wenn man die Sittenwidrigkeit einer prostitutiven Tätigkeit trotz des Inkrafttretens des ProstG bejaht, zeigen zwei Regelungen, dass ein Beschäftigungsverhältnis in jedem Falle anzunehmen ist. So normiert § 3 ProstG, dass im Rahmen einer abhängigen Beschäftigung das eingeschränkte Weisungsrecht der Annahme einer Beschäftigung nicht entgegensteht, was implizit die Sittenwidrigkeit als Hinderungsgrund verneint.[538] Weiter zeigt auch § 1 S. 2 ProstG, dass ein Zugang zur Sozialversicherung erfolgen soll. Schließlich spricht dafür auch die Streichung strafgesetzlicher Vorschriften durch das ProstG.[539] Damit kann grundsätzlich eine unselbständige Tätigkeit in einer prostitutiven Einrichtung ein Beschäftigungsverhältnis i.S.d. § 7 I SGB IV sein.[540]

Maßgeblich für die Frage, ob bei Anwendung der Kriterien des § 7 I 2 SGB IV ein solches Verhältnis vorliegt, ist wegen § 3 ProstG weniger, ob die Tätigkeit nach Weisungen erfolgt, sondern vielmehr das Ausmaß der Eingliederung in die Arbeitsorganisation der prostitutiven Einrichtung.[541]

b) Gemeinsame Vorschriften der Sozialversicherung (SGB IV)

Von den Regelungen des SGB IV sind zwei Fragestellungen für den Untersuchungsgegenstand relevant.

ba) Anfrageverfahren nach § 7a SGB IV

Bestehen Unklarheiten, ob die Mitarbeiter in einer prostitutiven Einrichtung in einem sozialversicherungspflichtigen Beschäftigungsverhältnis nach § 7 I SGB IV stehen, kann das Anfrageverfahren gemäß § 7a SGB IV durchgeführt werden.[542] Nach § 7a I 1, II SGB IV können die Beteiligten schriftlich bei der DRV

---

538 Leube, SozVers 2002, 85 (87). Gamperl, Die Absicherung gegen Krankheitskosten durch Sozialhilfe und Gesetzliche Krankenversicherung als Mittel zur Lebensstandardsicherung, S. 103f. misst § 3 ProstG in erster Linie klarstellende Funktion bei.

539 Braun, AuA 2002, 457.

540 So auch von Galen, Rechtsfragen der Prostitution, Rdn. 227ff., die zudem auch auf die Positionierung der Spitzenorganisationen der Sozialversicherer Bezug nimmt und Laskowski, ArbuR 2002, 406 (408f.). Vgl. auch LSG Darmstadt, Beschl. v. 26.03.2009 – L 1 K 331/08 B ER, juris, Rdn. 28. Dammann zeigt in diesem Zusammenhang auf, dass der Zugang zur Sozialversicherung früher insbesondere an Strafvorschriften scheiterte (Forum Recht, 2003, 15 [16]).

541 Insoweit nennt von Galen, Rechtsfragen der Prostitution, Rdn. 233 die entscheidenden Kriterien. Ähnlich die Gemeinsame Verlautbarung vom 18.11.2002 nach der Besprechung der Spitzenverbände und der Bundesanstalt für Arbeit über Fragen des gemeinsamen Beitragseinzugs zur Kranken-, Pflege-, Renten- und Arbeitslosenversicherung am 18./19.11.2002, SozVers 2003, 57 (59).

542 Siehe schon von Galen, Rechtsfragen der Prostitution, Rdn. 244f. und darauf aufbauend Budde, Die Auswirkungen des Prostitutionsgesetzes auf die Sozialversicherung, S. 90f. Auch der Vor-

Bund eine Entscheidung beantragen, ob eine Beschäftigung vorliegt, es sei denn, die Einzugsstelle oder ein anderer Versicherungsträger haben zum Zeitpunkt der Antragstellung bereits ein Verfahren zur Feststellung einer Beschäftigung eingeleitet. Die DRV Bund entscheidet darüber nach Würdigung aller Umstände. Den Antrag können sowohl der Betreiber der Einrichtung als auch der tatsächliche oder vermeintliche Beschäftigte stellen.[543] Dies ist vorliegend gerade mit Blick auf die Interessen des Letzteren relevant.[544]

bb) Meldepflichten und Versicherungsbeitrag

Während die Melde- und Mitwirkungspflichten von Arbeitgeber (§§ 28a ff. SGB IV) und Beschäftigten (§ 28o SGB IV) im Hinblick auf den Untersuchungsgegenstand keine erörterungsbedürftigen Besonderheiten aufweisen[545], bedarf die Problematik des abzuführenden Versicherungsbeitrags einer kurzen Erörterung. In den einzelnen Zweigen der Sozialversicherung bemessen sich die zu zahlenden Beiträge nach dem Arbeitsentgelt (§ 342 I 1 SGB III, § 249 I SGB V, § 162 Nr. 1 SGB VI, § 153 I SGB VII sowie § 58 I SGB XI). Arbeitsentgelte i.d.S. sind nach § 14 I 1 SGB IV alle laufenden oder einmaligen Einnahmen aus einer Beschäftigung, gleichgültig, ob ein Rechtsanspruch auf die Einnahmen besteht, unter welcher Bezeichnung oder in welcher Form sie geleistet werden und ob sie unmittelbar aus der Beschäftigung oder in Zusammenhang mit ihr erzielt werden. Wie schon aus § 1 S. 1 ProstG ersichtlich wird, erhält die prostitutiv tätige Person regelmäßig ihr Entgelt von ihren Kunden, was aber nichts daran ändert, dass es sich um Einnahmen i.S.d. Sozialversicherungsrechts handelt.[546] Damit unterfallen dem Arbeitsentgelt i.S.d. § 14 I 1 SGB IV in Bezug auf den Untersuchungsgegenstand sowohl das nach der Zeitdauer der Dienstleistung bemessene Entgelt als auch flexible Zahlungen, die von den verlangten Handlungen abhängen.[547]

---

schlag in der Gemeinsamen Verlautbarung vom 18.11.2002 nach der Besprechung der Spitzenverbände und der Bundesanstalt für Arbeit über Fragen des gemeinsamen Beitragseinzugs zur Kranken-, Pflege-, Renten- und Arbeitslosenversicherung am 18./19.11.2002, SozVers 2003, 57 (59).

543 Allgemein Lüdtke in: Winkler, SGB IV, § 7a Rdn. 3.

544 Von Galen, Rechtsfragen der Prostitution, Rdn. 246f.

545 Es kann daher auf die prägnante Darstellung von Leube, SozVers 2002, 85 (88) verwiesen werden. Siehe auch die Gemeinsame Verlautbarung vom 18.11.2002 nach der Besprechung der Spitzenverbände und der Bundesanstalt für Arbeit über Fragen des gemeinsamen Beitragseinzugs zur Kranken-, Pflege-, Renten- und Arbeitslosenversicherung am 18./19.11.2002, SozVers 2003, 57 (59).

546 Leube, Sozialrecht+Praxis 2002, 461 (467).

547 Von Galen, Rechtsfragen der Prostitution, Rdn. 251.

Zum Arbeitsentgelt i.d.S. gehören ferner Trinkgelder sowie einmalige oder laufende Zuschüsse und Zahlungen.[548]

Verkürzt gesagt muss daher in Bezug auf die prostitutive Tätigkeit alles dem Arbeitsentgelt zugerechnet werden, was vom Betreiber oder auch und gerade von Dritten in unmittelbaren Zusammenhang mit der Tätigkeit an den Beschäftigten gezahlt wird.[549]

Eine Folgeproblematik ist, wie der Einzug des Arbeitnehmeranteils erfolgen soll. Nach § 28e I 1 SGB IV hat der Arbeitgeber den Gesamtsozialversicherungsbeitrag nach § 28d SGB IV zu zahlen. In diesem Zusammenhang hat der Arbeitgeber nach § 28g I 1 SGB IV gegen den Beschäftigten einen Anspruch auf den von diesem zu tragenden Teil des Gesamtsozialversicherungsbeitrags, wobei dieser Anspruch nur durch Abzug vom Arbeitsentgelt geltend gemacht werden kann (S. 2). Wenn aber der prostitutiv Beschäftigte das Arbeitsentgelt ausschließlich oder überwiegend von Dritten erhält, ist klärungsbedürftig, wie der Arbeitgeber den Abzug vornehmen kann. Da der Arbeitgeber ein anderes Verfahren als den Lohnabzug nicht wählen darf[550] und auch eine Schätzung nicht möglich ist[551], muss er die Problematik – wie es der Gesetzgeber fordert – arbeitsrechtlich lösen, was vorzugsweise durch eine entsprechende Regelung in der Entgeltvereinbarung erfolgen sollte.[552] Der Beschäftigte hat im Übrigen bezüglich der Beitragszahlung eine Mitwirkungspflicht (§ 28o SGB IV), deren Verletzung die Rechtsfolge des § 28g SGB IV auslöst. Die Beitragszahlung zur gesetzlichen Unfallversicherung gestaltet sich etwas einfacher, zumal hier eine Schätzung möglich ist.[553]

c) Gesetzliche Kranken- und Pflegeversicherung (SGB V und SGB XI)

In Bezug auf den Untersuchungsgegenstand gibt es in Zusammenhang mit der gesetzlichen Kranken- und Pflegeversicherung keine Besonderheiten zu beachten.[554]

---

548 Vor in: Winkler, SGB IV, § 14 Rdn. 25 sowie Leube, SozVers 2002, 85 (89).

549 Vgl. auch Leube, Sozialrecht+Praxis 2002, 461 (466f.).

550 Roßbach in: Kreikebohm/Spellbrink/Waltermann, Kommentar zum Sozialrecht, § 28g SGB IV Rdn. 2.

551 Leube, SozVers 2002, 85 (90).

552 Von Galen, Rechtfragen der Prostitution, Rdn. 261f. und Leube, Sozialrecht+Praxis 2002, 461 (467).

553 Von Galen, Rechtsfragen der Prostitution, Rdn. 266.

554 Siehe die gleichfalls knappe Darstellung von Budde, Die Auswirkungen des Prostitutionsgesetzes auf die Sozialversicherung, S. 100.

d) Gesetzliche Rentenversicherung (SGB VI)

Beinahe gleichfalls ohne spezifische Besonderheiten ist das Recht der gesetzlichen Rentenversicherung. Es gilt lediglich auf zwei Besonderheiten bei der Gewährung von Leistungen hinzuweisen. Zum einen ist die Gewährung von Leistungen zur Rehabilitation möglich, zum anderen sind bei der Erwerbsminderungsrente und der Rente wegen der Verschlossenheit des Arbeitsmarkts Besonderheiten zu beachten.[555]

e) Gesetzliche Unfallversicherung (SGB VII)

Viel interessanter und wegen der Risiken der prostitutiven Tätigkeit auch bedeutsamer sind indes die Vorschriften über die gesetzliche Unfallversicherung. Über diese sind die entsprechend Tätigen gegen Arbeitsunfälle und Berufskrankheiten versichert.[556] Neben den mit der Prävention und der Bestimmung der zuständigen Berufsgenossenschaft verbundenen Rechtsproblemen bedürfen vor allem die Begriffe des Arbeitsunfalls und der Berufskrankheit, die nach § 7 I SGB VII den Versicherungsfall auslösen, einer vertieften Betrachtung.

ea) Arbeitsunfall

Zunächst ist der Begriff des Arbeitsunfalls in den Blick zu nehmen.

(1) Begriff des Arbeitsunfalls im Allgemeinen

Nach § 8 I 1 SGB VII sind Arbeitsunfälle Unfälle von Versicherten infolge einer der den Versicherungsschutz nach § 2, § 3 oder § 6 SGB VII begründenden Tätigkeit. Unfälle sind dabei zeitlich begrenzte, von außen auf den Körper einwirkende Ereignisse, die zu einem Gesundheitsschaden oder zum Tod führen (S. 2). Gemäß Abs. II Nr. 1 bis 4 können auch Wegeunfälle vom Versicherungsschutz erfasst sein.

---

555 Budde, Die Auswirkungen des Prostitutionsgesetzes auf die Sozialversicherung, S. 102f. und S. 162.

556 Von Galen, Rechtsfragen der Prostitution, Rdn. 266. Andeutungsweise auch BSG, Urt. v. 21.03.2006 – B 2 U 19/05 R, juris, Rdn. 12.

(2) Spezifische Fallgruppen

Danach lassen sich in Bezug auf die prostitutive Tätigkeit folgende Fallgruppen unterscheiden, in denen ein Arbeitsunfall jedenfalls in Betracht kommt.

(a) Körperliche und sexuelle Übergriffe

Die erste Fallgruppe der körperlichen und sexuellen Übergriffe erfasst vor allem Vorfälle wie Schlägereien und Körperverletzungen sowie Vergewaltigungen und sexuelle Nötigungen.

Bei körperlichen Auseinandersetzungen wird man differenzieren müssen: Ein Arbeitsunfall liegt dann vor, wenn der Streit unmittelbar aus der versicherten Tätigkeit erwachsen ist, jedoch nicht, wenn die Auseinandersetzung ihre Motivation allein in privaten Gründen findet.[557] So wird man in Bezug auf die prostitutive Tätigkeit einen Versicherungsschutz dann bejahen können, wenn es z.B. im Vorfeld oder im Nachgang der Dienstleistung über deren Art oder Qualität, das zu entrichtende Entgelt oder den Ort der Dienstleistung zum Streit mit den Kunden oder wenn es zwischen den Beschäftigten zu Tätlichkeiten im Streit um Kunden oder die bevorzugte Arbeitsstätte kommt.[558] Gleichfalls ist ein Versicherungsschutz gegeben, wenn eine Verletzung in Zusammenhang mit einem Raub o.ä. geschieht, bei dem die erzielten Entgelte entwendet werden. Weiter muss man einen Arbeitsunfall annehmen, wenn das Motiv des Übergriffs allein persönlicher Natur ist, jedoch die besonderen Umstände der prostitutiven Einrichtung den Übergriff erleichtert haben.[559]

Etwas schwieriger, aber im Ergebnis auch eindeutig zu beantworten, ist die Frage, ob bei einer Vergewaltigung ein Versicherungsschutz besteht. Zwar hat das BSG entschieden, dass die Vergewaltigung einer Auszubildenden durch ihren Ausbilder in der Freizeit wegen des fehlenden Arbeitsbezugs keinen Arbeitsunfall darstellt[560], jedoch muss dies in Bezug auf den vorliegenden Untersuchungsgegenstand anders betrachtet werden. Wird eine prostitutiv tätige Person bei der konkreten Tätigkeit von einem Kunden durch Gewalt zu einer sexuellen Praktik gezwungen, die sie gerade nicht ausüben möchte, so ist der Zusammenhang zur Arbeit mehr als offensichtlich.[561] Problematischer dürfte hingegen die Konstellation sein, wenn eine Vergewaltigung in der Freizeit erfolgt, jedoch von der Mo-

557 Schmitt, SGB VII, § 8 Rdn. 90.

558 Leube, Sozialrecht+Praxis 2002, 461 (469).

559 Von Galen, Rechtsfragen der Prostitution, Rdn. 273 sowie allgemein Schwerdtfeger in: Lauterbach, SGB VII, § 8 Rdn. 275.

560 BSG, Urt. v. 26.06.2001 – B 2 U 25/00 R, NJW 2002, 388.

561 Budde, Die Auswirkungen des Prostitutionsgesetzes auf die Sozialversicherung, S. 105f.

tivation getrieben ist, dass es sich beim Opfer um eine prostitutiv tätige Person handelt, bei der der Täter etwa die Tat weniger verwerflich findet. Da angenommen wird, dass die für § 8 I 1 SGB VII erforderliche Kausalität auch dann gegeben sein kann, wenn das schädigende Ereignis nur im privaten Bereich erfolgt ist, jedoch tätigkeitsbezogene Gründe ursächlich waren[562], ist auch in solchen Fällen ein Versicherungsschutz nicht ausgeschlossen.

(b) Schwangerschaft

Die Frage, ob eine Schwangerschaft ein Arbeitsunfall sein kann, stellt sich in gewisser Weise als unfallversicherungsrechtliche Variante der aus dem zivilrechtlichen Schadensersatzrecht bekannten Konstellation „Kind als Schaden" dar.[563] Anders als im Zivilrecht wird es jedoch vorliegend weniger um missglückte Sterilisationsversuche oder Abtreibungen als um misslungene Verhütung gehen. Insoweit ist in Begründung und Ergebnis der Auffassung von Budde zu folgen, die nur Komplikationen und Krankheiten in Zusammenhang mit der Schwangerschaft für einen Arbeitsunfall hält, jedoch die Schwangerschaft an sich noch nicht.[564] Sie führt an, dass die Schwangerschaft für sich genommen noch kein pathologischer Zustand ist, so dass der Schaden sich allenfalls aus Unterhaltsverpflichtungen ergeben kann. Dann aber sei aber problematisch, dass bei Annahme eines Arbeitsunfalls der Kindsvater unbillig entlastet und die Versicherungsgemeinschaft belastet werden würde, zumal die Leistung von Unterhalt im SGB VII auch gar nicht vorgesehen ist.

(c) Ansteckung mit einer (sexuell) übertragbaren Krankheit

Aufgrund der weiten Definition des § 8 I SGB VII kann ein Arbeitsunfall auch die Ansteckung mit einer (sexuell) übertragbaren Krankheit bei der prostitutiven Tätigkeit sein.[565]

(d) Alkoholkonsum

Ob auch alkoholbedingte Unfälle von prostitutiv Tätigen Arbeitsunfälle sein können, ist in den Einzelheiten streitig. Dem Grunde nach ist es bis zum Erreichen der Volltrunkenheit möglich, den Versicherungsschutz zu gewähren, solan-

562 Schwerdtfeger in: Lauterbach, SGB VII, § 8 Rdn. 276.
563 Knapp m.w.N. Grüneberg in: Palandt, BGB, § 249 Rdn. 72.
564 Budde, Die Auswirkungen des Prostitutionsgesetzes auf die Sozialversicherung, S. 110ff.
565 Budde, Die Auswirkungen des Prostitutionsgesetzes auf die Sozialversicherung, S. 114f.

ge nicht allein die Trunkenheit die wesentliche Bedingung für den Unfall war.[566] Von Galen vertritt die Auffassung, dass man dies hier erweitern muss. Da es oftmals dem Interesse des Betreibers der Einrichtung entspräche, dass die Beschäftigten zur Animation mit den Kunden Alkohol trinken, müsse in diesen Fällen auch dann Versicherungsschutz gewährt werden, wenn der Unfall seine Ursache allein im Alkoholeinfluss habe. Anders als gewöhnlicherweise sei die Alkoholisierung unmittelbar durch die betriebliche Tätigkeit bedingt.[567] In der Tat wird man beipflichten müssen, dass sich der Alkoholgenuss der hier untersuchten Beschäftigten, wenn er auf Veranlassung des Arbeitgebers erfolgt, grundlegend von den sonst üblichen unfallversicherungsrechtlichen Konstellationen unterscheidet. Insoweit ist auch die von Budde vorgebrachte Kritik in zwei Punkten nicht überzeugend.[568] Zum einen stellt sie in diesem Zusammenhang darauf ab, dass eine betriebliche Tätigkeit im Zustand der Volltrunkenheit nicht mehr möglich wäre, so dass auch ein Versicherungsschutz nicht mehr möglich sei. Dies ist unstreitig, weil die Argumentation von Galens gar nicht auf eine Volltrunkenheit abhebt, sondern vielmehr lediglich darauf beruht, dass die Trunkenheit in der genannten Konstellation ihre alleinige Ursache in der betrieblichen Tätigkeit hat. Zum anderen verfängt das zweite Argument nicht, dass die mit der Animation zum Alkoholverzehr verbundene Gewinnmaximierung nicht vom Versicherungszweck erfasst sei. Der historische Zweck der gesetzlichen Unfallversicherung besteht darin – vereinfacht ausgedrückt – ein öffentlich-rechtliches Entschädigungssystem für die Risiken der Beschäftigten zu schaffen, das von dem finanziert wird, zu dessen Gunsten die Risiken eingegangen werden. Unter diesem Gesichtspunkt kann es an sich keinen Unterschied machen, ob der Beschäftigte in einem großem Industriebetrieb einer Verletzungsgefahr durch die dort aufgestellten Maschinen ausgesetzt ist oder ob er in einer prostitutiven Einrichtung auf Veranlassung des Unternehmers Alkohol trinkt und sich den möglichen Risiken aussetzt. Entscheidend ist daher ein ganz anderes Argument. Würde man in diesen Fällen einen Versicherungsschutz gewähren, so würde der Zweck der gesetzlichen Unfallversicherung, der auch im Schutz der Gesundheit der Beschäftigten besteht, unterminiert. Da der Unternehmer dafür Sorge zu tragen hat, dass seine Beschäftigten keine gesundheitlichen Schäden erleiden, ist es ihm sachlogisch nicht gestattet, seine Beschäftigten anzuweisen, regelmäßig und ggf. in erheblichen Mengen Alkohol zu trinken.[569] Anderenfalls würden die mit dem gesundheitsschädlichen, aber im Rahmen der betrieblichen Tätigkeit erfolgenden Alkoholgenuss verbundenen Risiken auf die Unfallversicherung übertragen, obgleich dem Unternehmer

566 Schmitt, SGB VII, § 8 Rdn. 113.

567 Von Galen, Rechtsfragen der Prostitution, Rdn. 277f.

568 Siehe Budde, Die Auswirkungen des Prostitutionsgesetzes auf die Sozialversicherung, S. 107f.

569 Budde, Die Auswirkungen des Prostitutionsgesetzes auf die Sozialversicherung, S. 107f.

an sich ein gegenteiliges Handeln obliegen würde. Damit bleibt es beim Grundsatz, dass ein Versicherungsschutz nur dann besteht, wenn der Alkoholeinfluss rechtlich nicht die allein wesentliche Ursache des Unfalls war.

(e) Schlaf

Schließlich kann ein Versicherungsschutz beim Schlafen in der prostitutiven Einrichtung bestehen, wenn es sich um betriebsbedingtes Schlafen handelt, etwa in den Arbeitspausen.[570]

eb) Berufskrankheit

Auch eine Berufskrankheit kann in Zusammenhang mit der prostitutiven Tätigkeit auftreten und den Versicherungsfall auslösen.

(1) Begriff der Berufskrankheit im Allgemeinen

Berufskrankheiten sind nach § 9 I 1 SGB VII die Krankheiten, die die Bundesregierung durch Rechtsverordnung (der BKV) mit Zustimmung des Bundesrats als solche bezeichnet und die Versicherte infolge einer den Versicherungsschutz nach § 2, § 3 oder § 6 SGB VII begründenden Tätigkeit erleiden. § 9 II SGB VII bildet dazu einen Auffangtatbestand, wonach die Unfallversicherungsträger eine Krankheit, die nicht in der BKV bezeichnet ist oder bei der die dort bestimmten Voraussetzungen nicht vorliegen, wie eine Berufskrankheit anzuerkennen haben, sofern im Zeitpunkt der Entscheidung nach neuen Erkenntnissen der medizinischen Wissenschaft die Voraussetzungen für eine Bezeichnung nach § 9 I 2 SGB VII erfüllt sind.

(2) Untersuchungsgegenstand

Nach Nr. 3101 der Anlage 1 zur BKV sind auch Infektionskrankheiten erfasst, wenn der Versicherte im Gesundheitsdienst, in der Wohlfahrtspflege oder in einem Laboratorium tätig ist oder durch eine andere Tätigkeit der Infektionsgefahr in ähnlichem Maße ausgesetzt war. Die prostitutive Tätigkeit ist zwar keine Tätigkeit in einem der ausdrücklich genannten Bereiche, jedoch ist die Gefahr der Infektion in ähnlicher Weise besonders hoch, so dass eine Anwendung der Nr. 3101 auch für die hier gegenständliche Beschäftigung zu bejahen ist.[571] Somit dürften etwa die bereits in den Ausführungen zum Gesundheitsrecht adressierten

570 Siehe m.w.N. von Galen, Rechtsfragen der Prostitution, Rdn. 275f.
571 Leube, SozVers 2002, 85 (91).

sexuellen Krankheiten auch zu den Berufskrankheiten nach § 9 SGB VII gehören.[572] Darüber hinaus können chronische körperliche Leiden, die ihre Ursache in dem berufsbedingt ständigen Geschlechtsverkehr haben, eine Berufskrankheit sein.[573]

ec) Prävention

Die Versicherung in der gesetzlichen Unfallversicherung hat aber auch zur Folge, dass sich die Betreiber prostitutiver Einrichtungen den Maßnahmen zur Gefahrenprävention nach den §§ 14ff. SGB VII unterziehen müssen. Nach dem Grundsatz des § 14 I 1 SGB VII haben die Unfallversicherungsträger mit allen geeigneten Mitteln für die Verhütung von Arbeitsunfällen, Berufskrankheiten und arbeitsbedingten Gefahren und für eine wirksame Erste Hilfe zu sorgen. Dies beinhaltet etwa den Erlass von Unfallverhütungsvorschriften (§ 15 SGB VII) und die Beratung und Überwachung durch Aufsichtspersonen (§ 17 SGB VII). Der Unternehmer hat nach § 21 I SGB VII die Unfallverhütung auf seine Kosten umzusetzen. Für prostitutive Einrichtungen bedeutet dies, dass für sie durch eine UVV etwa der Gebrauch von Kondomen, hygienische Mindeststandards oder die Installation von Notrufeinrichtungen vorgeschrieben werden könnten.[574] Eine solche UVV ist jedoch bislang nicht erlassen worden. Gleichfalls ist über die Präventionsvorschriften eine Beratung der Beschäftigten über den hier relevanten Gesundheitsschutz oder das Verhalten bei körperlichen Übergriffen denkbar.[575]

ed) Zuständiger Unfallversicherungsträger

Auch die Frage des zuständigen Unfallversicherungsträgers bedarf einer kurzen Erörterung. Aufgrund der Sachnähe wird in der Literatur die „Berufsgenossenschaft Nahrungsmittel“ und Gastgewerbe als für die in einer prostitutiven Einrichtung Beschäftigten zuständige Berufsgenossenschaft angesehen.[576]

---

572 Jedoch muss im Einzelfall auch der Kausalzusammenhang zwischen der Tätigkeit und der Erkrankung nachgewiesen werden (Budde, Die Auswirkungen des Prostitutionsgesetzes auf die Sozialversicherung, S. 136ff. und von Galen, Rechtsfragen der Prostitution, Rdn. 286f.).

573 Siehe Budde, Die Auswirkungen des Prostitutionsgesetzes auf die Sozialversicherung, S. 137f., die als Beispiel das chronische Hüftleiden nennt. Denkbar sind aber etwa Anal- und Rektumkarzinome durch häufigen Analverkehr oder chronische Entzündungen im Urogenitaltrakt.

574 Von Galen, Rechtsfragen der Prostitution, Rdn. 290.

575 Vgl. Leube, Sozialrecht+Praxis 2002, 461 (470).

576 Leube, SozVers 2002, 85 (90); ausführlicher Budde, Die Auswirkungen des Prostitutionsgesetzes auf die Sozialversicherung, S. 139f. und von Galen, Rechtsfragen der Prostitution, Rdn. 269f., die beide auch eine Zuständigkeit der „Verwaltungs-Berufsgenossenschaft“ für denkbar halten.

3. Prostitutiv Tätige als Selbständige in der Sozialversicherung

Für die Gruppe der selbständig prostitutiv Tätigen werden mehrere Möglichkeiten der Versicherung diskutiert.

a) Versicherung als Hausarbeiter/Hausgewerbetreibende

Zunächst wird erwogen, dass sie als Hausgewerbetreibende nach § 12 I SGB IV jedenfalls in der gesetzlichen Rentenversicherung (§ 2 S. 1 Nr. 6 SGB VI) und in der gesetzlichen Unfallversicherung (§ 2 I Nr. 6 SGB VII) pflichtversichert sein sollen. Nach § 12 I SGB IV sind Hausgewerbetreibende selbständig Tätige, die in eigener Arbeitsstätte im Auftrag und für Rechnung von Gewerbetreibenden, gemeinnützigen Unternehmen oder öffentlich-rechtlichen Körperschaften gewerblich arbeiten, auch wenn sie Roh- oder Hilfsstoffe nicht beschaffen oder vorübergehend für eigene Rechnung tätig sind. Budde schlägt vor, dass sog. Wohnungsprostituierte unter diese Regelung fallen könnten.[577] Eine Subsumtion unter § 12 I SGB IV ist aber abzulehnen. Hausgewerbe meint nämlich nicht jede Tätigkeit, sondern nur eine eigenhändige und überwiegend handwerkliche oder anderweitig körperliche Tätigkeit, d.h. die gewerbliche Tätigkeit muss sich auf die Herstellung sowie die Be- und Verarbeitung von Waren beziehen.[578] Der Begriff der gewerblichen Arbeit wird gerade u.a. durch die Bestimmungen des HAG ausgefüllt.[579] Dort stellt die gesetzliche Definition des Begriffs des Hausgewerbetreibenden in § 2 II 1 HAG auf das Herstellen, Bearbeiten oder Verpacken von Waren ab. Die selbständige prostitutive Tätigkeit kommt einer solchen Arbeit noch nicht einmal ansatzweise nahe. Außerdem wird man konstatieren müssen, dass die hier gegenständliche Tätigkeit mit den Zielen und Zwecken, aus denen heraus das Heimarbeitsrecht geschaffen wurde[580], wenig gemein hat.

Damit können selbständige prostitutiv Tätige nicht als Hausgewerbetreibende angesehen werden, so dass ihnen der damit verbundene Versicherungsschutz nicht gewährt werden kann.

---

577 Budde, Die Auswirkungen des Prostitutionsgesetzes auf die Sozialversicherung, S. 222f., jedoch ohne nähere Begründung; a.A. von Galen, Rechtsfragen der Prostitution, Rdn. 292, die dies mit Blick auf die fehlende Gewerbeeigenschaft verneint.

578 Berchtold in: Kreikebohm/Spellbrink/Waltermann, Kommentar zum Sozialrecht, § 12 SGB IV Rdn. 7f.

579 Marschner in: Kreikebohm, SGB IV, § 12 Rdn. 5.

580 Es entstand ursprünglich mit dem Ziel, den besonders von den elenden Arbeitsbedingungen betroffenen Heimarbeitern einen Mindestschutz zu gewähren. Später trat daneben auch die Sicherung von Löhnen (siehe ausführlich Leuthier, Entstehung und Entwicklung des Hausarbeitsgesetzes, S. 48ff., S. 142ff. und S. 252).

b) Versicherung über die Künstlersozialversicherung

Weiter wird diskutiert, ob nicht eine Versicherung über die Künstlersozialversicherung möglich ist. Dies scheitert aber daran, dass in den allermeisten Fällen die Eigenschaft als Künstler i.S.d. § 2 S. 1 KSVG fehlen dürfte. Nach dieser Regelung ist Künstler, wer Musik, darstellende oder bildende Kunst schafft, ausübt oder lehrt. Zwar wäre hier allenfalls im Hinblick auf bestimmte erotische Tanzdarbietungen an eine Subsumtion unter das Merkmal des darstellenden Spiels zu denken.[581] Im Regelfall muss aber man der prostitutiven Tätigkeit die der Kunst immanente freie schöpferische Gestaltung absprechen.[582] In der Literatur wurde aber vereinzelt diskutiert, ob man nicht analog zur Versicherung für Landwirte und Künstler eine eigene Versicherung für die hier untersuchten Selbständigen schaffen könnte.[583]

c) Freiwillige Versicherung in der Sozialversicherung

Es bleibt jedoch die Möglichkeit, sich als selbständig prostitutiv Tätiger freiwillig in den verschiedenen Zweigen der Sozialversicherung (§ 28a I 1 Nr. 2 SGB III[584], § 9 I 1 Nr. 1 SGB V[585], § 7 I SGB VI[586], § 6 I Nr. 1 SGB VII[587] und § 20 III SGB XI) zu versichern.

---

581 Budde, Die Auswirkungen des Prostitutionsgesetzes auf die Sozialversicherung, S. 218; Finke/ Brachmann/ Nordhausen, KSVG, § 2 Rdn. 22. Siehe auch BSG, Urt. v. 25.10.1995 – 3 RK 24/94, BSGE 771, 21, das bei bestimmten Darbietungen mit sexuellem Bezug Kunst annimmt.

582 Vgl. Budde, Die Auswirkungen des Prostitutionsgesetzes auf die Sozialversicherung, S. 218ff., die zudem auch weitere Probleme und Unwägbarkeiten aufzeigt; siehe die Ausführungen zum Gewerbebegriff im Abschnitt zum Öffentlichen Wirtschaftsrecht.

583 Gleß, Die Reglementierung der Prostitution in Deutschland, S. 158ff.

584 Mit den Einschränkungen des § 28a II SGB III, so dass es sich letztlich nicht um eine „klassische" freiwillige Versicherung handelt, sondern nur um eine Weiterversicherung auf freiwilliger Basis (Berchtold in: Kreikebohm/Spellbrink/Waltermann, Kommentar zum Sozialrecht, § 28a SGB III Rdn. 1).

585 Allgemein zu der Norm Kruse in: Hänlein/Kruse/Schuler, SGB V, § 9 Rdn. 4ff. sowie speziell zum Untersuchungsgegenstand Budde, Die Auswirkungen des Prostitutionsgesetzes auf die Sozialversicherung, S. 215.

586 Wobei daneben u.U. noch die Möglichkeiten der Versicherung als arbeitnehmerähnlicher Selbständiger gemäß § 2 I Nr. 9 SGB VI und der Pflichtversicherung auf Antrag nach § 4 II SGB VI (siehe von Galen, Rechtsfragen der Prostitution, Rdn. 296ff.). So auch die Gemeinsame Verlautbarung vom 18.11.2002 nach der Besprechung der Spitzenverbände und der Bundesanstalt für Arbeit über Fragen des gemeinsamen Beitragseinzugs zur Kranken-, Pflege-, Renten- und Arbeitslosenversicherung am 18./19.11.2002, SozVers 2003, 57 (59).

587 Soweit die Person Unternehmer ist. Möglich ist daneben im Einzelfall auch eine Versicherung kraft Satzung gemäß § 3 SGB VII.

d) Private Versicherung

Ferner besteht die Möglichkeit, sich in einer privaten Arbeitslosen-, Renten-, Unfall-, Kranken- und Pflegeversicherung zu versichern.[588]

4. Arbeitsförderung

Im Folgenden soll es um die mit dem Arbeitsförderungsrecht verbundenen Fragestellungen gehen. Es dient nach § 1 I 1 SGB III dazu, dem Entstehen von Arbeitslosigkeit entgegenzuwirken, die Dauer der Arbeitslosigkeit zu verkürzen und den Ausgleich von Angebot und Nachfrage auf dem Ausbildungs- und Arbeitsmarkt zu unterstützen. In dieser Arbeit soll es weniger um die finanziellen Leistungen nach dem SGB III als vielmehr um die verschiedenen Schulungs-, Vermittlungs- und Weiterbildungsmaßnahmen gehen. Erstere dürften ja ohnehin, wenn eine Versicherung in der Arbeitslosenversicherung vorlag und die übrigen Leistungsvoraussetzungen gleichfalls vorliegen, unproblematisch möglich sein. Dabei ist zwischen zwei Komplexen zu unterscheiden, nämlich der Arbeitsförderung aus der prostitutiven Tätigkeit heraus sowie der Arbeitsförderung in die prostitutive Tätigkeit hinein.

a) Arbeitsförderung aus der prostitutiven Tätigkeit heraus

Relativ einfach gestalten sich die Maßnahmen des Arbeitsförderungsrechts in dem Fall, dass eine prostitutive Tätigkeit beendet und eine andere berufliche Tätigkeit angestrebt wird.

aa) Sperrzeitregelung des § 159 I SGB III

Zunächst wird es stets als wichtiger Grund angesehen, wenn eine prostitutiv tätige Person ihr Beschäftigungsverhältnis beendet, weil sie eine derartige Tätigkeit nicht mehr ausüben will, so dass keine Sperrzeit eintritt.[589]

588 Budde, Die Auswirkungen des Prostitutionsgesetzes auf die Sozialversicherung, S. 234f.
589 Von Galen, Rechtsfragen der Prostitution, Rdn. 304.

ab) Weiterbildungsförderung gemäß §§ 81ff. SGB III

Unproblematisch wird die Kostenübernahme für Weiterbildungsmaßnahmen nach den §§ 81ff. SGB III möglich sein.[590] Dies hat bemerkenswerterweise nur bedingt etwas mit den Wertungen des ProstG zu tun. Lange vor dem Inkrafttreten des ProstG hat etwa das SG Berlin anerkannt, dass es sich bei der prostitutiven Tätigkeit um eine berufliche Tätigkeit i.S.d. § 42 I AFG[591] handelt, was das Gericht – neben einer gewissen gesellschaftlichen Akzeptanz der Tätigkeit – damit begründete, dass es gerade der Zweck des Arbeitsförderungsrechts sei, eine Integration auf dem Arbeitsmarkt zu ermöglichen, so dass es auf die Art der Tätigkeit nicht ankommen könne.[592]

ac) Weitere Leistungen nach dem SGB III

Denkbar sind daneben die Gewährung des Gründungszuschusses nach § 93 SGB III[593] und die Inanspruchnahme der Beratungs- und Vermittlungsleistungen nach den §§ 29 bis 47 SGB III. Ob es derartigen Leistungen kommen wird, bleibt abzuwarten.[594]

b) Arbeitsförderung in die prostitutive Tätigkeit hinein

Deutlich interessanter ist aus naheliegenden Gründen die Frage, ob auch Maßnahmen des Arbeitsförderungsrechts zur Aufnahme einer prostitutiven Tätigkeit möglich sind. Dabei ist neben den Fragen, ob eine Arbeitsvermittlung durch die Bundesagentur für Arbeit oder durch Private dahin möglich ist, auch die Problematik in den Blick zu nehmen, inwieweit eine prostitutive Tätigkeit eine Be-

590 Budde, Die Auswirkungen des Prostitutionsgesetzes auf die Sozialversicherung, S. 166 sowie von Galen, Rechtsfragen der Prostitution, Rdn. 311.

591 Dieser Norm entspricht heute weitgehend § 81 SGB III (Baar in: Mutschler/Schmidt-De Caluwe/Coseriu, SGB III, § 81 Rdn. 11).

592 SG Berlin, Urt. v. 12.09.1991 – S 66 Ar 923/90, NZA 1992, 143 (144). Siehe auch die Anmerkung von Gleß, NZA 1992, 638, die das Urteil – retrospektiv wohl zu euphorisch – als möglichen Wendepunkt in der rechtlichen Regulation der prostitutiven Tätigkeit bewertet.

593 Vgl. Budde, Die Auswirkungen des Prostitutionsgesetzes auf die Sozialversicherung, S. 176, die auch auf die Möglichkeit des Existenzgründungszuschusses nach § 421 SGB III a.F. verweist. Diese Regelung zur sog. „Ich-AG“ ist aber inzwischen ausgelaufen.

594 Siehe SG Darmstadt, Urt. v. 26.09.2012 – S 17 AS 416/10, juris, Rdn. 47ff., das unter Verweis auf die guten Sitten einen Anspruch zur Eingliederung von Selbständigen nach §§ 16f, 16c SGB II für die Gründung eines Erotik-Live-TV-Magazins im Internet, mit dem Erotik- und Pornografiedarstellungen angeboten werden, abgelehnt hat.

schäftigung i.S.d. § 140 SGB III ist. Außerdem ist noch kurz auf das Angebot von Weiterbildungsmaßnahmen einzugehen.

ba) Arbeitsvermittlung durch die Agentur für Arbeit

Interessanter, auch weil inzwischen höchstrichterlich entschieden, ist die Frage, ob die Agentur für Arbeit verpflichtet ist, die Vermittlung in eine prostitutive Tätigkeit anzubieten. Nach § 35 I 1 SGB III hat die Agentur für Arbeit Ausbildungssuchenden, Arbeitssuchenden und Arbeitgebern Ausbildungsvermittlung und Arbeitsvermittlung (Vermittlung) anzubieten, wobei die Vermittlung alle Tätigkeiten umfasst, die darauf gerichtet sind, Arbeitssuchende mit Arbeitgebern zur Begründung eines Beschäftigungsverhältnisses zusammenzuführen (S. 2). Die Agentur für Arbeit darf gemäß § 36 I SGB III jedoch nicht vermitteln, wenn ein Arbeitsverhältnis begründet werden soll, das gegen ein Gesetz oder die guten Sitten verstößt. In Bezug auf die Sittenwidrigkeit sind die allgemeinen Maßstäbe des § 138 BGB entscheidend.[595] Es kommt danach darauf an, ob im Einzelfall ein Verstoß gegen das Anstandsgefühl aller billig und gerecht Denkenden vorliegt.[596] In der bereits eingangs angedeuteten Entscheidung hat das BSG zwar die Frage der Sittenwidrigkeit ausdrücklich offen gelassen und sich für seine ablehnende Entscheidung auf die zulässigen Ermessenserwägungen der Arbeitsagentur bezogen, jedoch hat es klar herausgestellt, dass die Vermittlung in eine prostitutive Tätigkeit aus Wertungsgründen abzulehnen ist.[597] Man mag der Entscheidung des BSG im Ergebnis zustimmen können, jedoch nicht in all ihren Argumenten. So ist es bemerkenswert, dass das BSG als eine der zentralen Erwägungen anführt, dass das ProstG gerade dem Schutz der Beschäftigten diene. Mit dieser Erwägung könnte man in der umgekehrten Konstellation, dass gerade durch einen Arbeitssuchenden eine Vermittlung in eine solche Tätigkeit gewünscht ist, einen Vermittlungsanspruch bejahen. Auch wird man eine entsprechende Vermittlung nicht mit Blick auf § 36 I SGB III ablehnen können, was das BSG zwar nicht ausdrücklich postuliert, wozu es dennoch trotz des Offenlassens dieser Frage zu tendieren scheint. Für § 36 I SGB III ist nämlich allein maßgeblich, ob das zu begründende Arbeitsverhältnis gegen die gute Sitten verstößt, was wegen der Wertungen des ProstG bei der prostitutiven Tätigkeit nicht per se der Fall ist. Jedoch muss dem BSG beigepflichtet werden, wenn es ausführt, dass es mit den grund-

595 B. Schmidt in: Rolfs/Giesen/Kreikebohm/Udsching, Sozialrecht, § 36 SGB III Rdn. 3.

596 Brand in: Niesel/Brand, SGB III, § 36 Rdn. 7.

597 BSG, Urt. v. 06.06.2009 – B 11 AL 11/08 R, BSGE 103, 134 (137ff.). Der Entscheidung lag die Konstellation zugrunde, dass ein Betreiber einer prostitutiven Einrichtung bei der Bundesagentur um die Vermittlung von Arbeitskräften bat. Anders im Übrigen noch die Vorinstanz: LSG Mainz, Urt. v. 24.01.2008 – L 1 AL 97/06, juris, Rdn. 16ff. Mit ähnlicher Wertung wie das BSG: LSG Berlin-Brandenburg, Beschl. v. 26.05.2010 – L 29 Al 117/10 B ER, juris, Rdn. 8.

gesetzlichen Wertungen unvereinbar sei, dass gerade der Staat aktiv in diesem Bereich als Arbeitsvermittler auftritt. Außerdem muss bedacht werden, dass bei einer Arbeitsvermittlung durch die Agentur für Arbeit auch wieder die Problematik des Schutzes vor ungewollter Konfrontation entsteht.[598] Damit wird man eine Arbeitsvermittlung durch die Agentur für Arbeit bezüglich der hier untersuchten Tätigkeit grundsätzlich ablehnen müssen.[599]

bb) Arbeitsvermittlung durch Private

Von Galen hält die private Arbeitsvermittlung im Bereich der prostitutiven Tätigkeit für zulässig.[600] Ob es darüber hinaus in der Praxis auch zur Ausgabe von entsprechenden Beratungsgutscheinen (§ 421g SGB III a.F. bzw. § 45 SGB III n.F.) gekommen ist, ist hier nicht ersichtlich, jedoch eher unwahrscheinlich.[601]

bc) Zumutbare Beschäftigung

Anders bei den Regelungen zur Grundsicherung für Arbeitssuchende, auf die sogleich noch kurz einzugehen ist, wird im Rahmen des Arbeitsförderungsrechts fast gar nicht problematisiert, ob eine prostitutive Tätigkeit nach § 140 SGB III eine zumutbare Beschäftigung ist. Nach § 140 I SGB III ist einem Arbeitslosen jede seiner Arbeitsfähigkeit entsprechende Beschäftigung zumutbar, soweit allgemeine oder personenbezogene Gründe der Zumutbarkeit der Beschäftigung nicht entgegenstehen. Nur Budde verneint zutreffend mit den von ihr angeführten Grundrechten die Zumutbarkeit aus persönlichen Gründen.[602] Dem kann hier gefolgt werden.[603]

---

598 BSG, Urt. v. 06.06.2009 – B 11 AL 11/08 R, BSGE 103, 134 (141).

599 Siehe auch von Galen, Rechtsfragen der Prostitution, Rdn. 306 und 309; a.A. Budde, Die Auswirkungen des Prostitutionsgesetzes auf die Sozialversicherung, S. 167f. Zur Arbeitsvermittlung in angrenzende Tätigkeiten: BMFSFJ, Bericht der Bundesregierung zu den Auswirkungen des Gesetzes zur Regelung der Rechtsverhältnisse der Prostituierten, S. 29. Zustimmend zur Entscheidung des BSG Schweiger, NZS 2013, 288 (294f.), der auch zur Reichweite des Vermittlungsverbots äußert.

600 Von Galen, Rechtsfragen der Prostitution, Rdn. 307f. unter Verweis auf Dehner, NJW 2002, 3747 (3748). Beispielhaft dazu Hunecke, Das Prostitutionsgesetz und seine Umsetzung, S. 200.

601 Es ist die erklärte Politik der Bundesregierung, Arbeitsvermittlung in den prostitutiven Bereich nicht zu fördern (BMFSFJ, Bericht der Bundesregierung zu den Auswirkungen des Prostitutionsgesetzes, S. 29ff.), was auch die Ausgabe von Beratungsgutscheinen betreffen dürfte.

602 Budde, Die Auswirkungen des Prostitutionsgesetzes auf die Sozialversicherung, S. 170f.

603 Die gleiche Problematik ist mit Blick auf die in der Literatur geführte Diskussion zur deutlich restriktiven Vorschrift des § 10 I Nr. 5 SGB II sogleich zu vertiefen.

bd) Weiterbildungsangebote

Spezifische Weiterbildungsangebote der Bundesagentur für Arbeit für einen Einstieg in eine prostitutive Tätigkeit gibt es nicht.[604] Auch die von Budde erwogenen Maßnahmen nach §§ 48ff. SGB III a.F. scheiden schon deshalb aus, weil die Vorschriften inzwischen aus dem Gesetz gestrichen sind.[605] Es ist auch nicht vorstellbar, dass die Agentur für Arbeit in absehbarer Zeit Weiterbildungsmaßnahmen für die Ausübung einer prostitutiven Tätigkeit anbieten dürfte.

5. Grundsicherung für Arbeitssuchende

In Zusammenhang mit den Vorschriften über die Grundsicherung für Arbeitssuchende, die ansonsten für den Untersuchungsgegenstand ohne Relevanz sind, wurde, wie bereits angedeutet, in der Literatur die Fragestellung aufgeworfen, ob die prostitutive Tätigkeit eine unzumutbare Arbeit nach § 10 I Nr. 5 SGB II ist.[606] Nach dieser Vorschrift ist dem erwerbsfähigen Hilfebedürftigen jede Arbeit zumutbar, es sei denn, dass der Ausübung der Arbeit ein sonstiger wichtiger Grund entgegensteht. Dieser Auffangtatbestand ist restriktiv anzuwenden.[607] Der der Erwerbstätigkeit des Leistungsberechtigten entgegenstehende individuelle Grund muss im Verhältnis zu den Interessen der Allgemeinheit, die die Leistungen nach dem SGB II finanziert, ein besonderes Gewicht haben.[608]

Insbesondere den Überlegungen Rixens kann dabei im Ergebnis gefolgt werden, dass die prostitutive Tätigkeit gerade nicht zumutbar i.S.d. § 10 I Nr. 5 SGB II ist.[609] Jedoch ergibt sich die fehlende Zumutbarkeit nicht aus einer allgemeinen Sittenwidrigkeit der Prostitution, die es, wie aufgezeigt, nicht mehr gibt. Die prostitutive Tätigkeit kann dennoch einem Erwerbsfähigen aus zwei Erwägungen heraus staatlicherseits nicht zugemutet werden. Zunächst wäre dies ein massiver Eingriff in die (sexuelle) Selbstbestimmung und damit letztlich auch in die Men-

---

604 Von Galen, Rechtsfragen der Prostitution, Rdn. 306.

605 Budde, Die Auswirkungen des Prostitutionsgesetzes auf die Sozialversicherung, S. 176.

606 Ausführlich Rixen, SGb 2005, 509 und ihm folgend Brühl in: Münder SGB II, § 10 Rdn. 35 und 60. Problematisiert auch bei Budde, Die Auswirkungen des Prostitutionsgesetzes auf die Sozialversicherung, S. 173f.

607 Brühl in: Münder, SGB II, § 10 Rdn. 29.

608 Spellbrink in: Kreikebohm/Spellbrink/Waltermann, Kommentar zum Sozialrecht, § 10 SGB II Rdn. 11.

609 SGb 2005, 509 (511f.). Siehe zu einer sehr ähnlichen Problematik im Bereich des Unterhaltsrechts: OLG München, Urt. v. 10.02.2003 – 17 UF 1523/02, FamRZ 2004, 108.

schenwürde des Betroffenen.[610] Außerdem handelt es sich in diesen Fällen in gewisser Weise um eine Art von erzwungener prostitutiver Tätigkeit, die letztlich sittenwidrig ist, da dem ProstG das Prinzip der Freiwilligkeit zugrundeliegt.[611]

6. Zusammenfassung zu VIII.

Der Abschnitt zum Sozialrecht ist wie folgt zu resümieren:

Die prostitutive Tätigkeit im Rahmen einer abhängigen Beschäftigung ist ein sozialversicherungsrechtliches Beschäftigungsverhältnis gemäß § 7 I SGB IV, was gerade die Vorschriften des ProstG zeigen. Bei Unklarheiten kann das Anfrageverfahren nach § 7a SGB IV durchgeführt werden. Die Bestimmung des zu entrichtenden Versicherungsbeitrags kann aufgrund der Art der Entgeltzahlung zu Problemen führen, die im Wege einer arbeitsrechtlichen Vereinbarung zu bewältigen sind.

Während die übrigen Zweige der Sozialversicherung keine spezifischen Besonderheiten aufweisen, sind bezüglich des Untersuchungsgegenstands aus dem Bereich der gesetzlichen Unfallversicherung die Ausfüllung der Begriffe des Arbeitsunfalls und der Berufskrankheit nicht frei von Schwierigkeiten. Insoweit wurden Fallgruppen und Beispiele gebildet.

Selbständig prostitutiv Tätige können sich entweder – z.T. mit Einschränkungen – freiwillig in den einzelnen Zweigen der Sozialversicherung versichern oder eine private Versicherung abschließen.

Mit Instrumenten des Arbeitsförderungsrechts eine prostitutive Tätigkeit zu beenden, ist einfach. Nicht möglich ist es hingegen, in der Aufnahme einer solchen Tätigkeit von der Agentur für Arbeit unterstützt zu werden. Es gibt weder einen Anspruch auf Vermittlung noch gibt es spezifische Bildungsangebote.

In Bezug auf die Grundsicherung für Arbeitssuchende ist festzustellen, dass die prostitutive Tätigkeit keine zumutbare Tätigkeit nach dem SGB II ist.

---

610 Ähnlich Rixen in: Eicher, SGB II, § 10 Rdn. 86ff.

611 Interessant in diesem Zusammenhang ein Fall, über den kurz nach dem Inkrafttreten der Regelungen über die Grundsicherung für Arbeitssuchende in der Presse berichtet wurde. Hier erhielt eine Arbeitssuchende, die Leistungen nach dem SGB II bezog, die Aufforderung, sich auf eine ausgeschriebene Stelle als Kellnerin zu bewerben. Im Zuge der Bewerbung stellte sich heraus, dass der betreffende Betrieb eine prostitutive Einrichtung ist. Als sich die Arbeitssuchende daraufhin weigerte, sich zu bewerben, wurden ihr Konsequenzen für ihre Sozialleistungen angedroht (siehe BMFSFJ, Auswirkungen des Prostitutionsgesetzes, S. 51 Fn. 64). Es ist zu hoffen, dass dies ein Einzelfall geblieben ist.

IX. Steuerrecht

1. Einführung

Am Schluss der Betrachtung der Rechtslage steht das Steuerrecht. Dieses dient dem primären Zweck, den Finanzbedarf des Fiskus für eine ordnungsgemäße Erfüllung staatlicher Aufgaben zu decken.[612] Daneben werden Steuern auch zur politischen Lenkung, etwa in den Bereichen Wirtschaft oder Kultur eingesetzt.[613] Das materielle Steuerrecht wird durch eine Reihe von Einzelgesetzen für die einzelnen Steuerarten und, soweit es die kommunalen Steuern betrifft, durch Kommunalabgabengesetze und kommunale Satzungen geregelt. Das Steuerverwaltungsrecht hat seine Regelung maßgeblich durch die AO gefunden. Die Darstellung der für den Untersuchungsgegenstand spezifischen Fragen erfolgt zunächst anhand der verschiedenen relevanten Steuerarten, nämlich der Einkommensteuer, der Umsatzsteuer, der Gewerbesteuer sowie der Vergnügungssteuer. Anschließend ist auf die Probleme des Steuerverwaltungsverfahrens einzugehen.

2. Einkommensteuer

Den Anfang macht die Einkommensteuer, wobei zwischen der Besteuerung der selbständigen prostitutiven Tätigkeit und der unselbständigen prostitutiven Tätigkeit zu unterscheiden ist.

a) Die Einkommensteuer im Allgemeinen

Die Einkommensteuer ist allgemein eine Ertragssteuer, die nach der individuellen Leistungsfähigkeit das Einkommen natürlicher Personen besteuert.[614] Das EStG differenziert dabei in seinen §§ 13 bis 23 zwischen verschiedenen Einkunftsarten, die der Besteuerung unterliegen. Das Einkommen bildet die Bemessungsgrundlage für die Besteuerung (§ 2 V EStG), wobei § 2 EStG die nähere Berechnung des zu versteuernden Einkommens regelt.

612 Birk, Steuerrecht, Rdn. 1.

613 Lang in: Tipke/Lang, Steuerrecht, § 1 Rdn. 8.

614 Birk, Steuerrecht, Rdn. 600.

b) Besteuerung des Betriebs prostitutiver Einrichtungen

Soweit es sich um Einnahmen handelt, die durch den Betrieb einer prostitutiven Tätigkeit erzielt werden, ist es seit Jahrzehnten anerkannt, dass es sich hierbei um Einkünfte i.S.d. § 15 I 1 Nr. 1 EStG handelt.[615] Wird jedoch durch den Grundstückseigentümer das Grundstück vermietet oder verpachtet, damit der Mieter bzw. der Pächter dort eine prostitutive Einrichtung betreibt, so fallen die vom Eigentümer erzielten Einkünfte unter § 21 EStG.[616]

c) Besteuerung der selbständigen prostitutiven Tätigkeit

Die einkommensteuerrechtliche Behandlung der selbständigen prostitutiven Tätigkeit bereitete der höchstrichterlichen Rechtsprechung in den letzten Jahrzehnten einige Schwierigkeiten.[617] Dass die Einnahmen, die durch die selbständige prostitutive Tätigkeit erzielt werden, der Besteuerung unterliegen, war wegen der Wertung des § 40 AO, wonach es für die Besteuerung unerheblich ist, ob ein Verhalten, das den Tatbestand eines Steuergesetzes ganz oder teilweise erfüllt, gegen ein gesetzliches Gebot oder Verbot oder gegen die guten Sitten verstößt, bereits vor dem Inkrafttreten des ProstG weitgehend unstreitig.[618] Problematisch und streitig war jedoch lange die Frage, unter welche Einkunftsart die erzielten Einkünfte zu subsumieren sind.

ca) Einkünfte aus sonstigen Leistungen nach § 22 Nr. 3 EStG

Die ältere Rechtsprechung des BFH hat sie als Einkünfte aus sonstigen Leistungen gemäß § 22 Nr. 3 EStG qualifiziert.[619] Hiervon sind Einkünfte aus Leistungen

---

615 Siehe dazu nur die ständige Rechtsprechung des BFH: Urt. v. 03.08.1961 – IV 79/60 U, BFHE 73, 692 (694f.); Urt. v. 12.04.1988 – VIII R 256/81, BFH/NV 1989, 44f. sowie Urt. v. 19.06.2001 – X B 67/00, juris. Daran anschließend FG Hannover, Urt. v. 18.02.2011 – 4 K 237/08, juris, Rdn. 22. So auch Wacker in: Schmidt, EStG, § 15 Rdn. 85, Kemper, DStR 2005, 543 (545); Rondorf, NWB (Fach 2) 2005, 8777 (8781ff.) und Radermacher, AO-StB 2007, 213 (215).

616 Rondorf, NWB (Fach 2) 2005, 8777 (8781).

617 Wegen der näheren Einzelheiten der Entwicklung in der Rechtsprechung kann auf die sehr anschauliche Darstellung bei von Galen, Rechtsfragen der Prostitution, Rdn. 506ff. Bezug genommen werden. Bemerkenswert ist, dass erst durch eine Entscheidung des RFH im Jahre 1943 eine Steuerpflicht begründet wurde (Hunecke, Das Prostitutionsgesetz und seine Umsetzung, S. 203).

618 Ratschow in: Klein, AO, § 40 Rdn. 8.

619 BFH, Urt. v. 23.06.1964 – GrS 1/64 S, NJW 1965, 79f.; Urt. v. 28.11.1969 – VI R 128/68, BFHE 97, 378 (379ff.); Urt. v. 17.04.1970 – VI R 164/68, BFHE 99, 200 (202f.) sowie Urt. v.

erfasst, die weder zu den anderen Einkunftsarten gemäß § 2 I 1 Nr. 1 bis 6 EStG noch zu den Einkünften im Sinne des § 22 Nr. 1, 1a, 2 oder 4 EStG gehören. § 22 Nr. 3 EStG ist kein allgemeiner Auffangtatbestand für sonstige Einkünfte beliebiger Art, sondern setzt vielmehr Einkünfte aus einem bestimmten Leistungsverhalten voraus.[620] Voraussetzung für diese Einkunftsart ist aber in negativer Hinsicht, dass gerade keine andere Einkommensart nach § 2 I 1 Nr. 1 bis 6 EStG, also etwa Einkünfte aus selbständiger Arbeit (§ 18 EStG) oder Einkünfte aus Gewerbebetrieb (§ 15 EStG), vorliegt.

cb) Einkünfte aus selbständiger Arbeit nach § 18 EStG

Denkbar ist mithin zunächst, sie als Einkünfte aus selbständiger Arbeit gemäß § 18 I Nr. 1 EStG anzusehen. Danach sind Einkünfte aus selbständiger Arbeit Einkünfte aus freiberuflicher Tätigkeit. Zu den freiberuflichen Tätigkeiten gehören die in S. 2 enumerativ aufgezählten Tätigkeiten sowie diesen ähnliche Berufe, wobei es im Hinblick auf die Ähnlichkeit nicht auf eine Gruppenähnlichkeit ankommt. Vielmehr muss der ähnliche Beruf mit dem Katalogberuf in seinen wesentlichen Punkten, d.h. in Ausbildung und beruflicher Tätigkeit, vergleichbar sein.[621] Legt man diese enge Auslegung des Begriffs des ähnlichen Berufs an, so wird deutlich, dass die prostitutive Tätigkeit keinesfalls unter § 18 I Nr. 1 EStG subsumiert werden kann. Sie weist nämlich zu keinem der Katalogberufe eine Ähnlichkeit auf.[622] Im Übrigen wäre mit Blick auf die im Abschnitt zum Wirtschaftsverwaltungsrecht bezüglich des Gewerbebegriffs getätigten Ausführungen auch unbeschadet der strikten Auslegung des Begriffs der Ähnlichkeit nicht von einer selbständigen Tätigkeit nach § 18 I Nr. 1 EStG auszugehen.[623]

cc) Einkünfte aus Gewerbebetrieb nach § 15 EStG

Die Literatur und seit kurzem auch die Rechtsprechung des BFH qualifizieren sie als Einkünfte aus Gewerbebetrieb gemäß § 15 I 1 Nr. 1 EStG. Danach sind Einkünfte aus Gewerbebetrieb Einkünfte aus gewerblichen Unternehmen. § 15 II EStG definiert hierbei den Begriff des Gewerbebetriebs näher. Gewerbebetrieb

05.12.1972 – VIII R 91/70, BFHE 108, 103 (104f.). Siehe auch FG Hamburg, Urt. v. 27.06.1968 – III 34/67, EFG 1969, 17f. Dagegen: FG Bremen, Urt. v. 05.04.1968 – I 26/67, EFG 1968, 357f. und Urt. v. 10.03.1972 – I 71/71, I 72/71, EFG 1972, 333f.

620 Hey in: Tipke/Lang, Steuerrecht, § 8 Rdn. 542.

621 Wacker in: Schmidt, EStG, § 18 Rdn. 125f.

622 Mit gleicher Argumentation von Galen, Rechtsfragen der Prostitution, Rdn. 511ff., die jedoch bei der wirtschaftsverwaltungsrechtlichen Einordnung für eine Freiberuflichkeit plädiert. So auch Schmittmann, ZSteu 2005, 213 (214).

623 So auch ausdrücklich BFH, Beschl. v. 20.02.2013 – GrS 1/12, BFH/NV 2013, 1029 (1031).

ist hiernach eine selbständige nachhaltige Betätigung, die mit der Absicht, Gewinn zu erzielen, unternommen wird und sich als Beteiligung am allgemeinen wirtschaftlichen Verkehr darstellt, wenn die Betätigung weder als Ausübung von Land- und Forstwirtschaft noch als Ausübung eines freien Berufs noch als eine andere selbständige Arbeit anzusehen ist. Nachdem – wie oben bereits angedeutet – für die selbständige prostitutive Tätigkeit lange eine Besteuerung als sonstige Einkunft nach § 22 Nr. 3 EStG vorgenommen wurde[624], werden inzwischen jedoch – nicht zuletzt vor dem Hintergrund geänderter gesellschaftlicher Auffassungen, die ihren Ausdruck auch im ProstG gefunden haben – gleichfalls Einkünfte nach § 15 I 1 Nr. 1 EStG angenommen.[625] Dem zentralen Argument der früheren Rechtsprechung des BFH für die Ablehnung von Einkünften nach § 15 I 1 Nr. 1 EStG, es handele sich bei der vorliegenden „gewerbsmäßigen Unzucht" nicht um einen Gewerbebetrieb, weil sich die Tätigkeit nicht als Beteiligung am allgemeinen wirtschaftlichen Verkehr ansehen lasse[626], ist spätestens mit dem Erlass des ProstG die Grundlage entzogen.[627] Unterdessen hat der BFH nach längerem Vorlauf[628] durch eine Entscheidung des Großen Senats seine Rechtsprechung in dieser Frage geändert und nach sich die Auffassung der Literatur zu Eigen gemacht.[629] Die Unterscheidung zwischen der Besteuerung nach § 22 Nr. 3 EStG oder nach

624 Siehe Wohlfarth, VR 2004, 126 (130), anders demgegenüber schon früh Rauer, MDR 1982, 180 (183).

625 Ausdrücklich Fischer in: Kirchhof, EStG, § 22 Rdn. 69; Kemper, DStR 2005, 543 (545); Haurand, DVP 2009, 442 (449); Moosburger, wistra 2005, 18 sowie Radermacher, AO-StB 2007, 213 (215) unter Bezugnahme auf die dazu vertretene Auffassung in der Steuerverwaltung. So auch Wohlfarth, VR 2004, 126 (13), der auf das äußere Erscheinungsbild der Tätigkeit abstellt, sowie mit (rechtspolitischen) Bedenken auch von Galen, Rechtsfragen der Prostitution, Rdn. 511ff.

626 BFH, Urt. v. 23.06.1964 – GrS 1/64 S, NJW 1965, 79.

627 Insoweit kann ergänzend auf die oben stehenden Ausführungen (D., II., 2., a)) im Wirtschaftsverwaltungsrecht zum Gewerbebegriff Bezug genommen werden.

628 Zunächst waren einer Entscheidung des BFH, die die einkommensteuerrechtliche Behandlung eines Telefonsex-Unternehmens betraf, Andeutungen dahin zu entnehmen, dass das Gericht künftig anders entscheiden könnte (BFH, Urt. v. 23.02.2000 – X R 142/95, NJW 2000, 2919 (2920); darauf eingehend etwa Fischer, DStR 2000, 1342f.; Weber, JuS 2000, 1059 (1065f.) und Rondorf, NWB (Fach 2) 2005, 8777 (8778). Gleichwohl beurteilte die Instanzrechtsprechung diese Frage unterschiedlich. Für die Anwendung von § 15 EStG ist wohl das FG Hamburg, Urt. v. 12.12.2000 – VI 154/99, VI 182/99, VI 157/99, juris, Rdn. 35 und deutlicher Urt. v. 20.02.2013 – 2 K 169/11, EFG 2013, 907 (908); dagegen das FG Leipzig, Urt. v. 14.04.2010 – 8 K 1846/07, EFG 2011, 318f. Im Revisionsverfahren gegen das letztere Urteil ist der 3. Senat des BFH zu der Auffassung gelangt, dass § 15 EStG anzuwenden sei und legte die Frage, ob „eine Prostituierte aus ihrer Tätigkeit gewerbliche oder sonstige Einkünfte erzielt" dem Großen Senat vor (BFH, Beschl. v. 15.03.2012 – III R 30/10, BFH/NV 2012, 1523 (1524f.).

629 BFH, Beschl. v. 20.02.2013 – GrS 1/12, BFH/NV 2013, 1029 (1030f.), der zur Begründung im Wesentlichen auf den Vorlagebeschluss des 3. Senats Bezug nimmt und im Anschluss BFH, Urt. v. 13.06.2013 – III R 30/10, juris.

§ 15 EStG ist dabei nicht rein akademischer Natur, sondern hat Auswirkungen auf die Möglichkeiten des Verlustabzugs, das Entstehen von Buchführungspflichten sowie für die noch zu betrachtende Frage der Gewerbesteuerpflicht.[630]

d) Besteuerung der unselbständigen prostitutiven Tätigkeit

Demgegenüber unproblematisch ist die einkommensteuerrechtliche Behandlung der unselbständigen prostitutiven Tätigkeit. Die entsprechenden Einnahmen sind Einkünfte aus nichtselbständiger Arbeit nach § 19 EStG und unterliegen dem Lohnsteuerabzug.[631]

3. Umsatzsteuer

Die umsatzsteuerrechtliche Behandlung des Untersuchungsgegenstands dieser Arbeit ist verhältnismäßig einfach, jedoch muss auch an dieser Stelle wiederum differenziert werden.

a) Die Umsatzsteuer im Allgemeinen

Die Umsatzsteuer ist eine Objektsteuer und in ihrer Wirkung eine Verbrauchssteuer, die im Kern an den Leistungsaustausch anknüpft.[632] Besteuert werden nach § 1 I Nr. 1 UStG Lieferungen und Leistungen, die ein Unternehmer im Inland gegen Entgelt im Rahmen seines Unternehmens ausführt. Bemessungsgrundlage für die Besteuerung ist nach § 10 I 1 UStG das für die Leistung erhaltene Entgelt. Steuersubjekt ist in der Regel der Unternehmer, wobei der Begriff des Unternehmers in § 2 UStG umschrieben wird.[633] Regelmäßig wird aber über den Vorsteuerabzug (§ 15 UStG) nur der Endverbraucher wirtschaftlich mit der Umsatzsteuer belastet.[634]

---

630 BMFSFJ, Auswirkungen des Prostitutionsgesetzes, S. 169.

631 BFH, Beschl. v. 20.02.2008 – VI B 111/06, BFH/NV 2008, 949; FG München, Urt. v. 18.06.2009 – 15 K 2482/06, EFG 2010, 50 (51f.); Wohlfarth, VR 2004, 126 (130); Rondorf, NWB (Fach 2) 2005, 8777f. sowie von Galen, Rechtsfragen der Prostitution, Rdn. 519. Auf die Besonderheiten bei der Ermittlung von Betriebskosten und Werbungskosten eingehend: Schmittmann, ZSteu 2005, 213 (215f.). Die Abzugsfähigkeit berufsbedingter Aufwendungen problematisiert auch Hunecke, Das Prostitutionsgesetz und seine Umsetzung, S. 204.

632 Fehrenbacher, Steuerrecht, § 7 Rdn. 3.

633 Fehrenbacher, Steuerrecht, § 7 Rdn. 62.

634 Birk, Steuerrecht, Rdn. 1730.

b) Besteuerung des Betriebs prostitutiver Einrichtungen

Wer eine prostitutive Einrichtung betreibt, ist gleichfalls Unternehmer nach § 2 UStG.[635] Die Bestimmung der Person des Leistungsempfängers ist dabei nicht frei von Schwierigkeiten. Man wird wohl wie folgt unterscheiden können: Erschöpft sich die Tätigkeit des Betreibers der prostitutiven Einrichtung allein darin, Räume für das Anbieten von prostitutiven Handlungen gegen Entgelt zur Verfügung zu stellen, dann liegt darin eine Leistung des Betreibers gegenüber dem prostitutiv Tätigen vor.[636] Wird jedoch darüber hinaus ein breites Spektrum an Dienstleistungen, etwa im Rahmen eines Clubbetriebs, angeboten, so liegt eine einheitliche Leistung des Betreibers der Einrichtung gegenüber dem Kunden vor.[637] Bemessungsgrundlage ist insoweit das gesamte vereinbarte Entgelt, das der Kunde entrichtet.[638]

Wie im Einkommensteuerrecht gelten Besonderheiten, wenn der Grundstückseigentümer ohne den eigenen Betrieb einer prostitutiven Einrichtung sein Grundstück hierfür vermietet.[639]

c) Besteuerung der selbständigen prostitutiven Tätigkeit

Wer selbst in selbständiger Form prostitutive Handlungen vornimmt, unterliegt als Unternehmer i.S.d. § 2 UStG der Umsatzsteuerpflicht.[640] Dabei ist der allgemeine Umsatzsteuersatz von 19 % gemäß § 12 I UStG anzulegen.[641]

---

635 Moosburger, wistra 2005, 18 und Rondorf, NWB (Fach 2) 2005, 8777 (8782 und 8783f.).

636 Rondorf, NWB (Fach 2) 2005, 8777 (8782) m.w.N.

637 Radermacher, AO-StB 2007, 213 (214f.); Kemper, ZRP 2011, 86 (87) sowie mit Differenzierung anhand der schuldrechtlichen Rechtsbeziehungen Rondorf, NWB (Fach 2) 2005, 8777 (8783f.). Ähnliche Differenzierung wohl auch von Robisch in: Bunjes, UStG, § 1 Rdn. 58. Siehe auch FG Hamburg, Urt. v. 12.12.2012 – 2 K 88/11, juris, Rdn. 49ff. und FG München, Beschl. v. 18.01.2013 – 3 V 3225/12, EFG 2013, 646 (647ff.).

638 Zu den weiteren Einzelheiten: Von Galen, Rechtsfragen der Prostitution, Rdn. 518; Radermacher, AO-StB 2007, 213 (214) und FG München, Beschl. v. 18.01.2013 – 3 V 3225/12, EFG 2013, 646 (649). Beispielhaft zur Abgrenzung: FG Leipzig, Urt. v. 27.04.2006 – 2 K 428/05, juris, Rdn. 29ff.; FG München, Urt. v. 25.10.2007 – 14 K 4564/04, juris, Rdn. 19ff. und FG Hannover, Urt. v. 14.02.2013 – 5 K 318/10, juris, Rdn. 31ff.

639 Rondorf, NWB (Fach 2) 2005, 8777 (8781). Siehe zur Abgrenzung zwischen einer nach § 4 Nr. 12a UStG umsatzsteuerfreien Vermietung und dem steuerpflichtigem Betrieb einer prostitutiven Einrichtung: BFH, Urt. v. 10.08.1961 – V 95/60 U, BFHE 73, 714f.; Urt. v. 10.08.1961 – V 31/61 U, BFHE 73, 717f.; Beschl. v. 26.04.2002 – V B 168/10, BFH/NV 2002, 1345 (1346) und Beschl. v. 29.09.2010 – XI S 23/10 (PKH), BFH/NV 2010, 2310 (2311).

640 Grundlegend BFH, Urt. v. 04.06.1987 – V R 9/79, BFHE 150, 192 (194f.). Daran anknüpfend etwa BFH, Urt. v. 23.02.2000 – X R 142/50, NJW 2000, 2919 (2920) und FG Köln, Urt. v. 13.02.2002 – 7 K 4601/99, juris, Rdn. 28. Kritisch zu dieser Rechtsprechung im Hinblick auf Widersprüche zu den einkommensteuerrechtlichen Entscheidungen: Laskowski, Die Ausübung der Prostitution, S. 125f.

641 Von Galen, Rechtsfragen der Prostitution, Rdn. 518 sowie Rondorf, NWB (Fach 2) 2005, 8777 (8779). Siehe außerdem zur Abgrenzung zwischen dem Ermäßigungstatbestand des § 12 II Nr.

4. Gewerbesteuer

Weiter kann eine Gewerbesteuerpflicht gegeben sein.

a) Die Gewerbesteuer im Allgemeinen

Die Gewerbesteuer ist eine Objektssteuer, die unmittelbar von den Gemeinden als Gemeindesteuer erhoben wird.[642] Sie belastet die Erträge von gewerblichen Unternehmen[643], die auch die Bemessungsgrundlage der Gewerbesteuer darstellen. Der Besteuerung unterfällt nach § 2 I 1 GewStG jeder im Inland betriebene Gewerbebetrieb, wobei nach S. 2 als Gewerbebetrieb ein gewerbliches Unternehmen i.S.d. EStG zu verstehen ist. Mithin kommt es maßgeblich auf § 15 II 1 EStG an.[644] Steuergegenstand ist der Betrieb als solcher, so dass nach § 5 I 1 GewStG der Steuerschuldner der Unternehmer ist.[645]

b) Besteuerung des Betriebs prostitutiver Einrichtungen

Da oben bereits die Eigenschaft als gewerbliches Unternehmen nach § 15 II EStG bejaht wurde, kann hier nichts anderes gelten.[646] Prostitutive Einrichtungen unterfallen daher auch der Gewerbesteuerpflicht.

5. Vergnügungssteuer

In jüngerer Zeit ist auch die Frage der Vergnügungssteuerpflicht im Hinblick auf prostitutive Einrichtungen relevant geworden.

11 UStG und der entgeltlichen Überlassung von Räumen an prostitutiv Tätige: FG Düsseldorf, Urt. v. 01.06.2012 – 1 K 2723/10 U, EFG 2012, 1699 (1700f.) und hierzu die Anmerkung von Meyer, EFG 2012, 1701f.

642 Fehrenbacher, Steuerrecht, § 5 Rdn. 3.

643 Montag in: Tipke/Lang, Steuerrecht, § 12 Rdn. 3.

644 Montag in: Tipke/Lang, Steuerrecht, § 12 Rdn. 4.

645 Birk, Steuerrecht, Rdn. 1376.

646 In diesem Sinne auch Wohlfarth, VR 2004, 126 (130); Schmittmann, ZSteu 2005, 213 (215) und Güroff in: Glanegger/Güroff, GewStG, § 2 Rdn. 185. Mit Verweis auf die bereits erwähnte Rechtsprechung des BFH zum EStG problematisierend, jedoch auch zu einer Gewerbesteuerpflicht tendierend: Sarrazin in: Lenski/Steinberg, GewStG, § 2 Anm. 259.

a) Die Vergnügungssteuer im Allgemeinen

Die Vergnügungssteuer ist eine örtliche Aufwandssteuer, die gemäß Art. 105a II GG auf landesrechtlicher Grundlage erhoben wird und auf dem Gedanken beruht, dass dem, der sich ein über den gewöhnlichen Lebensbedarf hinausgehendes Vergnügen leistet, auch eine zusätzliche Abgabe für die Allgemeinheit zugemutet werden kann.[647] Zu den so besteuerten Vergnügungen gehören alle Veranstaltungen, Darbietungen und Vorführungen, die geeignet sind, das Bedürfnis nach Zerstreuung und Entspannung zu befriedigen, was im Ergebnis eine ganze Reihe von Steuergegenständen erfasst.[648] Steuerschuldner ist der Veranstalter des Vergnügens.[649] In den einzelnen Bundesländern beruht die Vergnügungssteuer auf verschiedenen Rechtsgrundlagen: Entweder gestatten die Kommunalabgabengesetze den Erlass entsprechender Satzungen mit eigenen Gestaltungsmöglichkeiten für die Kommunen[650] oder die Erhebung der Vergnügungssteuer wird unmittelbar landesgesetzlich geregelt.[651]

b) Besteuerung des Betriebs prostitutiver Einrichtungen

Mit dem Inkrafttreten des ProstG haben etliche Kommunen, vor allem in Nordrhein-Westfalen, aber auch in Baden-Württemberg, ihre Vergnügungssteuersatzungen um Steuertatbestände für Vergnügungen in prostitutiven Einrichtungen ergänzt. In der Tagespresse ist dies als „Sex-Steuer" bezeichnet worden. Steuergegenstand ist dabei in der Regel die gezielte Einräumung der Gelegenheit zu sexuellen Vergnügungen in Bars, Sauna-, FKK- und Swingerclubs sowie ähnlichen Einrichtungen und/oder das Angebot sexueller Handlungen gegen Entgelt.[652] Es

---

647 Kasper, Kommunale Steuern, S. 227f.

648 Sensburg/Maslaton, Abgabenrecht in der Zuständigkeit der Verwaltungsgerichte, S. 69.

649 Kasper, Kommunale Steuern, S. 246f. Zur Frage, welche Anforderungen insoweit zu stellen sind: VG Düsseldorf, Urt. v. 19.10.2012 – 25 K 3617/12, juris, Rdn. 41ff.

650 So in Baden-Württemberg (§ 9 IV KAG BW), Brandenburg (§ 3 I KAG Bbg), Hessen (§ 7 II HessKAG), Mecklenburg-Vorpommern (§ 3 I KAG M-V), Niedersachsen (§ 3 II 1 und IV NKAG), Nordrhein-Westfalen (§ 3 I KAG NRW), Rheinland-Pfalz (§ 5 IV KAG RP), Sachsen (§ 7 I SächsKAG), Sachsen-Anhalt (§ 3 I KAG LSA), Schleswig-Holstein (§ 3 I KAG SH) und Thüringen (§ 5 I ThürKAG).

651 Diesen Weg sind Berlin (VgStG Bln), Bremen (VergnügstG Brem), Hamburg (HmbSpVStG) und das Saarland (VgnStG Saar) gegangen.

652 Eine Aufzählung sämtlicher entsprechender Satzungsregelungen ist im Rahmen dieser Arbeit nicht zu leisten. Beispielhaft sei jedoch auf die Regelungen einiger Großstädte hingewiesen: § 1 der Satzung der Bundesstadt Bonn über die Erhebung einer Steuer für die Einräumung der Gelegenheit zu sexuellen Vergnügungen und das Angebot sexueller Handlungen gegen Entgelt; § 1 der Vergnügungssteuersatzung der Stadt Dortmund für die Einräumung der Gelegenheit zu sexuellen Vergnügungen und das Angebot sexueller Handlungen; § 1 Nr. 7 und

ist dabei nicht erforderlich, dass die angebotenen Vergnügungen auch tatsächlich stattgefunden haben.[653] Die Rechtsprechung hat die Erhebung der Vergnügungssteuer auch für diese Steuergegenstände dem Grunde nach gebilligt, insbesondere hat sie die Vereinbarkeit mit höherrangigem Recht bejaht.[654]

Der Steuermaßstab für die insoweit erhobene Vergnügungssteuer unterscheidet sich: Für die Einräumung der Gelegenheit zu sexuellen Vergnügungen wird regelmäßig pauschal nach der Größe der benutzten Räume besteuert; für das Angebot sexueller Handlungen gegen Entgelt wird eine Pauschale je Beschäftigten und Veranstaltungstag zu Grunde gelegt.[655] Insbesondere die Anknüpfung an die Veranstaltungsfläche wurde in mehreren verwaltungsgerichtlichen Verfahren angegriffen, jedoch gerichtlich nicht beanstandet.[656] Für wirksam wurde auch die Bemessung anhand des Preises und der Zahl der ausgegebenen Eintrittskarten,

---

8 der Satzung über die Erhebung von Vergnügungssteuer in der Stadt Duisburg; § 1 Nr. 4 der Satzung über die Erhebung von Vergnügungssteuer in der Stadt Gelsenkirchen; § 2 Nr. 5 und 6 der Satzung der Stadt Köln über die Erhebung einer Steuer auf Vergnügungen besonderer Art; § 1 Nr. 6 und 7 der Vergnügungssteuersatzung der Stadt Oberhausen sowie § 1 II Nr. 10 der Satzung der Landeshauptstadt Stuttgart über die Erhebung der Vergnügungssteuer. Zur Abgrenzung zwischen den beiden Steuertatbeständen: OVG Münster, Beschl. v. 21.08.2012 – 14 B 835/12, NVwZ-RR 2012, 858 und vorgehend VG Köln, Beschl. v. 29.06.2012 – 24 L 1115/11, juris, Rdn. 16ff. sowie VG Düsseldorf, Urt. v. 19.10.2012 – 25 K 3617/12, juris, Rdn. 47ff.

653 OVG Münster, Beschl. v. 21.08.2012 – 14 A 1532/12, KStZ 2012, 234 (235).

654 VG Köln, Beschl. v. 19.07.2004 – 20 L 893/04, juris, Rdn. 8ff. und Urt. v. 11.07.2007 – 23 K 4180/04, NWVBl. 2007, 491 (492ff.); VG Stuttgart, Urt. v. 10.12.2009 – 8 K 3904/09, juris, Rdn. 30ff.; VGH Mannheim, Urt. v. 23.02.2011 – 2 S 196/10, VBlBW 2011, 400f. und VG Düsseldorf, Urt. v. 10.10.2011 – 25 K 6960/10, juris, Rdn. 56ff. Beanstandet wurde jedoch die rückwirkende Erhebung einer solchen Vergnügungssteuer: OVG Münster, Beschl. v. 12.04.2012 – 14 B 1520/11, NVwZ-RR 2012, 855, Beschl. v. 07.05.2012 – 14 E 234/12, juris, Rdn. 4 und Urt. v. 20.02.2013 – 14 A 1763/12, juris, Rdn. 24ff. sowie VG Münster, Urt. v. 13.05.2013 – 9 K 1399/11, juris, Rdn. 27ff.

655 Siehe §§ 3f. der Satzung der Bundesstadt Bonn über die Erhebung einer Steuer für die Einräumung der Gelegenheit zu sexuellen Vergnügungen und das Angebot sexueller Handlungen gegen Entgelt; §§ 3f. der Vergnügungssteuersatzung der Stadt Dortmund für die Einräumung der Gelegenheit zu sexuellen Vergnügungen und das Angebot sexueller Handlungen; §§ 6 IX, 8 der Satzung über die Erhebung von Vergnügungssteuern in der Stadt Duisburg; § 8 der Satzung über die Erhebung von Vergnügungssteuer in der Stadt Gelsenkirchen; §§ 5 I, 6 der Satzung der Stadt Köln über die Erhebung einer Steuer auf Vergnügungen besonderer Art; §§ 4 I, 8 der Vergnügungssteuersatzung der Stadt Oberhausen sowie § 4 VIII der Satzung der Landeshauptstadt Stuttgart über die Erhebung der Vergnügungssteuer.

656 VG Köln, Beschl. v. 19.07.2004 – 20 L 893/04, juris, Rdn. 19, Urt. v. 11.07.2007 – 23 K 4180/04, NWVBl. 2007, 491 (493) und VG Köln, Urt. v. 24.04.2013 – 24 K 5470/11, juris, Rdn. 41ff.; VG Stuttgart, Urt. v. 10.12.2009 – 2 S 196/10, VBlBW 2011, 400 (401f.); VG Düsseldorf, Urt. v. 10.10.2011 – 25 K 6960/10, juris, Rdn. 67ff.; VG Gelsenkirchen, Urt. v. 31.01.2012 – 19 K 997/11, juris, Rdn. 74ff.; VG Münster, Urt. v. 13.05.2013 – 9 K 1399/11, juris, Rdn. 46ff. sowie OVG Münster, Beschl. v. 20.06.2012 – 14 B 552/12, juris, Rdn. 13ff. und Beschl. v. 30.08.2012 – 14 A 1753/12, NVwZ-RR 2012, 860 (861).

hilfsweise nach dem gezahlten Entgelt gehalten.[657] Vom VG Köln wurde allerdings wegen des Willkürverbots eine Satzungsregelung für unwirksam gehalten, wonach die Steuer für jede beschäftigte Person pauschal nach Raumeinheiten in Ansatz gebracht wird und die Steuer 150 € je Raumeinheit und angefangenem Kalendermonat beträgt, unabhängig von der tatsächlichen zeitlichen Inanspruchnahme und der Anzahl der sexuellen Handlungen.[658] Auch beanstandet wurde eine Regelung, die zur Pauschalierung einheitlich 25 Tage im Monat für die Steuerbemessung in Ansatz bringt.[659]

Steuerschuldner ist zwar der Betreiber der prostitutiven Einrichtung[660], jedoch wird die Vergnügungssteuer häufig umgelegt.[661]

6. Steuerverfahren

Aus dem Bereich des Steuerverfahrensrechts bedarf die Art des Besteuerungsverfahrens im Hinblick auf den hiesigen Untersuchungsgegenstand einer vertieften Betrachtung. Problematisch ist meist aufgrund der Eigenart der Betriebsabläufe die korrekte Ermittlung der Besteuerungsgrundlagen.

a) „Düsseldorfer Modell“ oder „Stuttgarter“ Modell

Einige Finanzämter wenden hierzu das sog. „Düsseldorfer Modell“ oder „Stuttgarter Modell“ an. Dies funktioniert im Kern so, dass die Betreiber prostitutiver Einrichtungen je Mitarbeiter und Tätigkeitstag einen fixen Betrag erheben. Die-

657 VG Düsseldorf, Urt. v. 10.10.2011 – 25 K 8111/10, juris, Rdn. 99ff. Zur Problematik der pauschalen Schätzung von 25 Veranstaltungstagen, wenn nicht weniger Tage nachgewiesen werden: OVG Münster, Beschl. v. 07.05.2012 – 14 E 234/12, juris, Rdn. 5ff.

658 Urt. v. 11.07.2007 – 23 K 274/05, juris, Rdn. 28ff.

659 OVG Münster, Beschl. v. 21.08.2012 – 14 B 835/12, NVwZ-RR 2012, 858 (860) und vorgehend VG Köln, Beschl. v. 29.06.2012 – 24 L 1115/11, juris, Rdn. 28ff.

660 Dies ist nach der Rechtsprechung nicht zu beanstanden (OVG Münster, Beschl. v. 30.08.2012 – 14 A 1753/12, NVwZ-RR 2012, 860 [861] und VG Münster, Urt. v. 13.05.2013 – 9 K 1399/11, juris, Rdn. 45ff.). Zur Problematik, ob der Vermieter von prostitutiven Zwecken genutzten Wohnmobilen zur Vergnügungssteuer herangezogen werden kann: OVG Lüneburg, Urt. v. 26.11.2012 – 9 LB 51/12, NVwZ-RR 2013, 531 (533f.).

661 BMFSFJ, Auswirkungen des Prostitutionsgesetzes, S. 171f. Zur Problematik der Steuerschuldnerschaft bei einem sog. Laufhaus: VG Stuttgart, Urt. v. 10.12.2009 – 8 K 3904/09, juris, Rdn. 37ff. und nachfolgend VGH Mannheim, Urt. v. 23.02.2011 – 2 S 196/10, VBlBW 2011, 400 (402f.). Siehe bezüglich der korrekten Bestimmung des Steuerschuldners auch OVG Münster, Beschl. v. 12.04.2012 – 14 B 1520/11, NVwZ-RR 2012, 855 (857f.). Zur Problematik einer möglichen Doppelbesteuerung: OVG Münster, Beschl. v. 21.08.2012 – 14 A 1532/12, KStZ 2012, 234 (235).

ser Tagessatz wird als Schätzbetrag gemäß § 162 AO angesehen[662] und enthält Einkommens-, Gewerbe- und Umsatzsteuer sowie den Solidaritätszuschlag. Die Betreiber führen eine quartalsweise, u.U. anonymisierte Sammelliste hierüber und führen die so ermittelten Beträge vierteljährig an das Finanzamt ab. Das Finanzamt setzt in Höhe der abgeführten Summe eine Steuer-Vorauszahlung fest. Wird Ende des Veranlagungszeitraums keine Steuererklärung von den betreffenden Personen abgegeben, so wird – vom Finanzamt vorher zugesichert – ohne Erhebung von Nachzahlungen die Besteuerungsgrundlage auf die Höhe der bereits gezahlten Steuer-Vorauszahlungen geschätzt.[663]

Der Unterschied zwischen dem „Düsseldorfer Modell“ und dem „Stuttgarter Modell“ besteht darin, dass die baden-württembergische Variante das Verfahren als Schätzungsverfahren begreift, während das „Düsseldorfer Modell“ ein vereinfachtes Vorauszahlungsverfahren darstellt.[664]

Gegenwärtig werden derartige Besteuerungsverfahren in den Ländern Baden-Württemberg, Berlin, Hessen, Nordrhein-Westfalen, Rheinland-Pfalz, Saarland und Sachsen angewandt.[665]

b) Kritik und Alternativen

Dieses Modell der Besteuerung ist Gegenstand der steuerrechtlichen Diskussion. Ausgangspunkt hierfür waren die Bemerkungen des BRH 2003 zur Haushalts- und Wirtschaftsführung. Hier führte der BRH aus, dass prostitutive Einrichtungen nur unzureichend besteuert würden, so dass Steuerausfälle im Milliardenbereich einträten.[666] Empfohlen wurde daher u.a., auf gesetzlicher Grundlage ein pauschalisiertes Besteuerungsverfahren einzuführen.[667]

---

662 Beispielhaft von einer gerichtlichen Schätzung nach dieser Vorschrift: FG Hamburg, Urt. v. 20.02.2013 – 2 K 169/11, EFG 2013, 907 (908ff.).

663 Siehe zum Ganzen: Von Galen, Rechtsfragen der Prostitution, Rdn. 521 und Ernst-Pörksen, Zur pauschalen Besteuerung sexueller Dienstleistungen, S. 246f. Letzter geht auch auf den Unterschied zwischen beiden Modellen ein. Zu den regionalen Unterschieden: BMFSFJ, Auswirkungen des Prostitutionsgesetzes, S. 170f. Beispielhaft zur Schätzung von Einkünften aus prostitutiver Tätigkeit: FG Kassel, Beschl. v. 15.11.2006 – 6 V 2026/06, juris. Siehe praktisch zu einer Schätzung nach § 162 AO: FG Hannover, Urt. v. 14.02.2013 – 5 K 318/10, juris, Rdn. 39ff.

664 Ernst-Pörksen, Zur pauschalen Besteuerung sexueller Dienstleistungen, S. 247 und Hunecke, Das Prostitutionsgesetz und seine Umsetzung, S. 206f.

665 Siehe die Übersicht bei Hunecke, Das Prostitutionsgesetz und seine Umsetzung, S. 207f. Zu den regionalen Unterschieden auch BMFSFJ, Auswirkungen des Prostitutionsgesetz, S. 170f.

666 BT-Drs. 15/2020, S. 185f.

667 BT-Drs. 15/2020, S. 187f. Daneben schlug der BRH eine bessere Erfassung der Betriebe und eine Erhöhung des Kontrolldrucks vor (instruktiv zu den Vorschlägen: Moosburger, wistra 2005, 18).

Gerade der Vorschlag einer gesetzlichen Pauschalbesteuerung nach dem „Düsseldorfer Modell“ oder „Stuttgarter Modell“, der zwar diskutiert, aber nicht umgesetzt wurde, ist auf Kritik in der Literatur gestoßen. Insbesondere wurde eingewandt, dass eine Pauschalsteuer mit Blick auf das Gleichbehandlungsgebot des Art. 3 GG bedenklich sei. Sie führe dazu, dass ein Wirtschaftszweig, der sich in illegaler Weise seiner ordnungsgemäßen Besteuerung entziehe, eine positive Sanktion in Form einer Sonderregelung erhielte, die ihn gegenüber anderen Wirtschaftszweigen bevorzuge.[668] Zudem würde eine Besteuerung anhand des tatsächlichen Einkommens nicht mehr erfolgen.[669] Auch verzichte dieses Modell der Besteuerung auf eine klare Unterscheidung zwischen selbständiger und unselbständiger Beschäftigung, zumal sich mit diesem in nicht geringem Umfang Steuern sparen ließen.[670] Auch bestehen datenschutzrechtliche Bedenken gegen das Verfahren.[671] Im Übrigen lief das Verfahren nach dem „Düsseldorfer Modell“ oder „Stuttgarter Modell“ letztlich auf eine Art Schutzgeldzahlung an den Staat hinaus.[672]

Als Alternative wird vorgeschlagen, eine besondere Haftungsnorm für die Betreiber prostitutiver Einrichtungen zu schaffen, was aber gleichfalls das Problem der korrekten Ermittlung der Besteuerungsgrundlage nicht löst.[673] Weiter wird überlegt, den Betreiber über § 160 AO zu einer ordnungsgemäßen Buchführung anzuhalten.[674]In der Tat würde dies die Problematik der Bestimmung der Besteuerungsgrundlage beseitigen, jedoch ist allgemein festzustellen, dass die Steuerausfälle wohl weniger ein Problem der Gesetzeslage als vielmehr des Gesetzesvollzugs sind.[675] Würde ein ausreichend hoher Kontrolldruck bestehen, dessen Aufbau aber mit Blick auf den Zustand der öffentlichen Haushalte in den Ländern unwahrscheinlich erscheint, wäre die Problematik von Steuerhinterziehungen – nicht nur in Zusammenhang mit prostitutiven Einrichtungen – sicher geringer. So bleibt entweder die Möglichkeit, den Weg von Radermacher über § 160 AO zu verfolgen, der mit Blick auf die Anforderungen an Verhältnismäßig-

---

668 Zur Problematik der Ungleichbehandlung innerhalb des Wirtschaftszweiges: Hunecke, Das Prostitutionsgesetz und seine Umsetzung, S. 212.

669 Kemper, DStR 2005, 543.

670 Mit Rechenbeispiel: Mößmer/Moosburger, wistra 2008, 457 (459f.). Siehe auch zu den weiteren, vor allem praktischen Problemen für die Steuerverwaltung: Radermacher, AO-StB 2007, 239 (241).

671 Hunecke, Das Prostitutionsgesetz und seine Umsetzung, S. 208f.

672 Mößmer/Moosburger, wistra 2008, 457 (460). Es ist jedoch unzulässig, Betreiber durch Kontrollbesuche zur Teilnahme anzuhalten (FG Stuttgart, Beschl. v. 06.04.2006 – 4 V 7/06, EFG 2006, 947 (948ff.) mit Anmerkung von Wegner, Praxis Steuerstrafrecht 2006, 148.

673 Kemper, ZRP 2011, 86 (87).

674 Radermacher, AO-StB 2007, 213 (216f.).

675 Kemper, ZRP 2011, 86 (87) und wohl auch Moosburger, wistra 2005, 18 (20):

keit und Zumutbarkeit nicht einfach sein dürfte[676], oder trotz der aufgezeigten Probleme das „Düsseldorfer Modell“ oder „Stuttgarter Modell“ anzuwenden. Die gegen letzteres vorgebrachten Argumente sind durchaus beachtlich. Auf der anderen Seite muss jedoch gesehen werden, dass im prostitutiven Bereich der Wunsch nach Anonymität besonders ausgeprägt ist[677] und sich – auch, aber nicht ausschließlich – deshalb, die Betriebsabläufe in diesem Bereich[678] durchaus von den anderen im Hinblick auf die Besteuerung problematischen Bereichen (etwa dem Bau- oder Gaststättengewerbe) unterscheiden.[679] Deshalb ist es wohl sachgerecht, eine pauschale Besteuerung vorzunehmen, die die Problematik zumindest abmildert.[680] Jedoch ist dem Problem, wie auch der BRH implizit einräumt[681], letztlich nur mit stärkeren Kontrollen und der Ausschöpfung der dafür zur Verfügung stehenden gesetzlichen Instrumentarien zu begegnen. Entscheidend für eine ordnungsgemäße Besteuerung dürfte, wie bereits angedeutet, sein, dass durch eine ordnungsgemäße Buchführung und das Führen sonstiger Aufzeichnungen eine hinreichende Tatsachengrundlage für eine korrekte Besteuerung geschaffen wird.

7. Zusammenfassung zu IX.

Der Abschnitt zum Steuerrecht lässt sich wie folgt zusammenfassen:

Einkommensteuerrechtlich unterfallen Einkünfte aus dem Betrieb einer prostitutiven Einrichtung und selbständiger prostitutiver Tätigkeit § 15 EStG sowie

676 Allgemein Rüsken in: Klein, AO, § 160 Rdn. 12ff.

677 Ernst-Pörksen, Zur pauschalen Besteuerung sexueller Dienstleistungen, S. 242.

678 Der BRH verweist darüber hinaus auf den häufigen Wechsel des Arbeitsplatzes oder den kurzfristigen Arbeitseinsatz bei besonderen Anlässen (BT-Drs. 15/2020, S. 186).

679 Der BFH hat im Übrigen andeutungsweise erkennen lassen, dass er dem Düsseldorfer Modell nicht gänzlich ablehnend gegenübersteht (BFH, Beschl. v. 22.12.2006 – VII B 121/06, BFHE 216, 38 [44f.]; zweifelhaft dagegen bei BFH, Beschl. v. 16.06.2011 – XI B 120/10, BFH/NV 2011, 1740 [1741] und kritischer gegenüber der Anwendung gegenüber der Anwendung auf die Betreiber prostitutiver Einrichtungen: BFH, Beschl.v. 14.05.2013 – X B 123/12, X B 124/12, X B 125/12, juris, Rdn. 30). Offengelassen von FG Kassel, Beschl. v. 26.11.2009 – 6 V 2309/09, juris, Rdn. 14ff.

680 Interessanterweise verneint der BFH in seiner neueren Rechtsprechung ein strukturelles Vollzugsdefizit bei der Besteuerung von prostitutiven Tätigkeiten. Schwierig sei vielmehr vor allem die Ermittlung des steuerrechtlichen Sachverhalts (BFH, Beschl. v. 16.06.2011 – XI B 120/10, BFH/NV 2011, 1740 [1741] und Beschl. v. 15.12.2011 – XI B 50/11, BFH/NV 2012, 810 [811]; so gleichfalls die erstinstanzliche Entscheidung: FG Hannover, Urt. v. 27.10.2010 – 16 K 65/10, juris, Rdn. 10). Insbesondere die letztgenannte Entscheidung räumt ein, dass es bei der Besteuerung der hier untersuchten Einrichtungen Lücken gibt.

681 BT-Drs. 15/2020, S. 187f.

nichtselbständiger prostitutiver Tätigkeit § 19 EStG. Eine Subsumtion unter § 22 Nr. 3 EStG ist hingegen überkommen.

Die prostitutive Tätigkeit ist umsatzsteuerpflichtig mit dem normalen Umsatzsteuersatz, wobei bei der Person des Leistungsempfängers differenziert werden muss.

Aus der Einkommensteuerpflicht nach § 15 EStG folgt auch die Gewerbesteuerpflicht.

Zudem ist es möglich, prostitutive Einrichtungen mit der Vergnügungssteuer zu besteuern.

Beim Besteuerungsverfahren ist vor allem die Ermittlung der korrekten Besteuerungsgrundlage problematisch. Wichtigste Beispiele für eine Problemlösung sind das „Düsseldorfer Modell“ oder „Stuttgarter Modell“, das jedoch in rechtlicher Hinsicht bedenklich ist. Alternativen hierzu wären eine Ermittlung über § 160 AO oder die Erhöhung des Kontrolldrucks durch die Steuerbehörden.

X. Zusammenfassung zu D.

Nach der Betrachtung aller relevanten Teilgebiete des Öffentlichen Rechts fällt zunächst eine gewisse Ambivalenz in der Behandlung prostitutiver Einrichtungen und der dort Tätigen auf. So wird zwar seit längerer Zeit einerseits eine Steuerpflicht bejaht, andererseits ist aber durch das ProstG die Rechtsstellung etwa in den Bereichen des Wirtschaftsverwaltungs- oder des Baurechts nicht unbedingt besser geworden. Dies kann als bemerkenswert bezeichnet werden, da mit dem Gesetz an sich eine andere Zielstellung verfolgt wurde. Wenn man sich die in Rechtsprechung und Literatur diskutierten Fragen vergegenwärtigt, muss danach konstatiert werden, dass durch das ProstG die Rechtssicherheit nicht unbedingt erhöht wird. Verkannt wird häufig, dass es nicht nur zivilrechtliche Sachverhalte regelt, sondern auch bei Wertungen im Bereich des Öffentlichen Rechts eine erhebliche Rolle spielt: Es wirkt sich auf die Auslegung des Begriffs der Sittenwidrigkeit im Öffentlichen Wirtschaftsverwaltungsrecht genauso aus, wie auf die Anwendung der Normen des IfSG. Insoweit können bei entsprechender Auslegung bereits unter Zugrundelegung der gegenwärtigen Rechtslage durchaus im Sinne einer zeitgemäßen Behandlung prostitutiver Einrichtungen befriedigende Ergebnisse erzielt werden. Die in diesem Abschnitt gewonnenen Befunde werden bei der Bewertung der darzustellenden Praxisbeispiele aus Dortmund und Hannover oder bei der Bestimmung der für die Regulation zur Verfügung stehenden Rechtsgrundlagen Verwendung finden. Gleichfalls muss anhand der gewonnenen

Ereignisse untersucht werden, an welchen Stellen Gesetzesänderungen erforderlich sind.

E. Perspektiven

I. Einleitung

Nach Untersuchung der Rechtslage folgen nun als zweiter Schwerpunkt der Arbeit Betrachtungen über die Möglichkeiten verwaltungsbehördlicher Regulation prostitutiver Einrichtungen. Diese Überlegungen erfolgen zum einen konkret anhand der Darstellung und Bewertung zweier Praxisbeispiele, nämlich dem „Dortmunder Modell" und dem Konzept der Stadt Hannover. Zum anderen werden abstrakt aufgrund der Erörterung der Rechtslage Vorschläge für eine Regulation gemacht und dort, wo im Ergebnis der Untersuchung Gesetzesänderungen erforderlich sein könnten, solche erörtert und ggf. entwickelt. Die Prämissen für die Regulation prostitutiver Einrichtungen sind dabei: der Schutz der Beschäftigten, der Schutz der Allgemeinheit sowie der Schutz der Kunden. Die Schutzerfordernisse im Hinblick auf die Beschäftigten bestehen im Schutz vor unhygienischen oder sonst gefährlichen Arbeitsbedingungen, im Schutz ihrer sozialrechtlichen Ansprüche sowie im Schutz vor kriminellen Handlungen (wie Ausbeutung, Zwang und Menschenhandel). Die Allgemeinheit im weiteren Sinne bedarf des Schutzes vor unerwünschten oder verbotenen Begleiterscheinungen, wie Verstößen gegen den Jugend- oder Immissionsschutz einerseits, aber auch andererseits vor kriminellen Erscheinungen, die die Allgemeinheit belasten. Dazu gehören nicht nur Gewaltkriminalität in verschiedenen Formen, sondern auch unbillige Belastungen der öffentlichen Kassen, die durch Steuerhinterziehung oder Vernachlässigung von sozialversicherungsrechtlichen Pflichten entstehen. Aber auch der Kunde prostitutiver Einrichtungen hat Schutzinteressen, die etwa im Schutz vor den einschlägigen Gewalt- und Eigentumsstraftaten oder im Schutz seiner Gesundheit vor Krankheiten bestehen.

II. Praxisbeispiele

Den Anfang machen die beiden Praxisbeispiele.

1. Praxisbeispiel „Dortmunder Modell“

Zunächst ist das Praxisbeispiel „Dortmunder Modell“ in den Blick zu nehmen.

a) Rahmendaten zur Stadt Dortmund

Dazu seien eingangs einige Rahmendaten zur Stadt Dortmund genannt.[1] Dortmund ist eine Großstadt im Ruhrgebiet mit rund 580.000 Einwohnern auf einer Fläche von ca. 280 km^2. Während die Stadt in der Vergangenheit ein Zentrum der Kohle- und Stahlindustrie war, ist sie nunmehr ein Zentrum von Einzelhandel, Informationstechnik und Versicherungswirtschaft. Dortmund ist Teil des Landes Nordrhein-Westfalen und gehört dort zum Bereich des Regierungsbezirks Arnsberg. Die Stadt ist kreisfrei und wird durch ihre direkt gewählten Organe, dem Rat als Vertretungskörperschaft sowie dem Oberbürgermeister als Vorsitzendem des Rats und Leiter der Stadtverwaltung selbst verwaltet. Zudem verfügt Dortmund über zwölf Stadtbezirke, in denen jeweils eine Bezirksvertretung und ein Bezirksbürgermeister amtieren.

b) Entwicklung des „Dortmunder Modells“

Die Entwicklung des „Dortmunder Modells“ beginnt in der Mitte der 1990er-Jahre. Im November 1995 beschloss das Polizeipräsidium Dortmund, die Bekämpfung der Kriminalität im Rotlicht-Milieu als neuen Schwerpunkt der kriminalpolizeilichen Tätigkeit festzulegen, worauf die ersten polizeilichen Maßnahmen zur Bekämpfung des organisierten Menschenhandels unternommen wurden. Daneben begann zeitgleich die „Dortmunder Mitternachtsmission“ mit der Durchführung eines Modellprojekts „Schutz für Opfer von Menschenhandel“. Auf deren Initiative entstand sodann ein erster Runder Tisch zum Thema Menschenhandel, an dem zunächst Vertreter der Staatsanwaltschaft und Polizei sowie der Mitternachtsmission und später auch Vertreter weiterer Behörden (Ausländer-, Ordnungs- und Sozialamt) sowie sozialer Einrichtungen teilnahmen. Mit Inkrafttreten des ProstG wurde ab Januar 2002 das eigentliche „Dortmunder Modell“ entwickelt. Verschiedene staatliche und soziale Akteure erarbeiteten an einem Runden Tisch eine gemeinsame Vorgehensweise für den Umgang mit prostitutiven Tätigkeiten, die bereits am 19.03.2002 die Zustimmung des Verwaltungsvorstands der Stadt Dortmund fand.[2]

---

1 Die folgenden Daten sind sämtlich dem Wikipedia-Artikel über Dortmund (abrufbar unter http://de.wikipedia.org/wiki/Dortmund, zuletzt abgerufen am 11.08.2013) entnommen.

2 Zur gesamten Entwicklungsgeschichte: Siehe Minzel, Die Kriminalpolizei 2006, 76ff. sowie in Kurzform: Schäfer in: BMFSFJ, Regulierung von Prostitution und Prostitutionsstätten, S. 37.

c) Vorgehensweise des „Dortmunder Modells“

In Bezug auf prostitutive Einrichtungen wurde – differenziert nach ihren verschiedenen Erscheinungsformen – folgendes Vorgehen vereinbart.[3]

ca) Bordelle, Anbahnungsbetriebe und Clubs

Gewerbeanzeigen für Bordellbetriebe werden nicht nur erwartet, sondern auch eingefordert, wobei diese Betriebe – ggf. unter Anwendung des Gaststättenrechts – dann auch genehmigt werden.

Sog. bordellartige Betriebe werden in der Regel ab einer Größenordnung von drei Mitarbeitern vermutet.

Clubs müssen erforderlichenfalls eine Nutzungsänderung beim Bauordnungsamt beantragen, die im reinen und allgemeinen Wohngebiet versagt wird. Unbeschadet dessen ist zudem eine Anmeldung beim Ordnungsamt erforderlich. Betriebe im allgemeinen und reinen Wohngebiet werden aber auch dann konzessioniert, wenn sie über mehrere Jahre beanstandungsfrei geführt werden. Sie genießen also Bestandsschutz. Eine Gaststättenerlaubnis ist erforderlich bei Bordellen mit mehr als acht Plätzen und Betrieben, die alkoholische Getränke an ihre Gäste ausschenken.

Die in den Betrieben angetroffenen Mitarbeiter werden auf ihre Identität sowie ihren arbeits- und ausländerrechtlichen Status kontrolliert.

cb) Die sog. Wohnungsprostitution

In Bezug auf die sog. Wohnungsprostitution werden entsprechende Gewerbeanmeldungen zwar angenommen, jedoch nur verlangt, wenn es sich um einen Betrieb handelt. Dabei werden im Regelfall zwei Mitarbeiter je Wohnung/Apartment unterstellt. Ab drei Mitarbeitern wird von einem Betrieb ausgegangen.

In reinen und allgemeinen Wohngebieten wird bei Nutzungsänderungen grundsätzlich keine Baugenehmigung erteilt, gleichwohl wird diesen Betrieben ebenfalls der genannte Bestandsschutz gewährt.

---

3 Siehe zur gesamten Darstellung der Vorgehensweise: Minzel, Die Kriminalpolizei 2006, 76 (78); Schäfer in: BMFSFJ, Regulierung von Prostitution und Prostitutionsstätten, S 38ff.; Informationen der Dortmunder Mitternachtsmission zum „Dortmunder Modell“, abrufbar unter http://www.standort-dortmund.de/mitternachtsmission/nav/veroeffentlichungen/main_meldung_44.htm (zuletzt abgerufen am 11.08.2013) sowie unter http://www.frauen-in-gladbeck.de/pdf/Dortmunder%20Modell.pdf (zuletzt abgerufen am 11.08.2013). Die Maßnahmen in Bezug auf die sog. Straßenprostitution bleiben mit Blick auf den Untersuchungsgegenstand der Arbeit außen vor.

Zudem wird auch prostitutiv tätigen Einzelpersonen – entgegen der Empfehlung des Bund-Länder-Ausschusses „Gewerberecht" – die Möglichkeit eingeräumt, auf freiwilliger Basis eine Gewerbeanmeldung vorzunehmen.

cc) Sperrbezirksprostitution

Prostitutive Einrichtungen innerhalb von Sperrbezirken werden unter Anordnung der sofortigen Vollziehung geschlossen.

cd) Prostitutive Einrichtungen in Gaststätten

Für sich ist der Umstand, dass es sich um eine prostitutive Einrichtung handelt, kein gaststättenrechtlicher Versagungsgrund, jedoch werden die Betreiber dazu aufgefordert, ihre Erlaubnisse entsprechend zu erweitern.

d) Bewertung des „Dortmunder Modells"

Die Vorgehensweise nach dem „Dortmunder Modell" kann nach den Einschätzungen der verschiedenen Akteure als erfolgreich bezeichnet werden.[4] Positiv am „Dortmunder Modell" ist in rechtlicher Hinsicht, dass die maßgeblichen Begrifflichkeiten wie bordellartiger Betrieb klarer konturiert wurden. Den beschriebenen Schwierigkeiten in der begrifflichen Abgrenzung zwischen den verschiedenen Formen prostitutiver Einrichtungen wird so entgegengewirkt. Hervorzuheben ist auch die Tatsache, dass das Vorgehen im Wege der Kooperation zwischen den Akteuren vereinbart und nicht staatlicherseits vorgegeben wurde. Dies ist als vertrauensbildende Maßnahme im doch häufig auf Abgrenzung bedachten prostitutiven Bereich zielführend. Die gewerberechtliche Vorgehensweise ist sowohl aufgrund der Eigenschaft als Gewerbe als auch zur Durchsetzung staatlicher Kontroll- und Gesetzesvollzugsinteressen konsequent.

4 Dies gilt sowohl für die staatliche Seite (Minzel, Die Kriminalpolizei 2006, 76 [78f.] und Schäfer in: BMFSFJ, Regulierung von Prostitution und Prostitutionsstätten, S. 40ff.) als auch für die Seite der sozialen Akteure (Information der Dortmunder Mitternachtsmission, abrufbar unter http://www.standort-dortmund.de/mitternachtsmission/nav/veroeffentlichungen/main_meldung_44.htm, zuletzt abgerufen am 11.08.2013). Aber auch die rechtswissenschaftliche Literatur steht dem „Dortmunder Modell" durchaus positiv gegenüber: siehe Gurlit, GewArch 2008, 426 (431) und Renzikowski, GewArch 2008, 432 (435). Mit Schließung des legalen Straßenstrichs waren jedoch in jüngerer Zeit Rückschläge zu verzeichnen (siehe Süddeutsche vom 06.04.2011, abrufbar unter http://www.sueddeutsche.de/panorama/prostitution-in-dortmund-schluss-mit-dem-strich-1.1081602, zuletzt abgerufen am 11.08.2013).

Jedoch ist an zwei Punkten Kritik geboten. Zunächst ist die bauordnungsrechtliche Behandlung nicht unbedenklich. Nach den obigen Darstellungen[5] ist die sog. Wohnungsprostitution im allgemeinen Wohngebiet nicht per se bauplanungsrechtlich unzulässig. Zudem sind die ausgesprochenen Duldungen für Betriebe, die über längere Zeit beanstandungsfrei geblieben sind, problematisch. Auch wenn sich dieses Vorgehen in der Praxis als sinnvoll bewährt haben mag, ist es in rechtlicher Hinsicht unsicher. Es ist nämlich nicht auszuschließen, dass ein Dritter, in diesem Fall höchstwahrscheinlich ein Nachbar, über gerichtlichen Rechtsschutz die Schließung dieser Betriebe erwirkt. D.h. die Duldungen vermitteln in rechtlicher Hinsicht wohl keinen ausreichend sicheren Bestandsschutz. Bei der gaststättenrechtlichen Behandlung bleibt abzuwarten, ob sie sich aufgrund der gesetzgeberischen Deregulierungstendenzen in Bezug auf diesen Wirtschaftsbereich mit veränderten rechtlichen Vorschriften durchhalten lassen wird.

2. Praxisbeispiel Hannover

Auch in der Stadt Hannover wurde nach dem Inkrafttreten des ProstG ein Konzept für den Umgang mit Prostitution entwickelt.

a) Rahmendaten zur Stadt Hannover

Hier seien einleitend ebenfalls einige Rahmendaten zur Stadt Hannover genannt.[6] Sie ist eine Großstadt mit ca. 520.000 Einwohnern auf einer Fläche von knapp 205 m^2. Die Stadt ist aufgrund der Hannover Messe und der Cebit ein wichtiger Messestandort. Zudem ist sie ein wichtiger Verkehrsknotenpunkt und Standort mehrerer Hochschulen. Hannover ist die Hauptstadt des Landes Niedersachsen. Sie ist zwar keine kreisfreie Stadt mehr, sondern Teil der Region Hannover, jedoch einer kreisfreien Stadt gleichgestellt. Sie wird durch ihre direkt gewählten Organe, dem Rat der Stadt als kommunale Vertretungskörperschaft und dem Oberbürgermeister als Leiter der Stadtverwaltung und Repräsentanten der Stadt, selbst verwaltet. Außerdem verfügt Hannover über 13 Stadtbezirke.

5 Siehe D., III., 2., c), ca), (2), (b).

6 Die Daten wurden wiederum dem Wikipedia-Artikel über Hannover (abrufbar unter http://de.wikipedia.org/wiki/Hannover, zuletzt abgerufen am 11.08.2013) entnommen.

b) Entwicklung der Vorgehensweise in Hannover

Die Entwicklung des Umsetzungskonzepts in Hannover ist der Entstehung des „Dortmunder Modells“ ähnlich.[7] Hier wurde das Konzept von einer Arbeitsgruppe „Milieu, Prostitution und Menschenhandel“ des Kommunalen Kriminalpräventionsrates Hannover entwickelt. An der Arbeitsgruppe waren neben Stellen der Stadt und der Region Hannover (etwa die mit Gewerbe, Bauen und Gesundheit befassten Verwaltungsstellen) die Polizeidirektion Hannover, das Landeskriminalamt, die Bundespolizei, der Zoll sowie Fachberatungsstellen beteiligt. Die Arbeitsgruppe hat ein Umsetzungskonzept entwickelt, das in Hannover als Leitlinie für behördliches Handeln verwendet wird.

c) Vorgehensweise in Hannover

Bei der Vorgehensweise in Hannover unterscheidet das Umsetzungskonzept nach den betroffenen Regelungsmaterien.

ca) Gewerbe- und Gaststättenrecht

In Bezug auf den Gewerbebegriff differenziert das Konzept. So wird der Betrieb einer prostitutiven Einrichtung – u.U. einschließlich solcher in Wohnräumen – als Gewerbe angesehen, nicht jedoch die selbständige Prostitutionsausübung, da diese aufgrund ihrer höchstpersönlichen Natur kein Gewerbe sei. Nach dieser Prämisse werden auch Gewerbeanzeigen verlangt bzw. abgewiesen.

Im gaststättenrechtlichen Sinne ist die prostitutive Einrichtung für sich nicht mehr als sittenwidrig anzusehen. Der Betrieb einer prostitutiven Einrichtung ist kein Beherbergungsgewerbe im Sinne des GastG. Dennoch ist eine gaststättenrechtliche Erlaubnis dann erforderlich, wenn die gesetzlichen Bestimmungen eine solche fordern.

Auch nach dem Erlass des ProstG ist die Darbietung des Geschlechtsverkehrs auf offener Bühne über § 33a GewO nicht zulässig.[8]

cb) Bauplanungs- und Bauordnungsrecht

Den zweiten Schwerpunkt des Umsetzungskonzepts bildet das Baurecht.

---

7 Siehe zum Ganzen: Giese in: BMFSFJ, Regulierung von Prostitution und Prostitutionsstätten, S. 43.

8 In allen Einzelheiten: Handreichung „Prostitutionsgesetz (ProstG) Umgang mit dem ProstG und seinen Auswirkungen in der Landeshauptstadt Hannover“, S. 8ff.

(1) Bauplanungsrechtliche Einordnung und Begriffsbestimmungen

In bauplanungsrechtlicher Hinsicht wird die prostitutive Einrichtung weder als Vergnügungsstätte noch als Gebäude oder Raum für eine freiberufliche Tätigkeit nach § 13 BauNVO angesehen. Vielmehr ist sie ein Gewerbebetrieb und bedarf als solche der bauordnungsrechtlichen Genehmigung.

Dabei werden drei Arten prostitutiver Einrichtungen unterschieden.

Ein Bordell ist das organisierte Angebot von Prostitution in einer baulichen Anlage.

Bei einem bordellartigen Betrieb (z.B. Anbahnungsgaststätte oder Massagesalon) werden verschiedene Dienstleistungen mit der Prostitutionsausübung verbunden, wozu auch Wohnungsbordelle mit drei oder mehr Prostituierten gehören.

Wohnungsprostitution liegt dann vor, wenn neben eine Wohnnutzung untergeordnet Prostitution tritt, wobei nach außen die gewerbliche Nutzung nur wohnähnlich in Erscheinung tritt und das Gebäude nicht prägt. Dabei wird wie folgt abgegrenzt: Bei bis zu zwei Prostituierten liegt eine Wohnungsprostitution vor, während sie darüber hinaus nur ausnahmsweise vorliegt.

(2) Beurteilung der bauplanungsrechtlichen Zulässigkeit

Anhand dieser Definitionen wird die Zulässigkeit in den verschiedenen Plangebieten beurteilt. Im Kleinsiedlungsgebiet, im reinen und im allgemeinen Wohngebiet sowie im Außenbereich ist eine prostitutive Einrichtung unzulässig.

Im Misch- und Dorfgebiet ist nur die Wohnungsprostitution in untergeordnetem Umfang zulässig. Dazu wird vorgeschlagen, als Wertungsmaßstab das zulässige Maß durch die prozentuale Beziehung der prostitutiven Nutzung zu den übrigen Nutzungen zu bestimmen. Im besonderen Wohngebiet sind Bordell und bordellartige Betriebe im Regelfall unzulässig, jedoch kann im Einzelfall die Wohnungsprostitution in einem größeren Umfang möglich sein als im Misch- oder Dorfgebiet.

Im Kerngebiet und Gewerbegebiet sind Bordelle und bordellartige Betriebe uneingeschränkt zulässig; Wohnungsprostitution hingegen ist nur innerhalb der Grenzen der Zulässigkeit von Wohnungen möglich.

Im Industriegebiet sind Bordelle im Regelfall zulässig.

Im unbeplanten Innenbereich i.S.d. § 34 BauGB kommt es im Rahmen einer Einzelfallprüfung auf den Maßstab des „sich Einfügens“ an.

(3) Steuerungsmöglichkeiten und Zweckentfremdungsrecht

Die planungsrechtlichen Möglichkeiten für die Steuerung der Ansiedlung prostitutiver Einrichtungen werden als gering angesehen.

In zweckentfremdungsrechtlicher Hinsicht ist die räumlich untergeordnete Prostitutionsausübung in einer Wohnung genehmigungsfrei. Darüber hinaus ist sie genehmigungspflichtig, wobei die Abgrenzung bei Wohngemeinschaften im Einzelfall schwierig sein kann.[9]

cc) Ausländerrecht

In ausländerrechtlicher Hinsicht ist sie eine Erwerbstätigkeit und bedarf daher eines entsprechenden Aufenthaltstitels.[10]

cd) Steuer- und Sozialversicherungsrecht

Die aus prostitutiven Tätigkeiten erzielten Einkünfte sind steuer- und sozialabgabenpflichtig.[11]

d) Bewertung des Umsetzungskonzepts

Auch dieser Reglementierungsansatz kann als grundsätzlich gelungen bezeichnet werden, gleichwohl muss hier in einzelnen Details Kritik geübt werden:

Befremdlich in der Begründung ist die Verneinung des Gewerbebegriffs bei der selbständigen Prostitutionsausübung. Mit der Begründung, es handele sich um eine höchstpersönliche Dienstleistung, ist man argumentativ schon auf dem halben Weg zur Annahme einer freiberuflichen Tätigkeit, die das Umsetzungskonzept jedoch bei der Frage, ob § 13 BauNVO zur Anwendung kommen soll, wiederum verneint.[12] Im Übrigen wird diese Einstufung auch im Ergebnis nicht geteilt. Ansonsten überzeugt die gewerberechtliche Behandlung.[13]

---

9 Zum Ganzen: Handreichung „Prostitutionsgesetz (ProstG) Umgang mit dem ProstG und seinen Auswirkungen in der Landeshauptstadt Hannover“, S. 15ff.

10 Handreichung „Prostitutionsgesetz (ProstG) Umgang mit dem ProstG und seinen Auswirkungen in der Landeshauptstadt Hannover“, S. 20.

11 Handreichung „Prostitutionsgesetz (ProstG) Umgang mit dem ProstG und seinen Auswirkungen in der Landeshauptstadt Hannover“, S. 21.

12 Jedoch scheint in diesem Punkt ein Umdenken stattgefunden zu haben. So sieht Giese (in: BMFSFJ, Regulierung von Prostitution und Prostitutionsstätten, S. 44) die Notwendigkeit einer gewerberechtlichen Anmeldung.

13 Auch hier wird sich aber erweisen müssen, ob die gaststättenrechtliche Vorgehensweise mit Blick auf die Deregulierungstendenzen in diesem Bereich durchzuhalten ist.

Ambivalenter ist das Konzept im Bereich des Baurechts. Hier muss zwar positiv konstatiert werden, dass sich das Umsetzungskonzept um eine Konturierung der Betriebsarten bemüht. Dennoch überzeugt die Abgrenzung zwischen Bordell und bordellartigem Betrieb nicht. Letztlich gehen beide Begriffe fließend ineinander über, was durch die Einordnung größerer Wohnungsbordelle in den Begriff des bordellartigen Betriebs nicht besser wird. Zumal erscheint die Unterscheidung zwischen Bordell und bordellartigem Betrieb für die Leitlinien zur bauplanungsrechtlichen Zulässigkeit ohnehin weitgehend belanglos. Es wäre zielführender, anders – z.B. nach dem Ansatz dieser Arbeit – zwischen den Erscheinungsformen zu unterscheiden. Unbeschadet dessen, dass die Einschätzungen zur bauplanungsrechtlichen Zulässigkeit hier nicht umfänglich geteilt werden, fällt auf, dass in Hannover eine Duldungspraxis analog dem „Dortmunder Modell" nur bedingt vorhanden zu sein scheint.[14]

3. Verbreitung von kooperativen Ansätzen

Interessant in diesem Zusammenhang ist, dass Dortmund und Hannover in ihrer Vorgehensweise fast allein geblieben sind. Es gab zwar auch anderenorts im Bundesgebiet Versuche, Runde Tische einzurichten. So hat etwa in der hessischen Stadt Marburg ein „Runder Tisch Prostitution" ein Papier zur „Gewerberechtlichen Regulierung von Prostitutionsstätten" erarbeitet.[15] Die dortigen Ansätze sind aber wohl eher als eine diskursive Annäherung an die Problematik denn als Versuch einer Planung und Umsetzung praktischen Vorgehens zu verstehen. In Frankfurt/Main hat zwischen 2000 und 2002 gleichfalls ein Runder Tisch einen Katalog von Standards für gute Arbeitsbedingungen entwickelt, der jedoch mangels Befassung durch die Stadtverordnetenversammlung nie umgesetzt wurde.[16] Auch in einigen Landesparlamenten gab es Initiativen, Runde Tische einzusetzen, die allerdings jeweils keine Mehrheit fanden.[17] In anderen Bundesländern

14 Laut Giese (in: BMFSFJ, Regulierung von Prostitution und Prostitutionsstätten, S. 43) wird gegen Wohnungsbordelle nur bei Beschwerden vorgegangen.

15 Im Einzelnen Linda in: BMFSFJ, Regulierung von Prostitution und Prostitutionsstätten, S. 50ff.

16 BMFSFJ, Auswirkungen des Prostitutionsgesetzes, S. 87f.

17 Beispielhaft Antrag der Fraktion Bündnis 90/Die Grünen im Berliner Abgeordnetenhaus auf Drs. 16/0540 und die dazugehörige Beschlussempfehlung des Ausschusses für Wirtschaft, Technologie und Frauen auf Drs. 16/1195; Antrag der Fraktion der GAL in der Bürgerschaft der Freien und Hansestadt Hamburg auf Drs. 18/5833 und der Bericht des Sozialausschusses auf Drs. 18/7423 sowie Antrag der Fraktion Bündnis 90/Die Grünen im Landtag Nordrhein-Westfalen auf Drs. 14/5220 und die Beschlussempfehlung des Ausschusses für Frauenpolitik auf Drs. 14/7129. In Berlin gab es auch auf bezirklicher Ebene Versuche, Runde Tische einzurich-

sind Ansätze der Regulierung etwa nach dem „Dortmunder Modell“ nicht vorhanden.[18]

III. Überlegungen für eine behördliche Regulation prostitutiver Einrichtungen

Nach diesen konkreten Beispielen einer Regulation prostitutiver Einrichtungen sollen nun abstrakte Überlegungen für eine solche angestellt werden. Dabei werden sowohl die in Dortmund und Hannover praktizierten Ansätze wie auch sonst vorgebrachte Überlegungen Berücksichtigung finden. Zunächst werden nach verschiedenen Obergruppen Kriterien entwickelt, hinsichtlich derer in einem zweiten Schritt die insoweit maßgeblichen Rechtsgrundlagen sowie im Einzelfall fehlende oder unzureichende Ermächtigungsgrundlagen herausgearbeitet werden.

1. Kriterien für eine Regulation

Den Anfang machen die maßgeblichen Kriterien für eine Regulation. Diese sind in drei Obergruppen untergliedert. Die personenbezogenen Kriterien beschreiben die Anforderungen an die Person des Betreibers der prostitutiven Einrichtung und seine Mitarbeiter. Die raumbezogenen Kriterien, die sich in allgemeine Kriterien, Sicherheitskriterien und Kriterien des Arbeitsschutzes untergliedern, haben auch Berührungspunkte zu den folgenden hygienischen Kriterien.

a) Personenbezogene Kriterien

Das zentrale personenbezogene Kriterium ist das der Zuverlässigkeit. Der Betreiber der prostitutiven Einrichtung muss die notwendige Zuverlässigkeit für dieses Gewerbe besitzen.[19] Wegen der für den Untersuchungsgegenstand spezifischen Fallgruppen dieses Merkmals kann auf die Ausführungen zum Gewerberecht

---

ten (siehe Beschluss der BVV Charlottenburg-Wilmersdorf auf Drs. 0301/3). Auf der Ebene der Berliner Bezirke sind solche Ansätze auch wegen der Besonderheiten der Verwaltungsstruktur der Einheitsgemeinde Berlin schwierig umzusetzen.

18 Etwa Brandenburg (vgl. Beantwortung der Kleinen Anfrage Nr. 1346 vom 24.06.2011 auf Drs. 5/3797, S. 4). Zurückhaltend, wenn auch aufgeschlossen die Beantwortung einer Großen Anfrage der CDU-Fraktion in der Bremischen Bürgerschaft durch den Senat auf Drs. 17/511, S. 5f.

19 Giese in: BMFSFJ, Regulierung von Prostitution und Prostitutionsstätten, S. 46.

Bezug genommen werden. Weiter hat der Betreiber den Gewerbebetrieb bei der zuständigen Gewerbebehörde anzuzeigen.

Im Hinblick auf seine Mitarbeiter hat er (je nach der Rechtsnatur der Zusammenarbeit) sicherzustellen, dass die erforderlichen behördlichen Anmeldungen, Anzeigen und Erlaubnisse im Einzelfall vorliegen bzw. von ihnen abgegeben werden (z.B. Anmeldung zur Sozialversicherung, Vorliegen von Arbeitserlaubnissen, Gewerbeanzeigen etc.). Zudem hat er sich zu vergewissern, dass die betreffende Person für die Tätigkeit das erforderliche Mindestalter von 18 Jahren und die notwendige Gesundheit aufweist. Im Übrigen hat der Betreiber natürlich auch alle weiteren öffentlich-rechtlichen Pflichten zu erfüllen.

b) Raumbezogene Kriterien

Im Hinblick auf die raumbezogenen Kriterien ist zwischen allgemeinen Kriterien, Sicherheitskriterien und Kriterien des Arbeitsschutzes zu unterschieden, wobei dazwischen wie auch zu den nachfolgenden hygienischen Anforderungen trennscharfe Abgrenzungen nicht möglich sind.[20]

ba) Allgemeine Kriterien

Allgemein ist eine bestimmte Mindestgröße der Zimmer zu fordern, wobei grundsätzlich eine Ausstattung jedes Zimmers mit separater Dusche und Toilette sicherzustellen ist. Für prostitutive Einrichtungen in Wohnräumen sollten wegen der geringeren Betriebsgröße und der damit verbundenen geringeren Mitarbeiterzahl sowie den u.U. begrenzten Möglichkeiten zur baulichen Umgestaltung von diesem Erfordernis in Abweichung vom Grundsatz Abstand genommen werden.

Zum Immissions- und Jugendschutz müssen die Zimmerfenster weder von außen einsehbar sein noch Geräusche nach außen dringen lassen, jedoch eine Belichtung mit Tageslicht zulassen und sich öffnen lassen. Außerdem wird der Schallschutz zwischen den Räumen gewährleistet.

Eine sichere Versorgung der Räume mit Wärme und elektrischer Energie ist zu gewährleisten.

Ab einer bestimmten Betriebsgröße sind, je nach der örtlichen Lage des Betriebs, zudem auch Stellplätze für Kfz in ausreichender Zahl anzulegen.

---

20 Die folgenden vorgeschlagenen Kriterien orientieren sich inhaltlich stark an den Überlegungen von Giese (in: BMFSFJ, Regulierung von Prostitution und Prostitutionsstätten, S. 46f.) und den Empfehlungen des Runden Tisches zur Prostitution in Frankfurt am Main, S. 5f.

bb) Sicherheitskriterien

Zur Gewährung des Brandschutzes sind nach den jeweils maßgeblichen bauordnungsrechtlichen Bestimmungen die erforderlichen Rettungswege anzulegen.[21] Gleichfalls sind die übrigen brandschutzrechtlichen Bestimmungen einzuhalten. Es werden regelmäßig Brandschutzschauen und Brandschutzübungen durchgeführt. Außerdem müssen alle Zimmer über Rauchmelder und mehrsprachige Rettungshinweise verfügen.

Übergriffen kann in größeren prostitutiven Einrichtungen dadurch vorgebeugt, dass die Zimmer über eine Alarmanlage verfügen. Die einzelnen Zimmertüren sind mit einem Türspion ausgestattet und lassen sich von außen nicht ohne Weiteres öffnen.

Zudem muss ab einer bestimmten Größe Sicherheitspersonal vorhanden sein, das über die erforderliche Zuverlässigkeit verfügen soll.

Bei kleineren prostitutiven Einrichtungen, vor allem bei solchen in Wohnräumen, sind geringere Anforderungen zu stellen. Hier ist nichtsdestotrotz eine hinreichend sichere Zugangskontrolle in den Betriebsräumen, etwa durch einen Türspion, sicherzustellen. Zudem sollten auch hier die Räume über eine Möglichkeit verfügen, dass die Mitarbeiter im Gefahrenfalle bemerkbar machen können.

Da aufgrund der üblichen Preise größere Bargeldmengen in der Einrichtung vorhanden sein können, sollten die Zimmer zum Schutz vor Eigentumsdelikten über abschließbare Fächer zur Aufbewahrung von Geld und Wertsachen verfügen.

bc) Kriterien des Arbeitsschutzes

Aus Gründen des Arbeitsschutzes sind in größeren prostitutiven Einrichtungen sowohl Umkleide- wie auch Aufenthalts- und Pausenräume vorzuhalten. Den Mitarbeitern sind die technischen Möglichkeiten für die Selbstversorgung mit Speisen und Getränken zur Verfügung zu stellen.

Bei prostitutiven Einrichtungen in Wohnräumen sind geringere Anforderungen zu stellen. Soweit jedoch eine Mischnutzung vorliegt, ist eine Trennung von Arbeits- und Wohnbereich sicherzustellen.

c) Hygienische Kriterien

Aufgrund der angebotenen Dienstleistungen sind an die Hygiene besonders hohe Anforderungen zu stellen. Zu diesen Anforderungen gehört die Ausstattung mit

21 Reichel/Schulte, Handbuch Bauordnungsrecht, 5. Kap. Rdn. 52ff.

leicht zu reinigenden Böden, Wänden und Einrichtungsgegenständen, die sich für eine Feuchtreinigung und/oder eine Reinigung mit Desinfektionsmitteln eignen müssen. Gleiches gilt für die Betten, bei denen hinreichende Hygienemaßnahmen nach jedem Kunden möglich sein müssen.

Den Mitarbeitern sind Verhütungsmittel und Mittel zur Körperdesinfektion zur Verfügung zu stellen. Die Mitarbeiter sind zudem durch den Betreiber – erforderlichenfalls mehrsprachig – über die möglichen Hygienemaßnahmen zu informieren.

Darüber hinaus sind für die Kunden separate Toiletten und ggf. auch Duschgelegenheiten vorzuhalten.

Es wird grundsätzlich täglich und darüber hinaus bei sichtbaren Verschmutzungen eine Reinigung der Arbeitsräume durchgeführt. Im Betrieb verwendete Handtücher und andere Textilien sind desinfizierend zu reinigen.

Bei Sauna- oder Poolbetrieb sind die besonderen Anforderungen zu beachten.

Die Hygienemaßnahmen werden regelmäßig überprüft.

2. Rechtsgrundlagen

Nun sollen die einschlägigen oder ggf. fehlenden Ermächtigungsgrundlagen für die Durchsetzung dieser Kriterien herausgearbeitet werden.

a) Personenbezogene Kriterien

Im Hinblick auf die personenbezogenen Kriterien sind die Gewerbeanzeige gemäß § 14 GewO und die Untersagungsvorschrift des § 35 GewO die zentralen Vorschriften zur Durchsetzung des Kriteriums der Zuverlässigkeit. Für eine stets vorzunehmende Überprüfung der Zuverlässigkeit bei Gewerbeanmeldungen aus dem prostitutiven Bereich fehlt es an einer Rechtsgrundlage. Ob daher die Einführung einer Erlaubnispflicht für prostitutive Einrichtung zielführend ist oder vielleicht bereits die Erweiterung des Katalogs von § 38 I GewO ausreicht, ist sogleich bei der Frage nach möglichen Gesetzesänderungen zu diskutieren.

Die einschlägigen Rechtsgrundlagen aus dem Gaststättenrecht des Bundes für die Durchsetzung von Standards sind die Vorschriften der §§ 4, 5 und 15 GastG, die bereits oben dargestellt wurden. Für die weiteren zu beachtenden öffentlich-rechtlichen Pflichten ergeben sich die Rechtspflichten und etwaige behördliche Eingriffsmöglichkeiten aus dem einschlägigen Fachrecht.

b) Raumbezogene Kriterien

Bei den raumbezogenen Kriterien ist es hingegen komplizierter.

Allgemeine Anforderungen an die Räume und zum Brandschutz können noch über die diesbezüglichen Vorschriften der Landesbauordnungen eingefordert werden.[22] Daneben ist auch ein Rückgriff auf die bauordnungsrechtliche Generalklausel denkbar.[23] Behördliche Eingriffe sind dann auf der Basis der einschlägigen Ermächtigungsgrundlagen möglich.[24]

Schwierig wird es u.U., wenn es um Regulationskriterien des Arbeitsschutzes geht. Soweit der Betreiber Beschäftigte für prostitutive Tätigkeiten einsetzt, kann über die Eingriffsgrundlage des § 22 ArbSchG i.V.m. den jeweiligen materiellen Anforderungen aus ArbSchG oder ArbStättV eine Reglementierung unproblematisch erfolgen. Wenn aber in der prostitutiven Einrichtung keine Arbeitnehmer beschäftigt werden, sondern die Zusammenarbeit mit dem Betreiber auf selbständiger Basis erfolgt, können die Bestimmungen des Arbeitsschutzrechts keine Geltung beanspruchen, da es nicht dem Schutz von Selbständigen dient.[25] In diesem Fall kann der Arbeitsschutz allenfalls mittelbar über die Bestimmungen des Bauordnungsrechts sichergestellt werden, jedoch im Zweifel auf einem geringeren Schutzniveau, da das Bauordnungsrecht primär andere Ziele verfolgt.[26]

---

22 Ähnlich BMFSFJ, Auswirkungen des Prostitutionsgesetzes, S. 284. Die landesrechtlichen Vorschriften sind im Einzelnen: §§ 14, 26, 33, 47 und 48 MBO; §§ 15, 26, 28, 34 und 35 LBO BW; Art. 12, 24, 31, 45 und 46 BayBO; §§ 14, 26, 33, 48 und 49 BauO Bln; §§ 12, 23, 29, 40 und 41 BbgBO; §§ 14, 26, 33, 47 und 48 BremBO; §§ 17, 24, 31, 44 und 45 HBauO; §§ 13, 32, 42 und 43 HBO; §§ 14, 26, 33, 47 und 48 LBauO MV; §§ 20, 35, 43 und 44 NBauO; §§ 17, 20, 38, 48 und 49 LBauO NRW; §§ 15, 35,43 und 44 LBauO RP; §§ 15, 27, 33, 45 und 46 LBauO Saar; §§ 14, 26, 33, 47 und 48 SächsBO; §§ 14, 32, 46 und 47 BauO LSA; §§ 15, 27, 34, 48 und 49 LBauO SH sowie §§ 17, 26, 31a, 45 und 46 ThürBO.

23 § 3 I MBO; § 3 I LBO BW; Art. 3 I BayBO; § 3 I BauO Bln; § 3 I BbgBO;§ 3 I BremBO; § 3 I HBauO; § 3 I HBO; § 3 I LBauO MV; § 1 I NBauO; § 3 I LBauO NRW; § 3 I LBauO RP; § 3 I LBauO Saar; § 3 I SächsBO; § 3 I BauO LSA; § 3 I LBauO SH sowie § 3 I ThürBO.

24 §§ 58 II 2, 78ff. MBO; §§ 47 I 2, 64ff. LBO BW; Art.54 II, 74ff. BayBO; §§ 58 I 2, 77ff. BauO Bln; §§ 52 II 2, 73ff. BbgBO; §§ 58 II 2, 77ff. BremBO; §§ 58 I 2, 75f.HBauO; §§ 53 II, 71ff. HBO; §§ 58 I 2, 79f.LBauO MV; §§ 65 I 1, 89 NBauO; § 61 I 2 LBauO NRW; §§ 59 I 1, 80f. LBauO RP; §§ 57 II 2, 81ff. LBauO Saar; §§ 58 II 2, 79f.SächsBO; §§ 57 II 2, 78f.BauO LSA; § 59 LBauO SH sowie §§ 60 II 2, 76f. ThürBO.

25 Kollmer in: Kollmer/Klindt, ArbSchG, § 1 ArbSchG Rdn. 23. Siehe bereits oben die Ausführungen zu den Begriffen „Betrieb“ unter D., V., 2., a) und „Arbeitsstätte“ unter D., V., 3., a).

26 In diesem Zusammenhang ist einer Änderung des Arbeitsstättenrechts hin zu einer Erstreckung auf selbständig Tätige das Wort geredet worden (so wohl jedenfalls Giese in: BMFSFJ, Regulierung von Prostitution und Prostitutionsstätten, S. 47). Diesem Ansatz ist nicht zu folgen, da er zum einem dem grundlegenden dogmatischen Ansatz des Arbeitsschutzrechts zuwiderlaufen würde, und zum anderen würde dies zu einer Art „arbeitsrechtlicher Rosinenpickerei“ führen. Wenn die Prostituierten sich für eine selbständige Ausübung ihrer Tätigkeit

Anforderungen an den Immissionsschutz (z.B. schalldichte Fenster oder Anforderungen im Hinblick auf die Steuerung des an- und abfahrenden Fahrzeugverkehrs) können durch Anordnungen im Einzelfall gemäß § 24 S. 1 BImSchG sichergestellt werden.

Wenn die prostitutive Einrichtung zugleich eine Gaststätte ist, sind die Vorschriften der §§ 4 I Nr. 2 und 3, 5 I Nr. 2 und 3, II sowie § 15 III Nr. 2 GastG ebenfalls denkbare Rechtsgrundlagen für die Reglementierung.

c) Hygienische Kriterien

Schwierig ist auch die Sicherstellung der hygienischen Anforderungen, die vor allem über die Normen des IfSG erfolgen sollte. So ist die Generalklausel des § 16 IfSG, nach der Maßnahmen zur Gefahrenerforschung und -abwehr möglich sind, nur bei Vorliegen entsprechenden Gefahrenverdachts einschlägig. Obgleich für Schwimm- und Badebecken jedenfalls die §§ 37ff. IfSG gelten, fehlt es an einer geeigneten Rechtsgrundlage, hygienische Maßnahmen und Standards bei den hier untersuchten Betrieben unterhalb des Erreichens eines Gefahrenverdachts durchzusetzen. Insbesondere ist die bei anderen Einrichtungen dafür zur Verfügung stehende Norm des § 36 IfSG nicht anwendbar. Im Weiteren muss erörtert werden, ob und ggf. wie hier eine Gesetzesänderung vorgenommen werden sollte.

Gleiches gilt für die sog. Safer-sex-Anordnung, für die es de lege lata keine Rechtsgrundlage gibt, soweit nicht die Voraussetzungen des § 28 IfSG eingreifen.

3. Kooperatives Verwaltungshandeln

Nach den Erfahrungen aus Dortmund und Hannover ist für eine Regulation prostitutiver Einrichtungen zu erwägen, kooperativ – etwa in Gestalt von Runden Tischen – die Vertreter der lokalen Branche, die relevanten Behörden und staatlichen Akteure (kommunale Ordnungsbehörden, Polizei, Staatsanwaltschaft, Finanzbehörden, Gesundheitsbehörden usw.) sowie die in dem Bereich aktiven sozialen und karitativen Organisationen zu vernetzen.[27] Dies kann gegenseitiges Vertrauen schaffen, die Transparenz erhöhen, die Akzeptanz behördlicher

---

entscheiden, so bedeutet dies eben auch die Entscheidung für die Nichtanspruchnahme des Schutzes durch das Arbeitsschutzrecht.

27 Interessant das Modell der dynamischen Konzessionierung: Hunecke, Das Prostitutionsgesetz und seine Umsetzung, S. 385f. Positiv auch Renzikowski, Reglementierung von Prostitution, Rdn. 140f.

Maßnahmen verbessern und durch Freiwilligkeit im Einzelfall fehlende Rechtsgrundlagen für die Durchsetzung von Standards ausgleichen. Erforderlich ist aber naturgemäß ein Wille zur Zusammenarbeit auf allen Seiten. Für die Betreiber prostitutiver Einrichtung und ihre Mitarbeiter besteht der Anreiz an der Zusammenarbeit in einem höheren Maß an Rechtssicherheit für ihre Tätigkeit. Die maßgeblichen Behörden sollten gleichfalls ein Interesse daran haben, da eine kooperative Zusammenarbeit die Überwachung dieser sonst häufig auf Abgrenzung bedachten Branche verbessern kann.

IV. Gesetzgeberischer Handlungsbedarf

Trotz dieser Möglichkeiten, auf der Basis bereits vorhandener gesetzlicher Bestimmungen, eine Regulation prostitutiver Einrichtungen vornehmen zu können, sind punktuelle Gesetzesänderungen mit Blick auf die an verschiedenen Stellen beschriebenen Schwierigkeiten diskussionswürdig. Zudem sollen bereits gemachte Vorschläge aus der rechtspolitischen Debatte dargestellt und erörtert werden.

1. Prostitutionsgesetz

Zunächst ist an zwei Punkten eine Ergänzung des ProstG überlegenswert.

a) Gesetzliche Beseitigung der Sittenwidrigkeit

Mehr aus „gesetzeskosmetischen“ Gründen sollte dem Gedanken näher getreten werden, im ProstG zu verdeutlichen, dass die prostitutiven Handlungen zugrundeliegenden Verträge nicht sittenwidrig sind.[28] Dies würde einerseits die in Rechtsprechung, Verwaltung und Literatur geführte Kontroverse beenden, wie denn § 1 ProstG zu verstehen ist, nämlich entweder dahin, dass der Sittenwidrigkeitsmakel beseitigt wurde oder dahin, dass lediglich eine klagbare Forderung besteht. Auch würde dies die aus rechtsdogmatischer Sicht seltsame Konstruktion ein wenig geraderücken, dass – bei einer konservativen Auslegung des § 1 ProstG – zwar ein sittenwidriger Vertrag zwischen den Vertragsparteien geschlossen wurde[29], jedoch aus diesem ein wirksamer Zahlungsanspruch ent-

28 Ähnlich BMFSFJ, Auswirkungen des Prostitutionsgesetzes, S. 277.
29 So m.w.N. Ellenberger in: Palandt, BGB, Anh. zu § 138, § 1 ProstG Rdn. 2 sowie ausführlicher Gugel, Das Spannungsverhältnis zwischen Prostitutionsgesetz und Art. 3 II Grundgesetz,

steht.[30] Dergleichen ist der Zivilrechtsordnung an sich fremd.[31] In diesem Zusammenhang sollte nicht unerwähnt bleiben, dass die Folgen von § 1 ProstG in der zivilgerichtlichen Praxis ohnehin gering sind.[32] Die rechtlichen Wirkungen der eigentlich rein zivilrechtlichen Vorschriften des § 1 ProstG geht damit über eine bürgerlich-rechtliche Wirkung hinaus.

Auf der anderen Seite hat es sich bewährt, die zivilrechtliche Rechtsstellung des Kunden nur schwach auszuprägen, ihm insbesondere keinen klagbaren Anspruch auf die Vornahme von sexuellen Handlungen zu geben.[33] Dies verschafft auch dem Anspruch des prostitutiv Tätigen auf Achtung seiner Menschenwürde durch die Rechtsordnung hinreichende Geltung.

Danach könnte man § 1 S. 1 ProstG zur Klarstellung umformulieren:[34]

> „Sind sexuelle Handlungen gegen ein vorher vereinbartes Entgelt vorgenommen worden, so steht einer Forderung aus dieser Vereinbarung der Einwand der Sittenwidrigkeit gemäß § 138 I des Bürgerlichen Gesetzesbuches nicht entgegen."

S. 134ff. und Hunecke, Das Prostitutionsgesetz und seine Umsetzung, S. 186ff. Auf den genannten Widerspruch weist auch Theben, Rechtliche Aspekte der (freiwillig) ausgeübten Prostitution unter besonderer Berücksichtigung gewerberechtlicher Vorschriften und des zivilen Vertragsrechts, S. 54 hin. Eindeutig aber BGH, Urt. v. 13.07.2006 – I ZR 241/03, BGHZ 168, 314 (318f.). Weitgehender sogar noch Hagen, Menschenwürde und gute Sitten Gedanken zum Prostitutionsgesetz, S. 593ff., der sogar gewisse Zweifel daran hegt, dass § 1 ProstG zu einem wirksamen Vergütungsanspruch führt. Kritisch Vahle, NZA 2002, 1077f.

30 Zum Streitstand um die Auslegung von § 1 S. 1 ProstG: Malkmus, Prostitution in Recht und Gesellschaft, S. 149ff.

31 Das Zivilrecht kennt an Instituten, die im weiteren Sinne ähnlich sind, nur die Figur der Naturalobligation. Dies ist eine Forderung, die zwar nicht prozessual oder gegen den Willen des Schuldners durchgesetzt wird, aber dennoch einen Erwerbsgrund für eine freiwillige Leistung bildet (Mansel in: Jauernig, BGB, § 241 Rdn. 20). Die Verträge sind, trotz der Tatsache, dass der Gesetzgeber – wie am Beispiel des Ehemaklervertrages gemäß § 656 BGB deutlich wird – im Einzelfall ein gewisses Misstrauen entgegenbringt, nicht sittenwidrig. Zur Abgrenzung eines „Prostitutionsvertrags" zur Naturalobligation: Theben, Rechtliche Aspekte der (freiwillig) ausgeübten Prostitution unter besonderer Berücksichtigung gewerberechtlicher Vorschriften und des zivilen Vertragsrechts, S. 52ff.

32 Dies bereits deshalb, weil in der Praxis regelmäßig Vorkasse verlangt wird (BMFSFJ, Auswirkungen des Prostitutionsgesetzes, S. 275f.).

33 Siehe im Einzelnen: Von Galen, Rechtsfragen der Prostitution, Rdn. 48ff.

34 Dafür auch Dammann, Forum Recht 2003, 15 (16). Theben, Rechtliche Aspekte der (freiwillig) ausgeübten Prostitution unter besonderer Berücksichtigung gewerberechtlicher Vorschriften und des zivilen Vertragsrechts, S. 83 schlägt vor § 1 S. 1 ProstG wie folgt zu formulieren: „Durch den sexuellen Dienstleistungsvertrag wird derjenige, der entsprechende Dienste anbietet, zur Leistung, der andere Teil zur Zahlung des vereinbarten Entgeltes verpflichtet."

b) Vermutung der abhängigen Beschäftigung

Bereits Gegenstand der rechtspolitischen Debatte ist die Überlegung, für Personen, die in prostitutiven Einrichtungen tätig sind, die widerlegliche Vermutung zu normieren, dass sie abhängig beschäftigt sind. Durch diese Vermutung sei sichergestellt, dass die Bestimmungen des Sozialversicherungs- und Arbeitsschutzrechts regelmäßig Anwendung fänden und die steuerrechtliche Erfassung gesichert wäre.[35]

Dieser Vorschlag ist nicht frei von Kritik geblieben. Hunecke kritisiert, dass danach eine Selbständigkeit nur noch im Bereich der Straßenprostitution und in der sog. Wohnungsprostitution möglich sei. Nach ihrer Auffassung sei eine grundsätzliche Annahme einer abhängigen Beschäftigung in der Branche nicht gewünscht und mit dem zugleich postulierten Zweck, die Weisungsfreiheit gegenüber den Betreibern prostitutiver Einrichtungen zu stärken, unvereinbar.[36] Diese Kritik kann nicht nachvollzogen werden, als dass sie möglicherweise auf einem Fehlverständnis einer derartigen Regelung beruht. Es geht gerade nicht darum, zwingend eine abhängige Beschäftigung vorzuschreiben, was in der Tat aus verschiedenen Gründen bedenklich wäre, sondern allein darum, für den Bereich der Sozialversicherung zur Sicherung von Ansprüchen eine solche Vermutung zu schaffen. Dies wäre auch ganz im Sinne des ProstG, dessen Ziel es u.a. ist, den einschlägig Tätigen den Zugang zur Sozialversicherung zu ermöglichen. Der Kritik von Hunecke kann dadurch begegnet werden, dass die entsprechende Vermutungsregelung ausdrücklich auf den Bereich des Sozialversicherungsrechts beschränkt wird. Es bleibt den Vertragsparteien unbenommen, wenn gewünscht, eine Zusammenarbeit auf der Basis einer selbständigen Tätigkeit zu vereinbaren. Die Widerlegung der gesetzlichen Vermutung sollte, wie vorgeschlagen, in Anlehnung an § 7a SGB IV erfolgen. Jedoch sollten in der Praxis an die materiellen Anforderungen für die Widerlegung keine überspannten Maßstäbe angelegt werden.[37]

Ein weiteres Problem des Vorschlags einer solchen Vermutung ist eine gewisse Inkongruenz von Inhalt und Ziel der Regelung im Hinblick auf das Steuerrecht. Insoweit muss konstatiert werden, dass der Begriff der Beschäftigung im Sinne des Sozialversicherungsrechts nicht zwingend mit dem Begriff des Dienstver-

---

35 Mäurer, ZRP 2010, 253 (255); Positionspapier des Senators für Inneres und Sport der Freien Hansestadt Bremen zum Thema „Regulierungsbedarfe in Zusammenhang mit der Prostitutionsausübung zur Bekämpfung des Menschenhandels und der Zwangsprostitution“, S. 12 sowie BR-Drs. 314/10, S. 3f.

36 Hunecke, NK 2011, 82 (83f.).

37 BR-Drs. 314/10, S. 4.

hältnisses nach § 19 I EStG identisch ist.[38] Die bezweckte bessere steuerliche Erfassung würde dadurch nicht zwingend eintreten.[39]

Danach könnte eine solche Regelung so aussehen, dass § 3 ProstG einen 2. Absatz mit folgendem Inhalt erhält:

> „Bei Personen, die sexuelle Handlungen gegen Entgelt in Prostitutions- oder ähnlichen Stätten erbringen, wird vermutet, dass sie im Rahmen einer Beschäftigung im Sinne des § 7 I 1 Viertes Buch Sozialgesetzbuch tätig sind, es sei denn, die Deutsche Rentenversicherung Bund stellt fest, dass eine solche nicht vorliegt; die Absätze 2 bis 5 des § 7a Viertes Buch Sozialgesetzbuch gelten insoweit entsprechend."

2. Öffentliches Wirtschaftsrecht

Gleichfalls überlegenswert sind Änderungen im Wirtschaftsverwaltungsrecht.[40]

a) Subsumtion unter den Gewerbebegriff

Zunächst ist, wie aufgezeigt, nachwievor streitig, ob die selbständige prostitutive Tätigkeit unter den Gewerbebegriff fällt, was durch eine Gesetzesänderung klargestellt werden könnte. Dies hätte die Folge, dass der Auseinandersetzung um eine mögliche Einordnung als freiberufliche Tätigkeit die Grundlage entzogen wäre. Durch die Bejahung des Gewerbebegriffs wird die Pflicht zur Gewerbeanzeige nach § 14 GewO ausgelöst und eine behördliche Überwachung ermöglicht. Einem nicht von der Hand zu weisenden Anonymitätsbedürfnis von selbständigen Prostituierten kann durch eine Begrenzung des § 14 VI 2 GewO begegnet werden. Die gesetzgeberische Klarstellung, dass bei der prostitutiven Tätigkeit insgesamt ein Gewerbe vorliegt, sollte durch einen neuen Absatz in § 6 GewO erfolgen, der jedoch die Tätigkeit ausdrücklich von § 14 VI 2 GewO ausnimmt. Dies konterkariert zwar ein wenig den Zweck einer solchen Norm, da die Aufnahme einer Tätigkeit in § 6 GewO nicht den zwingenden Schluss auf eine Zuordnung zum Gewerbebegriff zulässt[41], ist jedoch in der Gesamtsystematik der GewO die geeignetste Stelle. Aus Gründen der Einheitlichkeit sollte sich die Regelung in der Beschreibung der Tätigkeit an § 1 S. 1 ProstG orientieren. Hiernach

38 Eisgruber in: Kirchhof, EStG, § 19 Rdn. 7.

39 Offengelassen wurde in diesem Zusammenhang auch, wessen bessere steuerliche Erfassung bezweckt ist, die der Betreiber oder die der Beschäftigten.

40 Kritisch zu einer gewerberechtlichen Reglementierung insgesamt Ottemeyer in: BMFSFJ, Regulierung von Prostitution und Prostitutionsstätten, S. 32f und Klaue, ebenda, S. 34ff.

41 Ennuschat in: Tettinger/Wank/Ennuschat, GewO, § 6 Rdn. 1.

wird vorgeschlagen, § 6 GewO um einen 3. Absatz mit folgendem Wortlaut zu ergänzen:

> „Auf die gewerbsmäßige Vornahme sexueller Dienstleistungen gegen Entgelt findet § 14 VI 2 keine Anwendung."

b) Erlaubnispflicht für prostitutive Einrichtungen

In der rechtspolitischen Debatte wird außerdem die Möglichkeit der Einführung einer Erlaubnispflicht für prostitutive Einrichtungen mit einer Zuverlässigkeitsprüfung des Betreibers (etwa im Hinblick auf einschlägige Vorstrafen) und der Beschäftigten sowie Regelungen zu baulichen und hygienischen Standards vorgebracht.[42] Mit Blick auf die im Wirtschaftsverwaltungsrecht allgemein festzustellende Deregulierungstendenz ist ein solcher Vorschlag ein wenig unzeitgemäß. Es ist rechtspolitisch nur bedingt nachvollziehbar, warum in anderen Gewerbezweigen, wie dem Gaststättenrecht, Erlaubnis- zu Anzeigepflichten herabgestuft werden, gleichzeitig hier aber eine neue Erlaubnis geschaffen werden soll.[43]

Lohnenswerter scheint mit Blick auf die Argumente der zitierten Bedenkenträger der folgende Mittelweg, der nahtlos in die Systematik der GewO einfügen würde: Die Norm des § 38 I GewO, der mit ihrer Nr. 3 auch der Schutzzweck der Verhinderung von Menschenhandel nicht fremd ist, wird um den selbständigen Betrieb prostitutiver Einrichtungen ergänzt. Zudem wäre – analog zum „Dortmunder Modell" oder zum Konzept in Hannover – kraft Gesetzes eine Gewerbeanmeldung für prostitutive Einrichtungen erforderlich, die einen Datenbestand für etwaige behördliche Kontrollen schaffen würde. Dadurch wird ohne die Notwendigkeit einer umfassenden Prüfung von Erlaubnisvoraussetzungen zumindest eine Zuverlässigkeitsprüfung möglich.[44] Im Übrigen übersehen die Befürworter einer Erlaubnispflicht, dass nicht wenige Betriebe, wenn nämlich in ihnen alkoholische Getränke verabreicht werden, je nach Rechtslage in dem jeweiligen Bundesland u.U. einer Erlaubnispflicht nach dem Gaststättenrecht unterliegen. Vor diesem Hintergrund sind auch die Forderungen des Bundesrats verwunderlich, weil es den Ländern bereits jetzt möglich wäre, partiell über ihre Gesetzgebungskompetenz für das Gaststättenrecht Regelungen zu schaffen.[45] Auch

---

42 Mäurer, ZRP 2010, 253 (255); BR-Drs. 314/10, S. 2 und Kavemann/Steffan, APuZ 9/2013, 9 (13); kritisch Hunecke, NK 2011, 82 (83).

43 Mit verschiedenen Argumenten und Erfahrungsberichten abwägend: BMFSFJ, Auswirkungen des Prostitutionsgesetzes, S. 149ff. Siehe auch Hunecke, NK 2011, 82 (83).

44 Dies würde wegen § 38 I 2 GewO auch den Vorschlag einer Änderung des BZRG (BR-Drs. 314/10, S. 4) obsolet machen.

45 Die Frage der Gesetzgebungskompetenzen problematisiert auch Gurlit (in: BMFSFJ, Regulierung von Prostitution und Prostitutionsstätten, S. 29f.), gelangt aber zu dem Ergebnis, dass hier dem Bund weitgehend die Regelungskompetenz zusteht, jedoch bei Ausschank von alkoholi-

soweit die Normierung von baulichen und hygienischen Standards Teil einer derartigen Regelung sein soll, überzeugt der Vorschlag eines gesetzlichen Erlaubnistatbestands nicht. Wie aufgezeigt ist schon nach der bestehenden Rechtslage die Durchsetzung gewisser Standards möglich. Einer gesonderten Regelung bedarf es daher nicht, zumal dem Gewerberecht Personalkonzessionen mit auch sachbezogenen Erteilungsvoraussetzungen eher fremd sind. Ein überzeugendes Bedürfnis nach der Schaffung eines speziellen Erlaubnistatbestands für prostitutive Einrichtungen besteht danach nicht.

Im Übrigen wäre durch die Ergänzung von § 38 GewO auch für das Bauplanungsrecht klar, dass die prostitutive Einrichtung grundsätzlich als Gewerbebetrieb im Sinne der BauNVO anzusehen ist.[46]

Es erscheint danach zielführend, den Betrieb prostitutiver Einrichtungen in den Katalog der überwachungsbedürftigen Gewerbe nach § 38 I GewO aufzunehmen. Bei der Fassung der neuen Tatbestände des § 38 I GewO böte sich insbesondere eine Orientierung an den einschlägigen Regelungen über die Steuergegenstände in den beschriebenen Vergnügungssteuersatzungen an. Diese sind hinreichend breit angelegt, bislang von der verwaltungsgerichtlichen Rechtsprechung insbesondere im Hinblick auf ihre Bestimmtheit nicht beanstandet worden und, soweit anwendbar, bei den Behörden und Betreibern schon bekannt. Das böte zudem den Vorteil, dass die gewerberechtliche Behandlung und die Besteuerung mit der Vergnügungssteuer weitgehend parallel laufen könnten.

In dem Fall, dass die prostitutive Einrichtung zugleich eine Gaststätte ist, treten neben die Regelungen der GewO auch die Bestimmungen des jeweils einschlägigen Gaststättenrechts.[47]

Dem damit verbundenen Vorschlag nach weiteren, umfassenden Meldepflichten[48] ist aus Gründen der Praktikabilität nicht zu folgen.[49]

Nach alledem könnte § 38 I 1 GewO eine neue Nr. 7 mit dem folgenden Inhalt erhalten:

> „Betrieb eines Gewerbebetriebs, der
> a) der gezielten Einräumung der Gelegenheit zu sexuellen Vergnügungen jeder Art oder
> b) dem Angebot sexueller Handlungen gegen Entgelt
> dient."[50]

---

schen Getränken auch das in der Gesetzgebungskompetenz der Länder liegende Gaststättenrecht Anwendung findet.

46 Zwar ist der Begriff des Gewerbebetriebs i.S.d. GewO nicht vollständig mit dem Begriff i.S.d. BauNVO deckungsgleich (Fickert/Fieseler, BauNVO, § 2 Rdn. 24f.), jedoch ergeben sich bezüglich der vorliegend untersuchten Einrichtung keine Unterschiede.

47 Vgl. auch Gurlit in: BMFSFJ, Regulierung von Prostitution und Prostitutionsstätten, S. 30.

48 BR-Drs. 314/10, S. 3.

49 Überzeugend Hunecke, NK 2011, 82 (83).

50 Der Gesetzgeber beabsichtigt mit Art. 2 Nr. 1 des Gesetzes zur Bekämpfung des Menschenhandels und Überwachung von Prostitutionsstätten (BT-Drs. 17/13706) in der Tat die Schaffung

3. Baurecht

Demgegenüber sind Änderungen im Baurecht nicht erforderlich. Im Bauplanungsrecht ist die Behandlung als Gewerbebetrieb oder Vergnügungsstätte hinreichend, so dass eine Aufnahme prostitutiver Einrichtungen als eigene Nutzungsart in die Kataloge der zulässigen baulichen Nutzungen in den §§ 2 bis 9 BauNVO nicht erforderlich ist. Die Ausführungen zur bauplanungsrechtlichen Zulässigkeit haben dabei gezeigt, dass prostitutive Einrichtungen in Ausnahmefällen sogar im allgemeinen Wohngebiet Aufnahme finden können. Die Problematik liegt hier mehr in der Anwendung der sog. typisierenden Betrachtungsweise und weniger in der geltenden Rechtslage. Deshalb sind weder spezielle bauplanungsrechtliche Normen erforderlich noch Gesetzesänderungen in den Vorschriften des Bauordnungsrechts.[51]

4. Arbeitsschutzrecht

Gesetzesänderungen im Arbeitsschutzrecht sind, wie aufgezeigt, nicht erforderlich. Die Behörden haben mit den Normen des ArbSchG und der ArbStättV und, wo diese wegen der Mitarbeiterstruktur keine Anwendung finden können, mit den Vorschriften des Bauordnungsrechts eine ausreichende Handhabe, für Mindeststandards zu sorgen.

5. Gesundheitsrecht

Im Bereich des Gesundheitsrechts sind drei Dinge erörterungsbedürftig.

einer solchen Nr. 7, die den Betrieb von Prostitutionsstätten zum überwachungsbedürftigen Gewerbe erklärt. Daneben soll § 38 I GewO einen vierten Satz mit folgendem Wortlaut erhalten: „Die zuständige Behörde kann im Fall der Nummer 7 den Gewerbebetrieb von bestimmten Auflagen abhängig machen, soweit dies zum Schutz der Allgemeinheit, der Kunden, der Prostituierten oder der Bewohner des Betriebsgrundstücks oder der Nachbargrundstücke vor Gefahren, erheblichen Nachteilen oder erheblichen Belästigungen erforderlich ist."

51 Mit gleicher Tendenz Kavemann/Steffan, APuZ 9/2013, 9.

a) Wiedereinführung des Gesundheitszeugnisses

Bereits in der Diskussion ist die Frage, ob die Wiedereinführung des Gesundheitszeugnisses[52] zielführend ist.[53] Das GeschlKrG ermöglichte es bis zu seiner Außerkraftsetzung durch das SeuchRNeuG aufgrund landesrechtlicher Normen, prostitutiv Tätige zu regelmäßigen Gesundheitskontrollen zu verpflichten, bei deren positiven Ausgang ein entsprechendes Gesundheitszeugnis erteilt wurde. Die Wiedereinführung einer solchen Untersuchungspflicht ist eine zweischneidige Angelegenheit. Einerseits verschafft das Gesundheitszeugnis Betreibern und Kunden eine gewisse Sicherheit, während es andererseits wegen des staatlichen Zwangs und der namentlichen Erfassung auf Vorbehalte stößt. Wie ausgeführt ist nicht zuletzt wegen des letzten Aspekts die Krankheitsbekämpfung durch staatlichen Zwang durch ein System von Beratung und Kooperation ersetzt worden. Im Übrigen ist der von den Befürwortern des Gesundheitszeugnisses befürchtete Anstieg von Krankheiten[54] wohl nicht eingetreten.[55] Gegenüber der Wiedereinführung des verpflichtenden Gesundheitszeugnisses ist daher eine gewisse Skepsis angezeigt.[56]

b) Gesetzliche Kondompflicht

Interessant ist der Ansatz des § 6 S. 1 HyVO Bay, wonach weibliche und männliche Prostituierte und deren Kunden verpflichtet sind, beim Geschlechtsverkehr Kondome zu verwenden. Es mutet bei diesem Ansatz zum Gesundheitsschutz befremdlich an, dass hier durch den Staat im Verordnungsweg vorgegeben wird, welche Verhütungsmethoden anzuwenden sind. Zunächst drängt sich die Frage auf, wie dies im Lichte des intimen Charakters des reglementierten Vorgangs staatlicherseits kontrolliert und sanktioniert werden soll.[57] Dies unterscheidet die Norm etwa von Standards zur baulichen Beschaffenheit oder Maßnahmen der Hygiene. Die Norm dürfte somit in der Gesetzeswirklichkeit mehr dem Charakter eines

---

52 Dieses wird in den einschlägigen Kreisen auch als sog. Bockschein bezeichnet.

53 BMFSFJ, Auswirkungen des Prostitutionsgesetzes, S. 83f. Ausgeschlossen auch Renzikowski, Reglementierung von Prostitution, Rdn. 145f.

54 BMFSFJ, Auswirkungen des Prostitutionsgesetzes, S. 84.

55 Siehe Welt vom 09.12.2009 (abrufbar unter http://www.welt.de/gesundheit/article5472764/Starker-Anstieg-von-Syphilis-in-Grossstaedten.html, zuletzt abgerufen am 11.08.2013).

56 Der Wiedereinführung von Pflichtuntersuchungen ist auch von Seiten der Politik eine Absage erteilt worden (Gugel, Das Spannungsverhältnis zwischen Prostitutionsgesetz und Art. 3 II Grundgesetz, S. 223). Dagegen auch Hunecke, Das Prostitutionsgesetz und seine Umsetzung, S. 384.

57 Der vor allem appellative Charakter der Vorschrift wird auch von den bayrischen Behörden gesehen (siehe BMFSFJ, Auswirkungen des Prostitutionsgesetzes, S. 90).

Appells an die Beteiligten zukommen. Befremdlich und wohl auch eine Überdehnung staatlicher Schutzpflichten ist es, wenn vollverantwortlichen Menschen, die im Idealfalle hinreichende Kenntnisse über die gesundheitlichen Risiken des ungeschützten Sexualkontakts haben oder sich ohne Weiteres in zumutbarer Weise verschaffen können, vorgeschrieben wird, dass sie den Geschlechtsverkehr nur mit Kondomen vollziehen dürfen. Zwar wird hier nicht verkannt, dass die Vorschrift auch dem Arbeits- und Gesundheitsschutz dienen soll, jedoch dürfte sie nach dem oben Gesagten letztlich leerlaufen.[58] Deshalb ist die Schaffung einer solchen Regelung in den Hygienevorschriften der anderen Bundesländer oder in den infektionsrechtlichen Vorschriften des Bundes nicht geboten.[59]

c) Aufnahme in die infektionshygienische Überwachung

Wie aufgezeigt fehlt es für etwaige Maßnahmen im Bereich der Infektionshygiene an einer hinreichenden Rechtsgrundlage. Bereits vorgeschlagen wurde, prostitutive Einrichtungen in die Liste der Betriebe nach § 36 I IfSG aufzunehmen.[60] Dies hätte zur Folge, dass nach § 36 I 1 IfSG Hygienepläne zur Infektionshygiene festgelegt werden müssten. Zudem unterliegt die prostitutive Einrichtung dann nach S. 2 der infektionshygienischen Überwachung durch das Gesundheitsamt. Ein solcher Regelungsansatz scheint zielführend. Um eine einheitliche Rechtsanwendung sicherzustellen, empfiehlt sich eine Anknüpfung an die zur Ergänzung von § 38 GewO vorgeschlagene Regelung.

Es wird vorgeschlagen, die Norm des § 36 I 1 IfSG nach dem Wort „Justizvollzugsanstalten" wie folgt zu ergänzen:

> „sowie Gewerbebetriebe im Sinne des § 38 I 1 Nr. 7 der Gewerbeordnung."

6. Ausländerrecht

Auf dem Gebiet des Ausländerrechts sind drei Fragen zu diskutieren.

---

58 Die Rechtsprechung hat indessen die Vorschrift nicht beanstandet, aber die Frage, wie Geschlechtsverkehr zu definieren ist, nicht umfassend beantwortet (VG Augsburg, Urt. v. 06.04.2009 – Au 7 K 07.1610, juris, Rdn. 36 und zweitinstanzlich VGH München, Beschl. v. 03.08.2009 – 20 ZB 09.1332, juris, Rdn. 5). Siehe auch VG München, Urt. v. 21.03.2012 – M 18 K 10.5432, NVwZ-RR 2012, 598.

59 Nur am Rande sei erwähnt, dass Bayern das einzige Bundesland geblieben ist, dass im Verordnungswege einen Kondomzwang geschaffen hat.

60 Ausdrücklich Senator für Inneres und Sport der Freien Hansestadt Bremen, Positionspapier zum Thema „Regulierungsbedarfe in Zusammenhang mit der Prostitutionsausübung zur Bekämpfung des Menschenhandels und der Zwangsprostitution", S. 14 und wohl auch Giese in: BMFSFJ, Regulierung von Prostitution und Prostitutionsstätten, S. 47.

a) Änderung der BeschV

Die Notwendigkeit, die BeschV dahingehend zu verändern, eine Zuwanderung prostitutiv Tätiger in den deutschen Arbeitsmarkt zu erleichtern, besteht bereits deshalb nicht, weil ein derartiges Vorgehen widersprüchlich und nahe an der Grenze der Absurdität staatlichen Handelns wäre. Von Galen meint, dass es ein öffentliches Interesse an einer entsprechenden Zuwanderung aus bestimmten Ländern geben könne[61], was hier nicht vertieft zu werden braucht. Es wäre sehr seltsam, wenn die Agentur für Arbeit zutreffenderweise und mit Billigung durch das BSG eine Arbeitsvermittlung in den prostitutiven Bereich ablehnt, andererseits aber durch die Bundesregierung durch Rechtsverordnung die Zuwanderung entsprechend tätiger Ausländer gefördert würde. Die vom BSG vorgebrachten Erwägungen sprechen gegen eine Änderung von BeschV oder anderer gesetzlicher Bestimmungen.

b) Änderung oder Aufhebung von § 55 II Nr. 3 AufenthG

Ebenso wenig ist eine Änderung oder Aufhebung von § 55 II Nr. 3 AufenthG nicht erforderlich. Dabei ist auf den nur noch begrenzten Tatbestand der Norm hinzuweisen. Außerdem ist zu berücksichtigen, dass eine solche Ausweisung im behördlichen Ermessen steht, so dass mit Blick auf den Grundsatz der Verhältnismäßigkeit einer extensiven Anwendung der Vorschrift Grenzen gesetzt sind.[62] Im Übrigen lässt sich die Nr. 3 in der Schwere des vom Ausländer begangenen Fehlverhaltens problemlos mit den übrigen Nummern von II vergleichen. Ein gesetzgeberischer Handlungsbedarf besteht nicht.

c) Ausländerrechtliche Behandlung der Zwangsprostitution

Jedoch ist zur Bekämpfung des prostitutiven Menschenhandels ein Tätigwerden des Gesetzgebers zielführend. Zwar ist die Opferschutzrichtlinie (Richtlinie 2004/81/EG) inzwischen umgesetzt[63], gleichwohl stellt sich ein aufenthaltsrechtliches Folgeproblem, auf das Renzikowski hinweist[64]: Ist einem Opfer von prostitutivem Menschenhandel eine Aufenthaltserlaubnis gemäß § 25 IVa AufenthG erteilt worden, endet sein spezifischer Aufenthaltsstatus nach Erfüllung der Zeu-

---

61 Von Galen, Rechtsfragen der Prostitution, Rdn. 544.

62 Vgl. Huber/Göbel-Zimmermann, Ausländer- und Asylrecht, Rdn. 1085.

63 Kritisch noch Renzikowski, Reglementierung von Prostitution, S. 57f.; zur Umsetzung allgemein: Fränkel in: Hofmann/Hoffmann, Ausländerrecht, § 25 AufenthG Rdn. 51ff. und Hofmann in: Hofmann/Hoffmann, § 72 AufenthG Rdn. 40ff.

64 Renzikowski, Reglementierung von Prostitution, S. 58.

genpflicht, so dass es dann u.U. in sein Heimatland und damit in die sozialen Probleme zurückkehren muss, die womöglich überhaupt erst zu seiner Situation geführt haben. Es ist zwar in diesen Fällen durchaus denkbar, im Anschluss einen anderweitigen Aufenthaltstitel zu erteilen.[65] Das Opfer ist in diesen Fällen auf die Aufenthaltstitel des § 25 III AufenthG i.V.m. § 60 VII AufenthG oder § 25 V AufenthG zu verweisen, deren enge Erteilungsvoraussetzungen in der adressierten Konstellation möglicherweise gar nicht vorliegen, würde den staatlichen Schutzpflichten gegenüber dem Opfer nicht umfassend gerecht werden. Es erscheint daher zielführend, über die Vorgaben der Opferschutzrichtlinie hinaus die Erteilung eines dauerhaften Aufenthaltstitels zu ermöglichen.[66] In diesem Zusammenhang sollte nicht unerwähnt bleiben, dass der Gesetzgeber erst kürzlich die Bestimmungen des AufenthG für die Opfer von Zwangsheiraten verbessert hat.[67] Die neu geschaffenen Vorschriften gehen allerdings von der umgekehrten Konstellation aus, dass der Ausländer aus dem Bundesgebiet heraus in das Ausland zwangsverheiratet wurde. Folglich können diese Vorschriften nicht als Vorlage für die hier zu behandelnde Situation dienen.

Die Normierung desselben sollte im Rahmen des § 25 AufenthG erfolgen und sich hinsichtlich der Erteilungsvoraussetzungen an § 25 III AufenthG orientieren. Maßgeblich muss dabei sein, dass das Opfer zeugenschaftlich ausgesagt hat und die Verbindung i.S.d. § 25 IVa 2 Nr. 2 AufenthG nach wie vor nicht mehr besteht. Die Norm könnte danach so aussehen, dass in § 25 AufenthG ein neuer IVb mit folgendem Wortlaut eingefügt wird:

> „Ist eine Aufenthaltserlaubnis nach IVa erteilt worden und das Strafverfahren rechtskräftig abgeschlossen, so soll dem Ausländer eine Aufenthaltserlaubnis erteilt werden, wenn er in dem Strafverfahren als Zeuge ausgesagt und keinerlei Verbindung zu den im Strafverfahren beschuldigten Personen mehr hat. III 2 gilt entsprechend."

Darüberhinaus ist möglicherweise über die gesetzlichen Änderungen hinaus eine umfassende Betreuung und Versorgung des Opfers sowie eine Entschädigung erforderlich.[68]

---

65 Storr in: Storr/Wenger/Eberle/Albrecht/Harms, Kommentar zum Zuwanderungsrecht, § 25 AufenthG Rdn. 22 und Fränkel in: Hofmann/Hoffmann, Ausländerrecht, § 25 AufenthG Rdn. 54, die insbesondere auf die Möglichkeit eines Aufenthaltstitels nach § 25 III (i.V.m. § 60 VII) AufenthG hinweisen.

66 Renzikowski weist auf die einschlägigen positiven Erfahrungen in Italien und den USA hin (Reglementierung von Prostitution, S. 58f.). Auf die gleiche Problematik weist Rabe, APuZ 9/2013, 15 (20).

67 Siehe Art. I Nr. 6 und 9 des Gesetzes zur Bekämpfung der Zwangsheirat und zum besseren Schutz der Opfer von Zwangsheirat sowie zur Änderung weiterer aufenthalts- und asylrechtlicher Vorschriften vom 23.06.2011 (BGBl. I S. 1266).

68 Im Einzelnen: Renzikowski, Reglementierung von Prostitution, S. 59f. und ZAR 2006, 55 (59f.) sowie Rabe, APuZ 9/2013, 15 (20f.). Siehe zu der Problematik den in Bundestag ab-

7. Sozialrecht

Über die vorgeschlagene Ergänzung des ProstG hinaus sind Änderungen im Bereich des Sozialrechts nicht erforderlich. Insoweit bedarf es wohl eher einer besseren Nutzung der gesetzlichen Möglichkeiten denn Gesetzesänderungen.[69]

8. Steuerrecht

Wie bereits in den obigen Ausführungen[70] zum Steuerrecht darlegt, ist eine Kodifizierung des „Düsseldorfer Modells"/"Stuttgarter Modells" nicht angezeigt. Auch sonst sind Legislativakte im Hinblick auf prostitutive Einrichtungen im Bereich des Steuerrechts nicht erforderlich.

9. Jugendschutzrecht

Obgleich dieses Rechtsgebiet in der Darstellung der Rechtslage nur am Rande besprochen wurde, ist auf eine mögliche Änderung des Jugendschutzrechts einzugehen. So wird zur Regulierung prostitutiver Einrichtungen vorgeschlagen, im JuSchG ein Anwesenheitsverbot für Minderjährige in diesen Betrieben zu normieren.[71] Dieser Vorschlag ist ebenso richtig wie überflüssig. Das geltende Jugendschutzrecht bietet hierfür bereits eine ausreichende Handhabe. So darf nach § 4 III JuSchG Kindern und Jugendlichen der Aufenthalt in Gaststätten, die als Nachtbar oder Nachtclub geführt werden, und in vergleichbaren Vergnügungsstätten nicht gestattet werden. Diese Vorschrift erfasst prostitutive Einrichtungen jeder Art.[72] Verstöße hiergegen sind nach § 28 I Nr. 5 JuSchG ordnungswidrig und u.U. sogar strafbar (§ 27 II JuSchG). Außerdem bietet § 8 JuSchG eine Handhabe für behördliche Maßnahmen. So werden von den jugendgefährdeten Orten i.S.d. Norm auch prostitutive Einrichtungen erfasst.[73] Warum darüber hinaus eine ausdrückliche Normierung eines Anwesenheitsverbots für Kinder und

---

gelehnten Entwurf eines Gesetzes zur Verbesserung der Situation von Opfern von Menschenhandel in Deutschland auf BT-Drs 17/10843.

69 Siehe mit umfangreichem statistischem Material: BMFSFJ, Bericht der Bundesregierung zu den Auswirkungen des Gesetzes zur Regelung der Rechtsverhältnisse der Prostituierten, S. 22ff.

70 Siehe D., IX., 6., b).

71 Mäurer, ZRP 2010, 253 (255) und BR-Drs. 314/10, S. 4.

72 Siehe Liesching/Schuster, Jugendschutzrecht, § 4 JuSchG Rdn. 28.

73 Nikles/Roll/Spürck/Umbach, Jugendschutzrecht, § 8 JuSchG Rdn. 5.

Jugendlichen in den hier untersuchten Betrieben erforderlich sein soll, ist nicht erkennbar.

Ob als weitere Maßnahme des Jugendschutzes die Anhebung des Mindestalters für die Prostitutionsausübung auf 21 Jahre sinnvoll ist[74], soll hier offen bleiben. Gleichwohl ist zweifelhaft, ob dies zur Lösung der Problematik geeignet ist.

V. Zusammenfassung zu E.

Praktische Ansätze für eine Regulation prostitutiver Einrichtungen im Wege des kooperativen Verwaltungshandelns sind etwa in Gestalt des „Dortmunder Modells" oder des Umsetzungskonzepts in Hannover vorhanden, jedoch nur vereinzelt anzutreffen.

Auf der Grundlage bereits vorgetragener Vorschläge sind abstrakte Kriterien im Hinblick auf die persönlichen Verhältnisse des Betreibers der prostitutiven Einrichtung und seiner Mitarbeiter, die Gestaltung der Räume und die hygienischen Anforderungen gemacht worden, die über das Wirtschaftsverwaltungsrecht, das Bauordnungsrecht, das Arbeitsstättenrecht und das Immissionsschutzrecht durchgesetzt werden können. Auch sind Lücken in den zur Verfügung stehenden Rechtsgrundlagen für behördliche Eingriffe sichtbar geworden.

Danach sind Gesetzesänderungen zur besseren gewerbe- und infektionsschutzrechtlichen Reglementierung erforderlich. Aber auch Legislativakte in Bezug auf das ProstG selbst und das Ausländerrecht sind angezeigt. Bestimmten Vorschlägen hingegen, etwa nach der Einführung einer Erlaubnispflicht für prostitutive Einrichtungen oder eines gesetzlichen Kondomzwangs, ist nicht folgen.

74 Siehe mit Verweis auf die typische Altersstruktur von Opfern prostitutiven Menschenhandels: Positionspapier des Senators für Inneres und Sport der Freien Hansestadt Bremen zum Thema „Regulierungsbedarfe in Zusammenhang mit der Prostitutionsausübung zur Bekämpfung des Menschenhandels und der Zwangsprostitution", S. 13f.

F. Schlussbetrachtung

Die vorliegende Arbeit hat gezeigt: Auch zehn Jahre nach dem Inkrafttreten des ProstG sind nicht alle mit der Prostitutionsausübung verbundenen öffentlich-rechtlichen Fragen beantwortet. Dies gilt sowohl für grundlegende Problemstellungen wie die Subsumtion unter den Gewerbebegriff als auch für Detailfragen wie die korrekte einkommensteuerrechtliche Einordnung der erzielten Einkünfte. Dies liegt insbesondere daran, dass sich der Gesetzgeber bislang ausdrücklich nur der zivil-, straf- und sozialversicherungsrechtlichen Regelung dieses Bereichs angenommen, jedoch die öffentlich-rechtlichen Problemstellungen nicht normiert hat. Hier wird, was bereits die Debatte um die Einführung einer Genehmigungspflicht für prostitutive Einrichtungen zeigt, voraussichtlich der Schwerpunkt der weiteren rechtspolitischen Auseinandersetzung liegen. Dabei wird eine Reglementierung der Prostitutionsausübung – nach dem bisher Vorgebrachten zu urteilen – mehr über die Bestimmungen des Wirtschaftsverwaltungs- und Baurechts erfolgen als über die Vorschriften des allgemeinen Polizei- und Ordnungsrechts und des Strafrechts.[1] Dies ist eine begrüßenswerte Entwicklung, da sie eine Tendenz zu einer Gleichbehandlung zu anderen Wirtschaftszweigen ausdrückt.

Die höchst unterschiedliche Herangehensweise der Behörden an die prostitutive Tätigkeit verdeutlicht gleichfalls[2], dass das ProstG nicht unbedingt zu mehr Rechtssicherheit geführt hat. Zudem konnte es auch sonst nicht alle gesetzten Erwartungen erfüllen.[3]

Diese Dissertation soll für die weitere öffentlich-rechtliche Regulation von prostitutiven Einrichtungen Ansätze liefern. So wurden die Rechtslage und ihre Entwicklung auf den verschiedenen, für die Reglementierung relevanten Rechtsgebieten dargestellt und kritisch aufgearbeitet. Zudem wurden mit einem entsprechenden Kriterienkatalog und dazu passenden Ermächtigungsgrundlagen Wege für die behördliche Regulation gezeigt. Gleichfalls sollen die für Gesetzesänderungen unterbreiteten Vorschläge die weitere rechtspolitische Debatte begleiten.

---

1 So zeigt etwa Frommel (NK 2011, 117) auf, dass eine stärkere verwaltungsrechtliche Reglementierung schon deshalb erforderlich ist, um die durch das ProstG abgebauten strafrechtlichen Möglichkeiten auszugleichen. Ähnliches konstatiert auch Schmidbauer, NJW 2005, 871 (872f.).

2 Siehe zum Baurecht: BMFSFJ, Auswirkungen des Prostitutionsgesetzes, S. 127ff. und zum Gewerberecht: ebenda, S. 144ff.

3 Zusammenfassend: BMFSFJ, Auswirkungen des Prostitutionsgesetzes, S. 274ff.

Dies alles zeigt: Das ProstG war nur ein erster Schritt für den staatlichen Umgang mit der Prostitutionsausübung. Man darf gespannt sein, wie sich der weitere Umgang mit prostitutiven Einrichtungen entwickeln wird, wie der Gesetzgeber auf die Forderungen nach einer gewerberechtlichen Erlaubnispflicht reagieren wird[4],wie verbindliche Standards für die Arbeitsbedingungen in prostitutiven Einrichtungen implementiert werden können, wie die Problematik der bauplanungsrechtlichen Zulässigkeit sog. Wohnungsbordelle gelöst werden wird und wie die sozialrechtliche Absicherung in dem Bereich verbessert werden kann. Abzuwarten gilt es auch, ob es mehr Konzepte nach dem Dortmunder oder Hannoveraner Vorbild geben wird.

Ausgehend von der Tatsache, dass inzwischen auch im politisch konservativen Lager eine Akzeptanz des ProstG eingetreten ist und dort ebenfalls die Notwendigkeit weitergehender Schritte gesehen wird[5], stimmt es hoffnungsvoll, dass künftig die prostitutive Tätigkeit staatlicherseits – über die politischen Lager hinweg – nicht mehr mit der in der Vergangenheit anzutreffenden ambivalenten Mischung von hinnehmender Duldung und rechtlicher Schutzlosstellung behandelt werden wird. Angezeigt ist vielmehr ein behördlicher Umgang mit Prostitution, der sie als Erscheinung in der Gesellschaft akzeptiert und nicht tabuisiert, sie jedoch zur Bewältigung der mit ihr verbundenen besonderen Problemstellungen gleichberechtigt wie jede andere wirtschaftliche Betätigung behandelt. Denn aus dem Wegfall des Sittenwidrigkeitsmakels durch § 1 ProstG folgt nach hiesiger Auffassung nicht nur eine verbesserte Rechtsstellung, wie die Möglichkeit, das Entgelt einzuklagen oder der bessere Zugang zur Sozialversicherung, sondern

4 Es ist jedoch anzunehmen, dass vor der voraussichtlich im Herbst 2013 stattfindenden Bundestagswahl in dieser Hinsicht wenig passieren dürfte. Man darf aber berechtigterweise davon ausgehen, dass das Thema wieder Gegenstand der Wahlprogramme der Parteien sein wird. So enthielt das Programm der Partei Bündnis 90/Die Grünen zur Bundestagswahl 2009 auf S. 184 die Ankündigung, die Umsetzung des ProstG in Bezug auf die legale Prostitution in den Bundesländern voranzutreiben. Daneben enthielten die Wahlprogramme von CDU/CSU, FDP und Linke Forderungen nach einer besseren Bekämpfung von Zwangsprostitution und Menschenhandel (siehe Regierungsprogramm von CDU/CSU, S. 51f.; Deutschlandprogramm der FDP, S. 76 und Bundestagswahlprogramm der Partei Die Linke, S. 28). Ähnliche Forderungen finden sich auch in einzelnen Wahlprogrammen für die bevorstehende Bundestagswahl 2013 (siehe Regierungsprogramm von CDU/CSU, S. 112 und Bundestagswahlprogramm von Bündnis 90/Die Grünen, S. 248). Die Bundesregierung hat im Übrigen angekündigt, eine Veränderung der gewerberechtlichen Reglementierung zu prüfen (siehe BMFSFJ, Bericht der Bundesregierung zu den Auswirkungen des Gesetzes zur Regelung der Rechtsverhältnisse der Prostituierten, S. 71).

5 Anders wäre es wohl nicht zu erklären, dass der Bundesratsbeschluss zur „Stärkeren Reglementierung des Betriebs von Prostitutionsstätten“ auf BR-Drs. 314/10 auf einem Antrag des damals noch von einer schwarz-gelben Koalition regierten Landes Baden-Württemberg beruht. Instruktiv zur Haltung der Unionsparteien auch Hunecke, Das Prostitutionsgesetz und seine Umsetzung, S. 118ff.

gleichfalls die Konsequenz, auch mit allen öffentlich-rechtlichen Pflichten (über die Pflicht zur Gewerbeanzeige bis hin zur Zahlung von Steuern und Sozialabgaben) am Rechtsleben teilzunehmen.

Auch wenn manche „Utopie"[6] sicherlich (und auch hoffentlich)nicht Wirklichkeit werden wird, der Anfang ist gemacht. Behörden, Gerichte und auch Gesetzgeber müssen nun das Weitere tun.

In diesem Sinne ist mit einem Wort von August Bebel zu schließen:[7]

> „Die Prostitution ist eine notwendige soziale Institution der bürgerlichen Welt, ebenso wie Polizei, stehendes Heer, Kirche und Unternehmerschaft."

6 So die fiktionale Schilderung von Vahle (NZA 2002, 1077), dass Prostituierte ein normaler Ausbildungsberuf werden könnte.

7 Bebel, Die Frau und der Sozialismus, S. 185.

www.ingramcontent.com/pod-product-compliance
Ingram Content Group UK Ltd.
Pitfield, Milton Keynes, MK11 3LW, UK
UKHW021911290926
8980IPUK00015B/1201

9 783631 645413